CW01549995

Dr. John Coleman

LA GERARCHIA DEI COSPIRATORI STORIA DEL COMITATO DEI 300

John Coleman

John Coleman è un autore britannico ed ex membro dei servizi segreti. Coleman ha prodotto diverse analisi del Club di Roma, della Fondazione Giorgio Cini, della Forbes Global 2000, del Colloquio interreligioso per la pace, dell'Istituto Tavistock, della Nobiltà Nera e di altre organizzazioni vicine al tema del Nuovo Ordine Mondiale.

LA GERARCHIA DEI COSPIRATORI
STORIA DEL COMITATO DEI 300

CONSPIRATORS' HIERARCHY
The story of the committee of 300

Tradotto dall'inglese e pubblicato da Omnia Veritas Limited

© Omnia Veritas Ltd - 2022

www.omnia-veritas.com

PREMESSA

Della mia carriera di ufficiale di intelligence ho avuto molte opportunità di accedere a documenti altamente classificati, ma durante il mio servizio come ufficiale di scienze politiche in Angola, nell'Africa occidentale, ho avuto accesso a una serie di documenti classificati top secret che erano insolitamente espliciti. Ciò che ho visto mi ha riempito di rabbia e risentimento e mi ha spinto a intraprendere un percorso dal quale non mi sono più allontanato, ovvero scoprire quale potere controlla e dirige i governi britannico e americano.

Conoscevo bene tutte le società segrete ben identificate come il Royal Institute for International Affairs (RIIA), il Council on Foreign Relations (CFR), i Bilderberger, la Commissione Trilaterale, i sionisti, la massoneria, il bolscevismo, il rosacroce e tutte le propaggini di queste società segrete. Come ufficiale dei servizi segreti, e prima ancora come giovane studente del British Museum di Londra, mi ero fatto un'idea di tutte queste società e di altre che immaginavo fossero familiari agli americani. Ma quando arrivai negli Stati Uniti nel 1969, scoprii che nomi come l'Ordine di San Giovanni di Gerusalemme, il Club di Roma, il German Marshall Fund, la Fondazione Cini, la Tavola Rotonda, i Fabianisti, la Nobiltà Nera Veneziana, la Mont Pelerin Society, gli Hellfire Club e molti altri erano del tutto sconosciuti qui, o le loro vere funzioni erano, nel migliore dei casi, solo poco conosciute, se non del tutto.

Nel 1969-1970 ho cercato di porre rimedio a questa situazione con una serie di monografie e cassette. Con mia grande sorpresa, ho trovato molte persone disposte a citare questi nomi come se li avessero conosciuti nel corso della loro carriera di scrittori, ma che, non avendo la minima padronanza degli argomenti in questione, non erano disposte a rivelare la fonte delle loro informazioni appena acquisite. Mi consolai dicendo che l'imitazione è la forma più sincera di adulazione.

Ho proseguito le mie indagini, continuando ad affrontare gravi rischi, attacchi a me e a mia moglie, perdite finanziarie, continue molestie, minacce e calunnie, tutte parte di un programma accuratamente elaborato e orchestrato per screditarmi, gestito da agenti governativi e informatori inseriti nella cosiddetta destra cristiana, nel "movimento identitario" e nei gruppi "patriottici" di destra. Questi agenti hanno operato, e operano tuttora, sotto la veste di una schietta, forte e impavida opposizione all'ebraismo, il loro principale nemico, come vorrebbero farci credere. Questi agenti-informatori sono diretti e controllati da un gruppo di omosessuali molto stimati e rispettati dai conservatori politici e religiosi di tutti gli Stati Uniti.

Il loro programma di calunnie, menzogne e odio, di disinformazione sul mio lavoro, attribuendolo anche ad altri scrittori, continua senza sosta, ma non ha sortito l'effetto desiderato. Continuerò il mio lavoro finché non avrò finalmente strappato la maschera all'intero governo segreto parallelo che gestisce la Gran Bretagna e gli Stati Uniti.

Dr. John Coleman, novembre 1991.

Una panoramica e alcuni casi concreti

È certo che molti di noi sono consapevoli del fatto che le persone che dirigono il nostro governo non sono quelle che controllano *realmente* le questioni politiche ed economiche, nazionali ed estere. Questo ha portato molti di noi a cercare la verità nella stampa alternativa, in quegli autori di newsletter che, come me, hanno indagato, ma non sempre trovato, le ragioni per cui gli Stati Uniti sono così gravemente malati. L'ingiunzione "cercate e troverete" non è sempre stata valida per questo gruppo. Quello che abbiamo scoperto è che le persone si muovono per lo più in una sorta di nebbia oscura, senza curarsi o preoccuparsi di sapere dove sta andando il loro Paese, fermamente convinti che sarà sempre lì per loro. Questo è il modo in cui il più grande gruppo di persone è stato manipolato *a* reagire, e il loro atteggiamento fa il gioco del governo segreto.

Spesso sentiamo dire che "loro" fanno questa, quella o quell'altra cosa. "Loro" sembrano letteralmente farla franca con l'omicidio. "Loro" aumentano le tasse, mandano i nostri figli e le nostre figlie a morire in guerre che non portano benefici al nostro Paese. "Loro" sembrano fuori dalla nostra portata, fuori dalla nostra vista, frustranti e nebulosi quando sarebbe opportuno agire contro di loro. Nessuno sembra in grado di identificare chiaramente chi siano "loro". È una situazione che persiste da decenni. Nel corso di questo libro, identificheremo questi misteriosi "loro" e poi spetterà al popolo porre rimedio alla situazione.

Il 30 aprile 1981 scrissi una monografia che rivelava l'esistenza del Club di Roma, identificandolo come un'organizzazione sovversiva del Comitato dei 300. Questo sito fu la prima menzione di queste due organizzazioni negli Stati Uniti. Ho avvertito i lettori di non lasciarsi ingannare dall'inverosimiglianza dell'articolo e ho tracciato un parallelo tra il mio articolo e l'avvertimento lanciato dal governo bavarese quando i piani segreti degli Illuminati sono caduti nelle sue mani. Sul Club di Roma e sul ruolo del Comitato dei 300 negli affari americani si dirà più avanti.

Molte delle previsioni fatte in quell'articolo del 1981 si sono poi avverate, come il fatto che lo sconosciuto Felipe Gonzalez sia diventato Primo Ministro della Spagna e che Mitterrand sia tornato al potere in Francia; la caduta di Giscard d'Estang e di Helmut Schmidt; il ritorno al potere del nobile svedese e membro del Comitato dei 300 Olof Palme (che da allora è stato misteriosamente assassinato); l'inversione di rotta della presidenza Reagan; e la distruzione delle nostre industrie siderurgiche, automobilistiche e immobiliari, secondo l'obiettivo del Comitato dei 300 di una crescita zero post-industriale.

L'importanza di Palme risiede nel fatto che il Club di Roma si servì di lui per fornire all'Unione Sovietica la tecnologia inserita nella lista dei divieti doganali degli Stati Uniti e nella rete di comunicazione globale di Palme utilizzata per accendere i riflettori sulla falsa crisi degli ostaggi iraniani, facendo la spola tra Washington e Teheran nel tentativo di minare l'integrità sovrana degli Stati Uniti e di collocare la finta crisi nel contesto di un'istituzione del Comitato dei 300, il Tribunale mondiale dell'Aia, in Olanda.

Questa cospirazione aperta contro Dio e l'uomo, che include la schiavitù della maggior parte degli esseri umani rimasti su questa terra, dopo che le guerre, le pestilenze e gli omicidi di massa hanno finito con loro, non è del tutto ben nascosta. Nella comunità dei servizi segreti si insegna che il modo migliore per nascondere qualcosa è metterlo in bella vista. Ad esempio, quando nel 1938 la Germania volle nascondere il suo nuovo caccia Messerschmitt, l'aereo fu esposto all'Air Show di Parigi. Mentre gli agenti segreti e le spie raccoglievano informazioni in tronchi d'albero cavi o dietro i mattoni dei muri, le informazioni che cercavano erano in bella vista.

Il governo parallelo segreto di alto livello non opera in scantinati e camere segrete sotterranee. Opera in piena vista, alla Casa Bianca, al Congresso, al numero 10 di Downing Street e al Parlamento. È come in quegli strani e apparentemente terrificanti film sui "mostri", in cui il mostro appare con sembianze distorte, capelli lunghi e denti ancora più lunghi, ringhiando e incedendo. È una distrazione, i VERI MOSTRI indossano abiti da lavoro (e cravatte) e vanno al lavoro a Capitol Hill in limousine.

Questi uomini sono in bella vista. Questi uomini sono servi del governo unico mondiale - il nuovo ordine mondiale. Come lo stupratore che si ferma per offrire alla sua vittima una passeggiata amichevole, egli non sembra essere il mostro che è. Se lo facesse, la sua vittima scapperebbe via urlando di paura. Lo stesso vale per il governo a tutti i livelli. Il Presidente Bush non sembra essere un devoto servitore dell'oscuro governo parallelo, ma non illudetevi, è un mostro alla pari di quelli ritratti nei film dell'orrore.

Fermatevi un attimo e considerate come il Presidente Bush abbia ordinato il brutale massacro di 150.000 truppe irachene, in un convoglio di veicoli militari con bandiere bianche, mentre rientravano in Iraq secondo le regole della Convenzione di Ginevra sul disimpegno e il ritiro concordato. Immaginate l'orrore delle truppe irachene quando, nonostante sventolassero le loro bandiere bianche, sono state falciate dagli aerei statunitensi. In un'altra parte del fronte, 12.000 soldati iracheni sono stati sepolti vivi nelle trincee che occupavano. Non è una cosa MONSTEROSA nel vero senso della parola? Dove ha preso il presidente Bush l'ordine di agire in questo modo mostruoso? Le ha ricevute dal Royal Institute for International Affairs (RIIA), che ha ricevuto il mandato dal Comitato dei 300, noto anche come "Olympians".

Come vedremo, anche gli "olimpionici" non si smentiscono. Spesso mettono in scena uno spettacolo paragonabile all'Air Show di Parigi, anche se gli appassionati di cospirazione passano il tempo a cercare invano nel posto sbagliato e nella direzione sbagliata. Notate come la Regina, Elisabetta II, si presenta alla cerimonia di apertura del Parlamento britannico. Lì, in bella vista, si trova il capo del Comitato dei 300. Avete mai assistito alla cerimonia di giuramento di un Presidente degli Stati Uniti? Lì, in bella vista, c'è un altro membro del Comitato dei 300. Il problema è di percezione.

Chi sono i cospiratori che servono l'onnipotente Comitato dei 300? I cittadini più informati sanno che esiste una cospirazione e che si chiama con vari nomi, come Illuminati, Massoneria, Tavola Rotonda o Gruppo Milner. Per loro, il CFR e i Trilaterali rappresentano la maggior parte di ciò che non piace della politica interna ed estera. Alcuni sanno anche che la Tavola Rotonda ha una grande influenza sugli affari degli Stati Uniti attraverso l'ambasciatore britannico a Washington. Il problema è che è molto difficile ottenere informazioni concrete sulle attività di tradimento dei membri del governo invisibile della mano nascosta.

Cito la profonda affermazione del profeta Osea (4:6), che si trova nella Bibbia cristiana:

"Il mio popolo è *distrutto* per mancanza di conoscenza".

Alcuni avranno già sentito la mia presentazione sullo scandalo degli aiuti esteri, in cui ho nominato diverse organizzazioni cospiratrici, che sono molte. Il loro obiettivo finale è il rovesciamento della Costituzione degli Stati Uniti e la fusione di questo Paese, scelto da Dio come SUO Paese, con un governo senza Dio "un solo mondo in un Nuovo Ordine Mondiale" che riporterà il mondo a condizioni ben peggiori di quelle che esistevano durante i Secoli Bui.

Parliamo di casi concreti, del tentativo di comunitarizzazione e deindustrializzazione dell'Italia. Molto tempo fa, il Comitato dei 300 decretò che ci sarebbe stato un mondo più piccolo - molto più piccolo - e migliore, cioè la *loro* idea di ciò che costituisce un mondo migliore. La miriade di "mangiatori inutili" che consumano le limitate risorse naturali doveva essere eliminata (uccisa). Il progresso industriale favorisce la crescita della popolazione. Pertanto, il comandamento di moltiplicare e sottomettere la terra che si trova nella Genesi doveva essere invertito.

Si tratta di attaccare il cristianesimo, di disintegrare lentamente ma inesorabilmente gli Stati nazionali industriali, di distruggere centinaia di milioni di persone, designate dal Comitato dei 300 come "popolazione in eccesso", e di eliminare qualsiasi leader che osi opporsi alla pianificazione globale del Comitato per raggiungere i suddetti obiettivi.

Due dei primi obiettivi del Comitato sono stati l'Italia e il Pakistan. Il defunto Aldo Moro, Presidente del Consiglio italiano, è stato uno dei leader che si è opposto alla "crescita zero" e ai tagli demografici per il suo Paese, incorrendo così nelle ire del Club di Roma, incaricato dagli "olimpionici" di portare avanti le sue politiche in questo settore. Il 10 novembre 1982, in un tribunale di Roma, un amico intimo di Moro testimoniò che l'ex primo ministro era stato minacciato da un agente del Regio Istituto per gli Affari Internazionali (RIIA), anch'egli membro del Comitato dei 300, quando era ancora Segretario di Stato americano. L'ascesa fulminante dell'uomo che il testimone ha identificato come Kissinger sarà discussa di seguito.

Si ricorda che il Presidente del Consiglio Moro fu rapito dalle Brigate Rosse nel 1978 e poi brutalmente ucciso. Durante il processo ai membri delle Brigate Rosse, molti di loro testimoniarono di essere a conoscenza del coinvolgimento di alti funzionari statunitensi nel complotto per l'uccisione di Moro. Quando minacciò Moro, Kissinger non stava chiaramente seguendo la politica estera degli Stati Uniti, ma piuttosto agendo su istruzioni ricevute dal Club di Roma, il braccio di politica estera del Comitato dei 300. Il testimone che ha pronunciato la notizia bomba in tribunale è stato uno stretto collaboratore di Moro, Gorrado Guerzoni.

La sua testimonianza esplosiva fu trasmessa dalla televisione e dalla radio italiane il 10 novembre 1982 e pubblicata da diversi giornali italiani, ma questa informazione vitale fu soppressa negli Stati Uniti. I famosi baluardi della libertà e del diritto di sapere, il *Washington Post* e il *New York Times*, non hanno ritenuto importante pubblicare una sola riga della testimonianza di Guerzoni.

La notizia non è stata ripresa né dalle agenzie di stampa né dai canali televisivi. Il fatto che l'italiano Aldo Moro, uomo politico di primo piano per decenni, sia stato rapito in pieno giorno nella primavera del 1978 e che tutte le sue guardie del corpo siano state massacrate a sangue freddo non è stato considerato un fatto di cronaca, anche se Kissinger è stato accusato di complicità in questi crimini? O il silenzio era dovuto al coinvolgimento di Kissinger?

Nel mio reportage del 1982 su questo efferato crimine, ho dimostrato che Aldo Moro, un fedele membro della Democrazia Cristiana, fu ucciso da sicari controllati dalla Massoneria P2 (si veda il libro di David Yallop, *In God's Name*) per allineare l'Italia agli ordini del Club di Roma di deindustrializzare il Paese e ridurre drasticamente la popolazione. I piani di Moro per stabilizzare l'Italia attraverso la piena occupazione e la pace industriale e politica avrebbero rafforzato l'opposizione cattolica al comunismo e reso più difficile la destabilizzazione del Medio Oriente, un obiettivo prioritario.

Da quanto detto sopra, risulta chiaro quanto i cospiratori pianifichino in anticipo. Non pensano in termini di piano quinquennale. Bisogna risalire alle dichiarazioni di Weishaupt sulla Chiesa cattolica primitiva per capire le implicazioni dell'omicidio di Aldo Moro. La morte di Moro rimosse gli ostacoli ai piani di destabilizzazione dell'Italia e, come oggi sappiamo, permise di attuare i piani cospiratori per il Medio Oriente nella Guerra del Golfo 14 anni dopo.

L'Italia è stata scelta dal Comitato dei 300 come obiettivo di prova. L'Italia è importante per i piani dei cospiratori perché è il Paese europeo più vicino al Medio Oriente, legato all'economia e alla politica del Medio Oriente. È anche la sede della Chiesa cattolica, che Weishaupt ha ordinato di distruggere, e la sede di alcune delle più potenti famiglie oligarchiche europee dell'ex nobiltà nera. Se l'Italia fosse stata indebolita dalla morte di Moro, avrebbe avuto ripercussioni in Medio Oriente che avrebbero indebolito l'influenza statunitense nella regione. L'Italia è importante anche per un altro motivo: è una porta d'ingresso per le droghe che entrano in Europa dall'Iran e dal Libano, e su questo torneremo a tempo debito.

Vari gruppi si sono uniti sotto il nome di socialismo per far cadere diversi governi italiani dalla creazione del Club di Roma nel 1968. Tra queste, la Nobiltà Nera di Venezia e Genova, la Massoneria P2 e le Brigate Rosse, che hanno tutte gli *stessi* obiettivi. Gli investigatori della polizia di Roma che lavorano sul caso delle Brigate Rosse/Aldo Moro hanno scoperto i nomi di diverse famiglie italiane di alto profilo che lavorano a stretto contatto con questo gruppo terroristico. La polizia ha anche scoperto prove che in almeno una dozzina di casi queste famiglie potenti e importanti avevano permesso che le loro case e/o proprietà fossero usate come rifugi sicuri per le cellule delle Brigate Rosse.

La "nobiltà" americana stava facendo la sua parte per distruggere la Repubblica italiana, con un contributo notevole da parte di Richard Gardner anche quando era ufficialmente ambasciatore del Presidente Carter a Roma. All'epoca, Gardner operava sotto il diretto controllo di Bettino Craxi, membro di spicco del Club di Roma e uomo chiave della NATO. Craxi fu in prima linea nei tentativi dei cospiratori di distruggere la Repubblica italiana. Come vedremo, Craxi riuscì quasi a rovinare l'Italia e, come capo della gerarchia dei cospiratori, riuscì a far passare il divorzio e l'aborto nel Parlamento italiano, provocando i più profondi e distruttivi cambiamenti religiosi e sociali che abbiano mai colpito la Chiesa cattolica e, di conseguenza, la morale della nazione italiana.

Dopo l'elezione del Presidente Ronald Reagan, nel dicembre 1980 si tenne a Washington D.C. un'importante riunione sotto gli auspici del Club di Roma e dell'Internazionale Socialista. Entrambe le organizzazioni sono direttamente responsabili nei confronti del Comitato dei 300. L'ordine del giorno principale era quello di formulare modi per neutralizzare la presidenza Reagan. Fu adottato un piano di gruppo e, con il senno di poi, è perfettamente chiaro che il piano che i cospiratori concordarono di seguire ebbe successo.

Per avere un'idea della portata e della pervasività di questa cospirazione, sarebbe opportuno a questo punto elencare gli obiettivi fissati dal Comitato dei 300 per la conquista e il controllo del mondo. Sono almeno 40 i "rami" noti del Comitato dei 300, e li elencheremo tutti, con una descrizione delle loro funzioni. Una volta studiato questo aspetto, diventa facile capire come un organismo centrale cospiratore sia in grado di operare con tanto successo e perché nessun potere sulla Terra possa resistere al loro assalto alle fondamenta stesse di un mondo civile e progressista basato sulla libertà dell'individuo, specialmente come dichiarato nella Costituzione degli Stati Uniti.

Grazie alla testimonianza giurata di Guerzoni, l'Italia e l'Europa, ma non gli Stati Uniti, seppero che dietro la morte di Aldo Moro c'era Kissinger. Questo tragico caso dimostra la capacità del Comitato dei 300 di imporre la propria volontà a *qualsiasi* governo, senza eccezioni. Dalla sua posizione di membro della più potente società segreta del mondo - e non sto parlando della Massoneria - Kissinger non solo terrorizzò Moro, ma mise in atto le sue minacce di "eliminare" Moro, se non avesse rinunciato al suo progetto di portare il progresso economico e industriale in Italia. Nei mesi di giugno e luglio 1982, la moglie di Aldo Moro testimoniò in tribunale che l'assassinio del marito fu il risultato di gravi minacce alla sua vita da parte di quello che lei definì "un personaggio politico americano di alto livello". La signora Eleonora Moro ha ripetuto l'esatta frase che Kissinger avrebbe usato nella testimonianza giurata di Guerzoni: "O smettete la vostra linea politica o la pagherete cara". Richiamato dal giudice, a Guerzoni è stato chiesto se poteva identificare la persona di cui parlava la signora Moro. Guerzoni rispose che si trattava di Henry Kissinger, come aveva suggerito in precedenza.

Guerzoni ha poi spiegato alla corte che Kissinger aveva fatto le sue minacce nella stanza d'albergo di Moro durante la visita ufficiale dei leader italiani negli Stati Uniti. Moro, all'epoca Presidente del Consiglio e Ministro degli Esteri dell'Italia, membro della NATO, era un uomo altolocato che non avrebbe mai dovuto subire pressioni e minacce di tipo mafioso. Moro è stato accompagnato nella sua visita americana dal Presidente italiano in veste ufficiale. Kissinger era allora, ed è tuttora, un importante agente al servizio del Royal Institute for International Affairs (britannico), membro del Club di Roma e del Council on Foreign Relations (americano).

Il ruolo di Kissinger nel destabilizzare gli Stati Uniti attraverso tre guerre, in Medio Oriente, Corea e Vietnam, è ben noto, così come il suo ruolo nella Guerra del Golfo, in cui i militari statunitensi agirono come mercenari per il Comitato dei 300 per riportare il Kuwait sotto il suo controllo e, allo stesso tempo, per dare un esempio all'Iraq, in modo che altre piccole nazioni non fossero tentate di prendere in mano il proprio destino.

Kissinger ha anche minacciato il defunto Ali Bhutto, presidente della nazione sovrana del Pakistan. Il "crimine" di Bhutto è stato quello di sostenere le armi nucleari per il suo Paese. In quanto Stato musulmano, il Pakistan si sentiva minacciato dalla continua aggressione israeliana in Medio Oriente. Bhutto fu assassinata giudizialmente nel 1979 dal rappresentante del Council on Foreign Relations nel Paese, il generale Zia ul Haq.

Nella sua programmata ascesa al potere, ul Haq incoraggiò una folla indiavolata a dare fuoco all'ambasciata statunitense a Islamabad, nell'apparente tentativo di dimostrare al CFR che era il suo uomo e di ottenere maggiori aiuti esteri e, si seppe in seguito, di assassinare Richard Helms. Alcuni anni dopo, ul Haq pagò con la vita il suo intervento nella guerra che infuriava in Afghanistan. Il suo aereo C-130 Hercules è stato colpito da un'esplosione ELF (electric low frequency) poco dopo il decollo, causando un looping al suolo.

Il Club di Roma, agendo su ordine del Comitato dei 300 per eliminare il generale ul Haq, non si è fatto scrupolo di sacrificare la vita di un certo numero di persone.

A bordo del volo era presente personale militare statunitense, tra cui un gruppo della Defence Intelligence Agency dell'esercito americano guidato dal generale di brigata Herber Wassom. Il generale ul Haq era stato avvertito dall'intelligence turca di non viaggiare in aereo, perché era stato preso di mira per un bombardamento a mezz'aria. In quest'ottica, ul Haq ha portato con sé la squadra americana come "polizza assicurativa", come ha detto ai suoi consiglieri della cerchia ristretta. Nel mio libro del 1989 *Terrore nei cieli*, ho raccontato l'accaduto come segue:

> "Poco prima che il C-130 di ul Haq decollasse da una base militare pakistana, un camion dall'aspetto sospetto è stato visto vicino all'hangar che ospitava il C-130. La torre di controllo ha allertato la sicurezza della base, ma quando si è intervenuti il C-130 era già decollato e il camion era sparito. Pochi minuti dopo, l'aereo ha iniziato a girare in tondo fino a toccare il suolo ed esplodere in una palla di fuoco. Non c'è spiegazione per questo comportamento del C-130, un aereo dalle prestazioni meravigliosamente affidabili, e una commissione d'inchiesta congiunta pakistano-americana non ha riscontrato alcun errore del pilota o guasto meccanico o strutturale. Il looping-the-loop è un marchio riconosciuto di un aereo colpito da un incendio dell'E.L.F.".

L'Occidente sa che l'Unione Sovietica è stata in grado di sviluppare dispositivi avanzati ad alta frequenza grazie al lavoro degli scienziati sovietici che lavoravano nella divisione fasci di elettroni relativistici intensivi dell'Istituto di Energia Atomica di Kurchatov. Due dei suoi specialisti erano Y.A. Vinograov e A.A. Rukhadze. Entrambi gli scienziati hanno lavorato presso l'Istituto di Fisica Lededev, specializzato in laser a elettroni e a raggi X.

Dopo aver ricevuto queste informazioni, ho cercato conferma da altre fonti e ho scoperto che in Inghilterra, l'*International Journal of Electronics* aveva pubblicato dei documenti che sembravano confermare le informazioni che mi erano state date sul metodo scelto per abbattere l'aereo C-130 del generale ul Haq.

Inoltre, queste informazioni sono state confermate da due mie fonti di intelligence. Ho ricevuto alcune informazioni utili da un documento scientifico sovietico su questi argomenti, pubblicato in Inghilterra con il titolo "Soviet Radio Electronics and Communications Systems". Non avevo dubbi sul fatto che il generale ul Haq fosse stato assassinato. Il camion visto vicino all'hangar del C-130 trasportava senza dubbio un dispositivo mobile ELF del tipo in possesso delle forze armate sovietiche.

Secondo la testimonianza scritta di Bhutto, che è stata fatta uscire clandestinamente dal Paese mentre era in prigione, Kissinger l'ha minacciata pesantemente:

"Farò di voi un esempio terribile se continuerete con le vostre politiche di costruzione della nazione.

La Bhutto aveva suscitato l'ira di Kissinger e del Club di Roma chiedendo un programma di energia nucleare per rendere il Pakistan uno Stato moderno e industrializzato, cosa che il Comitato dei 300 vedeva come una diretta violazione degli ordini di Kissinger al governo pakistano. Quello che Kissinger stava facendo minacciando la Bhutto non era la politica ufficiale degli Stati Uniti, ma la politica degli Illuminati moderni.

È importante capire perché l'energia nucleare è così odiata in tutto il mondo e perché il falso movimento "ambientalista", creato e sostenuto finanziariamente dal Club di Roma, è stato chiamato a fare la guerra all'energia nucleare. Con l'energia nucleare che produce elettricità a basso costo e in abbondanza, i Paesi del Terzo Mondo diventerebbero gradualmente indipendenti dagli aiuti esteri degli Stati Uniti e inizierebbero ad affermare la propria sovranità. L'energia nucleare è LA chiave per far uscire i Paesi del Terzo Mondo dal loro stato di arretratezza, uno stato che il Comitato dei 300 ha ordinato di mantenere.

Meno aiuti esteri significa meno controllo delle risorse naturali di un Paese da parte dell'UE.

L'idea che i Paesi in via di sviluppo prendano il controllo del proprio destino era un anatema per il Club di Roma e per i suoi leader nel Comitato dei 300. Abbiamo visto l'opposizione all'energia nucleare negli Stati Uniti usata con successo per bloccare lo sviluppo industriale in linea con i piani di "crescita zero post-industriale" del Club.

La dipendenza dagli aiuti esteri statunitensi mantiene di fatto i Paesi stranieri in balia del Consiglio per le Relazioni Estere (statunitense). I cittadini dei Paesi beneficiari ricevono ben poco di questo denaro, che di solito finisce nelle tasche dei leader di governo che permettono che le risorse naturali di materie prime del Paese vengano selvaggiamente spogliate dal FMI. Mugabe dello Zimbabwe, ex Rhodesia, è un buon esempio di come le risorse di materie prime, in questo caso minerali di cromo di alta qualità, siano controllate dagli aiuti esteri. LONRHO, il gigantesco conglomerato gestito da Angus Ogilvie, un membro anziano del Comitato dei 300, per conto di sua cugina, la Regina Elisabetta II, ha ora il controllo totale di questa preziosa risorsa, mentre la popolazione del Paese sprofonda sempre più nella povertà e nella miseria, nonostante gli oltre 300 milioni di dollari di aiuti da parte degli Stati Uniti. LONRHO ha ora il monopolio del cromo rhodesiano e applica i prezzi che vuole, mentre sotto il governo Smith questo non era permesso. Un livello di prezzi ragionevole è stato mantenuto per venticinque anni prima che il regime di Mugabe salisse al potere. Se durante i 14 anni di governo di Ian Smith c'erano dei problemi, da quando se n'è andato la disoccupazione è quadruplicata e lo Zimbabwe è in uno stato di caos e bancarotta permanente. Mugabe ha ricevuto dagli Stati Uniti aiuti esteri sufficienti (circa 300 milioni di dollari all'anno) per permettergli di costruire tre alberghi sulla Costa Azzurra, a St Jean Cap Ferrat e Monte Carlo, mentre i suoi cittadini lottano contro le malattie, la disoccupazione e la malnutrizione, per non parlare di una dittatura dal pugno di ferro che non ammette reclami. Si confronti con il governo Smith, che non ha mai chiesto né ricevuto un centesimo di aiuti dagli Stati Uniti. È chiaro quindi che gli aiuti esteri sono un potente mezzo per esercitare il controllo su Paesi come lo Zimbabwe e, di fatto, su tutti i Paesi africani.

Inoltre, mantiene i cittadini americani in uno stato di servitù involontaria e quindi meno in grado di opporsi al governo in modo significativo. David Rockefeller sapeva cosa stava facendo quando la sua legge sugli aiuti all'estero fu firmata nel 1946. Da allora, è diventata una delle leggi più odiate dopo che l'opinione pubblica ha rivelato ciò che è: un racket gestito dal governo e pagato da noi cittadini.

Come possono i cospiratori mantenere il loro controllo sul mondo, e in particolare sugli Stati Uniti e sulla Gran Bretagna? Una delle domande più frequenti è:

"Come può un'unica entità sapere cosa sta succedendo in ogni momento e come viene esercitato il controllo? ".

Questo libro cercherà di rispondere a queste e ad altre domande.

L'unico modo per comprendere la realtà del successo cospiratorio è quello di menzionare e discutere le società segrete, le organizzazioni di facciata, le agenzie governative, le banche, le compagnie di assicurazione, le società internazionali, l'industria petrolifera e le centinaia di migliaia di entità e fondazioni i cui leader sono membri del Comitato dei 300 - l'organo di controllo ULTIMO che *gestisce il mondo e lo fa da* almeno cento anni.

Poiché esistono già decine di libri sul Council on Foreign Relations (CFR) e sulla Commissione Trilaterale (USA), passiamo direttamente al Club di Roma e al German Marshall Fund. Quando ho introdotto queste organizzazioni negli Stati Uniti, pochi, se non nessuno, ne aveva sentito parlare. Il mio primo libro, *Il Club di Roma*, pubblicato nel 1983, non ha attirato quasi nessuna attenzione. Molti laici pensavano che il Club di Roma avesse a che fare con la Chiesa cattolica e che il German Marshall Fund si riferisse al Piano Marshal.

È proprio per questo *che* il Comitato ha scelto *questi nomi*, per *confondere* e distrarre da ciò che stava accadendo. Non che il governo degli Stati Uniti non lo sapesse, ma poiché faceva parte della cospirazione, ha contribuito a mantenere il segreto sulle informazioni piuttosto che far conoscere la verità. Qualche anno dopo la pubblicazione del mio libro, alcuni scrittori hanno visto in esso una ricchezza di informazioni non ancora sfruttate e hanno iniziato a scriverne e a parlarne come se ne fossero sempre stati a conoscenza.

Hanno avuto la rivelazione che il Club di Roma e i suoi finanziatori sotto il nome di German Marshall Fund erano due organismi cospiratori altamente organizzati che operavano sotto le sembianze dell'Organizzazione del Trattato del Nord Atlantico (NATO) e che la maggior parte dei dirigenti del Club di Roma proveniva dalla NATO. Il Club di Roma formulò tutte le politiche che la NATO rivendicava e, attraverso le attività di Lord Carrington, membro del Comitato dei 300, riuscì a dividere la NATO in due fazioni politiche, secondo il tradizionale bipartitismo destra/sinistra.

Il Club di Roma è uno dei più importanti gruppi di potere dell'Unione Europea e della sua ex Alleanza Militare. Il Club di Roma rimane uno dei più importanti bracci di politica estera del Comitato dei 300, l'altro è il Bilderberg. È stato formato nel 1968 dai membri principali del Gruppo Morgenthau originale, sulla base di un appello telefonico del defunto Aurellio Peccei per una nuova e urgente spinta ad accelerare i piani per un governo unico mondiale - ora chiamato Nuovo Ordine Mondiale, anche se io preferisco il vecchio nome. Questa è certamente una descrizione del lavoro migliore del Nuovo Ordine Mondiale, che è un po' confuso, poiché ci sono stati diversi "Nuovi Ordini Mondiali" in precedenza, ma nessun Governo Unico Mondiale.

L'appello di Peccei fu ascoltato dai più sovversivi "pianificatori del futuro" di Stati Uniti, Francia, Svezia, Gran Bretagna, Svizzera e Giappone che potevano essere riuniti. Nel periodo 1968-1972, il Club di Roma divenne un'entità coesa di nuovi scienziati, globalisti, pianificatori del futuro e internazionalisti di ogni genere. Come ha detto un delegato, "siamo diventati il cappotto multicolore di Giuseppe". La *Qualità umana* di Peccei è alla base della dottrina adottata dall'ala politica della NATO.

Il testo che segue è tratto dal libro del dottor Peccei:

> "Per la prima volta dall'inizio del primo millennio nella cristianità, grandi masse di persone sono veramente in attesa dell'imminente avvento di qualcosa di sconosciuto che potrebbe cambiare completamente il loro destino collettivo... L'uomo non sa come essere un uomo veramente moderno... L'uomo ha inventato la storia del drago malvagio, ma se mai c'è stato un drago malvagio, è l'uomo stesso... Abbiamo qui il paradosso umano: L'uomo è intrappolato dalle sue straordinarie capacità e conquiste, come nelle sabbie mobili: più usa il suo potere, più ne ha bisogno.

> "Non dobbiamo mai stancarci di ripetere quanto sia insensato equiparare l'attuale profondo stato patologico e di disadattamento dell'intero sistema umano a una crisi ciclica o a circostanze passeggere. Da quando l'uomo ha aperto il vaso di Pandora delle nuove tecnologie, ha sofferto di proliferazione umana incontrollata, mania della crescita, crisi energetiche, scarsità di risorse reali o potenziali, degrado ambientale, follia nucleare e una serie di afflizioni correlate".

Questo programma è identico a quello adottato molto più tardi dal falso movimento "ambientalista" nato dallo stesso Club di Roma per rallentare e invertire lo sviluppo industriale.

In linea di massima, il controprogramma previsto dal Club di Roma riguarderebbe l'invenzione e la diffusione delle idee di "post-industrializzazione" negli Stati Uniti, insieme alla diffusione di movimenti di controcultura come la droga, il rock, il sesso, l'edonismo, il satanismo, la stregoneria e l'"ambientalismo". Il Tavistock Institute, lo Stanford Research Institute e l'Institute of Social Relations, in realtà l'intera gamma di organizzazioni di ricerca psichiatrica sociale applicata, avevano delegati nel Consiglio di amministrazione del Club di Roma, o agivano come consulenti e svolgevano un ruolo di primo piano nel tentativo della NATO di adottare la "Cospirazione dell'Acquario".

Il nome Nuovo Ordine Mondiale è visto come una conseguenza della Guerra del Golfo del 1991, mentre il Governo Unico Mondiale è riconosciuto come vecchio di secoli. Il Nuovo Ordine Mondiale *non è* nuovo, esiste e si sviluppa in una forma o nell'altra da *molto* tempo (Geremia 11:9. Ezechiele 22:25. Apocalisse 12:7-9.), ma viene visto come uno sviluppo del futuro, il che *non è vero*; il Nuovo Ordine Mondiale ha le sue radici nel passato e continua nel presente. Ecco perché ho detto sopra che il termine One World Government è, o dovrebbe essere, preferito a qualsiasi altro. Aurellio Peccei disse una volta al suo amico Alexander Haig che si sentiva come "Adam Weishaupt reincarnato". Peccei aveva molto della brillante capacità di Weishaupt di organizzare e controllare gli Illuminati di oggi, e questo si è manifestato nel controllo della NATO da parte di Peccei e nella formulazione delle sue politiche su scala globale.

Peccei ha guidato il consiglio economico dell'Atlantic Institute per tre decenni mentre era amministratore delegato della Fiat Motor Company di Giovanni Agnelli. Agnelli, che proviene dall'omonima antica famiglia nobile italiana di colore, è uno dei membri più importanti del Comitato dei 300 dell'Atlantic Institute.

Ha svolto un ruolo di primo piano nei progetti di sviluppo dell'Unione Sovietica. Il Club di Roma è un'organizzazione cospirativa di facciata, un'alleanza tra i finanzieri anglo-americani e le ex famiglie della nobiltà nera europea, in particolare la cosiddetta "nobiltà" di Londra, Venezia e Genova. La chiave del successo del loro controllo sul mondo è la capacità di creare e gestire recessioni economiche selvagge e infine depressioni. Il Comitato dei 300 vede le convulsioni sociali su scala globale seguite da depressioni come una tecnica preparatoria per eventi più grandi a venire, in quanto il loro metodo primario di gestione di masse di persone in tutto il mondo permetterà loro di diventare i beneficiari del loro "benessere" in futuro.

Il comitato sembra basare molte delle sue importanti decisioni sull'umanità sulla filosofia dell'aristocratico polacco Felix Dzerzhinsky, che considerava l'umanità leggermente superiore al bestiame. Amico intimo dell'ufficiale dei servizi segreti britannici Sydney Reilly (Reilly era in realtà il controllore di Dzerzhinsky durante gli anni formativi della rivoluzione bolscevica), si confidava spesso con Reilly durante le sue abbuffate. Dzerzhinsky era, ovviamente, la bestia che gestiva l'apparato del Terrore Rosso. Una volta disse a Reilly, mentre i due uomini stavano bevendo, che

> "L'uomo non ha importanza. Guardate cosa succede quando lo fate morire di fame. Inizia a mangiare i suoi compagni morti per rimanere in vita. L'uomo è interessato *solo alla propria* sopravvivenza. È l'unica cosa che conta. Tutta questa storia di Spinoza è una sciocchezza".

Il Club di Roma ha una propria agenzia di intelligence privata e "prende in prestito" anche dall'INTERPOL di David Rockefeller. Tutte le agenzie di intelligence statunitensi lavorano a stretto contatto con essa, così come il KGB e il Mossad. L'unica agenzia che è rimasta fuori dal suo raggio d'azione è il servizio di intelligence della Germania Est, la STASI. Il Club di Roma ha anche le sue agenzie politiche ed economiche altamente organizzate. Sono stati loro a dire al Presidente Reagan di assumere Paul Volcker, un altro membro chiave del Comitato dei 300.

Volcker rimase presidente del Consiglio della Federal Reserve, nonostante la promessa del candidato Reagan di rimuoverlo al momento dell'elezione. Il Club di Roma, dopo aver svolto un ruolo chiave nella crisi dei missili di Cuba, cercò di vendere il suo programma di "gestione delle crisi" (il precursore della FEMA) al Presidente Kennedy. Diversi scienziati del Tavistock si recarono dal Presidente per spiegarne il significato, ma il Presidente rifiutò il loro consiglio. Lo stesso anno in cui Kennedy fu assassinato, Tavistock era di nuovo a Washington per parlare con la NASA. Questa volta le discussioni hanno avuto successo. Il Tavistock si è aggiudicato un contratto con la NASA per valutare l'effetto del suo futuro programma spaziale sull'opinione pubblica americana.

Il contratto è stato assegnato allo Stanford Research Institute e alla Rand Corporation. Gran parte del materiale prodotto dal Tavistock presso queste due istituzioni non ha mai visto la luce e rimane tuttora sigillato. Diverse commissioni e sottocommissioni di supervisione del Senato che ho contattato per avere informazioni hanno detto di non averne mai sentito parlare e di non avere idea di dove avrei potuto trovare ciò che stavo cercando. Tale è il potere e il prestigio del Comitato dei 300.

Nel 1966, i miei colleghi dell'intelligence mi consigliarono di avvicinarmi al dottor Anatol Rappaport, che aveva scritto un trattato a cui l'amministrazione avrebbe dovuto interessarsi. Si trattava di un documento concepito per fermare il programma spaziale della NASA, che secondo Rappaport aveva superato la sua utilità. Rappaport è stato molto felice di darmi una copia del suo documento che, senza entrare nei dettagli, diceva sostanzialmente che il programma spaziale della NASA doveva essere cancellato. La NASA ha troppi scienziati che hanno una cattiva influenza sull'America, perché sono sempre pronti a tenere lezioni nelle scuole e nelle università su come funziona il razzo, dalla costruzione alla propulsione. Secondo Rappaport, questo produrrebbe una generazione di adulti che decidono di diventare scienziati spaziali, per poi ritrovarsi "superflui" perché nessuno avrà più bisogno dei loro servizi entro il 2000.

Non appena il rapporto di Rappaport sulla NASA è stato presentato alla NATO dal Club di Roma, il Comitato dei 300 ha chiesto di agire. I funzionari del NATO-Club di Roma responsabili di un'azione urgente contro la NASA erano Harland Cleveland, Joseph Slater, Claiborne K. Pell, Walter J. Levy, George McGhee, William Watts, Robert Strausz-Hupe (ambasciatore USA presso la NATO) e Donald Lesh. Nel maggio 1967, il Comitato per la scienza e la tecnologia dell'Assemblea del Nord Atlantico e l'Istituto di ricerca sulla politica estera organizzarono un incontro. La conferenza, intitolata "Conference on Transatlantic Imbalance and Collaboration", si è tenuta nella tenuta della Regina Elisabetta a Deauville, in Francia.

Lo scopo e l'intento fondamentale della conferenza di Deauville era quello di arrestare il progresso tecnologico e industriale degli Stati Uniti. La conferenza ha prodotto due libri, uno dei quali viene qui citato, L'*era tecnotronica* di Brzezinski. L'altro è stato scritto dal presidente della conferenza, Aurellio Peccei, dal titolo *The Chasm Ahead*. Peccei era in gran parte d'accordo con Brzezinski, ma aggiunse che ci sarebbe stato il caos in un mondo futuro NON REGOLATO DA UN GOVERNO GLOBALE. A questo proposito, Peccei ha insistito sulla necessità di offrire all'Unione Sovietica una "convergenza con la NATO", che si concluda con una partnership paritaria in un Nuovo Ordine Mondiale con gli Stati Uniti. Le due nazioni erano responsabili della futura "gestione e pianificazione delle crisi globali". Il primo "contratto di pianificazione globale" del Club di Roma fu assegnato al

Massachusetts Institute of Technology (MIT), uno dei principali istituti di ricerca del Comitato dei 300. Jay Forrestor e Dennis Meadows furono incaricati del progetto.

Qual è il contenuto del loro rapporto? Non era fondamentalmente diverso da quello che predicavano Malthus e Von Hayek, ovvero la vecchia questione della mancanza di risorse naturali. Il rapporto Forrestor-Meadows è stato una vera e propria frode. Ciò che non diceva è che il comprovato genio inventivo dell'uomo avrebbe, con ogni probabilità, aggirato le "carenze". L'energia di fusione, il nemico mortale del Comitato dei 300, potrebbe essere applicata alla creazione di risorse naturali. Una torcia a fusione potrebbe produrre da un chilometro quadrato di roccia ordinaria una quantità di alluminio sufficiente, ad esempio, a soddisfare il nostro fabbisogno per quattro anni.

Peccei non si è mai stancato di predicare contro gli Stati nazionali e la loro distruttività per il progresso umano. Ha fatto appello alla "responsabilità collettiva". Il nazionalismo è un cancro per l'uomo, è stato il tema di alcuni importanti discorsi tenuti da Peccei. Il suo caro amico Ervin Lazlo ha prodotto un libro simile nel 1977, *Goals of Mankind*, uno studio di riferimento per il Club di Roma. L'intero documento di posizione era un attacco al vetriolo contro l'espansione industriale e la crescita urbana. Durante questi anni, Kissinger, in qualità di referente designato, rimase in stretto contatto con Mosca per conto della RIIA. I documenti della Global Modelling venivano regolarmente condivisi con gli amici di Kissinger al Cremlino.

Per quanto riguarda il Terzo Mondo, Harland Cleveland del Club di Roma ha preparato un rapporto che è il massimo del cinismo. All'epoca, Cleveland era ambasciatore degli Stati Uniti presso la NATO. In sostanza, il documento affermava che sarebbe spettato alle nazioni del Terzo Mondo decidere tra loro quali popolazioni avrebbero dovuto essere eliminate. Come scrisse successivamente Peccei (sulla base del rapporto di Cleveland):

> "Danneggiato dalle politiche conflittuali di tre grandi paesi e blocchi, rattoppate qua e là, l'ordine economico internazionale esistente si sta visibilmente disintegrando... La prospettiva di dover ricorrere al triage - per decidere chi deve essere salvato - è davvero molto cupa. Ma se, sfortunatamente, si dovesse arrivare a questo, il diritto di prendere tali decisioni non può essere lasciato solo a poche nazioni, perché ciò darebbe loro un potere inquietante sulla vita degli affamati del mondo".

La politica del Comitato è stata quella di far morire di fame deliberatamente le nazioni africane, come dimostrano le nazioni subsahariane. Si trattava di cinismo al massimo, perché il Comitato dei 300 si era già arrogato le decisioni di vita e di morte, e Peccei lo sapeva. Lo aveva già indicato nel suo libro *I limiti della crescita*. Peccei rifiutava completamente il progresso industriale e agricolo e chiedeva invece che il mondo fosse posto sotto un unico consiglio di coordinamento, cioè il Club di Roma e le sue istituzioni NATO, in un unico governo mondiale.

Le risorse naturali dovrebbero essere assegnate sotto l'egida di una pianificazione globale. Gli Stati nazionali potevano accettare il dominio del Club di Roma o sopravvivere secondo la legge della giungla e lottare per la sopravvivenza. Nel loro primo "banco di prova", Meadows e Forrestor pianificarono la guerra arabo-israeliana del 1973 per conto della RIIA, al fine di rendere chiaro al mondo che le risorse naturali come il petrolio sarebbero passate in futuro sotto il controllo dei pianificatori globali, che sono, naturalmente, il Comitato dei 300.

Il Tavistock Institute convocò una consultazione con Peccei alla quale furono invitati McGeorge Bundy, Homer Perlmutter e il dottor Alexander King. Da Londra, Peccei si è recato alla Casa Bianca, dove ha incontrato il Presidente e il suo gabinetto, e poi al Dipartimento di Stato, dove ha incontrato il Segretario di Stato, la comunità di intelligence del Dipartimento di Stato e il Consiglio di pianificazione politica del Dipartimento di Stato. Pertanto, fin dall'inizio, il governo statunitense era pienamente consapevole dei piani del Comitato dei 300 per questo Paese. Questo dovrebbe rispondere alla domanda spesso posta,

"Perché il nostro governo dovrebbe permettere al Club di Roma di operare in modo sovversivo negli Stati Uniti?".

Le politiche economiche e monetarie di Volcker rispecchiano quelle di Sir Geoffrey Howe, Cancelliere dello Scacchiere e membro del Comitato dei 300, e illustrano come la Gran Bretagna abbia controllato gli Stati Uniti fin dall'indomani della Guerra del 1812 e continui a esercitare il proprio controllo su di essi attraverso le politiche decise nel Comitato dei 300.

Quali sono gli obiettivi di questo gruppo segreto d'élite, erede dell'Illuminismo (Vento conquistatore di Moriah), del Culto di Dioniso, del Culto di Iside, del Catarismo, del Bogomilismo? Questo gruppo d'élite, che si fa chiamare *OLIMPIANI* (credono davvero di essere pari in potenza e statura ai leggendari dèi dell'Olimpo, che, come Lucifero, il loro dio, si sono posti al di sopra del nostro vero Dio), crede assolutamente di essere stato incaricato di attuare quanto segue per diritto divino:

1) **Governo Unico Mondiale** - Nuovo Ordine Mondiale con una chiesa unificata e un sistema monetario sotto la loro guida. Pochi sanno che il Governo Unico Mondiale ha iniziato a creare la sua "chiesa" negli anni '20-'30, poiché si è reso conto che una credenza religiosa intrinseca nell'umanità aveva bisogno di uno sbocco e ha quindi creato una "chiesa" per incanalare tale credenza nella direzione che desiderava.

2) **La distruzione** totale di ogni identità e orgoglio nazionale.

3) **La distruzione della religione** e in particolare della religione cristiana, con un'unica eccezione, la loro stessa creazione di cui sopra.

4) **Il controllo di** ogni persona attraverso il controllo mentale e ciò che Brzezinski chiama "Tecnotronica", che creerebbe robot dall'aspetto umano e un sistema di terrore che farebbe sembrare il Terrore Rosso di Felix Dzerzinski un gioco da ragazzi.

5) La **fine di ogni industrializzazione** e la produzione di energia nucleare in quella che chiamano "la società post-industriale a crescita zero". Le industrie informatiche e di servizi sono esenti. Le industrie statunitensi rimanenti saranno esportate in paesi come il Messico, dove il lavoro schiavo è abbondante. Sulla scia della distruzione industriale, i disoccupati diventeranno dipendenti dall'oppio, dall'eroina o dalla cocaina, oppure diventeranno statistiche nel processo di eliminazione che oggi conosciamo come Global 2000.

6) **Legalizzazione delle** droghe e della pornografia.

7) Lo spopolamento **delle** principali città, come da sperimentazione del regime di Pol Pot in Cambogia. È interessante notare che i piani genocidi di Pol Pot sono stati sviluppati qui negli Stati Uniti da una delle fondazioni di ricerca del Club di Roma. È interessante notare che il Comitato sta attualmente cercando di reintegrare i macellai di Pol Pot in Cambogia.

8) **Soppressione di** tutti gli sviluppi scientifici, tranne quelli ritenuti vantaggiosi dal Comitato. L'energia nucleare per scopi pacifici è particolarmente bersagliata. Gli esperimenti di fusione,

attualmente disprezzati e ridicolizzati dal Comitato e dai suoi barboncini sulla stampa, sono particolarmente odiati. Lo sviluppo della torcia a fusione manderebbe in frantumi il concetto di "risorse naturali limitate" del Comitato. Una torcia a fusione usata correttamente potrebbe creare risorse naturali illimitate e non sfruttate dalle sostanze più comuni. Gli usi della torcia a fusione sono innumerevoli e porterebbero benefici all'umanità in modi che non sono ancora nemmeno lontanamente compresi dal pubblico.

9) Attraverso **guerre** limitate nei Paesi avanzati e carestie e malattie nei Paesi del Terzo Mondo, causeranno la morte di 3 miliardi di persone entro il 2000, persone che chiamano "mangiatori inutili". Il Comitato dei 300 chiese a Cyrus Vance di scrivere un documento su come realizzare al meglio questo genocidio. Il documento è stato prodotto con il titolo "Global 2000 Report" ed è stato accettato e approvato per l'azione dal Presidente Carter, a nome e per conto del governo statunitense, e accettato da Edwin Muskie, allora Segretario di Stato. Secondo il Rapporto Global 2000, la popolazione degli Stati Uniti si ridurrà di 100 milioni entro il 2050.

10) **Indebolire** la fibra morale della nazione e demoralizzare la classe operaia creando una disoccupazione di massa. Mentre i posti di lavoro diminuiscono a causa delle politiche di crescita zero post-industriali introdotte dal Club di Roma, i lavoratori demoralizzati e scoraggiati si rivolgeranno all'alcol e alle droghe. I giovani del Paese saranno incoraggiati, attraverso la musica rock e le droghe, a ribellarsi allo status quo, minando e distruggendo così l'unità familiare. A questo proposito, il Comitato dei 300 ha chiesto al Tavistock Institute di preparare un piano dettagliato su come raggiungere questo obiettivo. Il Tavistock ha incaricato la Stanford Research di intraprendere questo lavoro sotto la direzione del professor Willis Harmon. Quest'opera sarebbe poi diventata nota come "La cospirazione acquariana".

11) **Impedire alle** persone di tutto il mondo di decidere del proprio destino *creando* una crisi dopo l'altra e poi "gestendo" queste crisi. Questo disorienterà e demoralizzerà la popolazione fino al punto in cui, di fronte a troppe scelte, si produrrà un'apatia su larga scala. Nel caso degli Stati Uniti, esiste già un'agenzia di gestione delle crisi. Si tratta dell'Agenzia federale per la gestione delle emergenze (FEMA), che ho rivelato per la prima volta nel 1980.

Torneremo a parlare della FEMA man mano che procederemo.

12) **Introdurre** nuovi culti e continuare a rafforzare quelli che già funzionano, tra cui i gangster della "musica" rock come i "Rolling Stones" di Mick Jagger, una gangster band popolare tra la nobiltà nera europea, e tutti i gruppi "rock" creati da Tavistock che hanno iniziato con i "Beatles". Continuare a sviluppare il culto del fondamentalismo cristiano iniziato dal servo della Compagnia britannica delle Indie orientali, Darby, che sarà dirottato per rafforzare lo Stato sionista di Israele, identificandosi con gli ebrei attraverso il *mito del* "popolo eletto da Dio" e donando ingenti somme di denaro a quella che erroneamente credono essere una causa religiosa per la promozione del cristianesimo.

13) **Lobby** per la diffusione di culti religiosi come i Fratelli Musulmani, il fondamentalismo islamico, i Sikh, e condurre esperimenti omicidi del tipo Jim Jones e "Son of Sam". Va notato che il defunto ayatollah Khomeini era una creazione della Divisione 6 dell'intelligence militare britannica, comunemente nota come MI6, come ho riportato nel mio libro del 1985 *What Really Happened in Iran*.

14) **Esportare** le idee di "liberazione religiosa" in tutto il mondo per minare tutte le religioni esistenti, ma soprattutto la religione cristiana. Questo è iniziato con la "teologia della liberazione dei gesuiti" che ha fatto cadere il regime della famiglia Somoza in Nicaragua e che ora sta distruggendo El Salvador, che è in "guerra civile" da 25 anni, Costa Rica e Honduras. Un'entità molto attiva nella cosiddetta teologia della liberazione è la Mary Knoll Mission, di orientamento comunista. Questo è il motivo per cui i media hanno dato molta attenzione all'omicidio di quattro delle cosiddette suore di Mary Knoll in El Salvador qualche anno fa. Queste quattro suore erano agenti sovversivi comunisti e le loro attività sono state ampiamente documentate dal governo di El Salvador. La stampa e i media americani si sono rifiutati di dare spazio o copertura alla massa di documenti in possesso del governo salvadoregno che provano ciò che le suore della missione Mary Knoll stavano facendo nel Paese. Mary Knoll ha prestato servizio in molti Paesi ed è stata determinante per l'introduzione del comunismo in Rhodesia, Mozambico, Angola e Sudafrica.

15) **Provocare** un crollo totale delle economie mondiali e creare un caos politico totale.

16) **Assumere il controllo di** tutte le politiche estere e interne degli Stati Uniti.

17) Dare il massimo sostegno alle istituzioni sovranazionali come le Nazioni Unite (ONU), il Fondo Monetario Internazionale (FMI), la Banca dei Regolamenti Internazionali (BRI), la Corte Penale Internazionale e, ove possibile, ridurre l'impatto delle istituzioni locali eliminandole gradualmente o ponendole sotto l'ombrello dell'ONU.

18) **Penetrare** e **sovvertire** tutti i governi e lavorare al loro interno per distruggere l'integrità sovrana delle nazioni che rappresentano.

19) **Organizzare** un apparato **terroristico** globale e negoziare con i terroristi ogni volta che si verificano attività terroristiche. Si ricorderà che fu Bettino Craxi a convincere i governi italiano e americano a negoziare con le Brigate Rosse che rapirono il Presidente del Consiglio Moro e il generale Dozier. Tra l'altro, al generale Dozier è stato ordinato di non parlare di quanto gli è accaduto. Se romperà il silenzio, sarà senza dubbio trasformato in "un orribile esempio" del trattamento riservato da Kissinger ad Aldo Moro, Ali Bhutto e al generale Zia ul Haq.

20) Prendere **il controllo** dell'istruzione in America con l'intenzione e lo scopo di distruggerla totalmente e completamente. La maggior parte di questi obiettivi, che ho enumerato per la prima volta nel 1969, sono stati raggiunti o sono sulla buona strada per esserlo. Di particolare interesse per il Comitato dei 300 è il nucleo della sua politica economica, che si basa in gran parte sugli insegnamenti di Malthus, il figlio di un ecclesiastico inglese che fu portato alla ribalta dalla Compagnia britannica delle Indie orientali, sulla quale il Comitato dei 300 è modellato.

Malthus sosteneva che il progresso umano è legato alla capacità naturale della terra di sostenere un determinato numero di persone, oltre il quale le risorse limitate della terra si esaurirebbero rapidamente. Una volta consumate queste risorse naturali, sarà impossibile sostituirle. Per questo motivo, come ha sottolineato Malthus, è necessario limitare le popolazioni entro i limiti delle risorse naturali in diminuzione. Va da sé che l'élite non sarà minacciata da una popolazione crescente di "mangiatori inutili", da cui la necessità di abbattere. Come ho già detto, l'"abbattimento" è in corso oggi, secondo i metodi raccomandati dal "Rapporto Global 2000".

Tutti i piani economici del Comitato sono all'incrocio tra Malthus e

Frederick Von Hayek, un altro economista pessimista sponsorizzato dal Club di Roma. Von Hayek, di origine austriaca, è stato a lungo sotto il controllo di David Rockefeller e le sue teorie sono state ampiamente accettate negli Stati Uniti. Secondo Von Hayek, la piattaforma economica degli Stati Uniti dovrebbe basarsi su (a) mercati neri urbani (b) piccole industrie del tipo di Hong Kong che utilizzano manodopera di manodopera sudata (c) commercio turistico (d) zone di libera impresa dove gli speculatori possono operare senza ostacoli e il commercio di droga può prosperare (e) la fine di tutte le attività industriali e (f) la chiusura di tutte le centrali nucleari.

Le idee di Von Hayek coincidono perfettamente con quelle del Club di Roma, il che forse spiega perché sia così ben promosso negli ambienti di destra di questo Paese. L'eredità intellettuale di Von Hayek viene trasmessa a un nuovo economista più giovane, Jeoffrey Sachs, inviato in Polonia per raccogliere la fiaccola di Von Hayek.

Si ricorda che il Club di Roma ha organizzato la crisi economica polacca che ha portato alla destabilizzazione politica del Paese. La stessa pianificazione economica, per così dire, sarà imposta alla Russia, ma in caso di opposizione diffusa, il vecchio sistema di sostegno dei prezzi sarà rapidamente ripristinato.

Il Comitato dei 300 ordinò al Club di Roma di usare il nazionalismo polacco come strumento per distruggere la Chiesa cattolica e aprire la strada alla rioccupazione del Paese da parte delle truppe russe. Il movimento "Solidarność" è una creazione di Zbigniew Brzezinski, membro del Comitato dei 300, che ha scelto il nome del "sindacato" e ne ha selezionato i leader e gli organizzatori. Solidarność non è un movimento "sindacale", anche se gli operai dei cantieri navali di Danzica sono stati utilizzati per lanciarlo, ma piuttosto un'organizzazione POLITICA di alto livello, creata per realizzare cambiamenti forzati per l'avvento del governo unico mondiale.

La maggior parte dei leader di Solidarność erano discendenti di ebrei bolscevichi di Odessa e non erano noti per il loro odio verso il comunismo. Questo aiuta a comprendere l'ampia copertura fornita dai media americani. Il professor Sachs ha fatto un ulteriore passo avanti, assicurando la schiavitù economica di una Polonia recentemente liberata dal dominio dell'URSS. La Polonia diventerà ora lo schiavo economico degli Stati Uniti. L'unica cosa che è successa è che il padrone è cambiato.

Brzezinski è l'autore di un libro che avrebbe dovuto essere letto da ogni americano interessato al futuro di questo Paese. Intitolato *The Technotronic Era*, è stato commissionato dal Club di Roma. Il libro è un annuncio aperto delle modalità e dei metodi che verranno utilizzati per controllare gli Stati Uniti in futuro. Si annuncia anche la clonazione e i "robotoidi", cioè persone che si comportano come persone e sembrano tali, ma non lo sono. Brzezinski, parlando a nome del Comitato dei 300, ha affermato che gli Stati Uniti stanno entrando "in un'era diversa da tutte quelle precedenti; stiamo entrando in un'era tecnotronica che potrebbe facilmente diventare una dittatura". Ho parlato diffusamente dell'"era tecnotronica" nel 1981 e ne ho parlato più volte nelle mie newsletter.

Brzezinski ha proseguito affermando che la nostra società "si trova ora in una rivoluzione dell'informazione basata sull'intrattenimento, sullo spettacolo sportivo (la copertura televisiva degli eventi sportivi) che fornisce un oppiaceo a una massa sempre più senza meta". Brzezinski è stato un altro veggente e profeta? Poteva vedere nel futuro? La risposta è NO; ciò che ha scritto nel suo libro è stato semplicemente copiato dal piano del Comitato dei 300 consegnato al Club di Roma per l'esecuzione. Non è forse vero che nel 1991 abbiamo già una massa di cittadini senza meta? Potremmo dire che 30 milioni di disoccupati e 4 milioni di senzatetto costituiscono una "massa senza scopo", o almeno il suo nucleo.

Oltre alla religione, "oppio delle masse", che Lenin e Marx riconoscevano come necessaria, ora abbiamo l'oppio degli sport di massa, dei desideri sessuali sfrenati, della musica rock e di un'intera nuova generazione di bambini tossicodipendenti. Il sesso occasionale e l'epidemia di droghe sono stati creati per distrarre le persone da ciò che accade intorno a loro. In "The Technotronic Age", Brzezinski parla delle "masse" come se le persone fossero oggetti inanimati - che è probabilmente il modo in cui siamo percepiti dal Comitato dei 300. Egli fa continuamente riferimento alla necessità di controllare le "masse" che siamo.

A un certo punto, sputa il rospo:

"Allo stesso tempo, la capacità di esercitare un controllo sociale e politico sull'individuo aumenterà considerevolmente. Presto sarà possibile esercitare un controllo pressoché permanente su ogni cittadino e mantenere archivi aggiornati contenenti anche i dettagli più personali sulla salute e sul comportamento personale di ogni cittadino, oltre ai dati più consueti. Questi file saranno immediatamente recuperabili dalle autorità. Il potere graviterà su coloro che controllano le informazioni. Le nostre attuali istituzioni saranno sostituite da istituzioni di gestione pre-crisi, il cui compito sarà quello di identificare, in anticipo, le probabili crisi sociali e sviluppare programmi per affrontarle (questo descrive la struttura della FEMA, che è arrivata molto più tardi).

"Questo favorirà, nei prossimi decenni, le tendenze verso un'ERA TECNOTRONICA, una DITTATURA, lasciando ancora meno spazio alle procedure politiche come le conosciamo. Infine, guardando alla fine del secolo, la possibilità di un controllo mentale biochimico e di un intervento genetico sugli esseri umani, compresi gli esseri che lavorano come gli esseri umani e pensano come gli esseri umani, può portare ad alcune domande difficili.

Brzezinski scriveva non come privato cittadino, ma come consigliere di Carter per la sicurezza nazionale, membro di spicco del Club di Roma, membro del Comitato dei 300, membro del CFR e membro della vecchia nobiltà nera polacca. Il suo libro spiega come l'America debba abbandonare la sua base industriale ed entrare in quella che definisce "una nuova e distinta era storica".

"Ciò che rende l'America unica è la sua volontà di sperimentare con il futuro, che si tratti di pop art o di LSD. Oggi l'America è la società creativa, gli altri, consapevolmente o inconsapevolmente, sono emulatori. "

Avrebbe dovuto dire che l'America è il terreno di prova per le politiche del Comitato dei 300 che portano direttamente alla dissoluzione del vecchio ordine e all'ingresso nel Governo Unico Mondiale - Nuovo Ordine Mondiale.

Uno dei capitoli de *L'era tecnotronica* spiega come le nuove tecnologie porteranno con sé un intenso confronto che metterà a dura prova la pace sociale e internazionale. Curiosamente, siamo già sottoposti a una forte pressione di sorveglianza. Lourdes, a Cuba, è uno dei luoghi in cui questo avviene. L'altro è il quartier generale della NATO a Bruxelles, in Belgio, dove un gigantesco computer noto come "666" è in grado di immagazzinare dati di tutti i tipi citati da Brzezinski, e ha anche una capacità ampliata di raccogliere dati per miliardi di persone all'interno di diversi Paesi, ma che, alla luce del rapporto genocida Global 2000, probabilmente non avrà mai bisogno di essere utilizzato.

Il recupero dei dati sarà semplice negli Stati Uniti, dove i numeri di previdenza sociale o di patente di guida possono essere semplicemente aggiunti al 666 per fornire il record di sorveglianza annunciato da

Brzezinski e dai suoi colleghi del Comitato dei 300. Il Comitato ha già avvertito nel 1981 i governi, compreso quello dell'URSS, che ci sarà "il caos se il Comitato dei 300 non assumerà il pieno controllo dei preparativi per il Nuovo Ordine Mondiale".

> "Il controllo sarà esercitato attraverso il nostro comitato e attraverso la pianificazione globale e la gestione delle crisi".

Ho riportato questa informazione fattuale pochi mesi dopo averla ricevuta, nel 1981. Un'altra cosa che ho riportato all'epoca è che la RUSSIA è stata invitata a partecipare ai preparativi per il GOVERNO UNICO MONDIALE.

Quando scrissi queste cose nel 1981, i piani mondiali dei cospiratori erano già in avanzato stato di preparazione. Guardando indietro agli ultimi dieci anni, possiamo notare quanto rapidamente siano progrediti i piani del Comitato. Se le informazioni fornite nel 1981 erano allarmanti, dovrebbero esserlo ancora di più oggi, mentre ci avviciniamo alle fasi finali della scomparsa degli Stati Uniti come li conosciamo. Con finanziamenti illimitati, con diverse centinaia di think tank e 5.000 ingegneri sociali, con la mercificazione dei media e il controllo della maggior parte dei governi, possiamo vedere che stiamo tramando un problema di proporzioni immense, a cui *nessuna* nazione può opporsi, in questo momento.

Come ho detto spesso, siamo stati ingannati nel credere che il problema di cui parlo abbia origine a Mosca. Ci hanno fatto il lavaggio del cervello facendoci credere che il comunismo sia il pericolo più grande per noi americani. *Non è questo il caso*. Il pericolo *maggiore* viene dalla massa di traditori che ci sono in mezzo a noi. La nostra Costituzione ci avverte di guardarci dal nemico *all'interno dei* nostri confini. Questi nemici sono i servitori del Comitato dei 300 che occupano *alte posizioni*[1] all'interno della nostra struttura governativa. Gli STATI UNITI sono il luogo in cui DOBBIAMO iniziare la nostra lotta per invertire la marea che minaccia di inghiottirci, e dove dobbiamo

---

[1] "Infine, fratelli miei, *siate forti nel Signore* e nella potenza della sua forza. Rivestitevi dell'intera armatura di Dio, per poter resistere *alle insidie del diavolo*. Perché non è contro la carne e il sangue che lottiamo, ma contro i principati, contro le potenze, contro i dominatori delle tenebre di questo mondo, contro la *malvagità spirituale nelle alte sfere"*. - Paolo di Tarso, Efesini 6:10-12.

incontrare e sconfiggere questi cospiratori interni.

Il Club di Roma ha anche avuto un ruolo diretto nella creazione della guerra di 25 anni in El Salvador, come parte del piano generale elaborato da Elliot Abrams del Dipartimento di Stato americano. Fu Willy Brandt, membro del Comitato dei 300, leader dell'Internazionale socialista ed ex cancelliere della Germania occidentale, a finanziare l'"offensiva finale" della guerriglia salvadoregna che, fortunatamente, non ebbe successo. Il Salvador è stato scelto dal Comitato per fare dell'America Centrale una zona per una nuova Guerra dei Trent'anni, un compito che è stato assegnato a Kissinger per portarlo a termine sotto l'innocuo titolo di "Piano delle Ande".

Come esempio di come i cospiratori operino al di là dei confini nazionali, l'azione di "offensiva finale" pianificata da Willy Brandt nacque da una visita a Felipe Gonzalez, che allora si stava preparando a diventare il futuro primo ministro della Spagna, un ruolo predestinato dal Club di Roma. A parte me e alcuni miei ex colleghi dell'intelligence, nessuno sembrava aver sentito parlare di Gonzalez prima della sua comparsa a Cuba. Gonzalez è stato l'incaricato di missione del Club di Roma per El Salvador e il primo socialista ad essere elevato al potere politico in Spagna dopo la morte del generale Franco.

Gonzalez si stava recando a Washington per partecipare alla riunione socialista "Get Reagan" del Club di Roma, svoltasi nel dicembre 1980. All'incontro Gonzalez-Castro era presente il guerrigliero di sinistra Guillermo Ungo, capo dell'Institute for Policy Studies (IPS), il più noto think tank di sinistra del Comitato dei 300 di Washington. L'Ungo era guidata da un membro dell'IPS che è morto in un misterioso incidente aereo mentre si recava da Washington all'Avana per incontrare Castro.

Come la maggior parte di noi sa, la sinistra e la destra dello spettro politico sono controllate dalle stesse persone, il che contribuisce a spiegare il fatto che Ungo fosse un amico di lunga data del defunto Napoleon Duarte, leader dell'ala destra di El Salvador. È stato dopo l'incontro di Cuba che è stata portata avanti l'"offensiva finale" della guerriglia salvadoregna.

La polarizzazione del Sudamerica e degli Stati Uniti fu un incarico speciale affidato a Kissinger dal Comitato dei 300. La guerra delle Falkland (nota anche come guerra delle Falkland) e il successivo rovesciamento del governo argentino, seguito da caos economico e sconvolgimenti politici, sono stati pianificati dalla Kissinger Associates di concerto con Lord Carrington, un membro di alto livello del Comitato dei 300.

Anche uno dei principali asset del Comitato dei 300 negli Stati Uniti, l'Aspen Institute in Colorado, ha contribuito a pianificare gli eventi in Argentina, come nel caso della caduta dello Scià dell'Iran. L'America Latina è importante per gli Stati Uniti, non solo perché abbiamo molti trattati di difesa reciproca con questi Paesi, ma anche perché ha il potenziale per fornire un enorme mercato per le esportazioni statunitensi di tecnologia, attrezzature industriali pesanti che avrebbero galvanizzato molte delle nostre imprese in crisi e fornito migliaia di nuovi posti di lavoro. Questo doveva essere impedito a tutti i costi, anche se ciò significava 30 anni di guerra.

Invece di vedere questo enorme potenziale in una luce positiva, il Comitato dei 300 lo ha visto come una pericolosa minaccia ai piani post-industriali e a crescita zero degli Stati Uniti e si è immediatamente attivato per fare dell'Argentina un esempio, per avvertire le altre nazioni latinoamericane di dimenticare qualsiasi idea potessero avere per promuovere il nazionalismo, l'indipendenza e la sovranità-integrità. Questo è il motivo per cui molti Paesi dell'America Latina si sono rivolti alla droga come unico mezzo di sostentamento, il che potrebbe essere stato l'intento dei cospiratori.

Gli americani in generale guardano il Messico dall'alto in basso, e questo è proprio l'atteggiamento con cui il Comitato *vuole che* i cittadini degli Stati Uniti vedano il Messico. Dobbiamo cambiare il modo in cui guardiamo al Messico e al Sud America in generale. Il Messico è un mercato potenzialmente enorme per tutti i tipi di prodotti americani, il che potrebbe significare migliaia di posti di lavoro sia per gli americani che per i messicani. Spostare le nostre industrie "a sud del confine" e pagare alle maquiladoras salari da schiavi non è nell'interesse di nessuno dei due Paesi. Non giova a nessuno, se non agli "olimpionici".

Il Messico riceveva la maggior parte della tecnologia nucleare dall'Argentina, ma la guerra delle Falkland ha posto fine a questa situazione. Nel 1986, il Club di Roma ha decretato la fine delle esportazioni di tecnologia nucleare ai Paesi in via di sviluppo. Con le centrali nucleari che producono elettricità in abbondanza e a basso costo, il Messico sarebbe diventato la "Germania dell'America Latina". Sarebbe stato un disastro per i cospiratori che, nel 1991, hanno bloccato tutte le esportazioni di tecnologia nucleare, tranne quelle verso Israele.

Ciò che il Comitato dei 300 ha in mente per il Messico è un contadino feudale, una condizione che consente una facile gestione e saccheggio del petrolio messicano. Un Messico stabile e prospero non può che essere un vantaggio per gli Stati Uniti. È questo che i cospiratori vogliono evitare, ed è per questo che si sono impegnati in decenni di insinuazioni, calunnie e guerra economica diretta contro il Messico. Prima che l'ex presidente Lopes Portillo salisse al potere e nazionalizzasse le banche, il Messico perdeva 200 milioni di dollari al giorno a causa della fuga di capitali, organizzata e orchestrata dai rappresentanti del Comitato dei 300 nelle banche e nelle società di brokeraggio di Wall Street.

Se solo negli Stati Uniti avessimo degli statisti e non dei politici al comando, potremmo agire insieme e sconfiggere i piani del Governo Unico Mondiale e del Nuovo Ordine Mondiale per ridurre il Messico a uno stato di impotenza. Se riuscissimo a sconfiggere i piani del Club di Roma per il Messico, sarebbe uno shock per il Comitato dei 300, uno shock da cui ci vorrebbe molto tempo per riprendersi. Gli eredi degli Illuminati sono una minaccia tanto per gli Stati Uniti quanto per il Messico. Cercando un terreno comune con i movimenti patriottici messicani, noi Stati Uniti potremmo creare una forza formidabile con cui fare i conti. Ma un'azione di questo tipo richiede una leadership, che a noi manca più che in qualsiasi altro campo.

Il Comitato dei 300, attraverso i suoi numerosi affiliati, riuscì ad annullare la presidenza di Reagan. Ecco cosa ha detto Stuart Butler della Heritage Foundation: "La destra pensava di aver vinto nel 1980, ma in realtà aveva perso. Butler si riferisce alla situazione in cui si è trovata la destra quando si è resa conto che tutte le posizioni importanti dell'amministrazione Reagan erano occupate da socialisti fabiani nominati dalla Heritage Foundation. Butler ha poi affermato che Heritage avrebbe usato idee di destra per imporre principi di sinistra radicale agli Stati Uniti, le stesse idee radicali che Sir Peter Vickers Hall, il principale fabianista americano e l'uomo più importante di Heritage, aveva apertamente discusso durante l'anno elettorale.

Sir Peter Vickers Hall è rimasto un fabianista attivo, anche se ha diretto un "think tank" conservatore. Come membro della famiglia oligarchica britannica di produttori di armi Vickers, aveva posizione e potere. La famiglia Vickers rifornì entrambe le parti durante la Prima Guerra Mondiale e di nuovo durante l'ascesa al potere di Hitler. La copertura ufficiale di Vickers era l'Istituto per lo sviluppo urbano e regionale dell'Università della California. È stato a lungo confidente del leader laburista britannico e membro del Comitato dei 300, Anthony Wedgewood Benn.

Vickers e Benn sono entrambi inseriti nell'Istituto Tavistock per le Relazioni Umane, la principale istituzione al mondo per il lavaggio del cervello. Vickers utilizza la sua formazione Tavistock per ottenere buoni risultati nei suoi discorsi. Si consideri il seguente esempio:

> "Ci sono due Americhe. Una è la società del XIX secolo[e] basata sull'industria pesante. L'altra è la nascente società post-industriale, in alcuni casi costruita sulle macerie della vecchia America. È la crisi tra questi due mondi che produrrà la catastrofe economica e sociale del prossimo decennio. I due mondi sono in opposizione fondamentale, non possono coesistere. In definitiva, il mondo post-industriale deve schiacciare e cancellare l'altro".

Ricordiamo che quel discorso fu pronunciato nel 1981 e possiamo vedere dallo stato della nostra economia e delle nostre industrie quanto fosse accurata la previsione di Sir Peter. Quando le persone preoccupate mi chiedono quanto durerà la recessione del 1991, rimando alle dichiarazioni di Sir Peter e aggiungo la mia opinione che non finirà prima del 1995/1996, e anche allora ciò che emergerà non sarà l'America che abbiamo conosciuto negli anni Sessanta e Settanta. Che l'America è *già stata* distrutta.

> "Il mio popolo è distrutto per mancanza della [mia] conoscenza". - Dio, Osea 4:6.

Ho riportato il discorso di Sir Peter nella mia newsletter poco dopo il suo svolgimento. Era profetico, ma era facile prevedere un futuro già scritto per l'America dal Comitato dei 300 e dal suo braccio esecutivo, il Club di Roma. Cosa stava dicendo Sir Peter in modo eufemistico? Tradotto in linguaggio quotidiano, stava dicendo che il vecchio stile di vita americano, la nostra vera forma di governo repubblicana, basata sulla nostra Costituzione, sarebbe stata schiacciata dal Nuovo Ordine Mondiale. L'America come la conoscevamo doveva sparire, o essere fatta a pezzi.

Come ho detto, i membri del Comitato dei 300 si rendono spesso molto visibili. Sir Peter non ha fatto eccezione. Per chiarire il suo punto di vista, Sir Peter ha concluso il suo discorso dicendo:

> "Sono perfettamente felice di lavorare con la Heritage Foundation e con gruppi del genere. I veri Fabiani guardano alla Nuova Destra per portare avanti alcune delle loro idee più radicali. Per oltre un decennio il pubblico britannico è stato sottoposto a una costante

propaganda sul declino industriale. Tutto questo è vero, ma l'effetto netto di questa propaganda è stato quello di demoralizzare la popolazione. (Esattamente come previsto dagli scienziati della nuova scienza di Tavistock).

"Questo è ciò che accadrà negli Stati Uniti quando l'economia si deteriorerà. Questo processo (di demoralizzazione) è necessario affinché le persone accettino scelte difficili. Se non c'è una pianificazione per il futuro, o se gruppi di interesse particolari bloccano il progresso, ci sarà un caos sociale di dimensioni attualmente difficili da immaginare. Le prospettive per l'America urbana sono desolanti. È possibile fare qualcosa con i centri urbani, ma fondamentalmente le città si ridurranno e la base produttiva diminuirà. Questo produrrà convulsioni sociali".

Sir Peter era un sensitivo, un mago di grande fama o semplicemente un ciarlatano indovino con molta fortuna? La risposta è "nessuna delle precedenti". Sir Peter non faceva altro che leggere il piano del Comitato dei 300 - Club di Roma per la lenta morte degli Stati Uniti come ex gigante industriale. Considerando i dieci anni di previsioni di Sir Peter, si può dubitare che i piani del Comitato dei 300 per la scomparsa degli Stati Uniti industrializzati siano diventati un fatto compiuto?

Le previsioni di Sir Peter non si sono rivelate straordinariamente accurate? In effetti, lo sono stati, quasi fino all'ultima parola. Vale la pena notare che Sir Peter Vickers (suocero di Sir Peter Vickers-Hall) ha lavorato al documento di ricerca di Stanford "Changing Images of Man", da cui sono state tratte molte delle 3.000 pagine di materiale consultivo inviato all'amministrazione Reagan. Inoltre, in qualità di alto funzionario dell'intelligence britannica presso l'MI6, Sir Peter Vickers fu in grado di fornire a Heritage una grande quantità di informazioni in anticipo.

Come membro del Comitato dei 300 e della NATO, Sir Peter Vickers era presente quando la NATO chiese al Club di Roma di sviluppare un programma sociale che avrebbe cambiato completamente la direzione in cui l'America voleva andare. Il Club di Roma, sotto la guida di Tavistock, ha incaricato lo Stanford Research Institute (SRI) di sviluppare un programma di questo tipo, non solo per l'America, ma per tutte le nazioni dell'Alleanza Atlantica e dei Paesi OCSE.

Fu il pupillo di Sir Peter, Stuart Butler, a consegnare al Presidente Reagan 3.000 pagine di "raccomandazioni", che presumibilmente contenevano alcune delle opinioni espresse da Anthony Wedgewood Benn, deputato e membro influente del Comitato dei 300. Benn disse ai membri dell'Internazionale Socialista riuniti a Washington l'8 dicembre 1980:

> "Si può prosperare sotto la stretta creditizia di Volcker se si pilota Reagan per intensificare la stretta creditizia".

Il consiglio di Butler fu seguito e applicato dall'amministrazione Reagan, come dimostra il crollo delle cooperative di credito e delle industrie bancarie, accelerato dalle politiche economiche di Reagan. Sebbene Benn la chiamasse "sterzata", in realtà intendeva dire che a Reagan bisognava fare il lavaggio del cervello. È interessante notare che Von Hayek - che è un membro fondatore di Heritage - ha usato il suo allievo, Milton Friedman, per presiedere i piani del Club di Roma per deindustrializzare l'America, usando la presidenza di Reagan per accelerare il crollo dell'industria siderurgica e poi dell'industria automobilistica e immobiliare.

A questo proposito, un membro della nobiltà nera francese, Etienne D'Avignon, in qualità di membro del Comitato dei 300, fu incaricato di far crollare l'industria siderurgica di questo Paese. È improbabile che le centinaia di migliaia di operai dell'acciaio e dei cantieri navali rimasti senza lavoro per dieci anni abbiano mai sentito parlare di D'Avignon. Ho dato un resoconto completo del piano D'Avignon nella Rivista Economica dell'aprile 1981. Un misterioso uomo proveniente dall'Iran, che si rivelò essere Bani Sadr, l'inviato speciale dell'Ayatollah Khomeini, partecipò alla fatidica riunione del Club di Roma a Washington D.C. il 10 dicembre di quell'anno.

Un discorso in particolare, pronunciato durante il conclave del 10 dicembre 1980, ha attirato la mia attenzione, soprattutto perché proveniva da François Mitterrand, un uomo che era stato liquidato dall'establishment francese come superato. Ma la mia fonte di intelligence mi aveva già detto che Mitterrand stava per essere recuperato, rispolverato e riportato al potere, quindi le sue parole avevano un grande peso per me:

> "Lo sviluppo industriale-capitalistico è l'opposto della libertà: dobbiamo porvi fine. I sistemi economici dei secoli XXe e XXIe utilizzeranno la macchina per sostituire l'uomo, innanzitutto nel campo dell'energia nucleare, che sta già dando risultati formidabili."

Il ritorno di Mitterrand all'Eliseo fu un grande trionfo per il socialismo. Dimostrò che il Comitato dei 300 era abbastanza potente da prevedere gli eventi e farli accadere, con la forza o con qualsiasi mezzo, per dimostrare che poteva schiacciare qualsiasi opposizione, anche se, come nel caso di Mitterrand, era stato totalmente respinto pochi giorni prima da un gruppo influente di Parigi.

Un altro rappresentante del gruppo presente alle riunioni del dicembre 1980 a Washington con lo "status di osservatore" era John Graham, noto anche come "Irwin Suall", capo del comitato investigativo della Anti-Defamation League (ADL). L'ADL è un'operazione di intelligence britannica a tutti gli effetti, gestita dai tre rami dell'intelligence britannica, ovvero l'MI6 e il JIO. Il vasto bagaglio di trucchi di Suall è stato acquisito nelle fogne dell'East End di Londra. Suall è ancora un membro del SIS supersegreto, un'unità operativa d'élite in stile James Bond. Nessuno deve sottovalutare il potere di ADL o la sua lunga portata.

Suall lavora a stretto contatto con Hall e altri fabianisti. Fu indicato come utile all'intelligence britannica mentre frequentava il Ruskin Labour-College dell'Università di Oxford, in Inghilterra, lo stesso centro di educazione comunista che ci ha dato Milner, Rhodes, Burgess, McLean e Kim Philby. Le università di Oxford e Cambridge sono state a lungo il dominio dei figli e delle figlie dell'élite, coloro i cui genitori appartengono alla "crema" dell'alta società britannica. Mentre studiava a Oxford, Suall si unì alla Young People's Socialist League e poco dopo fu reclutato dai servizi segreti britannici.

Suall fu inviato negli Stati Uniti dove si trovò sotto la protezione e la sponsorizzazione di uno dei più insidiosi esponenti della sinistra del Paese, Walter Lippmann. Lippmann fondò e guidò la Lega per la democrazia industriale e gli Studenti per la società democratica, due organizzazioni di sinistra che miravano a mettere i lavoratori dell'industria in contrasto con quella che lui chiamava "la classe capitalista" e i padroni. Entrambi i progetti di Lippmann erano parte integrante dell'apparato americano del Comitato dei 300, di cui Lippmann era un membro molto importante.

Suall ha stretti legami con il Dipartimento di Giustizia e può ottenere i profili dell'FBI di chiunque prenda di mira. Il Dipartimento di Giustizia ha l'ordine di dare a Suall tutto ciò che vuole, quando lo vuole. La maggior parte delle attività di Suall consiste nel "tenere d'occhio gruppi e individui di destra". L'ADL ha una porta aperta sul Dipartimento di Stato e fa buon uso dell'imponente agenzia di intelligence di quest'ultimo.

Il Dipartimento di Stato ha uno strato di agenti di destra che si atteggiano a "impavidi combattenti antisemiti". I leader di questo gruppo di informatori sono quattro, tre dei quali sono discreti omosessuali ebrei. Questo gruppo di spie è attivo da due decenni. Pubblicano "giornali" virulentemente antiebraici e vendono un'ampia gamma di libri antisemiti. Uno dei principali operatori lavora dalla Louisiana. Un membro del gruppo è uno scrittore popolare negli ambienti della destra cristiana. Il gruppo e le persone che ne fanno parte sono sotto la protezione dell'ADL. Suall è stato profondamente coinvolto nell'ABSCAM e viene spesso chiamato dalle forze dell'ordine per assistere nelle loro indagini e operazioni sotto copertura.

Suall aveva il compito di "sorvegliare Reagan", per quanto riguarda il percorso tracciato dalla Heritage Foundation per il neoeletto presidente, e di sparare qualche colpo di avvertimento se Reagan avesse dato l'impressione di voler deviare o togliersi i paraocchi in qualsiasi momento. Suall contribuì a sbarazzarsi di tutti i consiglieri di destra fastidiosi che non erano legati all'Heritage per il loro impiego nell'amministrazione Reagan. È il caso di Ray Donovan, Segretario del Lavoro di Reagan, che alla fine è stato rimosso dall'incarico grazie al dipartimento "Dirty-Tricks" dell'ADL[2]. James Baker III, una delle persone inserite nella lista dei 3.000 raccomandati della Heritage Foundation, è stato l'intermediario che ha trasmesso al Presidente i messaggi di odio di Suall nei confronti di Donovan.

Un altro importante cospiratore fu Philip Agee, il cosiddetto "disertore" della CIA. Pur non essendo un membro del Comitato, ne è stato comunque il responsabile per il Messico, diretto dal Royal Institute for International Affairs (RIIA) (britannico) e dal Council on Foreign Relations (americano). Per la cronaca, nulla di ciò che accade negli Stati Uniti avviene senza l'approvazione del RIIA. Si tratta di un accordo continuo e permanente, stipulato per la prima volta in modo aperto (prima c'erano stati molti accordi segreti) da Churchill e Roosevelt nel 1938, in base al quale l'intelligence statunitense è obbligata a condividere informazioni top secret con l'intelligence britannica.

Questa è la base della cosiddetta "relazione speciale" tra i due Paesi, che Churchill e Lord Halifax vantavano essere in tutto e per tutto "speciale".

La "relazione" è stata responsabile del fatto che gli Stati Uniti hanno

---

[2] "Colpi contorti", Ndt.

intrapreso la Guerra del Golfo contro l'Iraq a nome e per conto degli interessi britannici, in particolare della British Petroleum, una delle società più importanti del Comitato dei 300, in cui la famiglia diretta della Regina Elisabetta ha una partecipazione significativa.

Dal 1938 non si è svolta alcuna attività di intelligence se non attraverso questa speciale struttura di comando congiunta. Philip Agee si è unito alla CIA dopo essersi laureato a Notre Dame, dove è stato inserito nella cerchia dei massoni gesuiti. Agee si è fatto notare per la prima volta nel 1968 come agente dei servizi segreti dietro le rivolte universitarie di Città del Messico. Uno degli aspetti più importanti delle rivolte studentesche messicane è che si sono verificate contemporaneamente alle rivolte studentesche di New York, Bonn, Praga e Berlino Ovest.

Grazie alle competenze di coordinamento e alla speciale rete di intelligence di cui INTERPOL è parte integrante, non è così difficile come potrebbe sembrare in un primo momento per il Comitato scatenare azioni globali accuratamente pianificate, dalle rivolte studentesche alla rimozione di leader di nazioni presumibilmente sovrane. Tutto questo fa parte del lavoro quotidiano degli "olimpionici". Dal Messico, Agee si è allineato con gruppi terroristici portoricani. Durante questo periodo, divenne un fidato confidente del dittatore cubano Fidel Castro.

Non si deve pensare che Agee, quando conduceva queste operazioni, lo facesse come agente "disonesto". Al contrario, durante queste missioni lavorava per la CIA. Il problema si è presentato quando il DGI (servizio segreto cubano) di Castro è riuscito a "trasformarlo". Agee ha continuato a lavorare come membro della CIA fino a quando non è stato scoperto il suo doppio ruolo. Si trattava della più grande postazione di ascolto sovietica in Occidente, situata a Lourdes, Cuba. Con un organico di 3.000 specialisti sovietici di monitoraggio e decodifica dei segnali, Lourdes è in grado di monitorare migliaia di segnali elettronici contemporaneamente. Molte conversazioni telefoniche private tra un deputato e la sua amante sono state raccolte a Lourdes e messe a frutto.

Sebbene oggi, nel 1991, ci venga detto che "il comunismo è morto", gli Stati Uniti non hanno fatto nulla per fermare la vasta operazione di spionaggio alle nostre porte. Tra l'altro, Lourdes è in grado di captare anche il più debole segnale "tempest", ovvero il tipo di segnale emesso da un fax o da una macchina da scrivere elettrica che, una volta decifrato, fornisce il contenuto di ciò che viene digitato o inviato via fax. Lourdes rimane un "pugnale nel cuore" degli Stati Uniti. Non c'è assolutamente alcun motivo per mantenerne l'esistenza. Se gli Stati

Uniti e l'URSS sono veramente in pace tra loro, perché continuare ad avere bisogno di un'operazione di spionaggio così massiccia? La semplice verità è che, invece di ridurre il proprio personale come siamo portati a credere, il KGB ha assunto in massa nel 1990 e nel 1991.

Bernard Levin non è probabilmente un nome familiare negli Stati Uniti. A differenza delle pop star decadenti o dell'ultima "scoperta" scadente di Hollywood, gli accademici sono raramente, se non mai, sotto gli occhi di tutti. Tra le centinaia di accademici statunitensi che lavorano sotto il controllo del Club di Roma, Levin merita una menzione speciale, se non altro per le seguenti ragioni: il suo ruolo nel minare l'Iran, le Filippine, il Sudafrica, il Nicaragua e la Corea del Sud. La caduta dello Scià dell'Iran è stata eseguita secondo un piano ideato da Bernard Levin e Richard Falk e supervisionato dall'Aspen Institute di Robert Anderson.

Levin è l'autore di *Time Perspective and Morale*, una pubblicazione del Club di Roma su come abbattere il morale delle nazioni e dei singoli leader. Ecco un estratto del documento:

> "Una delle principali tecniche per abbattere il morale, attraverso una strategia del terrore, è proprio questa: tenere la persona all'oscuro della sua situazione e di ciò che può aspettarsi. Inoltre, se le frequenti oscillazioni tra dure misure disciplinari e promesse di buon trattamento, nonché la diffusione di notizie contraddittorie, rendono poco chiara la struttura della situazione, l'individuo può smettere di sapere se un determinato piano lo condurrà verso o lontano dall'obiettivo. In queste condizioni, anche gli individui che hanno obiettivi chiari e sono disposti ad assumersi dei rischi sono paralizzati dal grave conflitto interiore su ciò che dovrebbero fare".

Questo progetto del Club di Roma si applica sia ai PAESI che agli individui, in particolare ai leader dei governi di quei Paesi. Negli Stati Uniti non dobbiamo pensare che "Oh, questa è l'America e queste cose non succedono qui". Vi assicuro che negli Stati Uniti si verificano, forse *più* che in qualsiasi altro Paese.

Il piano Levin-Club di Roma è progettato per demoralizzarci tutti, in modo che alla fine ci sentiremo costretti a seguire ciò che è stato pianificato per noi. Seguiremo gli ordini del Club di Roma come pecore. Ogni leader apparentemente forte che appare all'improvviso per "salvare" la nazione deve essere considerato con il massimo sospetto. Ricordiamo che Khomeini è stato preparato per anni dai servizi segreti britannici, soprattutto durante il suo soggiorno a Parigi, prima di apparire improvvisamente come il salvatore dell'Iran. Boris Eltsin proveniva dalla stessa scuderia dell'MI6-SIS.

Il Club di Roma è sicuro di aver portato a termine con successo il suo mandato di "ammorbidire" gli Stati Uniti. Dopo 45 anni di guerra contro il popolo di questa nazione, chi può dubitare che abbia effettivamente portato a termine il suo compito? Guardatevi intorno e vedete quanto siamo diventati demoralizzati. Droga, pornografia, "musica" rock and roll, sesso libero, unità familiare totalmente minata, lesbismo, omosessualità e, infine, l'orribile assassinio di milioni di bambini innocenti da parte delle loro stesse madri. C'è mai stato un crimine più spregevole dell'aborto di massa?

Quando gli Stati Uniti sono in bancarotta spirituale e morale, quando la nostra base industriale è distrutta e 30 milioni di persone sono disoccupate, quando le nostre grandi città sono spaventose fogne di ogni possibile crimine, quando il tasso di omicidi è quasi tre volte superiore a quello di qualsiasi altro Paese, quando abbiamo 4 milioni di senzatetto e la corruzione del governo è dilagante, chi può contestare il fatto che gli Stati Uniti stanno diventando un Paese sull'orlo del collasso interno? con 4 milioni di persone senza casa e la corruzione del governo che sta raggiungendo proporzioni endemiche, chi potrebbe sostenere che gli Stati Uniti stanno diventando un paese pronto a crollare dall'interno, per poi cadere tra le braccia del nuovo governo mondialista dei secoli bui?

Il Club di Roma è riuscito a dividere le Chiese cristiane; è riuscito a costruire un esercito di fondamentalisti carismatici ed evangelici che combatteranno per lo Stato sionista di Israele. Durante la genocida guerra del Golfo, ho ricevuto decine di lettere che mi chiedevano come potessi oppormi a "una giusta guerra cristiana contro l'Iraq". Come potrei dubitare che il sostegno dei fondamentalisti cristiani alla guerra in Iraq (Comitato dei 300) non fosse biblico - dopo tutto, Billy Graham non ha forse pregato con il presidente Bush poco prima dell'inizio della sparatoria? La Bibbia non parla forse di "guerre e voci di guerre"?

Queste lettere danno un'idea dell'*efficacia* del lavoro del Tavistock Institute. I fondamentalisti cristiani saranno una forza formidabile dietro lo Stato di Israele, esattamente come previsto. È triste che queste brave persone non si rendano conto di essere state grossolanamente ingannate dal Club di Roma e che le loro opinioni e convinzioni *non sono* le *loro*, ma quelle *create* per loro dalle centinaia di Committee of 300 "think tank" che costellano il panorama americano. In altre parole, come qualsiasi altro segmento della popolazione americana, i fondamentalisti cristiani e gli evangelici hanno subito un completo lavaggio del cervello.

Come nazione, siamo pronti ad accettare la scomparsa degli Stati Uniti d'America e dello stile di vita americano, un tempo invidiato da tutto il mondo. Non pensate che sia appena successo - la vecchia sindrome del "tempo che cambia". Il tempo non cambia nulla, sono le PERSONE a cambiare. È un errore pensare al Comitato dei 300 e al Club di Roma come istituzioni europee. Il Club di Roma ha grande influenza e potere negli Stati Uniti e ha una propria sezione con sede a Washington D.C..

Il senatore Claiborne Pell è il suo leader e uno dei suoi membri è Frank M. Potter, ex direttore del personale della Sottocommissione Energia della Camera. Potter, ex direttore del personale della sottocommissione Energia della Camera. Non è difficile capire come il Club di Roma abbia mantenuto la sua presa sulla politica energetica degli Stati Uniti e da dove derivi l'opposizione "verde" al nucleare. Forse il più grande risultato del Club è la sua influenza sul Congresso in materia di energia nucleare, che ha avuto l'effetto di impedire agli Stati Uniti di entrare nel 21ème secolo come una forte nazione industriale. L'effetto della politica antinucleare del Club di Roma può essere misurato in termini di altiforni silenziosi, stazioni ferroviarie abbandonate, acciaierie arrugginite, cantieri navali chiusi da tempo e una preziosa forza lavoro specializzata sparsa per gli Stati Uniti che non potrà mai più essere assemblata.

Altri membri del Club di Roma negli Stati Uniti sono Walter A. Hahn del Congressional Research Service, Ann Cheatham e Douglas Ross, entrambi economisti senior. Hahn del Congressional Research Service, Ann Cheatham e Douglas Ross, entrambi economisti senior. Il compito di Ross, secondo le sue stesse parole, era quello di "tradurre le prospettive del Club di Roma in una legislazione che aiutasse il Paese a liberarsi dell'illusione dell'abbondanza". Ann Cheatham era la direttrice di un'organizzazione chiamata Congressional Clearing-House for the Future.

Il suo compito era quello di tracciare un profilo dei membri del Congresso che potessero essere suscettibili all'astrologia e alle sciocchezze New Age. A un certo punto ha avuto più di 100 membri del Congresso nelle sue classi. Ogni giorno si tenevano sedute in cui venivano fatte varie "previsioni" astrologiche, basate sulle sue "percezioni occulte". Oltre ai membri del Congresso, hanno partecipato alle sue sessioni anche Michael Walsh, Thornton Bradshaw - membro di spicco del Comitato dei 300 - e David Sternlight, vicepresidente della Allstate Insurance Company. Alcuni dei membri più importanti del

Comitato dei 300 sono anche membri della NATO, un fatto che dovremmo ricordare. Questi membri del Comitato dei 300 ricoprono spesso diverse cariche. Tra i membri del NATO-Club di Roma figurano Harland Cleveland, ex ambasciatore degli Stati Uniti presso la NATO, Joseph Slater, direttore dell'Aspen Institute, Donald Lesh, ex funzionario dell'Agenzia per la Sicurezza Nazionale degli Stati Uniti, George McGhee e Claiborne Pell, solo per citarne alcuni.

È importante ricordare questi nomi, farne un elenco, se volete, in modo da ricordare chi sono e cosa rappresentano quando i loro nomi appaiono nei programmi televisivi e nei servizi giornalistici. Seguendo il modus vivendi dell'intelligence, i leader della commissione appaiono spesso in televisione, di solito sotto le spoglie più innocenti. Dobbiamo sapere che *nulla di ciò* che fanno è innocente.

Il Comitato dei 300 ha piazzato i suoi agenti nei muscoli e nei nervi degli Stati Uniti, nel suo governo, nel Congresso, nelle posizioni di consulenza intorno al Presidente, come ambasciatori e segretari di Stato. Di tanto in tanto, il Club di Roma organizza riunioni e conferenze che, sebbene abbiano titoli innocui, sono suddivise in comitati d'azione, a ciascuno dei quali viene assegnato un compito specifico e una data precisa entro la quale deve portare a termine la propria missione. Se non altro, il Comitato dei 300 lavora secondo un calendario ben preciso. La prima conferenza del Club di Roma negli Stati Uniti fu convocata dal Comitato dei 300 nel 1969 con il titolo "Club of Rome Association": "The Club of Rome Association". L'incontro successivo si tenne nel 1970 con il titolo "Riverdale Centre of Religious Research" ed era guidato da Thomas Burney. A questa è seguita la Conferenza di Woodlands, tenutasi a Houston, in Texas, nel 1971. In seguito, ogni anno si sono tenute conferenze regolari a The Woodlands. Sempre nel 1971, in una data successiva, la Mitchell Energy and Development Corporation tenne il suo incontro sulla strategia energetica per il Club di Roma: il tema ricorrente: LIMITARE LA CRESCITA NEGLI STATI UNITI. Come se non bastasse, nel luglio 1980 si è tenuta la prima Conferenza mondiale sul futuro, alla quale hanno partecipato 4.000 ingegneri sociali e think tank, tutti membri o affiliati di varie istituzioni che operano sotto l'ombrello del Club di Roma.

La prima Conferenza mondiale sul futuro ha avuto la benedizione della Casa Bianca, che ha organizzato una propria conferenza, basata sulle trascrizioni del forum della prima Conferenza mondiale. Si chiamava "Commissione della Casa Bianca sugli anni '80" e raccomandava UFFICIALMENTE le politiche del Club di Roma "come guida per le future politiche degli Stati Uniti", arrivando a dire che l'economia statunitense stava uscendo dalla fase industriale. Ciò riprende il tema di Sir Peter Vickers-Hall e Zbibniew Brzezinsky e fornisce un'ulteriore prova del controllo esercitato dal Comitato dei 300 sugli affari statunitensi, sia interni che esteri.

Come ho detto nel 1981, siamo costretti, politicamente, socialmente ed economicamente, a rimanere bloccati nei piani del Club di Roma. Tutto è contro di noi. Se vogliamo sopravvivere, dobbiamo spezzare la morsa che il Comitato dei 300 ha sul nostro governo. In ogni elezione da quando Calvin Coolidge si è candidato alla Casa Bianca, il Comitato dei 300 è stato in grado di piazzare i suoi agenti in posizioni chiave del governo, in modo che non importa chi otterrà il posto alla Casa Bianca. Ad esempio, ogni candidato alla presidenza dai tempi di Franklin D. Roosevelt è stato selezionato, alcuni dicono "scelto a mano", dal Consiglio per le Relazioni Estere su indicazione del RIIA.

Soprattutto nelle elezioni del 1980, ogni candidato alla massima carica degli Stati Uniti è stato diretto dal CFR. Pertanto, ai cospiratori non importava chi avesse vinto la corsa presidenziale. Grazie a cavalli di Troia come la Heritage Foundation e il CFR, TUTTE le posizioni politiche chiave nelle nuove amministrazioni sono state occupate da candidati del Council on Foreign Relations e prima ancora, dagli anni '60, da yes-men del Club di Roma della NATO, assicurando così che le decisioni politiche chiave portino l'impronta indelebile del Club di Roma e del CFR, che agiscono come bracci esecutivi del Comitato dei 300.

Le elezioni del 1984 e del 1988 hanno seguito questo schema ormai consolidato. Il Segretario di Stato George Schultz è stato la scelta perfetta del Comitato dei 300 per la carica di Segretario di Stato. Schultz è sempre stato una creatura di Henry Kissinger, il principale del CFR. Inoltre, la sua posizione presso Bechtel, un'azienda chiave del Comitato dei 300 con dimensioni globali, gli ha dato accesso a Paesi che altrimenti avrebbero potuto sospettare dei suoi legami con Kissinger. L'amministrazione Carter accelerò il processo di nomina di personale favorevole alla cospirazione in posizioni chiave. Prima che Carter fosse eletto, il suo principale stratega della campagna elettorale, Hamilton Jordan, disse che se Cyrus Vance o Brzezinski fossero stati nominati nel gabinetto Carter, lui, Jordan, si sarebbe dimesso. Lo hanno fatto. Jordan *non si è* dimesso.

La scelta di Carter di Paul Volcker (in realtà fu David Rockefeller a dirgli di nominare Volcker) innescò il crollo dell'economia statunitense secondo il piano stabilito dal Club di Roma. Ci troviamo di fronte a forze potenti che vogliono instaurare un governo unico mondiale. Siamo impegnati in una guerra devastante da 45 anni, ma non viene percepita come tale. Ci viene fatto il lavaggio del cervello, in modo metodico e sistematico, senza che ce ne rendiamo conto. L'Istituto Tavistock ha fornito il sistema perché ciò avvenga, e poi ha messo in moto le sue operazioni.

L'unico modo per difenderci è smascherare i cospiratori e le loro molteplici organizzazioni di facciata. Abbiamo bisogno di uomini esperti che sappiano formulare una strategia per difendere il nostro inestimabile patrimonio che, una volta perso, sarà un ricordo. Dobbiamo imparare i metodi utilizzati dai cospiratori, conoscerli e adottare contromisure. Solo un programma di emergenza potrà fermare il marciume che sta consumando la nostra nazione.

Alcuni potrebbero trovare difficile accettare l'idea di una cospirazione globale perché molti scrittori ne hanno beneficiato finanziariamente. Altri dubitano che l'attività, su scala globale, possa essere coordinata con successo. Vedono l'enorme burocrazia del nostro governo e dicono: "Come possiamo credere che gli individui possano fare di più del governo? "Questo trascura il fatto che il governo è *parte della* cospirazione. Quello che vogliono è una prova concreta, difficile da ottenere.

Altri dicono: "E allora? Che mi importa di una cospirazione, non mi preoccupo nemmeno di votare". Questo è esattamente il modo in cui la popolazione americana è stata profilata *per* reagire. Il nostro popolo è diventato avvilito e confuso, risultato di 45 anni di guerra (psicologica) condotta contro di noi. Il modo in cui ciò avviene è spiegato nel libro di Bernard Levin, ma quante persone si prenderebbero la briga di leggere un libro di saggistica accademica (o di finire di leggerlo tutto?) Stiamo reagendo esattamente come siamo stati profilati per agire. Le persone demoralizzate e disorientate saranno molto più pronte ad accogliere l'improvvisa apparizione di un grande uomo che promette di risolvere tutti i problemi e di assicurare una società ben ordinata in cui le persone sono impiegate a tempo pieno e le dispute domestiche sono minime. Il loro dittatore, perché di questo si tratta, sarà accolto a braccia aperte.

Sapere chi è il nemico è una necessità vitale. Nessuno può combattere e vincere contro un nemico non identificato. Questo libro potrebbe essere usato come manuale militare da campo. *Studiatene* il contenuto e memorizzate tutti i nomi. In questo capitolo ho citato spesso le tecniche di profilazione. La spiegazione completa del "profiling" è riportata nel capitolo successivo. Una delle intuizioni più profonde della scienza del profiling è la relativa facilità con cui può essere effettuata su individui, gruppi di partito, entità politiche e così via. Una volta compreso quanto sia facile farlo, la cospirazione non è più al di là della nostra comprensione. L'assassinio del Presidente Kennedy e il tentato assassinio del Presidente Reagan diventano quindi facili da capire e decifrare.

Istituzioni attraverso le quali viene esercitato il controllo

P rofilazione è una tecnica sviluppata nel 1922 per ordine del Royal Institute for International Affairs (RIIA). Il maggiore John Rawlings Reese, tecnico dell'esercito britannico, fu incaricato di creare la più grande struttura di lavaggio del cervello al mondo presso il Tavistock Institute for Human Relations, parte dell'Università del Sussex. Questo istituto divenne il nucleo del British Psychological Warfare Bureau. Quando nel 1970 presentai per la prima volta i nomi Reese e Tavistock negli Stati Uniti, l'interesse fu molto scarso. Ma nel corso degli anni, quando ho rivelato sempre di più sul Tavistock e sul suo ruolo vitale nella cospirazione, è diventato popolare imitare le mie prime ricerche.

L'Ufficio britannico per la guerra psicologica fece largo uso del lavoro di Reese sulle sue 80.000 cavie dell'esercito britannico, soldati prigionieri che venivano sottoposti a molte forme di test. Furono i metodi ideati dal Tavistock a portare gli Stati Uniti nella Seconda guerra mondiale e a creare, sotto la guida del dottor Kurt Lewin, l'OSS, il precursore della CIA. Lewin divenne il direttore dello Strategic Bombing Survey, un piano della Royal Air Force che prevedeva di concentrarsi sul bombardamento delle abitazioni dei lavoratori tedeschi, lasciando da parte gli obiettivi militari, come le fabbriche di munizioni. Infatti, queste fabbriche di armamenti, da entrambe le parti, erano di proprietà di banchieri internazionali che non volevano vedere i loro beni distrutti.

Più tardi, dopo la fine della guerra, la NATO ordinò all'Università di Sussex di istituire un centro di lavaggio del cervello molto speciale che divenne parte dell'Ufficio britannico per la guerra psicologica, ma la sua ricerca era ora diretta verso applicazioni civili piuttosto che militari. Torneremo su questa unità supersegreta, che si chiamava Science Policy Research Institute (SPRI), nei capitoli dedicati alle droghe.

L'idea alla base dei bombardamenti a saturazione delle abitazioni dei lavoratori civili era quella di abbattere il morale dei lavoratori tedeschi. Non doveva influire sullo sforzo bellico contro la macchina militare tedesca. Lewin e il suo team di attuari arrivarono a una cifra obiettivo: se il 65% delle abitazioni dei lavoratori tedeschi fosse stato distrutto dai bombardamenti notturni della RAF, il morale della popolazione civile sarebbe crollato. Il documento vero e proprio è stato preparato dalla *Prudential Assurance Company.*

La RAF, sotto il comando del "bombardiere" Harris, mise in atto i piani di Lewin, culminando nel bombardamento terroristico di Dresda, in cui furono uccise più di 125.000 persone, soprattutto anziani, donne e bambini. La verità sugli orribili raid del "bombardiere" Harris contro i civili tedeschi rimase un segreto strettamente custodito fino alla fine della Seconda Guerra Mondiale.

Il Tavistock ha fornito la maggior parte dei programmi dettagliati che hanno portato alla creazione dell'Office of Naval Intelligence (ONI), il primo servizio di intelligence degli Stati Uniti, che supera la CIA per dimensioni e portata. Il governo degli Stati Uniti ha assegnato al Tavistock contratti per miliardi di dollari e i pianificatori strategici del Tavistock forniscono gran parte di ciò che il Pentagono utilizza per la nostra difesa, ancora oggi. Questo è un altro esempio della presa del Comitato dei 300 sugli Stati Uniti e sulla maggior parte delle nostre istituzioni. Il Tavistock gestisce più di 30 istituti di ricerca negli Stati Uniti, tutti citati nelle tabelle alla fine del libro.

Queste istituzioni americane-tavistockiane sono diventate in molti casi dei mostri giganteschi, penetrando in tutti gli aspetti delle nostre agenzie governative e prendendo il controllo di tutte le decisioni politiche. Alexander King, membro fondatore della NATO e favorito del Comitato dei 300, nonché membro di spicco del Club di Roma, è uno dei principali distruttori del nostro stile di vita. Il Dr. King è stato incaricato dal Club di Roma di distruggere l'istruzione in America prendendo il controllo dell'Associazione Nazionale degli Insegnanti, lavorando a stretto contatto con alcuni legislatori e giudici. Se non si sapesse già quanto sia pervasiva l'influenza del Comitato dei 300, questo libro dovrebbe fugare ogni dubbio.

L'Agenzia federale per la gestione delle emergenze (FEMA), una creazione del Club di Roma, ha effettuato il suo test contro la centrale nucleare di Three Mile Island ad Harrisburg, in Pennsylvania. Chiamato "incidente" dai media isterici, *non è* stato un incidente, ma un test di crisi *deliberatamente* progettato per la FEMA. Un ulteriore vantaggio fu la paura e l'isteria create dai media che fecero fuggire la gente dalla zona, quando in realtà non era mai stata in pericolo. Questo è stato considerato un successo dalla FEMA e ha segnato molti punti per le forze antinucleari. Il TMI divenne il punto di raccolta dei cosiddetti "ambientalisti", un gruppo altamente finanziato e controllato dall'Aspen Institute, per conto del Club di Roma. La copertura mediatica è stata fornita gratuitamente da William Paley della televisione CBS, un ex agente dei servizi segreti britannici.

La FEMA è il naturale successore dello studio sui bombardamenti strategici della Seconda Guerra Mondiale. Il dottor Kurt Lewin, teorico di quella che i cospiratori del Tavistock chiamarono gestione delle crisi, fu profondamente coinvolto in questo processo. Tra Lewin e Tavistock esiste una catena ininterrotta che dura da trentasette anni. Lewin integrò lo studio sui bombardamenti strategici nella FEMA, con solo piccoli aggiustamenti che si rivelarono necessari, uno dei quali fu che l'obiettivo non era più la GERMANIA, ma gli Stati Uniti d'America.

Quarantacinque anni dopo la fine della Seconda guerra mondiale, è ancora Tavistock ad avere le mani sul grilletto e la pistola è puntata verso gli Stati Uniti. La defunta Margaret Mead ha condotto uno studio intensivo sulle popolazioni tedesche e giapponesi sotto l'egida del Tavistock per scoprire come reagissero allo stress dei bombardamenti aerei. Irving Janus era professore associato in questo progetto, sotto la supervisione del dottor John Rawlings Reese, promosso a generale di brigata nell'esercito britannico. I risultati dei test sono stati presentati alla FEMA. Il rapporto Irving Janus è stato di grande utilità nella formulazione della politica della FEMA. Janus la utilizzò in un libro che scrisse in seguito, intitolato GUERRA AEREA E STRESS. Le idee contenute nel suo libro sono state seguite alla lettera dalla FEMA durante la "crisi" di Three Mile Island. Janus aveva un'idea molto semplice: simulare una successione di crisi e manipolare la popolazione seguendo le tattiche di terrore di Lewin e la popolazione farà esattamente la cosa giusta.

Nello svolgere questo esercizio, Lewin scoprì qualcosa di nuovo, ovvero che il controllo sociale su larga scala può essere ottenuto utilizzando i media per pubblicizzare gli orrori della guerra nucleare attraverso la televisione. Ha scoperto che le riviste femminili erano molto efficaci nel ritrarre gli orrori della guerra nucleare. In un processo condotto da Janus, Betty Bumpers, moglie del senatore Dale Bumpers dell'Arkansas, ha "scritto" per la rivista *McCalls* su questo argomento.

L'articolo è apparso nel numero di gennaio 1983 di *McCalls*. In realtà, la signora Bumpers non ha scritto l'articolo, che è stato creato per lei da un gruppo di scrittori del Tavistock, la cui specialità è proprio questa. Si trattava di un insieme di falsità, non-fatti, insinuazioni e congetture basate interamente su informazioni false. L'articolo di Bumpers è tipico del tipo di manipolazione psicologica in cui il Tavistock eccelle. Nessuna delle signore che leggono *McCalls* può non essere colpita da questa storia di terrore/horror sull'aspetto della guerra nucleare.

Il Comitato dei 300 ha un'ampia burocrazia composta da centinaia di think tank e organizzazioni di facciata che rappresentano l'intera gamma di leader del settore privato e del governo. Ne citerò il maggior numero possibile, a partire dal German Marshall Fund. I suoi membri, e ricordiamo che sono anche membri della NATO e del Club di Roma, sono David Rockefeller della Chase Manhattan Bank, Gabriel Hague della prestigiosa Manufactures Hanover Trust and Finance Corporation, Milton Katz della Ford Foundation, Willy Brandt, leader dell'Internazionale Socialista, agente del KGB e membro del Comitato dei 300, Irving Bluestone, presidente del Consiglio esecutivo degli United Auto Workers, Russell Train, presidente statunitense del Club di Roma. Russell Train, presidente statunitense del Club di Roma e del World Wildlife Fund del principe Filippo, Elizabeth Midgely, produttrice di programmi della CBS, B. R. Gifford, direttore della Russell Sage Foundation, Guido Goldman dell'Aspen Institute, il defunto Averell Harriman, membro del Comitato dei 300, Thomas L. Hughes del Carnegie Endowment Fund, Dennis Meadows e Jay Forrestor del MIT "world-dynamics".

Il Comitato dei 300, pur esistendo da oltre 150 anni, ha assunto la forma attuale solo intorno al 1897. Tendeva ancora a dare ordini attraverso altri organismi di facciata, come il Royal Institute of International Affairs. Quando si decise che una super-agenzia avrebbe controllato gli affari europei, il RIIA fondò il Tavistock Institute, che a sua volta creò la NATO. Per cinque anni, la NATO è stata finanziata dal German Marshall Fund. Forse il membro più importante dei Bilderbergers, un braccio di politica estera del Comitato, è stato Joseph Rettinger, che si dice ne sia stato il fondatore e l'organizzatore, e i cui incontri annuali sono stati per decenni uno dei preferiti dai cacciatori di cospirazioni.

Rettinger era un sacerdote gesuita ben preparato e un massone di 33ème grado. La signora Katherine Meyer Graham, sospettata di aver ucciso il marito per ottenere il controllo del *Washington Post*, era un altro membro di spicco del Club di Roma, così come Paul G. Hoffman della New York Life Insurance Company, una delle più grandi compagnie assicurative degli Stati Uniti e una delle principali società direttamente collegate alla famiglia della regina Elisabetta d'Inghilterra. John J. McCloy, l'uomo che ha cercato di eliminare la Germania del dopoguerra, e James A. Perkins della Carnegie Corporation, erano anche membri fondatori dei Bilderberger e del Club di Roma.

Che cast stellare! Eppure, curiosamente, fino a poco tempo fa, pochi al di fuori delle vere agenzie di intelligence avevano sentito parlare di questa organizzazione. Il potere esercitato da queste persone importanti e dalle società, dalle televisioni, dai giornali, dalle assicurazioni e dalle banche che rappresentano equivale al potere e al prestigio di almeno due Paesi europei, e questa è solo la punta dell'iceberg dell'enorme interesse del Comitato dei 300 per il cross-networking e per le interfacce di controllo che esercita.

Richard Gardner non è menzionato nell'elenco precedente. Pur essendo uno dei primi membri del Comitato dei 300, fu inviato a Roma per una missione speciale. Gardner si sposò con una delle più antiche famiglie nobili di colore di Venezia, dando all'aristocrazia veneziana una linea diretta con la Casa Bianca. Il defunto Averell Harriman era un altro dei collegamenti diretti della commissione con il Cremlino e la Casa Bianca, posizione che Kissinger ha ereditato dopo la morte di Harriman.

Il Club di Roma è in effetti una formidabile agenzia del Comitato dei 300. Sebbene apparentemente si occupi di questioni statunitensi, il gruppo è un ombrello per altre agenzie del Comitato dei 300, e i suoi membri statunitensi si trovano spesso a lavorare su "questioni" in Giappone e Germania. Tra le organizzazioni di facciata gestite dal suddetto comitato ci sono, ma non solo, le seguenti:

LA LEGA DELLA DEMOCRAZIA INDUSTRIALE. Ufficiali di gara: Michael Novak, Jeane Kirkpatrick, Eugene Rostow, IRWIN SUALL, Lane Kirkland, Albert Schenker.

Obiettivo: interrompere e dislocare i normali rapporti di lavoro tra lavoratori e datori di lavoro facendo il lavaggio del cervello ai sindacati per indurli a formulare richieste impossibili, con particolare attenzione all'industria siderurgica, automobilistica e immobiliare.

CASA DELLA LIBERTÀ. Funzionari: Leo Churn e Carl Gershman.

Obiettivo: diffondere la disinformazione socialista tra i colletti blu americani, diffondere il malcontento e l'insoddisfazione. Ora che questi obiettivi erano stati in gran parte raggiunti, Gershman fu reclutato da Lawrence Eagleburger per la CEDC, un'organizzazione appena creata per impedire che la Germania unita espandesse il suo commercio verso il bacino del Danubio.

COMITATO DI MAGGIORANZA DEMOCRATICA. Ufficiali di gara: Ben Wattenburg, Jeane Kirkpatrick, Elmo Zumwa e Midge Dector.

Obiettivo: creare un legame tra la classe socialista istruita e i gruppi di minoranza, al fine di costruire un solido blocco di elettori su cui poter contare per votare i candidati di sinistra alle elezioni. È stata davvero un'operazione fabianista dall'inizio alla fine.

ISTITUTO PER LA RICERCA SULLA POLITICA ESTERA. Ufficiali di gara: Robert Strausz Hupe.

Obiettivo: minare e infine porre fine al programma spaziale della NASA.

SOCIAL DEMOCRATS U.S.A. Funzionari: Bayard Rustin, Lane Kirkland, Jay Lovestone, Carl Gershman, Howard Samuel, Sidney Hook.

L'obiettivo era quello di diffondere il socialismo radicale, soprattutto tra le minoranze, e di creare legami tra organizzazioni simili nei Paesi socialisti. Lovestone è stato per decenni il principale consigliere dei presidenti degli Stati Uniti per gli affari sovietici e un forte legame diretto con Mosca.

ISTITUTO PER LE RELAZIONI DI LAVORO. Ufficiali di gara: Harland Cleveland, Willis Harmon. Obiettivo: cambiare il modo di pensare dell'America.

LA LEGA DEI CITTADINI. Ufficiali di gara: Barry Commoner.

L'obiettivo è quello di intentare cause "per causa comune" contro varie agenzie governative, in particolare nel campo della difesa.

LEGA DEI RESISTENTI ALLA GUERRA. Conduttori: Noam Chomsky e David McReynolds.

Obiettivo: organizzare la resistenza alla guerra del Vietnam tra gruppi di sinistra, studenti e "celebrità" di Hollywood.

IL COMITATO ORGANIZZATIVO SOCIALISTA DEMOCRATICO DELL'ISTITUTO DEL SOCIALISMO DEMOCRATICO. Ufficiali di gara: Frank Zeider, Arthur Redier e David McReynolds.

Scopo: un centro per lo scambio di idee e attività della sinistra socialista all'interno dell'Unione Europea, degli Stati Uniti e dell'Europa.

DIVISIONE INVESTIGATIVA DELLA LEGA ANTIDIFFAMAZIONE.

Ufficiali di gara: IRWIN SUALL, noto anche come John Graham.

Obiettivo: un'operazione congiunta dell'FBI e dei servizi segreti britannici per isolare e disattivare i gruppi di estrema destra e i loro leader prima che diventino troppo grandi e influenti.

ASSOCIAZIONE INTERNAZIONALE DEI MACCHINISTI.

Obiettivo: un fronte operaio per l'Internazionale socialista e un fulcro per l'agitazione organizzata dei lavoratori, polarizzando lavoratori e datori di lavoro.

LAVORATORI DELL'ABBIGLIAMENTO FUSI.

Ufficiali di gara: Murray Findley, IRWIN SUALL e Jacob Scheinkman.

Obiettivo: come il sindacato dei macchinisti, socializzare e polarizzare i lavoratori del settore dell'abbigliamento.

ISTITUTO A. PHILIP RANDOLPH. Ufficiali di gara: Bayard Rustin.

Obiettivo: fornire un mezzo per coordinare le organizzazioni con un obiettivo comune, ad esempio la diffusione delle idee socialiste tra gli studenti e i lavoratori.

ISTITUTO DI STUDI POLITICI DI CAMBRIDGE. Ufficiali di gara: Gar Apelrovitz.

Obiettivo: sviluppare il lavoro svolto dall'Istituto per gli studi politici. Fondata nel febbraio 1969 dal socialista internazionale Gar Apelrovitz, ex assistente del senatore Gaylord Nelson. Apelrovitz ha scritto il controverso libro *ATOMIC DIPLOMACY* per il Club di Roma, il cui lavoro è stato finanziato dal German Marshall Fund. Si concentra su progetti di ricerca e di azione, con l'obiettivo dichiarato di cambiare radicalmente la società americana, cioè di creare Stati Uniti fabiani per il prossimo governo mondialista.

COMITATO ECONOMICO DELL'ISTITUTO NORD ATLANTICO. Funzionari: Dott. Aurellio Peccei.

Scopo: think tank della NATO su questioni economiche globali.

CENTRO PER LO STUDIO DELLE ISTITUZIONI

DEMOCRATICHE. Funzionari: il fondatore Robert Hutchins del Comitato dei 300, Harry Ashmore, Frank Kelly e un folto gruppo di "Membri onorari".

L'obiettivo è diffondere idee che portino a riforme sociali liberali con la democrazia come ideologia. Una delle sue attività è scrivere una nuova costituzione per gli Stati Uniti, che sarà fortemente monarchica e socialista come quella danese.

Il Centro è un baluardo "olimpico". Situato a Santa Barbara, è ospitato in quello che viene affettuosamente chiamato "il Partenone". L'ex rappresentante John Rarick l'ha definita "una struttura piena di comunisti". Nel 1973, la stesura della nuova Costituzione degli Stati Uniti era al trentacinquesimo anno e proponeva un emendamento che garantiva i "diritti ambientali", con l'obiettivo di ridurre la base industriale degli Stati Uniti a un mero embrione di ciò che era nel 1969. In altre parole, attua le politiche post-industriali e di crescita zero del Club di Roma, così come definite dal Comitato dei 300.

Altri obiettivi sono il controllo dei cicli economici, il welfare, la regolamentazione delle imprese nazionali e delle opere pubbliche e il controllo dell'inquinamento. Parlando a nome del Comitato dei 300, Ashmore ha affermato che la funzione del CSDI è quella di trovare modi per rendere più efficace il nostro sistema politico. "Dobbiamo cambiare l'istruzione e dobbiamo pensare a una nuova Costituzione americana e a una Costituzione per il mondo", ha detto Ashmore.

Gli altri obiettivi dichiarati da Ashmore sono i seguenti:

1)   L'adesione alle Nazioni Unite deve diventare universale.

2)   Le Nazioni Unite devono essere rafforzate.

3)   Il Sud-Est asiatico deve essere neutralizzato (neutralizzato significa "comunificato").

4)   La guerra fredda deve finire.

5)   La discriminazione razziale deve essere abolita.

6)   I Paesi in via di sviluppo devono essere aiutati. (Questo significa distruggerli).

7)   Nessuna soluzione militare ai problemi. (Peccato che non l'abbiano detto a George Bush prima della Guerra del Golfo).

8)   Le soluzioni nazionali non sono sufficienti.

9) La coesistenza è necessaria.

CLINICA PSICOLOGICA DI HARVARD. I leader: il dottor Kurt Lewin e un team di 15 scienziati specializzati nelle nuove scienze.

Obiettivo: creare un clima in cui il Comitato dei 300 possa assumere un potere illimitato sugli Stati Uniti.

ISTITUTO PER LA RICERCA SOCIALE. I leader: il dottor Kurt Lewin e un team di 20 scienziati specializzati in nuove scienze.

Obiettivo: progettare una serie di nuovi programmi sociali per allontanare l'America dall'industria.

UNITÀ DI RICERCA SULLA POLITICA SCIENTIFICA. Ufficiali di gara: Leland Bradford, Kenneth Dam, Ronald Lippert.

Oggetto: Future Shocks Research Institution presso l'Università del Sussex in Inghilterra e parte della rete Tavistock.

UNA SOCIETÀ DI SVILUPPO DI SISTEMI. I responsabili: Sheldon Arenberg e un team di diverse centinaia di persone, troppe per essere citate qui.

L'obiettivo è quello di coordinare tutti gli elementi delle comunità di intelligence dell'Unione europea, degli Stati Uniti e della Gran Bretagna. Analizza quali "attori" dovrebbero avere il ruolo di un'entità nazionale; ad esempio, la Spagna sarebbe posta sotto l'ombrello di una Chiesa cattolica annacquata, le Nazioni Unite sotto il Segretario generale, ecc. Ha sviluppato il sistema "X RAY 2", in cui il personale dei think-tank, le installazioni militari e i centri di polizia sono tutti collegati al Pentagono attraverso una rete nazionale di telescriventi e computer: per applicare le tecniche di sorveglianza su scala nazionale. Arenberg sostiene che le sue idee non sono militari, ma che le sue tecniche sono principalmente quelle che ha imparato dai militari. Era responsabile del Sistema di identificazione e di intelligence dello Stato di New York, un progetto tipico di "1984" di George Orwell, completamente illegale secondo la nostra Costituzione. Il sistema NYSIIS sta per essere adottato a livello nazionale. È ciò che Brzezinski ha definito la capacità di recuperare dati su qualsiasi persona quasi istantaneamente.

Il NYSIIS condivide i suoi dati con tutte le agenzie governative e di polizia dello Stato. Consente di archiviare e recuperare rapidamente documenti individuali, penali e sociali. Questo è un progetto TIPICO del Comitato dei 300. È assolutamente necessario indagare a fondo su ciò che sta facendo la Systems Development Corporation, ma ciò esula dallo scopo di questo libro. Una cosa è *certa*: la DSC non è lì per preservare la libertà garantita dalla Costituzione degli Stati Uniti. È molto conveniente che si trovi a Santa Barbara, vicino al "Partenone" di Robert Hutchins.

Ecco alcune pubblicazioni di queste istituzioni del Club di Roma:

- ➢ Rivista Centre
- ➢ Controspia
- ➢ Coventry
- ➢ Bollettino informativo sull'azione segreta
- ➢ Dissidente
- ➢ Relazioni umane
- ➢ Ricerca industriale
- ➢ Richiesta
- ➢ Mother Jones
- ➢ Uno
- ➢ Progressivo
- ➢ Cantastorie
- ➢ La Nuova Repubblica
- ➢ Documenti di lavoro per una nuova società

Queste non sono certo tutte le pubblicazioni pubblicate sotto l'egida del Club di Roma. Ce ne sono altre centinaia, infatti ognuna delle fondazioni pubblica una propria pubblicazione. Dato il numero di fondazioni gestite dal Tavistock Institute e dal Club di Roma, è possibile includere solo un elenco parziale. Di seguito sono elencate alcune delle più importanti fondazioni e think tank, tra cui i think tank dell'esercito.

L'opinione pubblica americana rimarrebbe stupita se sapesse quanto l'esercito sia coinvolto nella ricerca di "nuove tattiche di guerra" con i "think tank" del Committee of 300. Gli americani non sanno che nel 1946 il Club di Roma fu incaricato dal Comitato dei 300 di promuovere il progresso dei think tank, che riteneva offrissero un nuovo mezzo per diffondere la filosofia del Comitato. L'impatto di questi think tank sulle nostre forze armate, solo dal 1959, anno in cui sono improvvisamente proliferati, è davvero sorprendente. Non c'è dubbio che avranno un ruolo ancora più importante negli affari quotidiani di questa nazione alla fine del XX secolo^{ème}.

LA SOCIETÀ MONT PÈLERIN

Mont Pèlerin è una fondazione economica che si dedica alla pubblicazione di teorie economiche fuorvianti e che influenza gli economisti del mondo occidentale a seguire i modelli che propone di volta in volta. I suoi principali interpreti sono Von Hayek e Milton Friedman.

L'ISTITUZIONE HOOVER.

Fondata originariamente per combattere il comunismo, l'istituzione si è lentamente ma inesorabilmente spostata verso il socialismo. Ha un budget annuale di 2 milioni di dollari, finanziato da aziende sotto l'egida del Comitato dei 300, e ora si concentra sul "cambiamento pacifico" con particolare attenzione al controllo delle armi e alle questioni interne degli Stati Uniti. I media la utilizzano spesso come organizzazione "conservatrice" di cui cercano le opinioni quando è necessario un punto di vista conservatore. L'Hoover Institution è tutt'altro che un'organizzazione conservatrice e, dopo il documento di posizione del 1953, è diventata un'organizzazione a sé stante.

A causa dell'acquisizione dell'istituzione da parte di un gruppo alleato del Club di Roma, è diventata uno sbocco per le politiche "auspicabili" del Nuovo Ordine Mondiale.

FONDAZIONE DEL PATRIMONIO

Fondato dal magnate della birra Joseph Coors come think tank conservatore, Heritage fu presto rilevato dai fabianisti Sir Peter Vickers-Hall, Stuart Butler, Steven Ayzlei, Robert Moss e Frederich Von Hayek sotto la direzione del Club di Roma. Questo istituto ha svolto un ruolo fondamentale nell'attuazione dell'ordine del leader laburista britannico Anthony Wedgewood Benn di "Thatcherare Reagan". Heritage non è certo un'organizzazione conservatrice, anche se a volte può sembrarlo.

UFFICIO RICERCA RISORSE UMANE

È una struttura di ricerca dell'esercito che si occupa di "psicotecnologia". La maggior parte del suo personale è formato dal Tavistock. Psychotechnology" tratta la motivazione e il morale dei GI e la musica usata dal nemico. In effetti, molto di ciò che George Orwell scrisse nel suo libro *1984* sembra essere notevolmente simile a ciò che viene insegnato a HUMRRO. Nel 1969, il Comitato dei 300 ha rilevato questa importante istituzione e l'ha trasformata in un'organizzazione privata senza scopo di lucro gestita sotto gli auspici del Club di Roma. È il più grande gruppo di ricerca comportamentale degli Stati Uniti.

Una delle sue specialità è lo studio dei piccoli gruppi sotto stress. HUMRRO insegna all'esercito che il soldato è solo un'estensione del suo equipaggiamento e ha avuto una grande influenza sul sistema "uomo/arma" e sul suo "controllo della qualità umana", così ampiamente accettato dall'esercito statunitense. HUMRRO ha avuto un effetto molto pronunciato sul modo in cui l'esercito si comporta. Le sue tecniche di controllo mentale provengono direttamente da Tavistock. I corsi di psicologia applicata di HUMRRO dovrebbero insegnare agli ufficiali dell'esercito come utilizzare l'arma umana. Un buon esempio è il modo in cui i soldati nella guerra contro l'Iraq erano pronti a disobbedire agli ordini dei loro manuali da campo e a seppellire vivi 12.000 soldati iracheni.

Questo tipo di lavaggio del cervello è terribilmente pericoloso, perché oggi viene applicato all'esercito, l'esercito lo applica per distruggere brutalmente migliaia di soldati "nemici", e domani all'esercito potrebbe essere detto che i gruppi di popolazione civile che si oppongono alle politiche del governo sono "il nemico". Siamo già un branco di pecore senza cervello, a cui è stato fatto il lavaggio del cervello (*We the sheeple [?]*),[3] ma sembra che HUMRRO possa portare la manipolazione e il controllo mentale ancora più in là. HUMRRO è un'aggiunta preziosa al Tavistock e molte delle lezioni impartite in HUMRRO sono state applicate nella Guerra del Golfo, dando una visione un po' più approfondita di come si è arrivati al fatto che i soldati americani si comportano come assassini spietati e senza cuore, ben lontani dal concetto di combattente americano tradizionale.

RESEARCH ANALYSIS CORPORATION.

È l'organizzazione sorella di HUMRRO "1984", con sede a McLean, in Virginia. Fondato nel 1948, è stato rilevato dal Comitato dei 300 nel 1961, quando è diventato parte del blocco Johns Hopkins. Ha lavorato su oltre 600 progetti, tra cui l'integrazione dei neri nelle forze armate,

---

[3] "Noi pecore", Ndt.

l'uso tattico delle armi nucleari, i programmi di guerra psicologica e il controllo di massa della popolazione.

Esistono, naturalmente, molti altri importanti think tank, la maggior parte dei quali verrà discussa in questo libro. Una delle aree più importanti di collaborazione tra ciò che i think tank producono e ciò che diventa governo e politica pubblica è quella dei "sondaggisti". I sondaggisti si occupano di plasmare e modellare l'opinione pubblica nella direzione che fa comodo ai cospiratori. I sondaggi sono costantemente condotti dalla CBS-NBC-ABC, dal *New York Times*, dal *Washington Post*. La maggior parte di questi sforzi è coordinata dal National Opinion Research Center dove, sorprendentemente, è stato sviluppato un profilo psicologico dell'intera nazione.

I risultati vengono inseriti nei computer di Gallup Poll e Yankelovich, Skelley e White per una valutazione comparativa. La maggior parte di ciò che leggiamo sui giornali o vediamo in televisione è stata autorizzata dai sondaggisti. QUELLO CHE VEDIAMO È QUELLO CHE I SONDAGGISTI PENSANO CHE DOVREMMO VEDERE. Questo si chiama "opinione pubblica". L'idea alla base di questo piccolo condizionamento sociale è quella di determinare come il pubblico reagisce alle direttive politiche impartite dal Comitato dei 300. Siamo chiamati "gruppi di popolazione target" e ciò che i sondaggisti misurano è il grado di resistenza a ciò che appare nel "Nightly News".[4] In seguito scopriremo esattamente come è nata questa pratica ingannevole e chi ne è responsabile.

Tutto questo fa parte dell'elaborato processo di formazione delle opinioni creato al Tavistock. Oggi i nostri cittadini *pensano di* essere ben informati, ma *non si* rendono conto che le opinioni che *credono loro* sono state in realtà create negli istituti di ricerca e nei think tank americani e che nessuno di noi è libero di formarsi una propria opinione, a causa delle informazioni che ci vengono fornite dai media e dai sondaggisti.

I sondaggi raggiunsero il culmine poco prima dell'ingresso degli Stati Uniti nella Seconda Guerra Mondiale. Gli americani furono inconsapevolmente condizionati a vedere la Germania e il Giappone come nemici pericolosi che dovevano essere fermati. In un certo senso questo era vero, e rende il pensiero condizionato ancora *più* pericoloso,

---

[4] "Notizie della sera.

perché in base alle INFORMAZIONI che venivano loro fornite, il nemico sembrava effettivamente essere la Germania e il Giappone. Proprio di recente abbiamo visto come funziona bene il processo di condizionamento Tavistock, quando gli americani sono stati condizionati a percepire l'Iraq come una minaccia e Saddam Hussein come un nemico personale degli Stati Uniti.

Questo processo di condizionamento è tecnicamente descritto come "il messaggio che raggiunge gli organi di senso delle persone da influenzare". Uno dei sondaggisti più rispettati è Daniel Yankelovich, membro del Comitato dei 300, dello studio Yankelovich, Skelley and White. Yankelovich è orgoglioso di dire ai suoi studenti che i sondaggi sono uno strumento per cambiare l'opinione pubblica, anche se non si tratta di un'affermazione originale, in quanto Yankelovich si è ispirato al libro di David Naisbett "TREND REPORT", commissionato dal Club di Roma.

Nel suo libro, Naisbett descrive la gamma di tecniche utilizzate dagli opinion maker per creare l'opinione pubblica desiderata dal Comitato dei 300. La formazione dell'opinione pubblica è il fiore all'occhiello degli OLIMPIANI, perché con le migliaia di nuovi scienziati sociali a loro disposizione e con i media nelle loro mani, è possibile creare NUOVE opinioni pubbliche su quasi tutti gli argomenti e diffonderle in tutto il mondo nel giro di due settimane.

Questo è esattamente ciò che è accaduto quando il loro servo George Bush ha ricevuto l'ordine di entrare in guerra con l'Iraq. Nel giro di due settimane, non solo l'opinione pubblica americana, ma quasi tutta l'opinione pubblica mondiale si è rivolta contro l'Iraq e il suo presidente Saddam Hussein. Questi artisti del cambiamento e manipolatori dell'informazione fanno capo direttamente al Club di Roma, che a sua volta fa capo al Comitato dei 300, guidato dalla Regina d'Inghilterra, che regna su una vasta rete di società strettamente collegate che non pagano mai le tasse e non devono rendere conto a nessuno, che finanziano i loro istituti di ricerca attraverso fondazioni e le cui attività comuni hanno un controllo quasi totale sulla nostra vita quotidiana.

Con le sue società interconnesse, le compagnie di assicurazione, le banche, le società finanziarie, le compagnie petrolifere, i giornali, le riviste, la radio e la televisione, questo vasto apparato siede a cavallo degli Stati Uniti e del mondo. Non c'è un solo politico a Washington D.C. che non sia, in un modo o nell'altro, legato ad essa. La sinistra inveisce contro questo apparato, chiamandolo "imperialismo", e lo è, ma la sinistra è gestita dalle stesse persone che controllano la destra, quindi la sinistra non è più libera di noi!

Gli scienziati coinvolti nel processo di condizionamento sono chiamati "ingegneri sociali" o "scienziati sociali delle nuove scienze" e svolgono un ruolo essenziale in ciò che vediamo, ascoltiamo e leggiamo. Gli ingegneri sociali della "vecchia scuola" erano Kurt K. Lewin, il professor Hadley Cantril, Margaret Meade, il professor Derwin Cartwright e il professor Lipssitt che, con John Rawlings Reese, costituivano la spina dorsale dei nuovi scienziati del Tavistock Institute.

Durante la Seconda guerra mondiale, oltre 100 ricercatori lavorarono sotto la direzione di Kurt Lewin, copiando pedissequamente i metodi adottati da Reinhard Heydrich delle S.S. L'OSS si basò sulla metodologia di Heydrich e, come sappiamo, l'OSS fu il precursore della Central Intelligence Agency. La conclusione di tutto questo è che i governi della Gran Bretagna e degli Stati Uniti hanno già messo in atto i meccanismi necessari per portarci in un Nuovo Ordine Mondiale con solo una piccola resistenza, e questi meccanismi sono in funzione dal 1946. Ogni anno che passa aggiunge nuovi perfezionamenti.

È questo Comitato di 300 persone che ha stabilito reti e meccanismi di controllo molto più vincolanti di qualsiasi altra cosa mai vista in questo mondo. Non servono catene e corde per trattenerci. La nostra paura di ciò che sta per accadere svolge questo compito in modo molto più efficace di qualsiasi mezzo fisico di contenimento. Ci hanno fatto il lavaggio del cervello per farci rinunciare al nostro diritto costituzionale di portare le armi, per farci rinunciare alla nostra stessa Costituzione, per permettere alle Nazioni Unite di controllare la nostra politica estera e al Fondo Monetario Internazionale di prendere il controllo della nostra politica fiscale e monetaria, per permettere al Presidente di infrangere impunemente la legge degli Stati Uniti, di invadere un Paese straniero e di rapire il suo capo di Stato. In breve, ci è stato fatto il lavaggio del cervello al punto che come nazione accettiamo ogni atto illegale commesso dal nostro governo senza fare domande.

Per quanto mi riguarda, so che presto dovremo lottare per riprenderci il nostro Paese dal Comitato, o perderlo per sempre. MA, quando si arriva a questo, quanti prenderanno effettivamente le armi? Nel 1776, solo il 3% della popolazione prese le armi contro il re Giorgio III. Questa volta il 3% sarà tristemente insufficiente. Non dobbiamo lasciarci condurre in vicoli ciechi, perché questo è ciò che i nostri controllori mentali hanno pianificato per noi, mettendoci di fronte a una tale complessità di questioni che semplicemente soccombiamo alla penetrazione a lungo termine e non riusciamo a prendere decisioni su molte questioni vitali.

Vedremo i nomi di coloro che compongono il Comitato dei 300, ma prima di farlo, dovremmo osservare il massiccio intreccio di tutte le principali istituzioni, società e banche sotto il controllo del Comitato. Dobbiamo tenerne traccia, perché sono queste le persone che decidono chi deve vivere e chi deve essere eliminato come "mangiatore inutile"; dove adorare Dio, cosa indossare e persino cosa mangiare. Secondo Brzezinski, saremo sottoposti a una sorveglianza infinita, 24 ore al giorno, 365 giorni all'anno, all'infinito.

Il fatto che siamo stati traditi dall'interno viene accettato ogni anno da un numero sempre maggiore di persone, e questo è un bene, perché è attraverso la Conoscenza[5] , parola tradotta dalla parola CREDENZA, che possiamo sconfiggere i nemici dell'umanità. Mentre eravamo distratti dagli spauracchi del Cremlino, il cavallo di Troia è stato messo in piedi a Washington D.C. Il pericolo più grande che i popoli liberi devono affrontare oggi non viene da Mosca, ma da Washington D.C. Dobbiamo prima conquistare il NEMICO INTERNO, e poi saremo abbastanza forti da organizzare un'offensiva per eliminare il comunismo dalla Terra e tutti gli "ismi" che lo accompagnano.

L'amministrazione Carter ha accelerato il collasso della nostra economia e delle nostre forze armate, iniziato da Robert Strange McNamara, membro del Club di Roma e del Lucis Trust. Nonostante le sue promesse, Reagan continuò a minare la nostra base industriale, riprendendo da dove Carter aveva lasciato. Se da un lato dobbiamo mantenere forti le nostre difese, dall'altro non possiamo farlo con una base industriale debole, perché senza un complesso militare-industriale ben gestito non possiamo avere un sistema di difesa valido. Il Comitato dei 300 lo riconobbe e pianificò le sue politiche di crescita zero post-industriale, ormai fiorenti, già nel 1953. Grazie al Club di Roma, il nostro potenziale tecnologico è sceso al di sotto di quello del Giappone e della Germania, nazioni che avremmo sconfitto nella Seconda Guerra Mondiale. Come ci siamo arrivati? A causa di uomini come il dottor Alexander King e della nostra mentalità cieca, non siamo riusciti a riconoscere la distruzione delle nostre istituzioni e dei nostri sistemi educativi. A causa della nostra cecità, non produciamo più ingegneri e scienziati in numero sufficiente a mantenerci tra le nazioni industrializzate del mondo. Grazie al Dr. King, un uomo che pochi in

---

[5] "Il mio popolo è distrutto per mancanza della [mia] conoscenza". - Dio, Osea 4:6.

America conoscono, l'istruzione negli Stati Uniti è al livello più basso dal 1786. Le statistiche prodotte dall'Institute for Higher Learning mostrano che le capacità di lettura e scrittura degli studenti delle scuole superiori degli Stati Uniti sono INFERIORI a quelle degli studenti delle scuole superiori del 1786.

Quello che ci troviamo ad affrontare oggi non è solo la perdita della nostra libertà e del tessuto stesso della nostra nazione, ma, cosa ben più grave, la possibilità di perdere la nostra anima. La costante erosione delle fondamenta su cui poggia questa repubblica ha lasciato un vuoto che *satanisti* e cultisti sono ansiosi di riempire con il loro materiale sintetico per anime. Questa verità è difficile da accettare e apprezzare, perché non c'è stato nulla di improvviso in questi eventi. Se un improvviso shock ci colpisse, uno shock culturale e religioso, saremmo scossi dalla nostra apatia.

Ma *il gradualismo*, cioè il processo con cui opera *il fabianesimo*, non fa nulla per dare l'allarme. Poiché la stragrande maggioranza degli americani non riesce a percepire alcun MOTIVO per le cose che ho descritto, non può accettarlo, e quindi la cospirazione (che io indico) viene disprezzata e spesso derisa (come una teoria selvaggia, o un frutto dell'immaginazione). Creando il caos, presentando centinaia di scelte quotidiane che le nostre persone devono fare, siamo arrivati a una posizione in cui, a meno che non si possa dimostrare chiaramente la motivazione, tutte le informazioni rilevanti vengono rifiutate.

Questo è sia l'anello debole che quello forte della catena della cospirazione. La maggior parte delle persone respinge tutto ciò che non ha un movente, quindi i cospiratori si sentono al sicuro dietro il ridicolo di coloro che indicano l'imminente crisi della nostra nazione e delle nostre vite individuali. Tuttavia, se riusciamo a convincere un numero sufficiente di persone a vedere la verità, il blocco motivazionale si indebolisce fino a quando non viene definitivamente accantonato, poiché sempre più persone vengono illuminate e viene abbandonata la (falsa) idea che "questo non può accadere in America".

Il Comitato dei 300 fa affidamento sulle nostre risposte disadattive per governare la nostra reazione agli eventi creati, e non sarà deluso finché noi, come nazione, continueremo a reagire nel modo attuale. Dobbiamo trasformare le risposte alle crisi create in risposte ADATTIVE, identificando i cospiratori e svelando i loro piani per noi, in modo che queste cose diventino di dominio pubblico. Il Club di Roma ha già compiuto la TRANSIZIONE AL BARBARISMO. Invece di aspettare di essere *"rapiti"*, dobbiamo *fermare* il Comitato dei 300 *prima che* possano raggiungere il loro obiettivo di renderci prigionieri (schiavi) della "nuova era oscura" prevista per noi. Non dipende da Dio, ma da *noi*. Dobbiamo prendere le misure necessarie.

"Devono essere fermati, tutto dipende da questo".

Tutte le informazioni che fornisco in questo libro sono il risultato di anni di ricerche, supportate da fonti di informazione impeccabili. Nulla è esagerato. Si tratta di dati di fatto e accurati, quindi non cadete nella trappola tesa dal nemico secondo cui questo materiale è "disinformazione". Negli ultimi due decenni ho fornito informazioni che si sono rivelate molto accurate e che hanno contribuito a spiegare molti eventi confusi. La mia speranza è che attraverso questo libro emerga una comprensione più chiara e più ampia delle forze cospiratorie schierate contro questa nazione. Questa speranza si sta realizzando quando sempre più giovani iniziano a fare domande e a cercare informazioni su ciò che sta realmente accadendo. È difficile per la gente capire che questi cospiratori sono reali e hanno il potere che io e molti altri abbiamo attribuito loro. Molti hanno scritto per chiedere come mai il nostro governo non stia facendo nulla per questa terribile minaccia alla civiltà. Il problema è che il nostro governo è parte del problema, parte della cospirazione, e in nessun luogo e in nessun momento questo è diventato più evidente che durante la presidenza Bush. Naturalmente, il Presidente Bush sa esattamente cosa ci sta facendo il Comitato dei 300. LAVORA PER LORO. Altri hanno scritto per dire: "Pensavamo di combattere il governo". Certo che sì, ma dietro il governo si nasconde una forza così potente e onnicomprensiva che le agenzie di intelligence hanno paura anche solo di nominarla: gli "Olimpici" (la famosa mano nascosta).

La prova del Comitato dei 300 sta nel gran numero di istituzioni potenti che possiede e controlla. Eccone alcuni tra i più importanti, tutti facenti capo alla MADRE DI TUTTE LE TANE E LE ISTITUZIONI DI RICERCA, l'ISTITUTO TAVISTOCK DI RELAZIONI UMANE, con la sua vasta rete di centinaia di "filiali".

Il Centro di ricerca di Stanford

Il Centro di Ricerca di Stanford (SRC) è stato fondato nel 1946 dal Tavistock Institute For Human Relations. Stanford fu creata per aiutare Robert Anderson e la sua compagnia petrolifera ARCO, che si era assicurata i diritti petroliferi sul North Slope dell'Alaska per il Committee of 300. In effetti, il compito era troppo grande per l'Aspen Institute di Anderson, per cui è stato necessario fondare e finanziare un nuovo centro. Questo nuovo istituto era lo Stanford Research Center. L'Alaska ha venduto i suoi diritti per un acconto di 900 milioni di dollari, una cifra relativamente piccola per il Comitato dei 300. Il governatore dell'Alaska è stato indirizzato all'IRS per ottenere aiuto e consulenza. Non è stato un caso, ma il risultato di un'attenta pianificazione e di un processo di confezionamento a lungo termine.

In seguito alla richiesta di aiuto del Governatore, tre scienziati dell'SRI si sono trasferiti in Alaska dove hanno incontrato il Segretario di Stato e l'Ufficio di pianificazione statale. Francis Greehan, che ha guidato il team dell'SRI, ha assicurato al governatore che il problema della gestione del ricco giacimento di petrolio sarebbe stato al sicuro nelle mani dell'SRI. Naturalmente, Greehan non ha menzionato il Comitato dei 300 o il Club di Roma. In meno di un mese, Greehan ha messo insieme un team di diverse centinaia di economisti, specialisti del petrolio e nuovi scienziati. Il rapporto che l'ISR ha presentato al governatore era di ottantotto pagine. La proposta è stata approvata praticamente senza modifiche dalla legislatura dell'Alaska nel 1970. Greehan aveva effettivamente svolto un lavoro notevole per il Comitato dei 300, e dall'inizio l'IRS è cresciuto fino a diventare un'istituzione con 4.000 dipendenti e un bilancio annuale di oltre 160 milioni di dollari. Il suo presidente, Charles A. Anderson, ha assistito a gran parte di questa crescita durante il suo mandato, così come il professor Willis Harmon, direttore del Centro SRI per gli studi sulle politiche sociali, che impiega centinaia di nuovi scienziati, molti dei quali sono stati trasferiti dalla base londinese di Tavistock. Uno di questi era il presidente della RCA ed ex ufficiale dei servizi segreti britannici, David Sarnoff, che fu strettamente legato ad Harmon e al suo team per venticinque anni. Sarnoff era una sorta di "cane da guardia" per l'istituto madre nel Sussex.

Stanford sostiene di non esprimere giudizi morali sui progetti che accetta, lavorando per Israele e per gli arabi, per il Sudafrica e per la Libia, ma, come si può immaginare, assumendo questa posizione si assicura un "vantaggio interno" con i governi stranieri che la CIA ha trovato molto utile. Nel libro di Jim Ridgeway, THE CLOSED CORPORATION, Gibson, un portavoce dell'IRS, si vanta della sua posizione non discriminatoria. Sebbene non sia elencato come centro di ricerca a contratto federale, l'IRS è ora il più grande think tank militare, eclissando Hudson e Rand. Tra i dipartimenti specializzati dell'ISR vi sono centri sperimentali per la guerra chimica e biologica.

Una delle attività più pericolose di Stanford riguarda le operazioni di contro-insurrezione rivolte alle popolazioni civili - esattamente il tipo di cose tipo "1984" che il governo già usa contro il suo *stesso* popolo. Il governo statunitense paga milioni di dollari all'anno all'SRI per questo tipo di "ricerca" molto controversa. In seguito alle proteste degli studenti contro gli esperimenti di guerra chimica a Stanford, l'SRI è stato "venduto" a un gruppo privato per soli 25 milioni di dollari. Naturalmente non è cambiato nulla, l'ISR è ancora un progetto Tavistock e il Comitato dei 300 ne è ancora proprietario, ma i creduloni sembrano soddisfatti di questo cambiamento cosmetico senza conseguenze. Nel 1958 si verificò un nuovo sorprendente sviluppo. L'Advanced Research Products Agency (ARPA), un'agenzia appaltatrice del Dipartimento della Difesa, si è rivolta all'IRS con una proposta top secret. John Foster del Pentagono ha spiegato a SRI che era necessario un programma per proteggere gli Stati Uniti da "sorprese tecnologiche". Foster voleva perfezionare una condizione in cui l'ambiente sarebbe diventato un'arma; bombe speciali per innescare vulcani e/o terremoti, ricerche sul comportamento dei potenziali nemici e su minerali e metalli che potessero essere utilizzati come nuove armi. Il progetto è stato accettato dall'ISR e gli è stato assegnato il nome in codice "SHAKY".

L'enorme cervello elettronico di SHAKY era in grado di eseguire molti comandi; i suoi computer erano stati costruiti dall'IBM per l'SRI. Ventotto scienziati hanno lavorato su quello che viene chiamato "aumento umano". Il computer IBM ha persino la capacità di risolvere i problemi per analogia e riconosce e identifica gli scienziati che lavorano con lui. Le "applicazioni speciali" di questo strumento possono essere meglio immaginate che descritte. Brzezinski sapeva di cosa stava parlando quando ha scritto *L'ERA TECNOTRONICA*.

Lo Stanford Research Institute lavora a stretto contatto con un gran numero di società di consulenza civili, cercando di applicare la tecnologia militare a situazioni nazionali. Questo non è sempre riuscito, ma con il miglioramento della tecnologia, la prospettiva di una *sorveglianza* massiccia *e onnipresente,* come descritto da Brzezinski, diventa ogni giorno più reale. ESISTE GIÀ E VIENE UTILIZZATO, ANCHE SE DI TANTO IN TANTO È NECESSARIO CORREGGERE PICCOLI MALFUNZIONAMENTI.

Una di queste società di consulenza civile era la Schriever McKee Associates di McLean, Virginia, guidata dal generale in pensione Bernard A. Schriever, ex capo dell'Air Force Systems Command, che ha sviluppato i razzi Titan, Thor, Atlas e Minuteman.

Schriever ha riunito un consorzio di Lockheed, Emmerson Electric, Northrop, Control Data, Raytheon e TRW sotto il nome di URBAN SYSTEMS Associates INC. L'obiettivo del consorzio? Risolvere i "problemi urbani" sociali e psicologici attraverso tecniche militari che utilizzano sistemi elettronici avanzati. È interessante notare che TRW è diventata la più grande società di raccolta di informazioni creditizie nel settore del credit reporting grazie alla sua collaborazione con Urban Systems Associates Inc.

Questo dovrebbe dirci molto sulla misura in cui questa nazione è già sottoposta a una SORVEGLIANZA TOTALE, che è il primo requisito del Comitato dei 300. Nessuna dittatura, soprattutto se su scala globale, può funzionare senza un controllo totale su ogni individuo. L'IRS era in procinto di diventare un'organizzazione di ricerca chiave del Comitato dei 300.

Negli anni '80, il 60% dei contratti dell'SRI era dedicato al "Futurismo", con applicazioni sia militari che civili. I suoi principali clienti erano il Dipartimento della Difesa degli Stati Uniti, la Direzione della Ricerca e dell'Ingegneria della Difesa, l'Ufficio della Ricerca Aerospaziale, che si occupava di "Applicazioni della Scienza Comportamentale alla Gestione della Ricerca", l'Ufficio Esecutivo del Presidente, l'Ufficio della Scienza e della Tecnologia e il Dipartimento della Salute degli Stati Uniti. Per il Ministero della Salute, l'IRS ha condotto un programma intitolato "Patterns in ESDEA Title I Reading Achievement Tests". Altri clienti sono stati il Dipartimento dell'Energia degli Stati Uniti, il Dipartimento del Lavoro degli Stati Uniti, il Dipartimento dei Trasporti degli Stati Uniti e la National

Science Foundation (NSF). Di particolare importanza è il documento preparato per la NSF, intitolato "Valutazione dei problemi futuri e internazionali".

Il Centro di ricerca di Stanford, sotto l'egida del Tavistock Institute di Londra, ha sviluppato un grande e spaventoso sistema che chiama Business Intelligence Program. Più di 600 aziende statunitensi e straniere vi hanno aderito. Il programma ha riguardato ricerche sulle relazioni commerciali estere del Giappone, sul marketing dei consumatori in un'epoca di cambiamenti, sulla crescente sfida del terrorismo internazionale, sulla valutazione sensoriale dei prodotti di consumo, sul sistema di trasferimento elettronico dei fondi, sulla rilevazione optoelettronica, sui metodi di pianificazione esplorativa, sull'industria della difesa statunitense e sulla disponibilità di capitali. Tra le principali aziende del Comitato dei 300 che divennero clienti di questo programma c'erano Bechtel Corporation (George Schultz era nel suo consiglio di amministrazione), Hewlett Packard, TRW, Bank of America, Shell Company, RCA, Blyth, Eastman Dillon, Saga Foods Corporation, McDonnell Douglas, Crown Zellerbach, Wells Fargo Bank e Kaiser Industries. Ma uno dei programmi più sinistri di tutti gli SRI, con il potenziale di fare danni enormi cambiando la direzione in cui andranno gli Stati Uniti, dal punto di vista sociale, morale e religioso, è stato il "CHANGING IMAGES OF MAN" della Stanford Charles F. Kettering Foundation con il riferimento ufficiale di Stanford "Contract Number URH (489)-2150 Policy Research Report Number 4/4/74, Prepared by the SRI Centre for the Study of Social Policy, Director Willis Harmon". Si tratta probabilmente di una delle indagini più approfondite mai condotte su come l'uomo possa essere cambiato.

Il rapporto di 319 pagine è stato redatto da 14 nuovi scienziati scientifici sotto la supervisione di Tavistock e 23 controllori senior, tra cui B. F. Skinner, Margaret Meade, Ervin Lazlo e Sir Geoffrey Vickers, un alto funzionario dell'MI6. Si ricorda che suo genero, Sir Peter Vickers-Hall, è stato uno dei membri fondatori della cosiddetta "Heritage Foundation", un'organizzazione conservatrice. Gran parte delle 3.000 pagine di "raccomandazioni" fornite all'amministrazione Reagan nel gennaio 1981 si basavano su materiale tratto da "CHANGING IMAGES OF MAN" di Willis Harmon.

Ho avuto il privilegio di ricevere una copia di "THE CHANGING IMAGES OF MAN" dai miei colleghi dell'intelligence cinque giorni dopo la sua accettazione da parte del governo statunitense. Quello che ho letto mi ha sconvolto, perché mi sono reso conto che stavo guardando il progetto di un'America futura, diversa da qualsiasi altra cosa avessi visto prima. La nazione doveva essere programmata per cambiare e diventare così abituata a questi cambiamenti programmati che difficilmente si sarebbe accorta di cambiamenti profondi. Da quando è stato scritto "THE AQUARIUS CONSPIRACY" (il titolo del libro contenuto nel documento tecnico di Willis Harmon) ci siamo degradati così rapidamente che oggi il divorzio non è stigmatizzato, il suicidio è ai massimi storici e non suscita particolari obiezioni, le deviazioni sociali dalla norma e le aberrazioni sessuali, un tempo innominabili nei circoli perbene, sono ormai comuni e non suscitano particolari proteste.

Come nazione, non ci siamo accorti di come "L'EVOLUZIONE DELLE IMMAGINI DELL'UOMO" abbia radicalmente modificato il nostro stile di vita americano per sempre. In un certo senso, siamo stati sconfitti dalla "sindrome del Watergate". Per un po' siamo rimasti scioccati e costernati nell'apprendere che Nixon non era altro che un truffatore da quattro soldi che frequentava gli amici mafiosi di Earl Warren nella bella casa che gli avevano costruito accanto alla proprietà di Nixon. Quando troppi "shock futuri" e titoli di giornale hanno richiesto la nostra attenzione, ci siamo persi, o meglio, l'enorme numero di scelte che ci siamo trovati e ci troviamo tuttora ad affrontare quotidianamente ci ha confuso al punto da non essere più in grado di fare le scelte necessarie.

Peggio ancora, dopo aver subito una raffica di crimini dall'alto, oltre al trauma della guerra del Vietnam, la nostra nazione sembrava non volere più verità. Questa reazione è accuratamente spiegata nell'articolo tecnico di Willis Harmon, in breve, la nazione americana stava reagendo esattamente nel modo descritto. Peggio ancora, non volendo accettare la verità, abbiamo fatto un passo in più: ci siamo rivolti al governo per proteggerci dalla verità.

La puzza di corruzione delle amministrazioni Reagan-Bush volevamo coprirla con due metri di terra. I crimini commessi sotto il titolo di affare (o scandali) Iran/Contra, non volevamo fossero scoperti. Abbiamo *permesso al* nostro Presidente di mentirci sulla sua posizione tra il 20 e il 23 ottobre 1980. Eppure questi crimini superano di gran lunga, per quantità e portata, tutto ciò che Nixon fece durante il suo mandato. Come nazione riconosciamo che si tratta di una discesa sfrenata?

No, non lo facciamo. Quando coloro che hanno il compito di portare la verità al popolo americano hanno scoperto che un piccolo governo privato e ben organizzato all'interno della Casa Bianca era impegnato a commettere un crimine dopo l'altro, crimini che attaccavano l'anima stessa di questa nazione e le istituzioni repubblicane su cui poggia, ci è stato detto di non annoiare il pubblico con queste cose. "Non vogliamo davvero sapere di tutte queste speculazioni" è diventata la risposta standard.

Quando il più alto funzionario eletto del Paese ha palesemente anteposto le leggi dell'ONU alla Costituzione degli Stati Uniti, che è un reato perseguibile, la maggioranza lo ha accettato come "normale". Quando il più alto funzionario eletto della nazione è entrato in guerra senza una dichiarazione di guerra del Congresso, il fatto è stato censurato dai media e ancora una volta lo abbiamo accettato piuttosto che affrontare la verità. Quando è iniziata la Guerra del Golfo, che il nostro presidente aveva progettato e pianificato, non solo eravamo contenti della censura più sfacciata, ma l'abbiamo addirittura presa a cuore, credendo che fosse "buona per lo sforzo bellico". Il nostro Presidente ha mentito,[6] April Glaspie ha mentito, il Dipartimento di Stato ha mentito. Hanno detto che la guerra era giustificata perché il presidente Hussein era stato avvertito di lasciare in pace il Kuwait. Quando i cablogrammi del Dipartimento di Stato di Glaspie furono finalmente resi pubblici, un senatore degli Stati Uniti dopo l'altro intervenne in difesa di Glaspie, la prostituta. Non importava che provenissero da democratici e repubblicani. Noi, il popolo, gli *permettiamo di* farla franca con le loro ignobili bugie.

In questo stato d'animo del popolo americano, i sogni più sfrenati di Willis Harmon e dei suoi team di scienziati divennero realtà. L'Istituto Tavistock era felicissimo di essere riuscito a distruggere l'amor proprio e l'autostima di questa nazione un tempo grande. Ci dicono che abbiamo vinto la Guerra del Golfo. Ciò che la stragrande maggioranza degli americani non ha ancora capito è che vincere la guerra è costato alla nostra nazione il rispetto e l'onore di se stessa. Ciò che langue nelle sabbie del deserto del Kuwait e dell'Iraq, accanto ai cadaveri dei soldati iracheni che abbiamo massacrato nella ritirata concordata dal Kuwait e da Bassora - non abbiamo potuto mantenere la nostra promessa di rispettare le Convenzioni di Ginevra e di non attaccarli. Cosa volete", ci hanno chiesto i nostri controllori, "la vittoria o il rispetto di voi stessi? Non si possono avere entrambe le cose".

---

[6] E più recentemente con le bugie di Clinton sulla sua relazione con Monica Lewinsky.

Cento anni fa questo non sarebbe potuto accadere, ma ora sta accadendo senza commenti. Abbiamo ceduto alla guerra di penetrazione a lungo raggio condotta contro questa nazione dal Tavistock. Come la nazione tedesca, sconfitta dal bombardamento Prudential, un numero sufficiente di noi ha accettato di rendere questa nazione il tipo di paese che i regimi totalitari del passato avrebbero previsto solo nei loro sogni. "Ecco", direbbero, "una nazione, una delle più grandi del mondo, che non vuole la verità". Possiamo fare a meno di tutte le nostre agenzie di propaganda. Non dobbiamo lottare per nascondere la verità a questa nazione, che l'ha volontariamente rifiutata di sua iniziativa. Questa nazione è un pollo".

La nostra Repubblica degli Stati Uniti d'America, un tempo orgogliosa, è ora una serie di organizzazioni criminali di facciata, il che, come la storia dimostra, è sempre l'inizio del totalitarismo. Questo è lo stadio di alterazione permanente che abbiamo raggiunto in America alla fine del 1991. Viviamo in una società usa e getta, programmata per non durare. Non ci fermiamo nemmeno di fronte ai 4 milioni di senzatetto, ai 30 milioni di disoccupati o ai 15 milioni di bambini uccisi fino ad oggi. Questi sono gli "scarti" dell'Età dell'Acquario, una cospirazione così deplorevole che, quando la si affronta per la prima volta, la maggioranza ne nega l'esistenza, *razionalizzando* questi eventi come "i tempi sono cambiati".

È così che il Tavistock Institute e Willis Harmon *ci hanno programmato* per reagire. Lo smantellamento dei nostri ideali continua senza protestare. Lo slancio spirituale e intellettuale del nostro popolo è stato distrutto! Il 27 maggio 1991, il Presidente Bush fece una dichiarazione molto profonda, il cui senso sembra essere stato completamente travisato dalla maggior parte dei commentatori politici:

> "La dimensione morale della politica americana ci impone di tracciare una rotta morale in un mondo di minimo male. Questo è il mondo reale, niente è bianco o nero; c'è poco spazio per gli assoluti morali".

Cos'altro ci si può aspettare da un presidente che è probabilmente l'uomo più malvagio che abbia mai occupato la Casa Bianca?

Considerate questo alla luce del suo ordine all'esercito di seppellire vivi 12.000 soldati iracheni. Considerate questo alla luce della sua guerra di genocidio in corso contro il popolo iracheno. Il Presidente Bush è stato felice di definire il Presidente Saddam Hussein "l'Hitler del nostro tempo". Non si è mai preoccupato di fornire alcuna prova. Non ne aveva bisogno. Poiché il Presidente Bush ha fatto questa dichiarazione, l'abbiamo accettata senza alcun dubbio. Si consideri, alla luce della verità, che ha fatto tutte queste cose in nome del popolo americano mentre prendeva segretamente ordini dal Comitato dei 300.

Ma, più di ogni altra cosa, considerate questo: il Presidente Bush e i suoi controllori si sentono così sicuri che non trovano più necessario nascondere il loro malvagio controllo del popolo americano, o mentire su di esso. Questo è evidente nell'affermazione che lui, come nostro leader, farà ogni sorta di compromesso con la verità, l'onestà e la decenza se i suoi controllori (e i nostri) lo riterranno necessario. Il 27 maggio 1991, il Presidente degli Stati Uniti ha abbandonato ogni principio sancito dalla nostra Costituzione e ha proclamato con coraggio di non essere più vincolato da essa. Si tratta di una grande vittoria per il Tavistock Institute e per il Prudential Bombing-Survey, il cui obiettivo si è spostato dalle abitazioni degli operai tedeschi nel 1945 alle anime del popolo americano in una guerra che è iniziata nel 1946 e continua fino al 1992.

All'inizio degli anni '60, l'Istituto di ricerca di Stanford ha esercitato una maggiore pressione sulla nazione affinché cambiasse. L'offensiva dell'SRI è cresciuta in potenza e slancio. Accendete il televisore e vedrete la vittoria di Stanford davanti ai vostri occhi: talk show con pesanti dettagli sessuali, video speciali dove la perversione, il rock and roll e la droga regnano sovrani. Dove una volta regnava John Wayne, ora abbiamo un uomo (o è lui?) chiamato Michael Jackson, una parodia di un essere umano che viene ritratto come un eroe, mentre si dimena, borbotta e urla sugli schermi televisivi di milioni di case americane.

Una donna che ha vissuto una serie di matrimoni ottiene una copertura nazionale. Un gruppo rock decadente, sudicio, mezzo lavato e drogato riceve ore di trasmissione dedicate ai suoi suoni inani e alle sue folli gesta, ai suoi vestiti e alle sue aberrazioni linguistiche. Le soap opera che mostrano ciò che è il più vicino possibile alla pornografia non suscitano commenti. Mentre all'inizio degli anni '60 questo non sarebbe mai stato tollerato, oggi è accettato come normale. Abbiamo subito e ceduto a quelli che il Tavistock Institute chiama "shock futuri", il cui futuro è adesso, e siamo talmente intorpiditi da uno shock culturale dopo l'altro che protestare sembra un gesto inutile, e quindi logicamente pensiamo che non abbia senso protestare.

Nel 1986, il Comitato dei 300 ordinò di alzare la pressione. Gli Stati Uniti non si stavano muovendo abbastanza velocemente. Gli Stati Uniti hanno iniziato il processo di "riconoscimento" dei macellai della

Cambogia, il regime criminale di Pol Pot, che ha perpetrato l'omicidio di 2 milioni di cittadini cambogiani. Nel 1991, la ruota ha chiuso il cerchio. Gli Stati Uniti entrarono in guerra contro una nazione amica che era stata programmata per fidarsi dei traditori di Washington. Abbiamo accusato il presidente Hussein della piccola nazione irachena di ogni sorta di male, NULLA DI VERO. Abbiamo ucciso e mutilato i suoi figli, li abbiamo lasciati morire di fame e di ogni sorta di malattia.

Allo stesso tempo, abbiamo inviato gli emissari di Bush del Comitato dei 300 in Cambogia per RICONOSCERE GLI ASSASSINI DI 2 MILIONI DI CAMBOGIANI, che sono stati sacrificati dall'esperimento di spopolamento urbano del Comitato dei 300, che le principali città degli Stati Uniti sperimenteranno in un futuro non troppo lontano. Oggi, il presidente Bush e la sua amministrazione, composta da un comitato di 300 persone, stanno dicendo, in effetti: "Ascoltate, gente, cosa volete da me? Vi ho detto che scenderò a compromessi quando lo riterrò opportuno, anche se ciò significa negoziare con assassini come Pol Pot. E ALLORA? BACIAMI LE MANI.

La pressione per il cambiamento raggiungerà il culmine nel 1993 e assisteremo a scene che non avremmo mai pensato possibili. L'America ubriaca reagirà, ma solo leggermente. Anche l'ultima minaccia alla nostra libertà, la scheda del personal computer, non ci disturba. L'articolo di Willis Harman "CHANGING IMAGES OF MAN" sarebbe stato troppo tecnico per la maggior parte delle persone. Abbiamo quindi chiesto a Marilyn Ferguson di rendere il tutto più comprensibile. "L'ETA' DELL'ACQUARIO" ha annunciato spettacoli di nudo e una canzone in cima alle classifiche: "Dawn of the Age of Aquarius" è diventata virale.

La scheda del personal computer che, quando sarà completamente distribuita, ci priverà del nostro ambiente familiare e, come vedremo, ambiente significa molto di più del significato normalmente accettato della parola. Gli Stati Uniti hanno attraversato un periodo di intenso trauma come nessun'altra nazione nella storia del mondo, e il peggio deve ancora venire.

Tutto sta accadendo come aveva ordinato Tavistock e come avevano previsto i sociologi di Stanford. I tempi non cambiano, sono *fatti per* cambiare. Tutti i cambiamenti sono pianificati in anticipo e sono il risultato di un'azione attenta. All'inizio siamo stati cambiati gradualmente, ma ora il ritmo del cambiamento sta accelerando. Gli Stati Uniti si stanno trasformando da una nazione benedetta da Dio a un labirinto poliglotta di nazioni sotto molti dei. Gli Stati Uniti non sono più una nazione benedetta da Dio. I redattori della Costituzione hanno perso la battaglia.

I nostri antenati parlavano una lingua comune e credevano in una religione comune: il cristianesimo e i suoi ideali condivisi. Non c'erano estranei tra noi; questo è arrivato dopo, nel tentativo deliberatamente pianificato di dividere gli Stati Uniti in una serie di nazionalità, culture e credenze frammentate. Se ne dubitate, andate nell'East Side di New York o nel West Side di Los Angeles un sabato qualsiasi e guardatevi intorno. Gli Stati Uniti sono diventati diverse nazioni che lottano per coesistere sotto un sistema di governo comune. Quando le porte dell'immigrazione furono spalancate da Franklin D. Roosevelt, cugino del capo del Comitato dei 300, lo shock culturale causò grande confusione e dislocazione e rese il concetto di "una nazione" impraticabile. Il Club di Roma e la NATO hanno aggravato la situazione. "Ama il tuo prossimo" è un ideale che funziona solo se il tuo prossimo è "come te stesso".

Per i redattori della nostra Costituzione, le verità che enunciavano per le generazioni future erano "evidenti" - per loro stessi. Non essendo certi che anche le generazioni *future* avrebbero trovato evidenti le verità a cui legavano la nazione, si sono impegnati a renderle esplicite. SEMBRA CHE TEMESSERO IL MOMENTO IN CUI LE VERITÀ CHE AVEVANO STABILITO PER LE GENERAZIONI FUTURE NON SAREBBERO STATE PIÙ EVIDENTI. L'Istituto Tavistock per le Relazioni Umane ha fatto in modo che accadesse ciò che i redattori della Costituzione temevano accadesse. Quel momento è arrivato con Bush e il suo "nessun assoluto" e il suo Nuovo Ordine Mondiale sotto la direzione del Comitato dei 300.

Questo fa parte del concetto di cambiamenti sociali imposti agli americani, che secondo Harmon e il Club di Roma provocherebbero gravi traumi e un grande accumulo di pressione. Gli sconvolgimenti sociali che si sono verificati dall'avvento di Tavistock, del Club di Roma e della NATO continueranno negli Stati Uniti finché il limite di assorbimento verrà ignorato. Le nazioni sono composte da individui e, come gli individui, c'è un limite alla loro capacità di assorbire i cambiamenti, a prescindere dalla loro solidità.

Questa verità psicologica è stata ben dimostrata dallo Studio sui bombardamenti strategici, che richiedeva il bombardamento a saturazione delle abitazioni dei lavoratori tedeschi. Come già detto, questo progetto fu opera della *Prudential Insurance Company* e nessuno oggi dubita che la Germania sia stata sconfitta da questa operazione. Molti degli scienziati che hanno lavorato a questo progetto stanno ora lavorando al bombardamento a saturazione dell'America, o sono andati avanti, lasciando le loro ingegnose tecniche nelle mani di coloro che li hanno seguiti.

L'eredità che hanno lasciato è che non abbiamo *perso la* strada come nazione, ma siamo stati *guidati nella* direzione *opposta* a quella che gli autori della Dichiarazione ci avevano indicato per oltre 200 anni. Abbiamo, insomma, perso il contatto con i nostri geni storici, le nostre radici e la nostra cultura.

Fede che ha ispirato innumerevoli generazioni di americani a progredire come nazione, beneficiando dell'eredità lasciataci dai redattori della Dichiarazione d'Indipendenza e della Costituzione degli Stati Uniti. Il fatto che siamo perduti (pecore) è chiaro a tutti coloro che cercano la verità, per quanto possa essere sgradevole.

Con il Presidente Bush e il suo "no moral high ground" a guidarci, stiamo andando avanti come tendono a fare le nazioni e gli individui smarriti. Stiamo *collaborando* con il Comitato dei 300 (contro Dio[7]) per la *nostra stessa* rovina e schiavitù. Alcune persone lo percepiscono e provano un forte senso di disagio. Le varie teorie cospirative che conoscono non sembrano coprire tutto. Questo perché non conoscono la gerarchia dei cospiratori, il Comitato dei 300.

Quelle anime che avvertono un profondo senso di disagio e che qualcosa non va, ma che non riescono a individuare il problema, camminano nel buio. Guardano a un futuro che vedono scivolare via da loro. Il sogno americano è diventato un miraggio. Ripongono la loro fede nella religione, ma non fanno alcun passo per aiutarla con l'AZIONE. Gli americani non sperimenteranno mai il tipo di arretramento che hanno sperimentato gli europei all'apice del Medioevo. Attraverso un'AZIONE determinata, hanno risvegliato uno spirito di rinnovamento che ha portato al glorioso Rinascimento.

Il nemico che li ha guidati finora ha deciso di colpire duramente gli Stati Uniti nel 1980, in modo da rendere impossibile il rinascimento dell'America. Chi è il nemico? Il nemico non è un "loro" senza volto. Il nemico è chiaramente identificabile come il Comitato dei 300, il Club di Roma, la NATO e tutte le sue organizzazioni affiliate, i think tank e

---

[7] "Chi non è *CON* me è *CONTRO di* me, e chi non raccoglie con me disperde". - Cristo, Matteo 12:30.

gli istituti di ricerca controllati dal Tavistock. Non c'è bisogno di usare "loro" o "il nemico" se non come stenografia. SAPPIAMO CHI SONO "LORO". Il Comitato dei 300, con la sua "aristocrazia" liberale della East Coast, le sue banche, le sue compagnie di assicurazione, le sue gigantesche società, le sue fondazioni, le sue reti di comunicazione, presieduto da una GERARCHIA DI CONSAPEVOLI - QUESTO È IL NEMICO.

È il potere che ha dato vita al Regno del Terrore russo, alla Rivoluzione bolscevica, alle Guerre mondiali I e II, alla Corea, al Vietnam, alla caduta della Rhodesia, al Sudafrica, al Nicaragua e alle Filippine. È stato il governo segreto di alto livello a dare vita alla disintegrazione controllata dell'economia americana e a deindustrializzare definitivamente quella che un tempo era la più grande potenza industriale del mondo.

L'America di oggi può essere paragonata a un soldato che si addormenta nel pieno della battaglia. Noi americani ci siamo addormentati, arrendendoci all'apatia causata dal trovarci di fronte a una molteplicità di scelte che ci hanno disorientato. Sono i cambiamenti che alterano il nostro ambiente, che abbattono la nostra resistenza in modo che diventiamo storditi, apatici e alla fine ci addormentiamo nel vivo della battaglia.

Esiste un termine tecnico per questa condizione. Si chiama "stress da penetrazione a lungo raggio". L'arte di sottoporre un gruppo molto numeroso di persone a una tensione di penetrazione continua a lungo raggio è stata sviluppata da scienziati che lavorano presso il Tavistock Institute of Human Relations e le loro affiliate americane, Stanford Research e Rand Corporation, e almeno 150 altri istituti di ricerca negli Stati Uniti.

Il dottor Kurt Lewin, lo scienziato che ha sviluppato questa guerra diabolica, ha fatto sì che il patriota americano medio si preoccupasse di varie teorie cospirative, facendolo sentire incerto e insicuro, isolato e forse anche spaventato, come cerca, ma non comprende la decadenza e il marciume causati da "I CAMBIAMENTI DELL'UOMO", incapace di identificare o combattere i cambiamenti sociali, morali, economici e politici che ritiene indesiderabili e non voluti, ma che aumentano sempre più di intensità.

Il nome del dottor Lewin non compare in nessuno dei libri di storia della nostra istituzione, che in ogni caso sono un resoconto di eventi principalmente dalla parte della classe dirigente o dei vincitori delle guerre. Pertanto, è con orgoglio che presento il suo nome. Come già detto, il dottor Lewin organizzò la Clinica Psicologica di Harvard e l'Istituto per la Ricerca Sociale sotto gli auspici dell'Istituto Tavistock. I nomi non danno molte indicazioni sullo scopo di queste due organizzazioni.

Questo mi ricorda il famigerato Bill to reform the laws of coinage and currency, approvato nel 1827. Il titolo del disegno di legge era abbastanza innocuo, o sembrava esserlo, come nelle intenzioni dei suoi sostenitori. Con questo atto, il senatore John Sherman tradì la nazione ai banchieri internazionali.

Sherman avrebbe sponsorizzato il disegno di legge "senza leggerlo". Come sappiamo, il vero scopo della legge era quello di demonetizzare il denaro e dare ai banchieri ladri un potere illimitato sul credito della nostra nazione, potere a cui i banchieri non avevano chiaramente diritto secondo i termini chiari e inequivocabili della Costituzione degli Stati Uniti.

Kurt Lewin ha dato al Tavistock Institute, al Club di Roma e alla NATO un potere illimitato sull'America, a cui nessun'altra organizzazione, entità o società ha diritto. Queste istituzioni hanno usato questi poteri usurpati per distruggere la volontà della nazione di resistere ai piani e alle intenzioni dei cospiratori di derubarci dei frutti della Rivoluzione americana e di condurci in una nuova era oscura sotto un governo mondialista.

I colleghi di Lewin in questo obiettivo di penetrazione a lungo raggio erano Richard Crossman, Eric Trist, H. V. Dicks, Willis Harmon, Charles Anderson, Garner Lindsay, Richard Price e W. R. Bion. Anche in questo caso, questi nomi non compaiono mai nei telegiornali della sera, ma solo nelle riviste scientifiche, per cui pochissimi americani sono a conoscenza della loro esistenza e per nulla di ciò che gli uomini dietro questi nomi hanno fatto e stanno facendo negli Stati Uniti.

Una volta il presidente Jefferson disse che gli *dispiaceva per* coloro che *pensavano di* sapere cosa stava succedendo leggendo i giornali. Disraeli, il primo ministro britannico, disse più o meno la stessa cosa. In effetti, nel corso dei secoli, i leader si sono divertiti a gestire le cose da dietro le quinte. L'uomo ha sempre sentito il bisogno di dominare inosservato e questo desiderio non è mai stato così diffuso come nei tempi moderni.

Se così non fosse, che bisogno c'è di società segrete? Se siamo governati da un sistema aperto, gestito da funzionari eletti democraticamente, perché c'è bisogno di un ordine massonico segreto in ogni villaggio, paese e città degli Stati Uniti? Com'è possibile che la Massoneria possa operare così apertamente e mantenere i suoi segreti così ben nascosti? Non possiamo porre questa domanda ai nove uomini sconosciuti della Loggia delle Nove Sorelle di Parigi o ai loro nove colleghi della Loggia del Quartetto Coronati di Londra. Eppure questi diciotto uomini fanno parte di un governo ancora più segreto, il RIIA, e oltre a questo, il Comitato dei 300.

Com'è possibile che il Rito scozzese della Massoneria sia stato in grado di fare il lavaggio del cervello a John Hinckley per fargli tentare di uccidere il presidente Reagan? Perché abbiamo ordini segreti come i Cavalieri di San Giovanni di Gerusalemme, la Tavola Rotonda, il Gruppo Milner e così via fino a una lunga serie di società segrete? Fanno parte di una catena di comando e controllo globale che passa attraverso il Club di Roma, la NATO, il RIIA e infine la gerarchia dei cospiratori, il Comitato dei 300. Gli uomini hanno bisogno di queste società segrete perché le loro azioni sono malvagie e devono essere nascoste. Il male non può opporsi alla luce della Verità.

L'era dell'Acquario

In questo libro troveremo un elenco quasi completo dei cospiratori, delle loro istituzioni di facciata e dei loro organi di propaganda. Nel 1980, la Cospirazione Acquariana era in pieno svolgimento e il suo successo può essere visto in tutti gli aspetti della nostra vita privata e nazionale. L'aumento travolgente della violenza mentale, dei serial killer, dei suicidi di adolescenti, i segni inconfondibili della letargia: la "penetrazione a distanza" fa parte del nostro nuovo ambiente, altrettanto pericoloso, se non di più, dell'aria inquinata che respiriamo.

L'arrivo dell'Età dell'Acquario ha colto l'America completamente alla sprovvista. Come nazione, eravamo impreparati ai cambiamenti che stavano per essere *imposti*. Chi ha mai sentito parlare di Tavistock, Kurt Lewin, Willis Harmon e John Rawlings Reese? Non erano nemmeno sulla scena politica americana. Se ci fossimo preoccupati di guardare, avremmo notato che la nostra capacità di resistere agli shock futuristici stava diminuendo man mano che diventavamo più stanchi, più ansiosi e infine entravamo in un periodo di shock psicologico seguito da un'apatia diffusa, la manifestazione esteriore della "guerra di penetrazione a lungo raggio".

L'"Età dell'Acquario" è stata descritta dal Tavistock Institute come il vettore della turbolenza: "Esistono tre fasi distinte nella risposta e nella reazione allo stress dei grandi gruppi sociali. *In primo luogo, c'è la superficialità*; la popolazione sotto attacco si difende con slogan; questo non identifica la *fonte della* crisi e quindi *non fa nulla per* risolverla, da cui la persistenza della crisi. Il *secondo* è la *frammentazione*. Si verifica quando la crisi continua e l'ordine sociale si rompe. Poi c'è la *terza* fase in cui il gruppo di popolazione entra in una fase di *"autorealizzazione"* e si allontana dalla crisi indotta. Questo porta a una risposta disadattiva, accompagnata da idealismo sinottico attivo e dissociazione".

Chi può negare che con l'enorme aumento dell'uso di droghe - il "crack" che rende migliaia di nuovi tossicodipendenti istantanei ogni giorno; lo scioccante aumento dell'uccisione di bambini ogni giorno (aborto infantile di massa), che ora supera di gran lunga le perdite subite dalle nostre forze armate nelle due guerre mondiali, in Corea e in Vietnam; l'aperta accettazione dell'omosessualità e del lesbismo, i cui "diritti" sono protetti da leggi sempre più numerose ogni anno; il terribile flagello che chiamiamo "AIDS", che si sta diffondendo nelle nostre città e nei nostri villaggi; il totale fallimento del nostro sistema educativo; l'aumento vertiginoso del tasso di divorzi; un tasso di omicidi che sconvolge il resto del mondo; omicidi seriali satanici; la scomparsa di migliaia di bambini piccoli, rapiti dalle nostre strade da pervertiti; un'ondata virtuale di pornografia accompagnata dal "permissivismo" sui nostri schermi televisivi - chi può negare che questa nazione è in crisi, che non stiamo affrontando e da cui ci stiamo allontanando.

Le persone ben intenzionate e specializzate in questo settore attribuiscono gran parte del problema all'istruzione, o a ciò che negli Stati Uniti viene chiamato istruzione. Oggi i criminali abbondano nella fascia di età compresa tra i 9 e i 15 anni. Gli stupratori spesso hanno anche 10 anni. I nostri scienziati sociali, i nostri sindacati degli insegnanti, le nostre chiese dicono che tutto ciò è dovuto a un sistema educativo difettoso. I punteggi dei test continuano a diminuire. Gli esperti lamentano il fatto che gli Stati Uniti sono oggi al 39° posto[ème] nel mondo in termini di livello di istruzione.

Perché deploriamo ciò che è così ovvio? Il nostro sistema educativo è stato programmato per autodistruggersi. Questo è ciò che il dottor Alexander King è stato incaricato di fare dalla NATO. Questo è ciò che è stato ordinato al giudice Hugo Black di risolvere. Il fatto è che il Comitato dei 300, con l'approvazione del nostro governo, non vuole che i nostri giovani ricevano un'istruzione adeguata. L'educazione che il giudice massone Hugo Black, Alexander King, Gunnar Myrdal e sua moglie sono venuti a dare ai bambini degli Stati Uniti è che il crimine paga, l'opportunità è tutto ciò che conta.

Hanno insegnato ai nostri figli che la legge americana è diseguale, e questo va bene. I nostri figli sono stati adeguatamente educati da un decennio di esempi corrotti; Ronald Reagan e George Bush erano governati dall'avidità e ne erano totalmente corrotti. Il nostro sistema educativo non ha fallito. Sotto la guida di King, Black e Myrdal, è di fatto un grande successo, ma dipende da quale punto di vista lo si guarda. Il Comitato dei 300 è entusiasta del nostro sistema educativo e non permetterà che venga cambiata una virgola.

Secondo Stanford e Willis Harmon, il trauma indotto dalla penetrazione a lungo termine della nostra istruzione dura da 45 anni. Ma quanti sono consapevoli delle insidiose pressioni sulla nostra società e della costante esposizione al lavaggio del cervello che avviene ogni giorno? Le misteriose guerre tra bande scoppiate a New York negli anni Cinquanta sono un esempio di come i cospiratori possano creare e inscenare qualsiasi tipo di disturbo. Nessuno sapeva da dove venissero queste guerre tra bande, finché negli anni '80 i ricercatori non scoprirono i controllori occulti che dirigevano questi "fenomeni sociali".

Le guerre tra bande sono state accuratamente pianificate a Stanford, deliberatamente progettate per sconvolgere la società e causare disordini. Nel 1958 si contavano più di 200 bande di questo tipo. Sono stati resi popolari da un musical e da un film di Hollywood, "West Side Story". Dopo un decennio di notizie, all'improvviso, nel 1966, scomparvero dalle strade di New York, Los Angeles, New Jersey, Philadelphia e Chicago.

Per tutto il decennio della violenza delle bande, il pubblico ha reagito secondo la risposta profilata che Stanford si aspettava; la società nel suo complesso non riusciva a comprendere la guerra tra bande e il pubblico ha reagito in modo inappropriato. Se ci fossero state persone abbastanza sagge da riconoscere la guerra tra bande come un esperimento di Stanford di ingegneria sociale e lavaggio del cervello, il complotto dei cospiratori sarebbe stato scoperto. O non c'erano specialisti qualificati in grado di vedere cosa stava accadendo - il che è altamente improbabile - o sono stati minacciati per farli tacere. La collaborazione dei media con Stanford ha evidenziato un attacco "new age" al nostro ambiente, come previsto dagli ingegneri sociali e dagli scienziati delle nuove scienze di Tavistock.

Nel 1989, la guerra tra bande, come condizionamento sociale per il cambiamento, è stata reintrodotta nelle strade di Los Angeles. A pochi mesi dai primi incidenti, le bande cominciarono a proliferare, prima a decine, poi a centinaia, nelle strade dell'East Side di Los Angeles. Le case del crack e la prostituzione dilagante proliferavano; gli spacciatori dominavano le strade. Chiunque si mettesse sulla loro strada veniva fucilato. La protesta della stampa è stata forte e lunga. Il gruppo di popolazione preso di mira da Stanford ha iniziato a reagire con slogan. Questa è quella che il Tavistock chiama la prima fase, in cui il gruppo preso di mira non riesce a identificare la fonte della crisi. La seconda fase della crisi della guerra tra bande è la "frammentazione". Le persone che non vivono nelle aree frequentate dalle bande hanno detto: "Grazie a Dio non sono nel nostro quartiere". In questo modo si è ignorato il fatto che la crisi stava continuando con o senza riconoscimento e che l'ordine sociale di Los Angeles aveva iniziato a crollare. Secondo il profilo Tavistock, i gruppi non colpiti dalla guerra tra bande "si sono staccati per difendersi" perché non è stata identificata la fonte della crisi, il cosiddetto processo di "disadattamento" - il periodo di dissociazione.

A parte la proliferazione della vendita di droga, qual è lo scopo delle guerre tra bande? In primo luogo, si tratta di mostrare al gruppo target che non è sicuro, cioè che genera insicurezza. In secondo luogo, è per dimostrare che la società organizzata è impotente di fronte a questa violenza e, in terzo luogo, per far riconoscere che il nostro ordine sociale sta crollando. L'attuale ondata di violenza delle bande scomparirà con la stessa rapidità con cui è iniziata, una volta completate le tre fasi del programma Stanford.

Un esempio notevole di "condizionamento sociale ad accettare il cambiamento", anche quando è riconosciuto come un cambiamento indesiderabile dal gruppo di popolazione nel mirino dello Stanford Research Institute, è stato l'"avvento" dei BEATLES. I Beatles furono portati negli Stati Uniti come parte di un esperimento sociale per fare il lavaggio del cervello a grandi gruppi di popolazione di cui non erano nemmeno a conoscenza.

Quando Tavistock portò i Beatles in America, nessuno poteva immaginare il disastro culturale che avrebbe seguito la loro scia. I Beatles erano parte integrante della "COSPIRAZIONE ACQUARIANA", un organismo vivente che ha avuto origine in "LE IMMAGINI MUTANTI DELL'UOMO", URH (489) 2150. Si veda il Rapporto di ricerca politica n. 4/4/74. Rapporto politico preparato dal Centro SRI per lo studio delle politiche sociali, direttore il professor Willis Harmon.

Il fenomeno dei Beatles non fu una ribellione spontanea dei giovani contro il vecchio ordine sociale. Si è trattato piuttosto di un complotto accuratamente studiato per introdurre, da parte di un'agenzia cospirativa che non è stato possibile identificare, un elemento altamente distruttivo e divisivo in un grande gruppo di popolazione che è stato destinato al cambiamento contro la sua volontà. Nuove parole e frasi, preparate dal Tavistock, furono introdotte in America con i Beatles. Parole come "rock" in relazione ai suoni della musica, "teenager", "cool", "discovered" e "pop music" erano un lessico di parole in codice che significavano l'accettazione delle droghe e che accompagnavano i Beatles ovunque andassero, per essere "scoperti" dai "teenager". Per inciso, la parola "adolescenti" non è mai stata usata fino all'arrivo dei

Beatles, grazie al Tavistock Institute for Human Relations.

Come nel caso delle guerre tra bande, non si sarebbe potuto o voluto ottenere nulla senza la collaborazione dei media, soprattutto di quelli elettronici e, in particolare, del sulfureo Ed Sullivan, che era stato istruito dai cospiratori sul ruolo da svolgere. Nessuno avrebbe prestato attenzione all'eterogeneo gruppo di Liverpool e al sistema di "musica" a 12 toni che ne sarebbe seguito se non ci fosse stata una stampa sovrabbondante. Il sistema dodecafonico è costituito da suoni pesanti e ripetitivi, ripresi da Adorno dalla musica del culto di Dioniso e del sacerdozio di Baal e resi più "moderni" da questo amico speciale della Regina d'Inghilterra, e quindi del Comitato dei 300.

Tavistock e il suo centro di ricerca di Stanford hanno creato delle parole chiave che sono poi entrate nell'uso comune intorno alla "musica rock" e ai suoi fan. Queste parole d'ordine hanno creato un nuovo e distinto gruppo di persone, in gran parte giovani, che sono state convinte dall'ingegneria sociale e dal condizionamento a credere che i Beatles fossero davvero la loro band preferita. Tutte le parole d'ordine concepite nel contesto della "musica rock" erano destinate al controllo di massa del nuovo gruppo target, i giovani americani.

I Beatles fecero un lavoro perfetto, o forse sarebbe più corretto dire che Tavistock e Stanford fecero un lavoro perfetto, con i Beatles che si limitarono a reagire come robot addestrati "con un piccolo aiuto da parte dei loro amici"[8] - parole in codice per sballare e rendere "cool". I Beatles divennero un "nuovo ragazzo" molto visibile - ancora nel gergo di Tavistock - e come tale non ci volle molto perché la band creasse nuovi stili (mode di abbigliamento, acconciature e linguaggio) che sconvolsero la vecchia generazione, come era *nelle intenzioni*. Questo fa parte del processo di "frammentazione-misfit" sviluppato da Willis Harmon e dal suo gruppo di scienziati sociali e di ingegneri genetici. Il ruolo della stampa e dei media elettronici nella nostra società è cruciale per il successo del lavaggio del cervello di ampi gruppi di popolazione. Le guerre tra bande sono terminate a Los Angeles nel 1966, quando i media hanno smesso di occuparsene. Lo stesso accadrà con l'attuale ondata di guerre tra bande a Los Angeles. Le bande di strada appassiranno una volta che la copertura mediatica satura sarà attenuata e poi completamente rimossa. Come nel 1966, il problema sarà

---

[8] Riferimento alla canzone dei Beatles "With a little help from my friends". NOTA DELL'EDITORE.

"bruciato". Le bande di strada avranno raggiunto il loro obiettivo di creare scompiglio e insicurezza. Lo stesso schema si applicherà alla musica rock. Privato dell'attenzione dei media, alla fine prenderà il suo posto nella storia.

Dopo i Beatles, che tra l'altro erano stati formati dal Tavistock Institute, sono arrivati altri gruppi rock "made in England" che, come i Beatles, hanno chiesto a Theo Adorno di scrivere i loro testi di culto e di comporre tutta la "musica". Odio usare queste belle parole nel contesto della "Beatlemania"; mi ricorda il modo in cui la parola "amante" viene usata impropriamente per riferirsi alla disgustosa interazione tra due omosessuali che si contorcono nel porcile. Chiamare "rock" la musica è un insulto, così come il linguaggio usato nei "testi rock".[9]

Il Tavistock e lo Stanford Research intrapresero quindi la seconda fase del lavoro commissionato dal Comitato dei 300. Questa nuova fase aumentò la pressione per un cambiamento sociale in America. Con la stessa rapidità con cui i Beatles sono apparsi sulla scena americana, è apparsa anche la beat-generation, parola d'ordine progettata per separare e frammentare la società. I media ora concentrano la loro attenzione sulla beat-generation. Altre parole coniate dal Tavistock sono uscite dal nulla: "beatniks", "hippies", "figli dei fiori" fanno parte del vocabolario americano. È diventato popolare "lasciarsi andare", indossare jeans sporchi e andare in giro con i capelli lunghi e non lavati. La "beat generation" si è isolata dall'America tradizionale. Divennero famosi come i Beatles più puliti prima di loro.

Il gruppo appena creato e il suo "stile di vita" attirarono milioni di giovani americani nella setta. La gioventù americana ha subito una rivoluzione radicale senza rendersene conto, mentre la vecchia generazione è rimasta impotente, incapace di identificare la fonte della crisi e ha reagito in modo inadeguato alla sua manifestazione, ovvero le droghe di ogni tipo, marijuana e, più tardi, l'acido lisergico, "LSD", così prontamente fornito dall'azienda farmaceutica svizzera SANDOZ, dopo che uno dei suoi chimici, Albert Hoffman, aveva scoperto come produrre ergotamina sintetica, una potente droga che altera la mente. Il Comitato dei 300 finanziò il progetto attraverso una delle sue banche, S. C. Warburg, e la droga fu trasportata in America dal filosofo Aldous Huxley.

---

[9] Testi di canzoni rock, NDT.

La nuova "droga miracolosa" fu rapidamente distribuita in pacchetti "campione", distribuiti gratuitamente nei campus universitari di tutti gli Stati Uniti e nei concerti "rock", che divennero il veicolo principale per la proliferazione del consumo di droga. La domanda è: qual è stata l'influenza della droga sulla società? Cosa stava facendo la Drug Enforcement Agency (DEA) in quel periodo? Esistono prove circostanziali convincenti che indicano che la DEA *era a conoscenza di ciò che stava accadendo,* ma le è stato ordinato di *non* fare *nulla.*

Con l'arrivo negli Stati Uniti di un gran numero di nuovi gruppi "rock" britannici, i concerti rock cominciarono a diventare un appuntamento fisso nel calendario sociale dei giovani americani. Parallelamente a questi "concerti", il consumo di droga tra i giovani è aumentato in proporzione. Il diabolico frastuono di suoni pesanti e discordanti intorpidiva le menti degli ascoltatori, che venivano facilmente convinti a provare la nuova droga sulla base del fatto che "tutti gli altri lo fanno". La pressione dei pari è un'arma molto potente. La "nuova cultura" ha ricevuto la massima copertura mediatica, che non è costata ai cospiratori nemmeno un centesimo.

Alcuni leader civici ed ecclesiastici provarono grande rabbia per il nuovo culto, ma le loro energie furono mal indirizzate contro il risultato di ciò che stava accadendo, non contro la causa. I critici del culto del rock hanno commesso gli stessi errori dell'epoca del proibizionismo, criticando le forze dell'ordine, gli insegnanti, i genitori, tutti tranne i cospiratori.

A causa della rabbia e del risentimento che provo nei confronti del grande flagello della droga, non mi scuso se uso un linguaggio che non mi è consueto. Alan Ginsberg è uno dei peggiori tossicodipendenti che abbiano mai camminato per le strade d'America. Questo Ginsberg ha spinto l'uso dell'LSD attraverso una pubblicità che non gli è costata nulla, mentre in circostanze normali avrebbe fruttato milioni di dollari in entrate pubblicitarie televisive. Questa pubblicità gratuita delle droghe, e dell'LSD in particolare, raggiunse un nuovo picco alla fine degli anni '60, grazie alla continua collaborazione volontaria dei media. L'effetto della campagna pubblicitaria di massa di Ginsberg fu devastante: il pubblico americano fu sottoposto a uno shock culturale futuristico dopo l'altro in rapida successione.

Eravamo sovraesposti e sovrastimolati, e ancora una volta, vi ricordo che questo è il gergo Tavistock, dal manuale di formazione Tavistock, sopraffatti dal nuovo sviluppo, e quando arrivammo a quel punto le nostre menti avevano cominciato a cadere nell'apatia; era semplicemente troppo da affrontare, cioè "la penetrazione a distanza si era impossessata di noi". Ginsberg sosteneva di essere un poeta, ma nessuno che abbia mai aspirato ad esserlo ha mai scritto una simile assurdità. Il compito designato di Ginsberg aveva poco a che fare con la poesia; la sua funzione principale era quella di promuovere la nuova sottocultura e di farla accettare dalla vasta popolazione di riferimento.

Per assisterlo nel suo compito, Ginsberg cooptò i servizi di Norman Mailer, una sorta di scrittore che aveva trascorso un periodo in un istituto psichiatrico. Mailer è uno dei preferiti della sinistra hollywoodiana e quindi non ha avuto problemi a ottenere il massimo tempo di trasmissione per Ginsberg. Naturalmente, Mailer doveva avere una scusa: nemmeno lui poteva rivelare apertamente la vera natura delle apparizioni televisive di Ginsberg. Fu quindi adottata una farsa: Mailer avrebbe avuto una discussione "seria" davanti alla telecamera con Ginsberg sulla poesia e la letteratura.

Questo metodo di ottenere un'ampia copertura televisiva a costo zero fu seguito da tutti i gruppi rock e dai promotori di concerti che seguirono l'esempio di Ginsberg. I magnati dei media elettronici hanno avuto il cuore pesante quando si è trattato di dare tempo libero a queste creature immonde, ai loro prodotti ancora più immondi e alle loro idee disgustose. La loro promozione di questa orribile spazzatura parlava chiaro e, senza l'abbondante aiuto della stampa e dei media elettronici, il traffico di droga non avrebbe potuto diffondersi così rapidamente come alla fine degli anni '60 e all'inizio degli anni '70, e sarebbe probabilmente rimasto confinato a poche piccole aree locali.

Ginsberg fu in grado di tenere diversi spettacoli televisivi a livello nazionale esaltando le virtù dell'LSD e della marijuana, con il pretesto delle "nuove idee" e delle "nuove culture" che si stavano sviluppando nel mondo dell'arte e della musica. Per non essere da meno dei media elettronici, gli ammiratori di Ginsberg scrissero articoli entusiastici su "quest'uomo colorato" nelle sezioni artistiche e sociali dei principali quotidiani e riviste americani. Non c'è mai stata una campagna pubblicitaria così gratuita nella storia dei giornali, della radio e della televisione, e non è costata un centesimo ai promotori della Cospirazione Acquariana, della NATO e del Club di Roma. Si trattava di pubblicità assolutamente gratuita per l'LSD, sottilmente mascherata da "arte" e "cultura".

Uno dei più cari amici di Ginsberg, Kenny Love, pubblicò un rapporto di cinque pagine sul *New York Times*. Questo è in linea con la metodologia utilizzata da Tavistock e Stanford Research: se si vuole promuovere qualcosa che il pubblico non ha ancora accettato con il lavaggio del cervello, si fa scrivere un articolo che copre tutti gli aspetti dell'argomento. L'altro metodo consiste nell'organizzare talk show dal vivo in televisione, dove un gruppo di esperti promuove il prodotto o l'idea con il pretesto di "discuterne". Ci sono punti e contrappunti, con partecipanti favorevoli e contrari che esprimono il loro sostegno o la loro opposizione. Al termine, l'argomento da promuovere è ormai radicato nella mente del pubblico. Questa era una novità all'inizio degli anni '70, ma oggi è una pratica comune su cui i talk show prosperano.

L'articolo di cinque pagine di Love a favore della LSD e di Ginsberg fu debitamente stampato dal *New York Times*. Se Ginsberg avesse cercato di acquistare la stessa quantità di spazio in un annuncio pubblicitario, gli sarebbe costato almeno 50.000 dollari. Ma Ginsberg non dovette preoccuparsi: grazie al suo amico Kenny Love, Ginsberg ottenne gratuitamente questo enorme annuncio. Con giornali come il *New York Times* e il *Washington Post* sotto il controllo del Comitato dei 300, questo tipo di pubblicità gratuita viene data a qualsiasi argomento, specialmente a quelli che promuovono stili di vita decadenti - droghe - edonismo - qualsiasi cosa che possa disturbare il popolo americano. Dopo il processo con Ginsberg e l'LSD, il Club di Roma si impegnò a chiedere ai principali giornali americani di fare pubblicità gratuita, su richiesta, alle persone e alle idee che promuovevano.

Ancora peggio - o meglio, a seconda di come la si guardi - la United Press (UP) prese la pubblicità gratuita di Kenny Love per Ginsberg e l'LSD e la inviò via fax a CENTINAIA di giornali e riviste in tutto il Paese con la scusa di una notizia. Persino riviste di prestigio come *Harper's Bazaar* e *TIME* hanno reso Ginsberg rispettabile.

Se una campagna nazionale di questa portata fosse stata presentata a Ginsberg e ai promotori dell'LSD da un'agenzia pubblicitaria, il prezzo sarebbe stato di almeno un milione di dollari nel 1970. Oggi il prezzo non sarebbe inferiore a 15-16 milioni di dollari. Non c'è da stupirsi se chiamo i media "sciacalli".

Suggerisco di cercare di trovare un qualsiasi organo di informazione che faccia un reportage sul Consiglio della Federal Reserve, cosa che ho fatto. Ho inviato il mio articolo, che era una buona denuncia della più grande truffa del mondo, a tutti i principali giornali, stazioni radio e televisive, riviste e a diversi conduttori di talk show. Alcuni di loro hanno fatto promesse che sembravano buone: avrebbero sicuramente pubblicato l'articolo e mi avrebbero invitato a parlarne, avrebbero dato loro una settimana e mi avrebbero contattato. Nessuno di loro l'ha fatto e il mio articolo non è mai apparso sulle pagine dei loro giornali e riviste. Era come se una cappa di silenzio fosse stata gettata su di me e sull'argomento che stavo cercando di promuovere, ed è proprio quello che è successo.

Senza il massiccio clamore mediatico e la copertura quasi costante, il culto delle droghe e del rock hippie-beatnik non sarebbe mai decollato; sarebbe rimasto una curiosità locale. I Beatles, con le loro chitarre stridenti, le loro espressioni sciocche, il loro linguaggio drogato e i loro vestiti strani, sarebbero stati poco utili. Invece, poiché i Beatles erano coperti dai media, gli Stati Uniti subirono uno shock culturale dopo l'altro.

Uomini sepolti in think tank e istituti di ricerca, i cui nomi e volti sono ancora noti solo a pochi, si sono assicurati che la stampa facesse la sua parte. Al contrario, il ruolo importante dei media nel non rivelare il potere che sta dietro ai futuri shock culturali ha fatto sì che la fonte della crisi non venisse mai identificata. Così la nostra società è impazzita a causa degli shock psicologici e dello stress. L'espressione "impazzito" è tratta dal manuale di formazione Tavistock. Dalle sue umili origini nel 1921, il Tavistock era pronto nel 1966 a lanciare una grande e irreversibile rivoluzione culturale in America, che non si è ancora conclusa. La Cospirazione Acquariana ne fa parte.

Così ammorbidita, la nostra nazione era ormai considerata matura per l'introduzione di droghe che avrebbero rivaleggiato con l'era del proibizionismo in termini di portata e di enormi quantità di denaro da guadagnare. Anche questo era parte integrante della Congiura dell'Acquario. La proliferazione del consumo di droghe è stato uno dei temi studiati dalla Science Policy Research Unit (SPRU) presso la sede di Tavistock dell'Università del Sussex. Era noto come centro "Future Shocks", un titolo dato alla cosiddetta psicologia orientata al futuro, progettata per manipolare interi gruppi di persone per provocare "shock futuri". Fu la prima di numerose istituzioni di questo tipo create da Tavistock.

Gli "shock futuri" sono descritti come una serie di eventi che si verificano così rapidamente che il cervello umano non può assorbire le informazioni. Come ho detto prima, la scienza ha dimostrato che ci sono limiti chiaramente marcati alla quantità e alla natura dei cambiamenti che la mente può gestire. Dopo continui shock, l'ampia popolazione target scopre di non voler fare scelte. L'apatia prende il sopravvento, spesso preceduta da una violenza indiscriminata come quella che caratterizza le bande di strada di Los Angeles, i serial killer, gli stupratori e i rapitori di bambini.

Un gruppo di questo tipo diventa facile da controllare e seguirà obbedientemente gli ordini senza ribellarsi, che è lo scopo dell'esercizio. "Lo shock futuro", afferma l'SPRU, "è definito come un disagio fisico e psicologico derivante dal sovraccarico del meccanismo decisionale della mente umana". È il gergo del Tavistock, direttamente dai loro libri di testo che non sanno che possiedo.

Allo stesso modo in cui un circuito elettrico sovraccarico attiva un interruttore, gli esseri umani entrano in uno stato di "scollegamento", una sindrome che la scienza medica sta solo iniziando a comprendere, sebbene John Rawlings Reese abbia condotto esperimenti in questo campo già negli anni Venti. Come si può immaginare, un gruppo target di questo tipo è disposto a "inciampare" e ad assumere droghe per sfuggire alla pressione di tante scelte. È così che il consumo di droga si è diffuso così rapidamente nella beat generation americana. Quello che era iniziato con i Beatles e i pacchetti di LSD si trasformò in una marea di consumo di droga che travolse l'America.

Il traffico di droga è controllato dal Comitato dei 300, da cima a fondo. Il commercio di droga è iniziato con la Compagnia britannica delle Indie orientali ed è stato seguito da vicino dalla Compagnia olandese delle Indie orientali. Entrambi erano controllati dal "Consiglio dei 300". L'elenco dei membri e degli azionisti della BEIC assomiglia a quello del peerage di Debretts. Il BEIC creò la China Inland Mission, la cui missione era quella di rendere i contadini cinesi, o coolies come venivano chiamati, dipendenti dall'oppio. Questo ha creato il mercato dell'oppio che la BEIC ha poi riempito.

Allo stesso modo, il Comitato dei 300 utilizzò i "Beatles" per diffondere le "droghe sociali" tra i giovani americani e la "folla" di Hollywood. Ed Sullivan fu inviato in Inghilterra per incontrare il primo "gruppo rock" del Tavistock Institute a raggiungere le coste statunitensi. Sullivan tornò poi negli Stati Uniti per studiare con i media elettronici come presentare e vendere la band. Senza la piena collaborazione dei media elettronici e di Ed Sullivan in particolare, i "Beatles" e la loro "musica" sarebbero morti sul nascere. Invece, la nostra vita nazionale e il carattere degli Stati Uniti furono cambiati per sempre.

Ora che lo sappiamo, è fin troppo chiaro il successo della campagna dei "Beatles" per far proliferare il consumo di droga. Il fatto che Theo Adorno abbia scritto la musica e i testi dei Beatles è stato nascosto al pubblico. La funzione principale dei Beatles è stata quella di essere scoperti dagli adolescenti, che sono stati poi sottoposti a una raffica infinita di "musica Beatles" fino a quando non sono stati convinti ad amare il suono e ad abbracciarlo e tutto ciò che lo accompagnava. La band di Liverpool si è dimostrata all'altezza delle aspettative e, con "un piccolo aiuto da parte dei loro amici", ovvero le sostanze illegali che chiamiamo droghe, ha creato un'intera nuova classe di giovani americani secondo il preciso stampo ordinato dal Tavistock Institute.

Il Tavistock aveva creato un "nuovo tipo" molto visibile che fungeva da corriere della droga. I "*missionari cristiani*" della China Inland Mission non avrebbero avuto spazio negli anni Sessanta. "Ciò significa che i Beatles crearono nuovi modelli sociali, in primo luogo la normalizzazione e la popolarizzazione dell'uso di droghe, nuovi gusti nel vestire e nuovi stili di acconciatura che li distinsero realmente dalla generazione precedente, come voleva il Tavistock.

È importante notare il linguaggio volutamente frammentario utilizzato dal Tavistock. Gli "adolescenti" non hanno mai immaginato che tutte le cose "diverse" a cui aspiravano fossero il prodotto di scienziati più anziani che lavoravano in think tank in Inghilterra e alla Stanford Research. Quanto sarebbero stati mortificati se avessero scoperto che la maggior parte delle loro abitudini ed espressioni "cool" erano state deliberatamente create per loro da un gruppo di anziani scienziati sociali!

Il ruolo dei media era, ed è tuttora, molto importante nella promozione del consumo di droga su scala nazionale. Quando la copertura delle bande di strada è stata bruscamente interrotta dai media, esse sono state "bruciate" come fenomeno sociale; è seguita la "nuova era" della droga. I media sono sempre stati un catalizzatore e hanno sempre spinto le "nuove cause". Oggi l'attenzione dei media si concentra sull'uso di droghe e sui suoi sostenitori, la "beat generation", un altro termine coniato a Tavistock, nei loro determinati sforzi per portare un cambiamento sociale negli Stati Uniti.

L'uso di droghe divenne una parte accettata della vita quotidiana in America. Questo programma, ideato dal Tavistock, abbracciò milioni di giovani americani e la vecchia generazione iniziò a credere che l'America stesse vivendo una rivoluzione sociale naturale, senza rendersi conto che ciò che stava accadendo ai loro figli non era un movimento spontaneo, ma una creazione altamente artificiale progettata per forzare i cambiamenti nella vita sociale e politica dell'America.

I discendenti della Compagnia britannica delle Indie orientali erano entusiasti del successo del loro programma di promozione della droga. I loro seguaci divennero abili con l'acido lisergico (LSD), così prontamente reso disponibile da mecenati del commercio di droga come Aldous Huxley, dalla rispettata azienda svizzera Sandoz e finanziato dalla grande dinastia bancaria Warburg. La nuova "droga delle meraviglie" fu prontamente distribuita in tutti i concerti rock e nei campus universitari come campione gratuito. La domanda è: "Cosa faceva l'FBI in quel periodo? "

Lo scopo dei Beatles era diventato molto chiaro. I discendenti della Compagnia britannica delle Indie orientali nell'alta società londinese devono essersi sentiti molto bene per i miliardi di dollari che cominciarono ad affluire. Con l'avvento del "rock", che d'ora in poi sarà usato come stenografia per la diabolica musica satanica di Adorno, ci fu un enorme aumento dell'uso di droghe mondane, soprattutto di marijuana. L'intero traffico di droga si è sviluppato sotto il controllo e la direzione della Science Policy Research Unit (SPRU). L'SPRU era diretto da Leland Bradford, Kenneth Damm e Ronald Lippert, sotto la cui guida esperta fu formato un gran numero di nuovi scienziati per promuovere "shock futuri", uno dei quali era il drammatico aumento dell'uso di droghe da parte degli adolescenti americani. I documenti politici dell'SPRU, inseriti in varie agenzie governative, tra cui la Drug Enforcement Agency (DEA), hanno dettato il corso della disastrosa "guerra alla droga" presumibilmente condotta dalle amministrazioni Reagan e Bush.

Era un precursore del modo in cui gli Stati Uniti sono gestiti oggi, da un comitato e/o consiglio dopo l'altro, da un governo interno alimentato da documenti Tavistock che credono fermamente di essere le loro opinioni. Questi sconosciuti virtuali stanno prendendo decisioni che cambieranno per sempre la nostra forma di governo e influenzeranno la qualità della vita negli Stati Uniti. Grazie all'"adattamento alla crisi", siamo già stati modificati a tal punto da essere a malapena paragonabili a ciò che eravamo negli anni Cinquanta. Anche il nostro ambiente è cambiato.

Si parla molto di ambiente al giorno d'oggi e, sebbene si parli soprattutto di ambienti verdi, fiumi limpidi e aria pulita, c'è un altro ambiente altrettanto importante: quello dei farmaci. L'ambiente del nostro stile di vita è diventato inquinato; il nostro modo di pensare è diventato inquinato. La nostra capacità di controllare il nostro destino si è inquinata. Ci troviamo di fronte a cambiamenti che inquinano il nostro pensiero al punto che non sappiamo cosa pensare. L'"ambiente del cambiamento" sta paralizzando la nazione; sembra che abbiamo così poco controllo che il risultato sono ansia e confusione.

Ora cerchiamo soluzioni di gruppo piuttosto che soluzioni individuali ai nostri problemi. Non utilizziamo le nostre risorse per risolvere i problemi. In quest'area, l'aumento prolifico del consumo di droga gioca un ruolo fondamentale. Si tratta di una strategia deliberata, ideata dagli scienziati delle nuove scienze, dagli ingegneri sociali e dai tintori, che prende di mira l'area più vulnerabile di tutte, ossia la nostra immagine di sé, cioè il modo in cui ci percepiamo, che alla fine ci porta a diventare come pecore *(noi, le pecore)* che vengono condotte al macello. Siamo confusi dalle tante scelte che dobbiamo fare e siamo diventati apatici.

Siamo manipolati da uomini senza scrupoli senza che ce ne rendiamo conto. Questo vale soprattutto per il commercio di droga e ora siamo nella fase di transizione in cui possiamo prepararci a un cambiamento dell'attuale forma costituzionale di governo, che ha fatto un enorme passo avanti sotto l'amministrazione Bush. Mentre alcuni si ostinano, di fronte a tutte le prove del contrario, a dire "Non può succedere in America", il fatto è che è già successo. La nostra volontà di resistere agli eventi che non ci piacciono è stata costantemente erosa e minata. Resisteremo, dicono alcuni di noi, ma non saremo in tanti e saremo una minoranza.

Il commercio di droga ha modificato in modo insidioso il nostro ambiente. La cosiddetta "guerra alla droga" è una farsa; non esiste in quantità sufficiente a fare la differenza per i discendenti della Compagnia britannica delle Indie orientali. Se a questo si aggiunge la computerizzazione, siamo quasi interamente sottoposti a un lavaggio del cervello, privati della nostra capacità di resistere ai cambiamenti forzati. Questo ci porta a un altro ambiente, il CONTROLLO DELLE PERSONE, noto anche come controllo delle informazioni personali, senza il quale i governi non possono fare il loro gioco di numeri. Così com'è, noi cittadini non abbiamo assolutamente modo di sapere cosa il governo sa o non sa di noi. I file informatici del governo non sono aperti al pubblico. Crediamo stupidamente che le informazioni personali siano sacrosante? Ricordate che in ogni società ci sono famiglie ricche e potenti che controllano le forze dell'ordine. Ho dimostrato che tali famiglie esistono. Non pensate che se queste famiglie volessero saperne di più su di noi, non potrebbero farlo. Queste sono le famiglie che spesso hanno un membro nel Comitato dei 300.

Prendiamo ad esempio Kissinger, che ha i suoi file privati su centinaia di migliaia di persone, non solo negli Stati Uniti, ma in tutto il mondo. Siamo sulla lista dei nemici di Kissinger? È inverosimile? Per niente. Prendiamo l'esempio della Loggia massonica P2 e del Comitato di Monte Carlo, che hanno liste con decine di migliaia di nomi. Per inciso, Kissinger è uno di loro. Esistono altre agenzie di intelligence "private", come l'*INTEL*, che incontreremo più avanti.

Un modo per far entrare l'eroina in Europa è attraverso il Principato di Monaco. L'eroina proviene dalla Corsica e viene trasportata sui traghetti che fanno la spola tra la Corsica e Monte Carlo durante l'estate. Non c'è alcun controllo su ciò che entra o esce da questi traghetti. Poiché non esiste una frontiera tra la Francia e il Principato di Monaco, le droghe, soprattutto l'eroina (oppio parzialmente lavorato), passano attraverso la frontiera aperta del Principato di Monaco per raggiungere i laboratori in Francia o, se già trasformate in eroina, vanno direttamente ai distributori.

La famiglia Grimaldi è nel traffico di droga da secoli. Poiché il Principe Ranieri è diventato avido e ha iniziato a fare grandi profitti, e non si è fermato dopo tre avvertimenti, sua moglie, la Principessa Grace, è stata uccisa in un "incidente" d'auto. Rainier ha sottovalutato il potere del Comitato di cui è membro. Nell'auto Rover su cui viaggiava, i serbatoi del liquido dei freni erano stati manomessi in modo che ogni volta che i freni venivano azionati, il liquido veniva rilasciato in quantità misurate, finché, quando l'auto raggiunse il più pericoloso dei tornanti, non ebbe più forza di arresto e finì oltre un muro di pietra, colpendo il terreno cinquanta metri più in basso con uno schianto nauseante.

Gli agenti del Comitato dei 300 hanno fatto di tutto per nascondere la verità sull'omicidio della Principessa Grace. A tutt'oggi, la Rover è ancora sotto la custodia della polizia francese, nascosta sotto una copertura su un rimorchio che nessuno può avvicinare, tanto meno esaminare. Il segnale per l'esecuzione della Principessa Grace è stato captato dalla postazione di ascolto dell'esercito britannico a Cipro e una fonte ben piazzata ritiene che l'ordine sia stato dato dal Comitato di Monte Carlo e dalla Loggia massonica P2.

Il traffico di droga, controllato dal Comitato dei 300, è un crimine contro l'umanità, ma essendo stati condizionati e ammorbiditi da anni di incessante bombardamento da parte del Tavistock Institute, abbiamo più o meno accettato il nostro nuovo ambiente, vedendo il traffico di droga come un problema "troppo grande" da affrontare. Non lo è. Se abbiamo potuto radunare un'intera nazione, equipaggiare e inviare milioni di soldati americani a combattere una guerra in Europa in cui non avevamo motivo di intervenire, se abbiamo potuto sconfiggere una grande potenza in Europa, possiamo anche stroncare il traffico di droga usando le stesse tattiche della Seconda Guerra Mondiale. I problemi logistici che dovevano essere risolti quando siamo entrati nella Seconda Guerra Mondiale sono ancora oggi sconcertanti.

Eppure siamo riusciti a superare tutti i problemi. Perché allora è impossibile sconfiggere un nemico ben definito, molto più piccolo e debole della Germania, con le armi e le apparecchiature di sorveglianza immensamente migliorate di cui disponiamo oggi? Il vero motivo per cui il problema della droga non viene sradicato è che viene gestito dalle più grandi famiglie del mondo come parte di una gigantesca macchina coordinata per fare soldi.

Nel 1930, il capitale britannico investito in Sud America superava di gran lunga quello investito nei "domini" britannici. Graham, un'autorità in materia di investimenti britannici all'estero, ha affermato che gli investimenti britannici in Sud America "hanno superato il trilione di sterline". Ricordiamo che siamo nel 1930 e che all'epoca un trilione di sterline era una somma sbalorditiva. Qual è il motivo di un investimento così consistente in Sud America? In una parola, si trattava di droga.

La plutocrazia che controllava le banche britanniche teneva i cordoni della borsa e, allora come oggi, metteva in piedi una facciata di tutto rispetto per nascondere le sue vere attività. Nessuno li ha mai beccati con le mani sporche. Hanno sempre avuto dei prestanome, come oggi, pronti a prendersi la colpa se le cose andavano male. Allora come oggi, i legami con il traffico di droga erano al massimo tenui. Nessuno è mai riuscito a mettere le mani sulle rispettabili e "nobili" famiglie bancarie britanniche, i cui membri fanno parte del Committee of 300.

È molto significativo che solo 15 membri del Parlamento fossero controllori di questo vasto impero, i più importanti dei quali erano Sir Charles Barry e la famiglia Chamberlain. Questi signori della finanza erano attivi in Paesi come l'Argentina, la Giamaica e Trinidad, che sono diventati per loro importanti fonti di denaro attraverso il traffico di droga. In questi Paesi, i plutocrati britannici mantenevano i "locali", come venivano sprezzantemente chiamati, a un livello di sussistenza molto basso, non molto superiore alla schiavitù. Le fortune del traffico di droga nei Caraibi erano considerevoli.

I plutocrati si nascondevano dietro facce come Trinidad Leaseholds Limited, ma il VERO BENE, allora come oggi, era la droga. Questo è il caso di oggi, dove scopriamo che il prodotto nazionale lordo (PNL) della Giamaica è quasi interamente costituito dalle vendite di ganja, una forma molto potente di marijuana. Il meccanismo di gestione del commercio di ganja è stato creato da David Rockefeller e Henry Kissinger come Iniziativa del Bacino dei Caraibi.

Fino a tempi relativamente recenti, la vera storia del commercio dell'oppio in Cina era abbastanza sconosciuta, essendo stata coperta al meglio. Molti dei miei ex studenti, quando tenevo delle lezioni, venivano da me e mi chiedevano perché ai cinesi piacesse così tanto fumare l'oppio? Erano perplessi, come molti lo sono ancora oggi, per i resoconti contrastanti di ciò che è realmente accaduto in Cina. La maggior parte di loro pensava che i lavoratori cinesi comprassero l'oppio al mercato e lo fumassero, o che andassero a fumarlo nelle migliaia di fumerie per dimenticare per un po' la loro terribile esistenza. La verità è che la fornitura di oppio alla Cina era un monopolio britannico, un monopolio UFFICIALE del governo britannico e della politica ufficiale britannica. Il commercio indo-britannico dell'oppio in Cina è stato uno dei segreti meglio custoditi, attorno al quale si sono sviluppate molte leggende fuorvianti, come quella di "Clive of India" e le storie di coraggio dell'esercito britannico in India per la gloria dell'"Impero", così ben scritte da Rudyard Kipling, e le storie dei "Tea Clippers" che attraversavano gli oceani con i loro carichi di tè dalla Cina per i salotti dell'alta società dell'Inghilterra vittoriana. In effetti, la storia dell'occupazione britannica dell'India e le guerre dell'oppio sono tra le macchie più ignobili della civiltà occidentale.

Quasi il 13% delle entrate dell'India sotto il dominio britannico derivava dalla vendita di oppio del Bengala di buona qualità ai commercianti di oppio gestiti dagli inglesi in Cina. I "Beatles" dell'epoca, la China Inland Mission ("*missionari cristiani*"), avevano fatto un ottimo lavoro nel far proliferare il consumo di oppio tra i poveri braccianti cinesi (coolies, come venivano chiamati). Questi tossicodipendenti non sono apparsi all'improvviso, come non lo sono i tossicodipendenti adolescenti negli Stati Uniti. In Cina è stato prima creato un mercato dell'oppio e poi è stato riempito con l'oppio del Bengala. Allo stesso modo, un mercato per la marijuana e l'LSD è stato prima creato negli Stati Uniti con i metodi già descritti, e poi riempito dai plutocrati britannici e dai loro cugini americani con l'aiuto dei signori dell'establishment bancario britannico.

Il lucroso commercio delle droghe è uno dei peggiori esempi di sfruttamento della miseria umana, l'altro è il commercio legale delle droghe gestito dalle aziende farmaceutiche di proprietà di Rockefeller, per lo più negli Stati Uniti, ma con importanti aziende che operano in Svizzera, Francia e Gran Bretagna e che godono del pieno sostegno dell'Associazione Medica Americana (AMA). I traffici di droga sporca e il denaro che generano passano attraverso la City di Londra, così come Hong Kong, Dubai e, più recentemente, il Libano, grazie all'invasione di Israele di quel Paese.

Alcuni lo metteranno in dubbio. "Guardate le sezioni economiche del *Financial Times*", ci diranno. "Non dirmi che è tutta una questione di soldi della droga?". Certo che lo è, ma non pensate nemmeno per un minuto che i nobili signori e le signore d'Inghilterra abbiano intenzione di pubblicizzare questo fatto. Ricordate la Compagnia britannica delle Indie orientali? Ufficialmente, la sua attività era il commercio del tè!

Il *Times* di Londra non osò mai dire al pubblico britannico che era impossibile ottenere grandi profitti dal tè, e l'illustre giornale non alludeva nemmeno al commercio dell'oppio portato avanti da coloro che trascorrevano il loro tempo nei club alla moda di Londra o giocando a polo al Royal Windsor Club, né al fatto che i gentiluomini-ufficiali che si recavano in India al servizio dell'Impero erano finanziati SOLO dagli enormi introiti derivanti dalla miseria dei milioni di coolies cinesi dipendenti dall'oppio.

Questo commercio era condotto dall'illustre Compagnia britannica delle Indie orientali, la cui interferenza negli affari politici, religiosi ed economici degli Stati Uniti ci è costata cara per oltre 200 anni. I 300 membri del consiglio di amministrazione della Compagnia britannica delle Indie orientali erano molto al di sopra dell'uomo comune. Erano così potenti che, come osservò una volta Lord Bertrand Russell, "potevano persino dare consigli a Dio quando era in difficoltà in cielo". Né dobbiamo pensare che le cose siano cambiate da allora. È esattamente lo stesso atteggiamento che prevale oggi tra i membri del Comitato dei 300, motivo per cui spesso si definiscono "olimpionici".

In seguito, la Corona britannica, cioè la famiglia reale, si unì al commercio della Compagnia britannica delle Indie orientali e lo utilizzò come veicolo per la produzione di oppio nel Bengala e in altre zone dell'India, controllando le esportazioni attraverso i cosiddetti "dazi di transito", cioè la Corona riscuoteva una tassa su tutti i produttori di oppio debitamente registrati presso l'autorità statale, che inviavano il loro oppio in Cina.

Prima del 1896, quando il commercio era ancora "illegale" - parola usata per estorcere un tributo maggiore ai produttori di oppio - e non c'era mai stato alcun tentativo di fermarlo, enormi quantità di oppio venivano spedite dall'India sui China Tea Clippers, i velieri attorno ai quali si sono costruite leggende e tradizioni, che avrebbero dovuto trasportare casse di tè dall'India e dalla Cina alle borse di Londra.

I signori e le signore della Compagnia britannica delle Indie orientali furono così audaci da tentare di vendere questa sostanza mortale agli eserciti dell'Unione e della Confederazione sotto forma di pillole come antidolorifico. È difficile immaginare cosa sarebbe successo se il loro piano fosse riuscito? Tutte quelle centinaia di migliaia di soldati avrebbero lasciato i campi di battaglia completamente dipendenti dall'oppio. I "Beatles" ebbero molto più successo nel trasformare milioni di adolescenti in tossicodipendenti negli anni successivi. (Tutti hanno ricevuto l'OBE[10] dalla Regina Elisabetta II e Paul McCartney è stato addirittura nominato cavaliere).

I mercanti del Bengala e i loro controllori e banchieri britannici sono cresciuti ingrassati e intolleranti grazie alle enormi somme di denaro che si riversavano nelle casse della Compagnia britannica delle Indie orientali grazie al misero commercio di oppio dei coolies cinesi. I profitti della BEIC, già allora, superavano di gran lunga quelli realizzati in un solo anno da General Motors, Ford e Chrysler al loro apice. La tendenza a trarre enormi profitti dalle droghe è stata proseguita negli anni '60 dai mercanti "legali" di droghe della morte come Sandoz, i produttori di LSD e Hoffman la Roche, i produttori di *VALIUM*. Il costo della materia prima e della produzione del Valium per Hoffman la Roche è di 3 dollari al chilo (2,2 libbre). Viene venduta ai suoi distributori per 20.000 dollari al chilo. Quando arriva al consumatore, il prezzo del Valium è salito a 50.000 dollari al chilo. Il Valium è utilizzato in grandi quantità in Europa e negli Stati Uniti. È probabilmente la droga di questo tipo più diffusa al mondo (*che crea dipendenza*).

Hoffman la Roche fa lo stesso con la vitamina C, la cui produzione costa meno di un centesimo al chilo. Viene venduto con un profitto del 10.000%. Quando un mio amico ha denunciato questa società criminale, che aveva stipulato un accordo di monopolio con altri produttori, in violazione della legge sui brevetti, a causa di una violazione delle leggi della Comunità Economica Europea, è stato

---

[10] Ordine dell'Impero Britannico.

arrestato alla frontiera italo-svizzera e portato in prigione; sua moglie è stata minacciata dalla polizia svizzera fino al suicidio. In quanto cittadino britannico, è stato salvato dal console britannico a Berna non appena informato della sua situazione, quindi rilasciato dalla prigione ed espulso dal Paese in aereo. Ha perso la moglie, il lavoro e la pensione perché ha osato divulgare i segreti di Hoffman La Roche. Gli svizzeri prendono molto sul serio la loro legge sullo spionaggio industriale.

Ricordatelo la prossima volta che vedrete quelle belle pubblicità di piste da sci svizzere, orologi bellissimi, montagne incontaminate e cuculi. La Svizzera non è questo. È un centro di riciclaggio di miliardi di dollari di denaro sporco attraverso i principali istituti bancari svizzeri. Si tratta dei produttori di droga "*legali*" del Comitato dei 300 (addictive). La Svizzera è l'ultimo "porto sicuro" del Comitato per il denaro e la protezione dei suoi cittadini in caso di calamità globale.

Le autorità svizzere potrebbero trovarsi in guai seri se venissero divulgate informazioni su queste attività nefaste. Per gli svizzeri si tratta di "spionaggio industriale", che di solito comporta una pena detentiva di cinque anni. È più sicuro fingere che la Svizzera sia un Paese bello e pulito che guardare sotto le coperte o dentro le sue banche spazzatura.

Nel 1931, gli amministratori delegati delle "Big Five" britanniche furono premiati con la nomina a pari del regno per le loro attività di riciclaggio di denaro sporco. Chi decide su queste questioni e assegna tali onorificenze? È la Regina d'Inghilterra che conferisce le onorificenze agli uomini che ricoprono le posizioni più alte nel commercio di droga.

Le banche britanniche coinvolte in questo terribile commercio sono troppo numerose per essere citate, ma ecco alcune delle più importanti:

➢ La Banca britannica del Medio Oriente

➢ National and Westminster Bank

➢ Royal Bank of Canada

➢ Banca Baring Brothers

➢ Banca Midland

➢ Banca Barclays

➢ Banca di Hong Kong e Shanghai (HSBC)

Molte banche d'affari sono immerse fino al collo nei profitti del traffico di droga, come ad esempio Hambros, guidata da Sir Jocelyn Hambro. Per uno studio davvero interessante sul commercio dell'oppio in Cina, è necessario avere accesso all'India Office di Londra. Ho potuto accedere grazie al mio accreditamento di intelligence e ho ricevuto un aiuto prezioso dall'amministratore dei registri del defunto professor Frederick Wells Williamson, che mi ha fornito una grande quantità di informazioni sul commercio di oppio della Compagnia britannica delle Indie orientali in India e in Cina nei secoli XVIIIe e XIXe. Se solo questi documenti potessero essere resi pubblici, che tempesta si scatenerebbe sulle teste delle vipere coronate d'Europa[11]. Oggi il commercio si è un po' spostato, poiché la cocaina, più economica, ha conquistato gran parte del mercato nordamericano.

Il mercato americano. Negli anni '60, l'ondata di eroina proveniente da Hong Kong, Libano e Dubai minacciava di travolgere gli Stati Uniti e l'Europa occidentale. Quando la domanda ha superato l'offerta, sono passati alla cocaina. Ma ora, alla fine del 1991, la tendenza si è invertita; l'eroina sta tornando in auge, anche se è vero che la cocaina è ancora molto popolare tra le classi più povere.

L'eroina, ci dicono, è più soddisfacente per i tossicodipendenti; gli effetti sono molto più intensi e duraturi della cocaina, e l'attenzione internazionale si concentra meno sui produttori di eroina che sui trafficanti di cocaina colombiani. Inoltre, è improbabile che gli Stati Uniti facciano un reale sforzo per fermare la produzione di oppio nel Triangolo d'Oro, che è sotto il controllo dell'esercito cinese, e una guerra seria scoppierebbe se qualsiasi Paese cercasse di vietare il commercio. Un serio attacco al commercio dell'oppio porterebbe a un intervento militare cinese.

I britannici lo sanno; non hanno alcun problema con la Cina,[12] se non un occasionale battibecco su chi si prende la fetta più grande della torta. La Gran Bretagna è coinvolta nel commercio dell'oppio in Cina da oltre

---

[11] "Riempite la misura dei vostri padri. Serpenti, covata di vipere, come potrete sfuggire alla dannazione del fuoco dell'inferno? "Cristo, Matteo 23:32-33.

[12] Il 21 ottobre 1999, il Presidente cinese ha ricevuto il "trattamento da tappeto rosso" a Buckingham Palace. È stato trasportato in grande stile, insieme alla Regina, nella sua carrozza reale trainata da cavalli e in una limousine Rolls-Royce, con allestimenti sontuosi per impressionarlo e intrattenerlo. Allo stesso tempo, la polizia britannica ha impedito a chiunque di manifestare contro la situazione dei diritti umani in Cina, per non turbarlo.

due secoli. Nessuno sarà così stupido da fare rumore quando milioni e milioni di dollari affluiranno nei conti bancari degli oligarchi britannici e sul mercato dell'oro di Hong Kong si scambierà più oro del totale delle contrattazioni di Londra e New York.

Le persone che immaginano allegramente di poter stringere una sorta di accordo con un piccolo signore cinese o birmano sulle colline del Triangolo d'Oro non hanno apparentemente idea di cosa comporti. Se lo avessero saputo, non avrebbero mai parlato di fermare il commercio dell'oppio. Questi discorsi rivelano una scarsa conoscenza dell'immensità e della complessità del commercio dell'oppio in Cina.

I plutocrati britannici, il KGB russo, la CIA e i banchieri americani sono tutti in combutta con la Cina. Può un solo uomo fermare o anche solo intaccare questo commercio? Sarebbe assurdo immaginarlo. Che cos'è l'eroina e perché oggi viene preferita alla cocaina? Secondo il professor Galen, un'autorità in materia, l'eroina è un derivato dell'oppio, una droga che annega i sensi e provoca lunghi periodi di sonno. Questo è ciò che piace alla maggior parte dei tossicodipendenti, si chiama "essere tra le braccia di Morpheus". L'oppio è la droga che crea maggiore dipendenza nell'uomo. Molti farmaci contengono oppio in misura variabile e si ritiene che la carta utilizzata nell'industria dell'oppio sia stata usata per produrre i farmaci.

La sigaretta è inizialmente impregnata di oppio, motivo per cui i fumatori diventano così dipendenti dal loro vizio.

Il seme di papavero da cui deriva era noto da tempo ai Moghul dell'India, che ne utilizzavano i semi mescolati al tè offerti a un avversario difficile. Viene utilizzato anche come antidolorifico che ha ampiamente sostituito il cloroformio e altri anestetici di un'epoca passata. L'oppio era popolare in tutti i club alla moda della Londra vittoriana e non era un segreto che uomini come i fratelli Huxley ne facessero largo uso. I membri dei culti orfico-dionisiaci della Grecia ellenica e dei culti di Osiride-Horus dell'Egitto tolemaico, a cui la società vittoriana aderiva, fumavano tutti oppio; era una cosa "alla moda". Così come alcuni di coloro che si riunirono al St Ermins Hotel nel 1903 per decidere che tipo di mondo avremmo avuto. I discendenti della folla di St Ermins si trovano oggi nel Comitato dei 300. Sono questi cosiddetti leader mondiali che hanno portato un tale cambiamento nel nostro ambiente che l'uso di droghe è stato in grado di proliferare al punto da non poter più essere fermato dalle consuete tattiche e politiche di applicazione della legge. Ciò è particolarmente vero nelle grandi città, dove le popolazioni numerose possono nascondere molto di ciò che accade.

Nei circoli reali, molte persone consumavano regolarmente oppio. Uno dei loro preferiti era lo scrittore Coudenhove-Kalergi, che nel 1932 scrisse un libro intitolato "RIVOLUZIONE ATTRAVERSO LA TECNOLOGIA", un piano per riportare il mondo a una società medievale. Questo libro è diventato un documento di lavoro per il piano del Comitato dei 300 di deindustrializzazione del mondo, a partire dagli Stati Uniti. Sostenendo che la pressione della sovrappopolazione è un problema serio, Kalergi consiglia un ritorno a quelli che chiama "spazi aperti". Sembra una situazione simile a quella dei Khmer Rossi e di Pol Pot?

Ecco alcuni estratti del libro:

> "La città del futuro assomiglierà nella sua struttura a quella del Medioevo... e chi non è condannato a vivere in città dalla sua professione, andrà in campagna. La nostra civiltà è una cultura delle grandi città; è quindi una pianta paludosa, nata da degenerati, malati e decadenti, che si sono trovati volontariamente, o involontariamente, in questo percorso di vita senza uscita".

Non è forse molto vicino a quello che "Ankar Wat" ha dato come "sue" ragioni per spopolare Phnom Penh?

Le prime spedizioni di oppio arrivarono in Inghilterra dal Bengala nel 1683, trasportate dai Tea Clippers della Compagnia britannica delle Indie orientali. L'oppio fu portato in Inghilterra come prova, un esperimento, per vedere se la gente comune, i nobili e le classi inferiori potevano essere indotti ad assumere la droga. Si trattava di quello che oggi chiameremmo un "test marketing" di un nuovo prodotto. Ma i resistenti e le tanto derise "classi inferiori" furono tenaci, e l'esperimento di marketing di prova fu un totale fallimento. Le "classi inferiori" della società britannica rifiutavano fermamente il fumo d'oppio.

I plutocrati e gli oligarchi dell'alta società londinese iniziarono a cercare un mercato che non fosse così resistente, così inflessibile. Hanno trovato questo mercato in Cina. Nei documenti che ho studiato presso l'India Office, sotto la voce "Miscellaneous old Records", ho trovato tutte le conferme che avrei potuto desiderare per dimostrare che il commercio dell'oppio in Cina è realmente decollato dopo la fondazione della "China Inland Mission", finanziata dalla Compagnia Britannica delle Indie Orientali, apparentemente una *società missionaria cristiana*, ma in realtà l'unica missione degli uomini e delle donne era quella di "promuovere" il nuovo prodotto introdotto sul mercato, l'OPIO.

Ciò è stato successivamente confermato quando ho avuto accesso alle carte di Sir George Birdwood negli archivi dell'India Office. Poco dopo che i missionari della China Inland Mission iniziarono a distribuire i loro pacchetti di campioni e a mostrare ai coolies come fumare l'oppio, grandi quantità di oppio iniziarono ad arrivare in Cina. I Beatles non avrebbero potuto fare un lavoro migliore. (In entrambi i casi, il commercio era autorizzato dalla famiglia reale britannica, che sosteneva apertamente i Beatles).) Mentre la Compagnia britannica delle Indie orientali aveva fallito in Inghilterra, ebbe un successo al di là delle sue più rosee aspettative in Cina, dove milioni di poveri vedevano nel consumo di oppio una via di fuga dalla loro vita di miseria.

I covi di oppio cominciarono a proliferare in tutta la Cina e, in grandi città come Shanghai e Guangzhou, centinaia di migliaia di cinesi infelici scoprirono che una pipa d'oppio rendeva apparentemente sopportabile la loro vita. La Compagnia britannica delle Indie orientali ha avuto mano libera per oltre 100 anni prima che il governo cinese si rendesse conto di ciò che stava accadendo. Solo nel 1729 furono approvate le prime leggi contro il consumo di oppio. Il consiglio di amministrazione della BEIC, composto da 300 membri, non ha gradito e la società ha rapidamente ingaggiato una battaglia con il governo cinese.

La BEIC aveva sviluppato semi di papavero che fornivano la migliore qualità di oppio dai campi di papavero di Benares e Bihar, nel bacino del Gange in India, un Paese che controllava completamente. Non volendo perdere questo lucroso mercato, la Corona britannica ingaggiò battaglie campali con le forze cinesi e le sconfisse. Allo stesso modo, il governo statunitense dovrebbe combattere una battaglia contro i signori della droga di oggi[13] e, come i cinesi, sta perdendo malamente. C'è però una grande differenza: il governo cinese ha combattuto per vincere, mentre il governo statunitense non ha alcuna intenzione di vincere la battaglia, motivo per cui il tasso di turnover della Drug Enforcement

---

[13] Vi siete mai chiesti perché queste persone vengono chiamate signori della droga piuttosto che re della droga? Se queste persone sono solo i signori della droga, allora chi sono i re della droga?

Agency (DEA) è così alto.

Recentemente, l'oppio di alta qualità è stato contrabbandato dal Pakistan attraverso Marka, sulla costa desolata del Paese, da dove le navi trasportano il carico a Dubai, dove viene scambiato con l'oro. Questo spiegherebbe in parte perché l'eroina è oggi preferita alla cocaina. Il commercio di eroina è più discreto, non ci sono assassinii di funzionari di spicco come avviene quasi quotidianamente in Colombia. L'oppio pakistano non è così costoso come quello del Triangolo o della Mezzaluna d'Oro (Iran). Ciò ha incrementato notevolmente la produzione e la vendita di eroina, che minaccia di superare la cocaina come fonte primaria di profitto.

Per molti anni, il vile commercio dell'oppio è stato definito nei circoli alti della società inglese come il "bottino dell'Impero". Le storie di coraggio nel Khyber Pass coprivano un vasto commercio di oppio. L'esercito britannico era di stanza al Khyber Pass per proteggere le carovane che trasportavano oppio grezzo dai saccheggi delle tribù delle colline. La famiglia reale britannica lo sapeva? Senza dubbio, perché cos'altro avrebbe potuto indurre la Corona a mantenere un esercito in questa regione dove non c'era altro da fare che il lucroso commercio dell'oppio? Era molto costoso tenere uomini sotto le armi in un Paese lontano. Sua Maestà si sarà chiesto perché queste unità militari fossero lì. Di certo non per giocare a polo o a biliardo nella mensa degli ufficiali. La BEIC era gelosa del suo monopolio sull'oppio. Ai potenziali concorrenti non è stato permesso di commettere errori. In un famoso processo del 1791, Warren Hastings fu accusato di aver aiutato un amico a entrare nel commercio dell'oppio a spese della BEIC. Le stesse parole che ho trovato nei documenti del caso conservati presso l'India Office danno un'idea del vasto commercio dell'oppio:

> "L'accusa è che Hastings abbia assegnato un contratto per la fornitura di oppio per quattro anni a Stephen Sullivan, senza pubblicizzare il contratto, a condizioni palesemente ovvie e gratuitamente abbondanti, allo scopo di creare una FORTUNA IMMEDIATA per il suddetto William Sullivan Esq. (corsivo aggiunto)".

Poiché il governo britannico deteneva il monopolio del commercio dell'oppio, le uniche persone che potevano fare fortuna erano la "nobiltà", l'"aristocrazia", i plutocrati e le famiglie oligarchiche inglesi, molti dei cui discendenti siedono nel Comitato dei 300, proprio come i loro antenati sedevano nel Consiglio dei 300 che gestiva la BEIC. I forestieri come il signor Sullivan si trovarono presto nei guai con la

Corona se avevano l'audacia di cercare di entrare nel commercio multimiliardario dell'oppio.

Gli uomini d'onore del BEIC, con la sua lista di 300 consiglieri, erano membri di tutti i principali club per gentiluomini di Londra e, per la maggior parte, erano membri del Parlamento, mentre altri, sia in India che in patria, erano magistrati. Per sbarcare in Cina era necessario un passaporto aziendale. Quando alcuni curiosi arrivarono in Cina per indagare sul coinvolgimento della Corona britannica in questo lucroso commercio, i magistrati della BEIC revocarono rapidamente i loro passaporti, impedendo loro di entrare in Cina. Gli attriti con il governo cinese erano all'ordine del giorno. I cinesi avevano approvato una legge, l'editto di Yung Cheny del 1729, che proibiva l'importazione di oppio, ma la BEIC riuscì a mantenere l'oppio nelle tariffe cinesi fino al 1753, con un dazio di tre tael per confezione di oppio. Anche quando i servizi segreti speciali britannici (gli 007 dell'epoca) si assicuravano che i funzionari cinesi scomodi fossero comprati e, nei casi in cui ciò non era possibile, venivano semplicemente uccisi.

Tutti i monarchi britannici dal 1729 hanno tratto enormi profitti dal commercio di droga, e così anche l'attuale occupante del trono. I ministri si assicuravano che la ricchezza affluisse nelle casse della loro famiglia. Durante il regno della Regina Vittoria, Lord Palmerston fu uno dei più importanti. Egli si ostinava a credere che nulla avrebbe dovuto fermare il commercio di oppio della Gran Bretagna con la Cina. Il piano di Palmerston consisteva nel fornire al governo cinese una quantità di oppio sufficiente a far ingolosire i singoli membri. Poi gli inglesi avrebbero limitato le forniture e, quando il governo cinese fosse stato in ginocchio, le avrebbero riprese - ma a un prezzo molto più alto, mantenendo così un monopolio attraverso il governo cinese stesso, ma questo piano fallì.

Il governo cinese reagì distruggendo grandi carichi di oppio conservati nei magazzini e i mercanti britannici furono costretti a firmare accordi INDIVIDUALI per non importare oppio a Canton. Il BEIC rispose inviando a Macao decine di navi cariche di oppio. Le società responsabili della BEIC, piuttosto che i singoli, hanno poi venduto queste spedizioni. Il Commissario cinese Lin ha dichiarato:

> "C'è così tanto oppio a bordo delle navi inglesi ora in viaggio verso questo luogo (Macao) che non sarà mai restituito al Paese da cui proviene, e non mi sorprenderà sapere che viene contrabbandato sotto i colori americani".

La profezia di Lin si è rivelata straordinariamente accurata.

Le guerre dell'oppio contro la Cina avevano lo scopo di "mettere i cinesi al loro posto", come disse una volta Lord Palmerston, e l'esercito britannico fece proprio questo. Non c'era modo di fermare questo vasto e lucroso commercio che stava fruttando miliardi ai feudatari oligarchici britannici, lasciando alla Cina milioni di dipendenti dall'oppio. In seguito, i cinesi chiesero alla Gran Bretagna di aiutarli a risolvere il loro enorme problema e i due Paesi raggiunsero degli accordi. In seguito, i governi cinesi che si sono succeduti hanno capito l'utilità di cooperare con la Gran Bretagna piuttosto che combatterla - e questo è stato verificato durante il sanguinoso regno di Mao Tse Tung - cosicché oggi, come ho già detto, le dispute che sorgono riguardano esclusivamente la quota del commercio dell'oppio a cui ciascuno ha diritto.

Passando a una storia più moderna, la partnership sino-britannica è stata consolidata dall'accordo di Hong Kong, che ha stabilito una partnership paritaria nel commercio dell'oppio. Il commercio è stato regolare, con qualche intoppo qua e là, ma mentre la violenza e la morte, le rapine e gli omicidi hanno segnato l'andamento del traffico di cocaina in Colombia, nessuna bassezza del genere ha potuto turbare il commercio di eroina che, come ho detto prima, sta di nuovo prendendo il sopravvento con l'approssimarsi del 1991.

Il problema principale delle relazioni sino-britanniche negli ultimi 60 anni è stata la richiesta della Cina di una quota maggiore della torta dell'oppio-eroina. La questione è stata risolta quando la Gran Bretagna ha accettato di consegnare Hong Kong al pieno controllo del governo cinese, a partire dal 1997. Inoltre, i partner mantengono le loro precedenti quote paritarie nel lucroso commercio dell'oppio con sede a Hong Kong.

Le famiglie oligarchiche britanniche del Comitato dei 300, radicate a Canton all'apice del commercio dell'oppio, hanno lasciato i loro discendenti al loro posto. Se si guarda all'elenco dei residenti britannici di spicco in Cina, si noteranno i nomi dei membri del Comitato dei 300. Lo stesso vale per Hong Kong. Questi plutocrati, eredi di un'epoca feudale che cercano di imporre al mondo, controllano il commercio dell'oro e dell'oppio di cui Hong Kong è IL centro. I coltivatori di oppio birmani e cinesi vengono pagati in oro, non si fidano della carta americana da 100 dollari. Questo spiega l'enorme volume di scambi di oro alla borsa di Hong Kong.

Il Triangolo d'Oro non è più il maggior produttore di oppio. Dal 1987, questo dubbio titolo è condiviso dalla Mezzaluna d'Oro (Iran), dal Pakistan e dal Libano. Questi sono i principali produttori di oppio, anche se quantità minori provengono dall'Afghanistan e dalla Turchia. Il commercio della droga, e in particolare quello dell'oppio, non potrebbe funzionare senza l'aiuto delle banche, come dimostreremo.

Le banche e il mercato della droga

Perché le banche, con la loro aria di rispettabilità, sono coinvolte nel traffico di droga, con tutti i suoi aspetti negativi? Si tratta di una storia molto lunga e complicata, che potrebbe essere oggetto di un libro a sé stante. Le banche sono coinvolte, in particolare finanziando società di facciata che importano i prodotti chimici necessari per trasformare l'oppio grezzo in eroina. La Hong Kong and Shanghai Bank, che ha una filiale a Londra, è al centro di questo commercio attraverso una società chiamata TEJAPAIBUL, che ha un conto presso la Hong Kong and Shanghai Bank. Di cosa si occupa questa azienda? Importa a Hong Kong la maggior parte dei prodotti chimici necessari per il processo di raffinazione dell'eroina.

È inoltre un importante fornitore di anidride acetica per la Mezzaluna d'Oro e il Triangolo d'Oro, il Pakistan, la Turchia e il Libano. Il finanziamento effettivo di questo commercio è gestito dalla Bangkok Metropolitan Bank. Pertanto, le attività secondarie legate alla lavorazione dell'oppio, pur non rientrando nella stessa categoria del commercio di oppio, generano comunque un reddito sostanziale per le banche. Ma il vero guadagno della Hong Kong and Shanghai Bank e di tutte le banche della regione è il finanziamento del commercio dell'oppio.

Mi ci sono volute molte ricerche per stabilire un legame tra il prezzo dell'oro e quello dell'oppio. Ero solito dire a chiunque mi ascoltasse: "Se vuoi conoscere il prezzo dell'oro, trova il prezzo di una libbra o di un chilo di oppio a Hong Kong". Ai miei critici risponderei: "Guardate cosa è successo nel 1977, un anno critico per l'oro". La Bank of China ha sciccato gli esperti dell'oro e gli astuti previsori che si trovano in gran numero in America, scaricando improvvisamente e senza preavviso 80 tonnellate d'oro sul mercato.

Questo ha fatto crollare il prezzo dell'oro. Gli esperti hanno potuto solo dire: "Non sapevamo che la Cina avesse così tanto oro; da dove proviene? "Proviene dall'oro che viene pagato alla Cina sul mercato dell'oro di Hong Kong per i grandi acquisti di oppio. L'attuale politica del governo cinese nei confronti dell'Inghilterra è la stessa dei secoli 18ème e 19ème. L'economia cinese, legata a quella di Hong Kong - e non parlo di televisori, tessuti, radio, orologi, videocassette piratate - ma di oppio/eroina - subirebbe un terribile colpo se non fosse per il commercio di oppio che condivide con la Gran Bretagna. La BEIC non esiste più, ma i discendenti del suo Consiglio dei 300 sono tuttora presenti nel Comitato dei 300.

Le più antiche famiglie oligarchiche britanniche che sono state a capo del commercio dell'oppio negli ultimi 200 anni sono ancora lì oggi. Prendiamo ad esempio i Matheson. Questa famiglia "nobile" è uno dei pilastri del commercio dell'oppio. Qualche anno fa, quando la situazione sembrava un po' precaria, i Matheson sono intervenuti concedendo alla Cina un prestito di 300 milioni di dollari per investimenti immobiliari. In realtà, questo prestito è stato presentato come una "joint venture tra la Repubblica Popolare Cinese e la Matheson Bank". Facendo ricerche sui documenti dell'India Office del 1700, mi sono imbattuto nel nome Matheson, che continuava a comparire ovunque, a Londra, Pechino, Dubai, Hong Kong, ovunque si parlasse di eroina e oppio.

Il problema del traffico di droga è che è diventato una minaccia per la sovranità nazionale. Ecco cosa ha detto l'ambasciatore venezuelano alle Nazioni Unite su questa minaccia globale:

> "Il problema della droga ha già smesso di essere trattato come un semplice problema di salute pubblica o sociale. Si è trasformato in qualcosa di molto più serio e di vasta portata che riguarda la nostra sovranità nazionale; un problema di sicurezza nazionale, in quanto mina l'indipendenza di una nazione. La droga, in tutte le sue manifestazioni di produzione, commercializzazione e consumo, ci snatura minando la nostra vita etica, religiosa e politica, i nostri valori storici, economici e repubblicani".

È proprio così che operano la Banca dei Regolamenti Internazionali e il FMI. Permettetemi di dire senza esitazione che queste due banche non sono altro che camere di compensazione per il traffico di droga. La BRI mina qualsiasi paese che il FMI vuole affondare, fornendo i mezzi per una facile uscita dei capitali in fuga. La BRI non riconosce e non fa alcuna distinzione tra capitali latitanti e denaro riciclato proveniente dalla droga.

La BRI opera secondo un modello gangsteristico. Se un Paese non si sottomette alla spoliazione degli asset da parte del FMI, quest'ultimo dice di fatto: "Bene, allora vi spezzeremo con l'enorme scorta di narcodollari in nostro possesso". È facile capire perché l'oro sia stato demonetizzato e sostituito dal "dollaro" di carta come valuta di riserva mondiale. Non è così facile ricattare un paese che detiene riserve d'oro come lo è ricattare un paese le cui riserve sono in dollari cartacei.

Qualche anno fa, l'FMI ha tenuto una riunione a Hong Kong alla quale ha partecipato un mio collega, il quale mi ha detto che il seminario verteva proprio su questo tema. Mi informò che i funzionari del FMI dissero alla riunione che avrebbero potuto letteralmente provocare una corsa alla valuta di qualsiasi Paese, usando i narcodollari, che avrebbe provocato una fuga di capitali. Rainer-Gut, delegato del Credit Suisse e membro del Comitato dei 300, ha dichiarato di prevedere una situazione in cui il credito nazionale e la finanza nazionale saranno riuniti in un'unica organizzazione entro la fine del secolo. Anche se Rainer-Gut non l'ha detto chiaramente, tutti i partecipanti al seminario sapevano esattamente di cosa stava parlando.

Dalla Colombia a Miami, dal Triangolo d'Oro al Golden Gate, da Hong Kong a New York, da Bogotà a Francoforte, il traffico di droga, e in particolare di eroina, è un GRANDE AFFARE,[14] gestito da cima a fondo da alcune delle famiglie più "intoccabili"[15] del mondo, e ognuna di queste famiglie ha almeno un membro che fa parte del Comitato dei 300. Questo non è un commercio di strada, e ci vogliono molti soldi e competenze per mandarlo avanti. I meccanismi controllati dal Comitato dei 300 lo garantiscono.

Un talento simile non si trova agli angoli delle strade e delle metropolitane di New York. Naturalmente, i commercianti e gli ambulanti sono parte integrante dell'attività, ma solo come piccoli venditori part-time. Dico part-time perché sono impegnati e la rivalità fa sì che alcuni di loro vengano colpiti. Ma che importanza ha? Ci sono molti sostituti disponibili.

No, non è qualcosa che possa interessare l'amministrazione delle piccole imprese. È UN GRANDE AFFARE, un vasto impero, questo sporco business della droga. Per forza di cose, è gestito da cima a fondo

---

[14] BIG BUSINESS nel testo originale.

[15] La famiglia reale britannica ha creato i tribunali britannici, ha stabilito le proprie leggi e il proprio sistema legale in modo che nessuno possa intraprendere azioni legali contro il monarca.

in tutti i Paesi del mondo. Si tratta, infatti, del più grande business al mondo oggi, che trascende tutti gli altri. Il fatto che sia protetto dall'alto è confermato dal fatto che, come il terrorismo internazionale, non può essere sradicato, il che dovrebbe indicare a una persona ragionevole che alcuni dei più grandi nomi dei circoli reali, dell'oligarchia, della plutocrazia lo gestiscono, anche se attraverso intermediari.

I principali Paesi coinvolti nella coltivazione di papavero e coca sono Birmania, Cina settentrionale, Afghanistan, Iran, Pakistan, Thailandia, Libano, Turchia, Perù, Ecuador e Bolivia. La Colombia non coltiva la coca, ma, dopo la Bolivia, è il principale centro di raffinazione della coca e il principale centro finanziario del traffico di cocaina che, da quando il generale Noriega è stato rapito e imprigionato dal presidente Bush, compete con Panama per il primo posto nel riciclaggio e nel finanziamento del traffico di cocaina.

Il commercio di eroina è finanziato dalle banche di Hong Kong, da quelle di Londra e da alcune banche mediorientali, come la British Bank of the Middle East. Il Libano sta diventando la "Svizzera del Medio Oriente". I Paesi coinvolti nella distribuzione e nella circolazione dell'eroina sono Hong Kong, Turchia, Bulgaria, Italia, Monaco, Francia (Corsica e Marsiglia), Libano e Pakistan. Gli Stati Uniti sono il più grande consumatore di droghe, con la cocaina al primo posto e l'eroina in competizione con essa. L'Europa occidentale e l'Asia sud-occidentale sono i maggiori consumatori di eroina. L'Iran ha un'enorme popolazione di eroinomani - oltre 2 milioni nel 1991.

Non c'è un solo governo che non sappia esattamente cosa sta accadendo nel traffico di droga, ma i singoli membri in posizioni di potere sono tenuti sotto controllo dal Comitato dei 300 attraverso la sua rete globale di filiali. Se un membro del governo è "difficile", viene rimosso, come nel caso del pakistano Ali Bhutto e dell'italiano Aldo Moro. Nessuno sfugge a questo comitato onnipotente, anche se finora la Malaysia è riuscita a resistere. La Malesia ha le leggi antidroga più severe al mondo. Il possesso di quantità anche piccole di droga è punibile con la morte.

Come la società bulgara Kintex, la maggior parte dei piccoli Paesi è direttamente coinvolta in queste imprese criminali. I camion Kintex trasportano regolarmente eroina in tutta l'Europa occidentale con la propria flotta di camion con il marchio CEE Triangle Internationale Routier (TIR). I camion con questo marchio e il numero di riconoscimento CEE non devono essere fermati ai posti di dogana. I camion TIR possono trasportare solo merci deperibili. Si suppone che vengano ispezionati nel paese d'origine e che ogni autista abbia con sé un documento in tal senso.

Questo è ciò che accade nell'ambito degli obblighi dei trattati internazionali, per cui i camion della Kintex hanno potuto caricare i loro carichi di eroina e certificarli come "frutta e verdura fresca" per poi attraversare l'Europa occidentale, entrando persino nelle basi NATO di massima sicurezza del Nord Italia. In questo modo, la Bulgaria divenne uno dei principali Paesi attraverso cui veniva trasportata l'eroina.

L'unico modo per fermare le enormi quantità di eroina e cocaina che attualmente arrivano sui mercati europei è porre fine al sistema dei *TIR*. Questo non accadrà mai. Gli obblighi dei trattati internazionali che ho appena citato sono stati messi in atto dal Comitato dei 300, attraverso le sue incredibili reti e i suoi meccanismi di controllo, per facilitare il passaggio di ogni tipo di droga verso l'Europa occidentale. Dimenticate i prodotti deperibili! Un ex agente della DEA in Italia mi ha detto: "*TIR = DOPE*".[16]

Ricordatelo la prossima volta che leggerete sui giornali che un grosso carico di eroina è stato trovato in una valigia a doppio fondo all'aeroporto Kennedy e che qualche sfortunato "mulo" pagherà il prezzo della sua attività criminale. Questo tipo di azione è solo una "birra piccola", solo per soffiare fumo negli occhi del pubblico, per farci credere che il nostro governo sta davvero facendo qualcosa contro la minaccia della droga. Prendiamo ad esempio "The French Connection", un programma di Nixon lanciato senza che il Comitato dei 300 ne sia a conoscenza o abbia dato il suo consenso.

La quantità totale di oppio ed eroina sequestrata in questo sforzo massiccio è poco meno di un quarto di quella trasportata da un singolo camion TIR. Il Comitato dei 300 si assicurò che Nixon pagasse un prezzo pesante per un sequestro di eroina relativamente piccolo. Non era la quantità di eroina coinvolta, ma il fatto che qualcuno che avevano aiutato a salire alla Casa Bianca credesse di poter fare a meno del loro aiuto e del loro sostegno, e persino di andare contro gli ordini diretti dall'alto.

Il meccanismo del commercio di eroina è il seguente: le tribù selvagge delle colline in Thailandia e in Birmania coltivano il papavero da oppio.

---

[16] "Dope" è un termine americano generico il cui equivalente francese è "cam".

Al momento della raccolta, il baccello portasemi viene tagliato con un rasoio o un coltello affilato. Una sostanza resinosa fuoriesce dal taglio e inizia a solidificarsi. Questo è l'oppio grezzo. Il raccolto di oppio grezzo viene trasformato in palline rotonde e appiccicose. Gli uomini delle tribù vengono pagati in lingotti d'oro da un chilo - chiamati 4/10e - coniati dal Credit Suisse. Questi piccoli lingotti vengono utilizzati SOLO per pagare gli uomini delle tribù - i lingotti d'oro di peso normale vengono scambiati sul mercato di Hong Kong dai grandi acquirenti di oppio grezzo o di eroina parzialmente lavorata. Gli stessi metodi sono utilizzati per pagare i membri delle tribù delle colline indiane - i Baloch - che sono coinvolti in questo commercio fin dai tempi dei Moghul. La "Dope Season", come viene chiamata, vede un afflusso di oro scambiato sul mercato di Hong Kong. Il Messico iniziò a produrre quantità relativamente piccole di eroina chiamata "Mexican Brown", molto richiesta dalle star di Hollywood. Anche in questo caso, il traffico di eroina è gestito da alti funzionari governativi che hanno i militari dalla loro parte. Alcuni produttori di "Mexican Brown" guadagnano un milione di dollari al mese per rifornire i loro clienti americani. Quando alcuni poliziotti federali messicani vengono incitati ad agire contro i produttori di eroina, vengono "eliminati" da unità militari che sembrano apparire dal nulla.

Uno di questi incidenti si è verificato nel novembre 1991 su una remota pista di atterraggio nella regione messicana produttrice di oppio. Gli agenti federali della narcotici hanno circondato la pista di atterraggio e stavano per arrestare le persone che stavano caricando eroina, quando è arrivata una squadra di soldati. I soldati hanno radunato gli agenti della Polizia Federale degli Stupefacenti e li hanno sistematicamente uccisi tutti. Questa azione rappresenta una seria minaccia per il presidente messicano Goltarin, che sta affrontando forti richieste di indagini sugli omicidi. Goltarin si trova in una situazione delicata: non può rinunciare a chiedere un'indagine, né può permettersi di offendere i militari. Questa è la prima crepa nella catena di comando in Messico, che risale fino al Comitato dei 300. L'oppio grezzo proveniente dal Triangolo d'Oro viene inviato alla mafia siciliana e alla parte francese del business per essere raffinato nei laboratori che infestano la costa francese da Marsiglia a Monte Carlo. Oggi, il Libano e la Turchia producono quantità crescenti di eroina raffinata e negli ultimi quattro anni sono stati creati numerosi laboratori in questi due Paesi. Anche il Pakistan dispone di alcuni laboratori, ma non è allo stesso livello della Francia, ad esempio.

La rotta utilizzata dai trasportatori di oppio grezzo dalla Mezzaluna d'Oro passa attraverso l'Iran, la Turchia e il Libano. Quando lo Scià dell'Iran era al potere, si rifiutò di permettere che il commercio di eroina continuasse e fu fermato con la forza fino a quando non fu "rilevato" dal Comitato dei 300. L'oppio grezzo proveniente dalla Turchia e dal Libano veniva trasportato in Corsica, da dove veniva spedito a Monte Carlo con la complicità della famiglia Grimaldi. I laboratori pakistani, con il pretesto di "laboratori militari di difesa", si occupano della raffinazione più di quanto non facessero due anni fa, ma la raffinazione migliore viene ancora effettuata lungo la costa mediterranea francese e in Turchia. Anche in questo caso, le banche svolgono un ruolo fondamentale nel finanziamento di queste operazioni.

Fermiamoci qui per un momento. Dobbiamo forse credere che con tutte le moderne tecniche di sorveglianza ampiamente migliorate, compresa la ricognizione satellitare, a disposizione delle forze dell'ordine in questi Paesi, questo commercio nefasto non possa essere localizzato e fermato? Come mai le forze dell'ordine non possono entrare e distruggere questi laboratori una volta scoperti? Se questo è il caso, e non riusciamo ancora a vietare il commercio di eroina, allora i nostri servizi antidroga dovrebbero essere chiamati "geriatria" e non agenzie antidroga.

Anche un bambino potrebbe dire ai nostri cosiddetti "guardiani della droga" cosa fare. Basta monitorare tutte le fabbriche che producono anidride acetica, il componente chimico più essenziale necessario ai laboratori per raffinare l'eroina dall'oppio grezzo. POI SEGUITE IL SENTIERO! È così semplice! Mi viene in mente Peter Sellers nella serie della Pantera Rosa quando penso agli sforzi delle forze dell'ordine per individuare i laboratori di raffinazione dell'eroina. Anche una persona maldestra come il detective immaginario non avrebbe avuto problemi a tracciare il percorso delle spedizioni di anidride acetica fino alla loro destinazione finale.

I governi potrebbero approvare leggi che impongano ai produttori di anidride acetica di tenere registri scrupolosi su chi acquista la sostanza chimica e per cosa viene utilizzata. Ma non contateci, ricordate che la droga è un grande affare e il grande affare è fatto dalle famiglie oligarchiche europee e dall'establishment liberale della costa orientale degli Stati Uniti. Il traffico di droga non è un'operazione mafiosa o gestita dai cartelli colombiani della cocaina. Le famiglie nobili britanniche e gli alti funzionari americani non hanno intenzione di ostentare il loro ruolo nelle vetrine dei negozi; hanno ancora un'armata di prestanome per fare il lavoro sporco.

Ricordiamo che la "nobiltà" britannica e americana non si è mai sporcata le mani nel commercio dell'oppio in Cina. I signori e le signore erano troppo intelligenti per farlo, così come l'élite americana: i Delano, i Forbes, gli Appleton, i Bacon, i Boyleston, i Perkins, i Russell, i Cunningham, gli Shaw, i Coolidge, i Parkman, i Runnewell, i Cabot e i Codman; questo non è un elenco esaustivo delle famiglie americane che si arricchirono con il commercio dell'oppio in Cina.

Poiché questo non è un libro sul commercio di droga, non posso necessariamente trattare questo argomento in modo approfondito. Ma la sua importanza per il Comitato dei 300 deve essere sottolineata. L'America non è gestita da 60 famiglie, ma da 300 famiglie e l'Inghilterra da 100 famiglie e, come vedremo, queste famiglie sono intrecciate da matrimoni, società, banche, per non parlare dei legami con la nobiltà nera, la massoneria, l'Ordine di San Giovanni di Gerusalemme, ecc. Sono queste persone che, attraverso i loro surrogati, trovano il modo di proteggere enormi carichi di eroina provenienti da Hong Kong, Turchia, Iran e Pakistan e di assicurarsi che raggiungano i mercati degli Stati Uniti e dell'Europa occidentale con un costo minimo per gli affari.

I carichi di cocaina vengono talvolta intercettati e sequestrati, ma si tratta solo di un'operazione di facciata. Spesso i carichi sequestrati appartengono a una nuova organizzazione che sta cercando di entrare nel commercio. Questi concorrenti vengono messi fuori gioco informando le autorità su dove stanno per entrare nel mercato statunitense e su chi sono i proprietari. I grandi affari non vengono toccati: l'eroina è troppo costosa. Va notato che gli agenti della Drug Enforcement Agency statunitense non sono autorizzati a entrare a Hong Kong. Non possono esaminare il manifesto di carico di una nave prima che questa lasci il porto. Ci si chiede perché, se c'è tanta "cooperazione internazionale" in corso - quella che i media amano chiamare "smantellamento del traffico di droga". È chiaro che le rotte commerciali dell'eroina sono protette da "un'autorità superiore". In Sud America, con l'eccezione del Messico, la cocaina la fa da padrona. La produzione di cocaina è molto semplice, a differenza dell'eroina, e si prospettano grandi fortune per coloro che sono disposti a correre rischi per conto dei "piani alti". Come nel traffico di eroina, gli intrusi non sono ben accetti e spesso finiscono per essere vittime, o vittime di conflitti familiari. In Colombia, la mafia della droga è una famiglia molto unita. Ma la cattiva pubblicità generata dall'attacco dei guerriglieri dell'M19 al palazzo di giustizia di Bogotà (l'M19 è l'esercito privato dei baroni della cocaina) e dall'assassinio di Rodrigo

Lara Bonilla, un importante procuratore e giudice, è stata tale che le "autorità superiori" hanno dovuto riorganizzare le cose in Colombia.

Di conseguenza, gli Ochoas del cartello di Medellín si sono arresi dopo aver ricevuto l'assicurazione che non avrebbero subito alcuna perdita di fortuna, danni di alcun tipo o sarebbero stati estradati negli Stati Uniti. Fu raggiunto un accordo in base al quale, a condizione che rimpatriassero la maggior parte delle loro enormi fortune in narcodollari nelle banche colombiane, non sarebbe stata intrapresa alcuna azione punitiva nei loro confronti. Gli Ochoas - Jorge, Fabio e il loro capo, Pablo Escobar - sarebbero stati rinchiusi in prigioni private che assomigliano a stanze di motel di lusso, e sarebbero stati condannati a un massimo di due anni - da scontare nella stessa prigione del motel. Questo accordo è in corso. Agli Ochoas è stato anche garantito il diritto di continuare a gestire la loro "attività" dalla prigione del motel.

Ma questo non significa che il traffico di cocaina sia cessato. Al contrario, è stato semplicemente trasferito al cartello di Cali, che svolge un ruolo secondario, e si tratta di affari come al solito. Per qualche strana ragione, il cartello di Cali, che ha le stesse dimensioni di quello di Medellín, è stato - almeno finora - largamente ignorato dalla DEA. Cali si differenzia dal cartello di Medellín perché è gestito da uomini d'affari, che evitano ogni forma di violenza e non rompono mai gli accordi.

Ancora più significativo è che Cali non fa praticamente affari in Florida. La mia fonte mi dice che il cartello di Cali è gestito da scaltri uomini d'affari, come non se ne sono mai visti nel traffico di cocaina. Ritiene che siano stati "nominati appositamente", ma non sa da chi. "Non attirano mai l'attenzione su di sé", dice. "Non vanno in giro a importare Ferrari rosse come ha fatto Jorge Ochoa, attirando immediatamente l'attenzione su di sé, perché è vietato importare tali auto in Colombia".

I mercati del cartello di Cali si trovano a Los Angeles, New York e Houston, che corrispondono strettamente ai mercati dell'eroina. Cali non ha mostrato alcun segno di avanzamento nel mercato dell'eroina della Florida. Un ex agente della DEA, mio collega, ha recentemente dichiarato:

> "Queste persone di Cali sono davvero intelligenti. Sono una razza diversa dai fratelli Ochoa. Si comportano come uomini d'affari professionisti. Ora sono più grandi del cartello di Medellín e credo che vedremo arrivare negli Stati Uniti molta più cocaina che mai. Il rapimento di Manuel Noriega faciliterà il flusso di cocaina e denaro

attraverso Panama, che ha così tante banche. Addio all'"Operazione giusta causa" del presidente George Bush. Tutto ciò che ha fatto è stato facilitare la vita di Nicolas Ardito Barletta, che era gestito dai fratelli Ochoa e che sta per servire come copertura per il cartello di Cali.

Sulla base della mia esperienza nel traffico di eroina, credo che il Comitato dei 300 sia intervenuto e abbia preso il controllo totale del traffico di cocaina in Sud America. Non c'è altra spiegazione per l'ascesa del cartello di Cali che si accompagna al sequestro di Noriega. Bush ha ricevuto ordini da Londra riguardo a Noriega? Tutto fa pensare che sia stato letteralmente spinto a invadere Panama e a rapire Noriega, che era diventato un serio ostacolo agli "affari" a Panama, soprattutto nel settore bancario.

Diversi ex ufficiali dei servizi segreti mi hanno dato la loro opinione, che coincide con la mia. Come per la Guerra del Golfo che seguì quella di Panama, fu solo dopo diverse telefonate dell'ambasciatore britannico a Washington che Bush trovò finalmente il coraggio di fare la sua mossa totalmente illegale contro il generale Noriega. Il fatto che sia stato sostenuto dalla stampa britannica e dal *New York Times*, un giornale gestito dai servizi segreti britannici, la dice lunga.

Un tempo Noriega era il beniamino dell'establishment di Washington. Frequentò spesso William Casey e Oliver North e incontrò persino il presidente George Bush in almeno due occasioni. Noriega veniva spesso visto al Pentagono, dove veniva trattato come uno di quei potentati arabi, e il tappeto rosso veniva sempre steso per lui al quartier generale della CIA a Langley, in Virginia. I servizi segreti dell'esercito americano e la CIA hanno dichiarato di averlo pagato 320.000 dollari.

Poi all'orizzonte cominciarono ad apparire nubi di tempesta, nel momento in cui il cartello di Cali prese il controllo del commercio di cocaina dai fratelli Ochoa e da Pablo Escobar. Guidato dal senatore Jesse Helms, che nel 1985 si era venduto ad Ariel Sharon e al partito israeliano Histradut, si scatenò un'improvvisa agitazione per l'impeachment di Noriega. Jesse Helms e i suoi amici erano sostenuti da Simon Hersh, un ufficiale dei servizi segreti britannici che lavorava per il *New York Times* e che era stato portavoce dell'intelligence britannica negli Stati Uniti fin dai tempi in cui il capo dell'MI6 Sir William Stephenson occupava l'edificio della RCA a New York.

È molto significativo che Helms abbia scelto di guidare l'accusa contro Noriega. Helms è il beniamino della fazione di Sharon a Washington e

Sharon era il principale trafficante di armi in America Centrale e in Colombia. Inoltre, Helms gode del rispetto dei fondamentalisti cristiani che credono nella massima: "Israele, il mio Paese, giusto o sbagliato che sia". Si creò così un forte impulso a "catturare Noriega". È chiaro che Noriega poteva rappresentare un serio ostacolo per i narcotrafficanti internazionali e i loro banchieri nel Comitato dei 300, quindi doveva essere rimosso prima che potesse fare danni significativi.

Bush è stato spinto dai suoi padroni britannici a condurre un'operazione illegale di perquisizione e sequestro a Panama, che ha provocato la morte di non meno di 7.000 panamensi e la distruzione selvaggia di proprietà private. Non fu mai trovato nulla che implicasse Noriega come "trafficante di droga", così fu rapito e portato negli Stati Uniti in uno dei più lampanti esempi di furto internazionale della storia. Questa azione illegale probabilmente si adatta meglio alla filosofia di Bush:

> "Le dimensioni morali della politica estera statunitense ci impongono di tracciare una rotta morale attraverso un mondo di mali minori. Questo è il mondo reale, non tutto è bianco o nero. C'è poco spazio per gli assoluti".

Era un "male minore" rapire Noriega, piuttosto che lasciare che smantellasse le banche di Panama [che] lavoravano per il Comitato dei 300. L'affare Noriega è un prototipo delle azioni mostruose del governo mondialista in attesa. Un Bush spavaldo è allo scoperto, senza paura, perché noi, il popolo, abbiamo indossato un mantello spirituale che accoglie le menzogne e non vuole avere nulla a che fare con la VERITA'[17] . Questo è il mondo che abbiamo deciso di accettare. Se così non fosse, una tempesta di rabbia avrebbe travolto il Paese per l'invasione di Panama, che non sarebbe cessata fino alla cacciata di Bush. Le trasgressioni di Nixon nel Watergate impallidiscono di fronte ai numerosi reati passibili di impeachment commessi dal presidente Bush quando ordinò l'invasione di Panama per rapire il generale Noriega.

Il caso del governo contro Noriega si basa sulla falsa testimonianza di un gruppo di uomini di spicco, la maggior parte dei quali già condannati, che mentono spudoratamente per ottenere una riduzione della pena. La loro esibizione avrebbe soddisfatto enormemente Gilbert

---

[17] Isaia 30:10 che dicono ai veggenti: Non vedere, e ai profeti: Non profetizzarci cose giuste, non parlarci di cose dolci, profetizza inganni (menzogne).

e Sullivan, se fossero vivi oggi. "Li hanno resi padroni della DEA" potrebbe essere appropriato invece di "Li hanno resi padroni della Marina della Regina", da "HMS Pinafore". È una scena assolutamente grottesca vedere come questi delinquenti si comportino come pinguini non proprio ben addestrati per il Dipartimento di Giustizia degli Stati Uniti, se si vuole insultare un animale così bello e pulito con un paragone così poco dignitoso.

Le date chiave si contraddicono, i dettagli chiave sono evidenti per la loro assenza, i vuoti di memoria su punti cruciali, tutto porta al fatto ovvio che il governo non ha alcun caso contro Noriega, ma non importa; il Royal Institute for International Affairs (RIIA) dice "condannatelo comunque" e questo è ciò che il povero Noriega può sperare. Uno dei testimoni principali del Dipartimento di Giustizia è Floyd Carlton Caceres, ex pilota della compagnia dei fratelli Ochoa.

Dopo il suo arresto nel 1986, Carlton cercò di ammorbidire la sua posizione a spese di Noriega.

Ha detto ai suoi interrogatori della DEA che i fratelli Ochoa avevano pagato 600.000 dollari a Noriega per permettere a tre aerei carichi di cocaina di atterrare e rifornirsi a Panama. Ma una volta in tribunale a Miami, è apparso subito evidente che l'uomo indicato come il "testimone chiave" dell'accusa era, nella migliore delle ipotesi, una falsa testimonianza. Il controinterrogatorio ha rivelato la vera storia: lungi dall'essere pagato per autorizzare i voli, Noriega non è stato nemmeno contattato dagli Ochoas. Peggio ancora, nel dicembre 1983 Noriega aveva ordinato che a tutti i voli diretti a Panama da Medellín fosse negato il permesso di atterrare a Panama. Carlton non è l'unico testimone screditato. Un bugiardo ancora più grande di Carlton è Carlos Lehder, che è stato un boss del cartello di Medellín fino a quando non è stato arrestato in Spagna e inviato negli Stati Uniti. Chi ha fornito alla DEA l'informazione più importante, ovvero che Lehder era a Madrid? La DEA ammette a malincuore di dover questa importante cattura a Noriega. Oggi, tuttavia, il Dipartimento di Giustizia sta usando Lehder come testimone contro Noriega. Questo singolo testimone dimostra, come minimo, la miseria del processo del governo statunitense contro Manuel Noriega.

In cambio dei suoi servizi, Lehder ha ricevuto una pena più lieve e strutture molto più belle - una stanza con vista e una televisione - e alla sua famiglia è stata concessa la residenza permanente negli Stati Uniti.

Il procuratore degli Stati Uniti che ha perseguito Lehder nel 1988 ha dichiarato al *Washington Post*:

> "Non credo che il governo debba occuparsi di Carlos Lehder, punto e basta. Questo tizio è un bugiardo dall'inizio alla fine.

Il Dipartimento di Giustizia, il cui nome non ha nulla a che vedere con ciò che dovrebbe rappresentare, ha messo in atto tutte le misure contro Noriega: intercettazioni illegali delle sue conversazioni con il suo avvocato; la nomina di un avvocato del governo che ha affermato di servire Noriega, ma che si è dimesso durante il processo; il congelamento dei suoi conti bancari in modo che Noriega non potesse difendersi adeguatamente; sequestri, perquisizioni e confische illegali. Il governo ha infranto più leggi di quante ne abbia mai infrante Noriega.

È il Dipartimento di Giustizia degli Stati Uniti ad essere sotto processo, dieci volte più del generale Noriega. Il caso Noriega mostra il sistema palesemente malvagio che passa per "giustizia" in questo Paese. La "guerra alla droga" condotta dagli Stati Uniti è sotto processo, così come la cosiddetta politica sulle droghe dell'amministrazione Bush. Il processo a Noriega, sebbene si concluda con un violento e palese stupro della giustizia, offrirà comunque un risarcimento a coloro che non sono ciechi, sordi e muti. Dimostrerà una volta per tutte che l'Inghilterra è a capo del nostro governo e rivelerà l'ideologia totalmente fallimentare dell'amministrazione Bush, il cui motto dovrebbe essere: "Qualunque cosa accada, il fine giustifica sempre i mezzi". Ci sono pochissimi assoluti morali. Come per la maggior parte dei politici, per Bush avere uno standard di MORALITÀ ASSOLUTA sarebbe un SUICIDIO. Solo in questo clima avremmo potuto permettere al Presidente Bush di violare almeno sei leggi statunitensi e DUE ACCORDI INTERNAZIONALI entrando in guerra con l'Iraq.

Quello a cui stiamo assistendo in Colombia e a Washington è una revisione completa del modo in cui dovrebbe essere gestito il traffico di cocaina: niente più armi selvagge, niente più armi. Lasciamo che i signori del cartello di Cali, nei loro abiti gessati, conducano gli affari in modo cortese. In breve, il Comitato dei 300 ha preso il controllo diretto del traffico di cocaina, che ora si svolgerà senza problemi come il traffico di eroina. Il nuovo governo colombiano si è adattato a questo cambiamento di tattica e direzione. È stato ordinato di agire secondo il piano del Comitato.

È necessario menzionare il coinvolgimento degli Stati Uniti nel commercio dell'oppio in Cina, iniziato negli Stati Uniti meridionali prima della Guerra tra gli Stati. Come possiamo collegare il commercio dell'oppio alle grandi piantagioni di cotone del Sud? Per farlo, dobbiamo partire dal Bengala, in India, che produceva l'oppio più pregiato (se una sostanza infettiva così fine può essere definita tale), che era molto richiesto. Il cotone era il commercio più importante in Inghilterra, dopo le vendite di oppio attraverso la BEIC. La maggior parte del cotone proveniente dalle piantagioni del sud veniva lavorato nelle fabbriche di schiavi del nord dell'Inghilterra, dove donne e bambini guadagnavano una miseria per una giornata lavorativa di 16 ore. Le fabbriche di tessuti erano di proprietà della ricca società londinese, i Barings, i Palmerstons, i Keswicks e soprattutto i Jardine Mathesons che possedevano la Blue Star Shipping Line, con la quale venivano spediti in India i prodotti finiti di cotone e stoffa. A loro non importa nulla delle miserevoli condizioni di vita dei sudditi di Sua Maestà. Dopo tutto, è questo che servono, e i loro mariti e figli sono utili per combattere le guerre per preservare il lontano impero di Sua Maestà, come hanno fatto per secoli, più recentemente nella sanguinosa guerra boera. Questa era la tradizione britannica, non è vero?

I prodotti di finissaggio del cotone esportati in India hanno minato e distrutto i produttori indiani di lunga data del commercio di finissaggio del cotone. Migliaia di indiani dovettero sopportare terribili privazioni mentre i prodotti britannici più economici conquistavano i loro mercati. L'India divenne quindi totalmente dipendente dalla Gran Bretagna per guadagnare abbastanza valuta estera per pagare le ferrovie e le importazioni di prodotti di cotone finiti. C'era solo una soluzione alle difficoltà economiche dell'India. Produrre più oppio e venderlo a minor prezzo alla Compagnia britannica delle Indie orientali. Questa è stata la roccia su cui il commercio britannico è cresciuto e ha prosperato. Senza il commercio dell'oppio, la Gran Bretagna sarebbe stata ugualmente rovinata.

I proprietari delle piantagioni del Sud sapevano dell'orribile segreto dei prodotti dell'oppio in cambio del cotone? È improbabile che alcuni di loro non sapessero cosa stava succedendo. Prendiamo ad esempio la famiglia Sutherland, uno dei maggiori proprietari di piantagioni di cotone del Sud. I Sutherland erano strettamente legati alla famiglia Matheson - Jardine Matheson - che a sua volta aveva come partner commerciali i fratelli Baring, fondatori della famosa Peninsular and Orient Navigation Line (P&O), la più grande delle numerose compagnie di navigazione mercantili britanniche.

I Baring erano grandi investitori nelle piantagioni del Sud, così come nelle navi americane Clipper che solcavano i mari tra i porti cinesi e tutti i principali porti della costa orientale degli Stati Uniti. Oggi i Baring gestiscono una serie di operazioni finanziarie molto importanti negli Stati Uniti. Tutti questi nomi erano, e i loro discendenti lo sono tuttora, membri del Comitato dei 300.

La maggior parte delle famiglie che compongono l'establishment liberale della costa orientale, tra cui le più ricche del Paese, hanno fatto fortuna con il commercio del cotone o dell'oppio, e in alcuni casi con entrambi. I Lehman sono un esempio notevole. Quando si parla di fortune derivate esclusivamente dal commercio dell'oppio in Cina, i primi nomi che vengono in mente sono quelli degli Astori e dei Delano. La moglie del presidente Franklin D. Roosevelt era una Delano. John Jacob Astor fece una fortuna colossale con il commercio dell'oppio in Cina, poi divenne rispettabile acquistando grandi appezzamenti di immobili a Manhattan con il suo denaro sporco. Durante la sua vita, Astor ebbe un ruolo importante nelle deliberazioni del Comitato dei 300. Fu infatti il Comitato dei 300 a scegliere chi sarebbe stato autorizzato a partecipare al favoloso e lucroso commercio dell'oppio in Cina, attraverso il suo monopolista, la BEIC, e i beneficiari delle loro elargizioni sono rimasti per sempre legati al Comitato dei 300.

Per questo motivo, come scopriremo, la maggior parte degli immobili di Manhattan è di proprietà di vari membri del Comitato, come è avvenuto da quando Astor ha iniziato ad acquistarli. Grazie all'accesso a file che non sarebbero accessibili a nessuno al di fuori dei servizi segreti britannici, ho scoperto che Astor è stata a lungo una risorsa dei servizi segreti britannici negli Stati Uniti. Il finanziamento da parte di Astor di Aaron Burr, l'assassino di Alexander Hamilton, dimostra questo punto al di là di ogni ragionevole dubbio.

Il figlio di John Jacob Astor, Waldorf Astor, ebbe l'ulteriore onore di essere nominato membro del Royal Institute for International Affairs (RIIA), l'organizzazione attraverso la quale il Comitato dei 300 controlla tutti gli aspetti della nostra vita negli Stati Uniti. Si ritiene che la famiglia Astor abbia scelto Owen Lattimore per continuare a collaborare con il commercio dell'oppio, cosa che ha fatto attraverso l'Institute for Pacific Relations (IPR), finanziato da Laura Spelman. È stato l'IPR a supervisionare l'ingresso della Cina nel commercio dell'oppio come partner a tutti gli effetti, non solo come fornitore. Fu l'RPI a spianare la strada all'attacco giapponese a Pearl Harbour. I tentativi di trasformare i giapponesi in tossicodipendenti da oppio si sono risolti in un fallimento totale.

All'inizio del secolo, i plutocrati oligarchici britannici erano come avvoltoi sovralimentati nella pianura del Serengeti al momento della marcia annuale degli gnu. Le loro entrate dal commercio dell'oppio in Cina superavano quelle di David Rockefeller di MOLTI MILIARDI DI DOLLARI ALL'ANNO. I documenti storici a mia disposizione presso il British Museum di Londra, l'India Office e altre fonti - ex colleghi di alto livello - lo dimostrano pienamente.

Nel 1905, il governo cinese, profondamente preoccupato per il crescente numero di tossicodipendenti da oppio in Cina, cercò di ottenere aiuto dalla comunità internazionale. La Gran Bretagna finse di collaborare, ma non fece nulla per rispettare i protocolli del 1905 che aveva firmato. In seguito, il governo di Sua Maestà fece un'inversione di rotta dopo aver dimostrato alla Cina che era meglio unirsi a loro nel commercio dell'oppio piuttosto che cercare di fermarlo.

Anche la Convenzione dell'Aia viene disattesa dai britannici. I delegati alla convenzione concordarono che la Gran Bretagna avrebbe dovuto attenersi ai protocolli sottoscritti, che dovevano ridurre drasticamente la quantità di oppio venduto in Cina e altrove. I britannici, anche se a parole, non hanno intenzione di abbandonare il loro commercio di miseria umana, che include il "commercio di carne di maiale".

Il loro servo, il presidente George Bush, nel portare avanti la crudele guerra di genocidio condotta contro la nazione irachena SOLO in nome e per conto degli interessi britannici, ha anche dimostrato il suo disprezzo ignorando gli accordi dell'Aia sui bombardamenti aerei e tutta una serie di convenzioni internazionali di cui gli Stati Uniti sono firmatari, comprese tutte le Convenzioni di Ginevra.

Quando, due anni dopo, furono presentate prove, in particolare dai giapponesi, sempre più preoccupati per il contrabbando di oppio britannico nel loro Paese, che le vendite di oppio erano aumentate anziché diminuire, il delegato di Sua Maestà alla Quinta Convenzione dell'Aia produsse una serie di statistiche che contraddicevano quelle fornite dal Giappone. Il delegato britannico ribaltò la situazione e disse che questo era un argomento molto forte a favore della legalizzazione della vendita dell'oppio, che avrebbe avuto l'effetto di sopprimere quello che lui chiamava "il mercato nero".

Egli suggerì, a nome del governo di Sua Maestà, che il governo giapponese avrebbe avuto il monopolio e il controllo totale del commercio. È esattamente la stessa argomentazione sostenuta dai prestanome di Bronfman e da altri grandi spacciatori: legalizzare la cocaina, la marijuana e l'eroina, lasciare che il governo degli Stati Uniti ne abbia il monopolio e così smettere di sprecare miliardi nella falsa guerra alla droga e risparmiare miliardi ai contribuenti.

Nel periodo 1791-1894, il numero di fumerie d'oppio autorizzate nella colonia internazionale di Shanghai passò da 87 a 663. Aumenta anche il flusso di oppio verso gli Stati Uniti. Avvertendo che avrebbero potuto avere problemi in Cina con i riflettori del mondo puntati su di loro, i plutocrati dei Cavalieri di San Giovanni e dell'Ordine della Giarrettiera trasferirono parte della loro attenzione in Persia (Iran).

Lord^e Inchcape, che all'inizio del XIX secolo fondò la più grande compagnia di navigazione a vapore del mondo, la leggendaria Peninsula and Orient Steam Navigation Company, fu il principale artefice della creazione della Hong Kong and Shanghai Bank, che rimane la più grande e meno controllata delle banche di compensazione del commercio dell'oppio e che finanziò anche il "commercio di maiali" con gli Stati Uniti.

Gli inglesi avevano messo in atto una truffa per cui i "coolies" cinesi venivano inviati negli Stati Uniti come lavoratori sotto contratto. La ferrovia della famiglia Harriman aveva bisogno di coolies per spingere il collegamento ferroviario a ovest verso la costa della California, o almeno così si diceva. Curiosamente, a pochissimi neri fu affidato il lavoro manuale a cui erano abituati all'epoca e che avrebbero potuto svolgere meglio degli emaciati tossicodipendenti da oppio arrivati dalla Cina.

Il problema era che non c'era mercato per l'oppio tra i neri e, inoltre, Lord Inchcape, figlio del fondatore della P&O, aveva bisogno dei "coolies" per contrabbandare migliaia di chili di oppio grezzo in Nord America, cosa che i neri non potevano fare. Fu lo stesso Lord Inchcape che, nel 1923, avvertì che la coltivazione del papavero da oppio in Bengala non doveva essere diminuita. "Questa importantissima fonte di reddito deve essere salvaguardata", ha dichiarato alla commissione che doveva indagare sulla produzione di gomma da oppio in India.

Nel 1846, circa 120.000 "coolies" erano arrivati negli Stati Uniti per lavorare sulla Harriman Railroad, spingendosi verso ovest. Il "commercio dei maiali" era in pieno svolgimento, perché di questo numero il governo statunitense stimava che 115.000 fossero dipendenti dall'oppio. Una volta completata la ferrovia, i cinesi non tornarono da dove erano venuti, ma si stabilirono a San Francisco, Los Angeles, Vancouver e Portland. Hanno creato un enorme problema culturale che non si è mai fermato.

È interessante notare che Cecil John Rhodes, membro del Comitato dei 300 che rappresentava i Rothschild in Sudafrica, seguì il modello di Inchcape portando centinaia di migliaia di "coolies" indiani a lavorare nelle piantagioni di canna da zucchero nella provincia del Natal. Tra loro c'era il Mahatma Ghandi, agitatore comunista e piantagrane. Come i coolies cinesi, non sono stati rimandati nel loro Paese d'origine alla scadenza del contratto. Anche loro hanno creato un vasto programma sociale e i loro discendenti sono diventati avvocati che hanno condotto la campagna di infiltrazione nel governo per conto dell'Africa National Congress.

Nel 1875, i "coolies" cinesi che operavano a San Francisco avevano creato una rete di rifornimento di oppio che comprendeva 129.000 americani dipendenti dall'oppio. Con 115.000 tossicodipendenti cinesi noti, Lord Inchcape e la sua famiglia intascavano centinaia di migliaia di dollari all'anno solo da questa fonte, che in termini di dollari odierni rappresenterebbe un reddito di almeno 100 milioni di dollari all'anno.

Le stesse famiglie britanniche e americane che si erano unite per distruggere l'industria tessile indiana e promuovere il commercio dell'oppio, e che avevano portato gli schiavi africani negli Stati Uniti, si unirono per fare del "commercio dei maiali" una preziosa fonte di reddito. In seguito, avrebbero unito le forze per provocare e promuovere la terribile Guerra tra gli Stati, nota anche come Guerra Civile Americana.

Le decadenti famiglie americane dell'empio sodalizio, totalmente corrotte e dedite al lucro, divennero quello che oggi conosciamo come l'establishment liberale orientale i cui membri, sotto l'attenta guida e i consigli della Corona e successivamente del suo braccio esecutivo di politica estera, il Royal Institute of International Affairs (RIIA), hanno gestito questo Paese - e lo fanno tuttora - da cima a fondo attraverso il loro governo parallelo segreto di alto livello, strettamente legato al Comitato dei 300, l'ULTIMA società segreta. Nel 1923 si levarono voci contro questa minaccia che era stata autorizzata a essere importata negli Stati Uniti. Convinto che gli Stati Uniti fossero una nazione libera e sovrana, il deputato Stephen Porter, presidente della Commissione Affari Esteri della Camera, introdusse una proposta di legge che chiedeva agli inglesi di riferire sulle loro attività di esportazione e importazione di oppio, paese per paese. La risoluzione stabiliva delle quote per ogni Paese che, se rispettate, avrebbero ridotto il commercio dell'oppio del 10%. La risoluzione è stata trasformata in legge e il progetto di legge è stato accettato dal Congresso degli Stati Uniti.

Ma il Royal Institute of International Affairs aveva altre idee. Fondato nel 1919 sulla scia della Conferenza di Pace di Parigi a Versailles, è stato uno dei primi attuatori della "politica estera" del Comitato dei 300. Le mie ricerche nel Congressional Record House dimostrano che Porter era completamente ignaro delle potenti forze con cui aveva a che fare. Porter non era nemmeno a conoscenza dell'esistenza della RIIA, tanto meno del fatto che il suo obiettivo specifico fosse quello di controllare tutti gli aspetti degli Stati Uniti.

A quanto pare, il deputato Porter ha ricevuto una sorta di intimazione dalla Morgan Bank di Wall Street a lasciar perdere l'intera faccenda. Invece, un Porter infuriato portò il suo caso al Comitato per l'oppio della Società delle Nazioni. La totale ignoranza di Porter sull'identità del suo avversario è dimostrata da alcuni scambi epistolari con i colleghi della Commissione Affari Esteri della Camera in risposta all'aperta opposizione britannica alle sue proposte.

Il rappresentante di Sua Maestà rimproverò Porter e poi, comportandosi come un padre nei confronti di un figlio errante, il delegato britannico - su istruzioni del RIIA - presentò le proposte di Sua Maestà di AUMENTARE le quote di oppio per tenere conto dell'aumento del consumo di oppio per scopi medicinali. Secondo i documenti che ho potuto trovare all'Aia, Porter era prima confuso, poi stupito e infine infuriato. Insieme al delegato cinese, Porter uscì infuriato dalla sessione plenipotenziaria del Comitato, lasciando i britannici alle loro responsabilità.

In sua assenza, il delegato britannico ottenne dalla Società delle Nazioni l'approvazione delle proposte del governo di Sua Maestà per l'istituzione di un Central Narcotics Board, la cui funzione principale era la raccolta di informazioni, i cui termini erano volutamente vaghi. Non è mai stato specificato cosa si dovesse fare con le "informazioni". Porter tornò negli Stati Uniti, scosso e molto più saggio.

Un'altra risorsa dell'intelligence britannica era il favoloso William Bingham, parente di uno dei Baring. Nelle carte e nei documenti che ho visto, si afferma che i fratelli Baring gestivano i Quaccheri di Filadelfia e possedevano metà delle proprietà immobiliari di quella città, il tutto reso possibile dalla fortuna che i fratelli Baring avevano accumulato con il commercio dell'oppio in Cina. Un altro beneficiario della generosità del Comitato dei 300 fu Stephen Girard, i cui discendenti ereditarono la Girard Bank and Trust.

I nomi di queste famiglie, le cui storie si intrecciano con quella di

Boston e che prestano poca attenzione alla gente comune, sono finiti nelle braccia del Comitato dei 300 e della sua lucrosissima BEIC, il commercio di oppio cinese. Molte famiglie famose sono state associate alla famigerata Hong Kong and Shanghai Bank, che è tuttora la stanza di compensazione per miliardi di dollari provenienti dal commercio dell'oppio cinese.

Nomi famosi come Forbes, Perkins e Hathaway compaiono nei registri della Compagnia britannica delle Indie orientali. Questi autentici "sangue blu" americani crearono la Russell and Company, il cui commercio principale era l'oppio, ma che gestiva anche altre attività di spedizione dalla Cina al Sud America e in tutti i punti intermedi. Come ricompensa per i servizi resi alla Corona britannica e alla BEIC, il Comitato dei 300 concesse loro il monopolio del commercio degli schiavi nel 1833.

Boston deve il suo famoso passato al commercio del cotone, dell'oppio e degli schiavi che le era stato concesso dal Comitato dei 300, e dai documenti che ho avuto il privilegio di consultare a Londra risulta che le famiglie di commercianti di Boston erano i principali sostenitori della Corona britannica negli Stati Uniti. John Murray Forbes è citato come maggiordomo dei "Boston Blue Bloods" nei registri dell'India House e nei registri bancari di Hong Kong.

Il figlio di Forbes è stato il primo americano ammesso dal Comitato dei 300 a sedere nel consiglio di amministrazione della più prestigiosa banca di riciclaggio di denaro sporco del mondo, ancora oggi la Hong Kong and Shanghai Bank Corporation (HSBC). Quando mi trovavo a Hong Kong all'inizio degli anni '60 come "storico interessato alla Compagnia Britannica delle Indie Orientali", mi furono mostrati alcuni vecchi fascicoli, che includevano gli ex membri del consiglio di amministrazione di questa famigerata banca della droga, e naturalmente il nome di Forbes era tra questi.

La famiglia Perkins, così illustre che il suo nome viene ancora citato sottovoce con stupore, era profondamente coinvolta nel famigerato commercio dell'oppio in Cina. In effetti, Perkins il vecchio fu uno dei primi americani a essere eletto nel Comitato dei 300; suo figlio, Thomas Nelson, era l'uomo di Morgan a Boston e, come tale, un agente dei servizi segreti britannici. Il suo passato sgradevole - direi disgustoso - non è stato messo in discussione quando ha finanziato riccamente l'Università di Harvard. Dopotutto, Canton e Tientsin sono molto distanti da Boston, e a chi sarebbe importato comunque?

Ciò che aiutò molto i Perkins fu il fatto che Morgan era un potente membro del Comitato dei 300, che permise a Thomas N. Perkins di fare rapidamente carriera nel commercio dell'oppio in Cina. Perkins per fare rapidamente carriera nel commercio dell'oppio in Cina. Tutti i Morgan e i Perkins erano massoni, il che costituiva un altro legame tra loro, in quanto solo i massoni di più alto rango avevano qualche speranza di essere selezionati dal Comitato dei 300. Sir Robert Hart, che fu per quasi tre decenni a capo del Servizio doganale imperiale cinese e agente numero uno della Corona britannica nel commercio dell'oppio in Cina, fu in seguito nominato nel consiglio di amministrazione della Divisione Estremo-Orientale della Morgan Guarantee Bank.

Grazie all'accesso ai documenti storici di Londra e Hong Kong, ho potuto stabilire che Sir Robert ha sviluppato una stretta relazione con le operazioni di Morgan negli Stati Uniti. È interessante notare che gli interessi di Morgan nel commercio dell'oppio e dell'eroina continuarono senza interruzioni, come dimostra il fatto che David Newbigging fa parte del comitato consultivo dell'operazione di Morgan a Hong Kong, gestita insieme a Jardine Matheson.

Per chi ha familiarità con Hong Kong, il nome di Newbigging è noto come il nome più potente di Hong Kong. Oltre a far parte dell'elite della Morgan Bank, Newbigging è consulente del governo cinese. L'oppio per la tecnologia missilistica, l'oppio per l'oro, l'oppio per i computer ad alta tecnologia: per Newbigging è tutto uguale. L'intreccio tra queste banche, istituzioni finanziarie, società commerciali e le famiglie che le gestiscono lascerebbe perplesso Sherlock Holmes, ma in qualche modo deve essere sciolto e seguito se vogliamo comprendere i loro legami con il narcotraffico e la loro appartenenza al Comitato dei 300.

L'ingresso di alcol e droghe negli Stati Uniti attraverso la strada reale sono prodotti della stessa scuderia occupata dagli stessi purosangue. Prima di tutto, il proibizionismo doveva essere introdotto negli Stati Uniti. A farlo furono gli eredi della Compagnia britannica delle Indie orientali che, forti dell'esperienza acquisita con i documenti della China Inland Mission ritrovati all'India House, crearono la Women's Christian Temperance Union (WCTU), che avrebbe dovuto opporsi al consumo di alcol in America.

Si dice che la storia si ripete, e in un certo senso è così, solo che si ripete in una spirale sempre più alta. Oggi scopriamo che alcune delle più grandi aziende, che si suppone "inquinino" la Terra, sono i maggiori finanziatori del movimento ambientalista. I "grandi nomi" stanno trasmettendo il loro messaggio. Il principe Filippo è uno dei loro eroi, ma suo figlio, il principe Carlo, possiede un milione di ettari di foreste nel Galles, dove il legname viene regolarmente tagliato. Inoltre, il Principe Carlo è uno dei maggiori proprietari di alloggi al di sotto degli standard a Londra, dove l'inquinamento prospera.

Nel caso di coloro che si sono espressi contro i "mali del bere", scopriamo che sono stati finanziati dagli Astori, dai Rockefeller, dagli Spelman, dai Vanderbilt e dai Warburg, che avevano un interesse personale nel commercio dell'alcol. Su istruzioni della Corona, Lord Beaverbrook venne dall'Inghilterra per dire a queste ricche famiglie americane che avrebbero dovuto investire nel WCTU. (Si tratta dello stesso Lord Beaverbrook che nel 1940 si recò a Washington e ORDINÒ a Roosevelt di farsi coinvolgere nella guerra della Gran Bretagna).

Roosevelt si adeguò stazionando in Groenlandia una flottiglia della Marina statunitense che trascorse i 9 mesi precedenti a Pearl Harbour a cacciare e attaccare i sottomarini tedeschi.

Come il suo successore, George Bush, Roosevelt considerava il Congresso come un fastidio confuso. Così, agendo come un re - un sentimento che sentiva fortemente perché imparentato con la famiglia reale britannica - Roosevelt non chiese mai l'approvazione del Congresso per la sua azione illegale. Questo è ciò che i britannici amano definire il loro "rapporto speciale con l'America".

Il traffico di droga è legato all'assassinio del presidente John F. Kennedy, che ha macchiato il carattere nazionale e continuerà a farlo finché i colpevoli non saranno trovati e consegnati alla giustizia. Ci sono prove che la mafia sia stata coinvolta in questo caso attraverso la CIA, il che ci ricorda che tutto è iniziato con la vecchia rete di Meyer Lansky che si è evoluta nell'organizzazione terroristica israeliana Irgun, e che Lansky si è rivelato uno dei migliori veicoli per spacciare la guerra culturale contro l'Occidente.

Attraverso fronti più rispettabili, Lansky si associò alle alte sfere britanniche per portare il gioco d'azzardo e la distribuzione di droga a Paradise Island, nelle Bahamas, sotto la copertura della Mary Carter Paint Company, una joint venture tra Lansky e l'MI6 britannico. Lord Sassoon fu poi assassinato per essersi appropriato di denaro e per aver minacciato di rivelare tutto se fosse stato punito. Ray Wolfe, più presentabile, rappresentava i Bronfman del Canada. Sebbene i Bronfman non fossero a conoscenza dell'enorme progetto di Churchill in Nuova Scozia, erano e sono una risorsa importante per la famiglia reale britannica nel traffico di droga.

Sam Rothberg, uno stretto collaboratore di Meyer Lansky, lavorò anche con Tibor Rosenbaum e Pinchas Sapir, tutti esponenti del giro di droga di Lansky. Rosenbaum gestiva un'operazione di riciclaggio di denaro sporco dalla Svizzera attraverso una banca da lui creata a questo scopo, la Bank of International Credit. Questa banca ampliò rapidamente le sue operazioni e divenne la principale banca utilizzata da Lansky e dai suoi associati mafiosi per riciclare il denaro proveniente dalla prostituzione, dalla droga e da altri racket mafiosi.

È interessante notare che la banca di Tibor Rosenbaum è stata utilizzata dal losco capo dei servizi segreti britannici, Sir William Stephenson, il cui braccio destro, il maggiore John Mortimer Bloomfield, cittadino canadese, ha diretto la Divisione 5 dell'FBI durante la Seconda Guerra Mondiale. Stephenson fu uno dei primi membri del Comitato dei 300 nel XX secolo[ème] , anche se Bloomfield non arrivò mai a tanto. Come ho rivelato nella mia serie di monografie sull'assassinio di Kennedy, fu Stephenson a guidare l'operazione che fu portata avanti come progetto pratico da Bloomfield. L'insabbiamento dell'assassinio di Kennedy è avvenuto attraverso un'altra copertura legata alla droga, la Permanent Industrial Expositions (PERMINDEX), creata nel 1957 e incentrata sull'edificio World Trade Mart nel centro di New Orleans.

Bloomfield era l'avvocato della famiglia Bronfman. Il World Trade Mart fu creato dal colonnello Clay Shaw e dal capo della Divisione 5 dell'FBI a New Orleans, Guy Bannister. Shaw e Bannister erano stretti collaboratori di Lee Harvey Oswald, accusato di aver sparato a Kennedy, che fu ucciso dall'agente contrattuale della CIA Jack Ruby prima che potesse dimostrare di non essere l'assassino che sparò al Presidente Kennedy. Nonostante le indagini della Commissione Warren e i numerosi rapporti ufficiali, non fu MAI stabilito che Oswald possedesse il fucile Mannlicher che doveva essere l'arma del delitto (non lo possedeva) né che lo avesse usato. Il legame tra il traffico di droga, Shaw, Bannister e Bloomfield è stato stabilito in diverse occasioni e non è necessario approfondirlo in questa sede. Nell'immediato secondo dopoguerra, uno dei metodi più comuni utilizzati da Resorts International e da altre società legate alla droga per riciclare il denaro era il corriere a una banca di riciclaggio. Oggi tutto questo è cambiato. Solo i più piccoli utilizzano ancora un metodo così rischioso. I "pesci grossi" fanno transitare il loro denaro attraverso il sistema CHIPS, acronimo di Clearing House International Payments System, gestito da un sistema informatico Burroughs con sede presso la Clearing-House di New York. Dodici delle maggiori banche utilizzano questo sistema. Una di queste è la Hong Kong and Shanghai Bank

Corporation. Un altro è il Credit Suisse, quell'esempio di virtù bancaria così rispettabile - fino a quando non è stato sollevato il coperchio. In combinazione con il sistema SWIFT, basato in Virginia, il denaro sporco della droga diventa invisibile. Solo l'incuria permette all'FBI di essere fortunata di tanto in tanto, se e quando le viene detto di non guardare altrove.

Solo gli spacciatori di basso livello vengono presi con i soldi della droga in mano. L'élite, Drexel Burnham, Credit Suisse, Hong Kong and Shanghai Bank, sfuggono all'individuazione. Ma anche questo sta cambiando con il crollo della *Bank of Credit and Commerce International (BCCI)*, che probabilmente rivelerà molto sul traffico di droga, se mai indagato adeguatamente.

Uno dei principali asset del portafoglio del Comitato dei 300 è American Express (AMEX). Ho iniziato a interessarmi ad AMEX quando stavo conducendo un'indagine in loco che mi ha portato alla Trade Development Bank di Ginevra. In seguito, ho avuto molti problemi per questo. Scoprii che la Trade Development Bank, allora diretta da Edmund Safra, un uomo chiave nel commercio dell'oro per l'oppio, forniva tonnellate d'oro al mercato di Hong Kong attraverso la Trade Development Bank.

Prima di recarmi in Svizzera, mi sono recato a Pretoria, in Sudafrica, dove ho avuto colloqui con il dottor Chris Stals, all'epoca vicegovernatore della South African Reserve Bank, che controlla tutte le transazioni di massa dell'oro prodotto in Sudafrica. Dopo diverse discussioni durate una settimana, mi è stato detto che la banca non poteva fornirmi le dieci tonnellate d'oro che ero autorizzato a comprare per conto dei clienti che dovevo rappresentare. I miei amici ben piazzati sapevano come produrre i documenti che venivano accettati senza discussioni.

La Reserve Bank mi ha indirizzato a una società svizzera di cui non posso fare il nome perché farebbe saltare la copertura. Mi è stato dato anche l'indirizzo della Banca per lo sviluppo del commercio a Ginevra. Lo scopo della mia esercitazione era quello di scoprire i meccanismi del movimento e del commercio dell'oro e, in secondo luogo, di testare i documenti falsi che erano stati preparati per me da ex amici dell'intelligence specializzati in questo genere di cose. Vi ricordate di "M" nella serie di James Bond? Vi assicuro che la "M" esiste, ma la sua iniziale corretta è "C". I documenti in mio possesso consistevano in "ordini di acquisto" da parte di aziende del Liechtenstein, con i relativi documenti di supporto.

Quando ho contattato la Trade Development Bank, all'inizio sono stata accolta cordialmente, ma con il procedere delle discussioni sono diventata sempre più sospettosa finché, ritenendo che non fosse più sicuro per me visitare la banca, ho lasciato Ginevra senza dire nulla a nessuno. In seguito, la banca è stata venduta ad American Express. L'American Express è stata oggetto di una breve indagine da parte dell'ex procuratore generale Edwin Meese, dopo la quale è stato prontamente rimosso dall'incarico e bollato come "corrotto". Ho scoperto che l'American Express era e rimane un canale per il riciclaggio di denaro sporco, e finora nessuno è stato in grado di spiegarmi perché una società privata è autorizzata a stampare dollari - i travellers' cheques dell'American Express non sono dollari? In seguito ho rivelato i legami tra Safra e American Express nel settore della droga, cosa che ha sconvolto molte persone, come potete immaginare.

Il Comitato dei 300 membri di Japhet controlla la Charterhouse Japhet, che a sua volta controlla Jardine Matheson, un collegamento diretto con il commercio di oppio a Hong Kong. Si ritiene che i Giafet siano quaccheri inglesi. La famiglia Matheson, anch'essa membro del Comitato dei 300, è stata protagonista del commercio dell'oppio in Cina, almeno fino al 1943. I Matheson sono stati inseriti nell'Albo d'onore della Regina d'Inghilterra dall'inizio del 19ème secolo.

I principali controllori del traffico di droga nel Comitato dei 300 non si rendono conto dei milioni di vite che distruggono ogni anno. Sono gnostici, catari, membri del culto di Dioniso, di Osiride o peggio ancora. Per loro, le persone "comuni" sono lì per essere usate per i loro scopi. I loro sommi sacerdoti, Bulwer-Lytton e Aldous Huxley, predicarono il vangelo della droga come sostanza benefica.

Per citare Huxley:

> "E per l'uso privato quotidiano sono sempre esistiti gli intossicanti chimici. Tutti i sedativi e i narcotici vegetali, tutti gli euforizzanti che crescono sugli alberi, gli allucinogeni che maturano nelle bacche, sono stati utilizzati dall'uomo da tempo immemorabile. A questi modificatori della coscienza, la scienza moderna ha aggiunto la sua quota di sostanze sintetiche. L'Occidente ha permesso solo l'uso di alcol e tabacco senza restrizioni. Tutti gli altri cancelli chimici sono etichettati come DOPE".

Per gli oligarchi e i plutocrati del Comitato dei 300, le droghe hanno un duplice scopo: in primo luogo, portare enormi somme di denaro e, in secondo luogo, trasformare gran parte della popolazione in *zombie senza cervello* che *saranno più facili da controllare* rispetto alle persone che non hanno bisogno di droghe, poiché la punizione per la ribellione sarà la privazione di eroina, cocaina, marijuana, ecc. Per questo è necessario legalizzare le droghe, in modo che un sistema di monopolio, preparato per essere introdotto quando si verificheranno gravi condizioni economiche, di cui la depressione del 1991 è il precursore, farà proliferare il consumo di droghe, dato che centinaia di migliaia di lavoratori senza un impiego fisso si rivolgeranno alle droghe per trovare sollievo.

In uno dei documenti top secret del Royal Institute of International Affairs, lo scenario è delineato come segue (in parte):

> "... Essendo stati delusi dal cristianesimo, e con la disoccupazione ovunque, coloro che sono disoccupati da cinque anni o più si allontanano dalla chiesa e cercano conforto nella droga. È a questo punto che il controllo totale del commercio di droga deve essere completato, in modo che i governi di tutti i paesi sotto la nostra giurisdizione abbiano un MONOPOLIO che controlleremo attraverso la fornitura... I *bar di droga si rivolgeranno agli indisciplinati e agli scontenti, gli aspiranti rivoluzionari saranno trasformati in innocui tossicodipendenti senza volontà propria.* "

È ampiamente dimostrato che la CIA e i servizi segreti britannici, in particolare l'MI6, hanno già trascorso almeno un decennio a lavorare per questo obiettivo.

Il Royal Institute of International Affairs ha utilizzato il lavoro di una vita di Aldous Huxley e Bulwer-Lytton come progetto per creare uno stato in cui l'umanità non avrà più una volontà propria nel Governo Unico Mondiale - Nuovo Ordine Mondiale della Nuova Era Oscura che si sta rapidamente avvicinando. Ancora una volta, vediamo cosa aveva da dire a questo proposito il sommo sacerdote Aldous Huxley:

> "In molte società, a molti livelli di civiltà, si è cercato di fondere l'intossicazione da droghe con quella da Dio. Nell'antica Grecia, ad esempio, l'alcol etilico aveva un posto nelle religioni consolidate. Dioniso, Bacco, come veniva spesso chiamato, era una vera e propria divinità. Un divieto totale di modifiche chimiche può essere decretato, ma non può essere applicato".

(IL LINGUAGGIO DELLA LOBBY PRO-DROGA). SULLA COLLINA DEL CAMPIDOGLIO).

> "Consideriamo ora un altro tipo di farmaco - non ancora scoperto, ma probabilmente molto vicino - un farmaco che rende le persone

felici in situazioni in cui normalmente si sentirebbero infelici. (C'è qualcuno più infelice di una persona che ha cercato e non è riuscita a trovare un lavoro?). Un farmaco del genere sarebbe una benedizione, ma una benedizione macchiata da gravi pericoli sociali e politici. Rendendo liberamente disponibile una sostanza chimica innocua - l'euforia - un dittatore potrebbe riconciliare un'intera popolazione a uno stato di cose a cui gli esseri umani che si rispettano non dovrebbero riconciliarsi.

Un vero capolavoro dialettico. Ciò che Huxley sosteneva e che è la politica ufficiale del Comitato dei 300 e del suo surrogato, il RIIA, può essere semplicemente descritto come controllo mentale di massa. Come ho detto spesso, tutte le guerre sono guerre per le anime dell'umanità. Finora non abbiamo capito che il traffico di droga è una guerra irregolare a bassa intensità contro l'intera razza umana degli uomini liberi. La guerra irregolare è la forma più terribile di guerra che, se ha un inizio, non ha una fine.

Alcuni metteranno in dubbio il coinvolgimento delle famiglie reali britanniche, passate e presenti, nel traffico di droga. Vedere questo sulla stampa sembra a prima vista assurdo, e lo vediamo sempre più spesso sulla stampa in questi giorni per farlo sembrare esattamente questo, assurdo. La massima più antica del lavoro di intelligence è: "Se vuoi nascondere qualcosa, mettila dove tutti possono vederla". Il libro di F. S. Turner "BRITISH OPIUM-POLICY", pubblicato nel 1876, dimostra che la monarchia britannica e i suoi parenti stretti erano profondamente coinvolti nel commercio dell'oppio. Turner era il segretario della Società anglo-orientale per la soppressione del commercio dell'oppio. Si è rifiutato di farsi zittire dal portavoce della Corona, Sir R. Temple. Turner dichiarò che il governo, e quindi la Corona, avrebbe dovuto ritirarsi dal monopolio dell'oppio,

> "e se prende delle entrate, prende solo quelle che provengono da una tassazione onesta, destinata ad avere una forza restrittiva".

Turner stava rispondendo a un portavoce della monarchia, Lord Lawrence, che si era battuto contro la perdita del monopolio BEIC.

> "Sarebbe auspicabile liberarsi del monopolio, ma io stesso sono riluttante a essere l'agente del cambiamento. Se si tratta di una perdita moderata che possiamo permetterci, non esiterei a intraprenderla". (Dai Calcutta Papers 1870).

Nel 1874 si intensificò la guerra contro la monarchia e l'aristocrazia britannica per il loro profondo coinvolgimento nel commercio di oppio in Cina. La Società per la Soppressione del Commercio dell'Oppio si scagliò violentemente contro l'aristocrazia dell'epoca e sferrò i suoi attacchi in un modo impavido che faremmo bene a emulare. La società sosteneva che il Trattato di Tientsin, che obbligava la Cina ad accettare l'importazione di enormi quantità di oppio, era un crimine efferato contro il popolo cinese.

Poi emerse un potente guerriero, Joseph Grundy Alexander, di professione avvocato, che nel 1866 condusse un vigoroso attacco alla politica dell'oppio della Corona britannica in Cina, in cui menzionò apertamente il coinvolgimento della famiglia reale e dell'aristocrazia. Per la prima volta, Alexander fa entrare in scena l'India, "il gioiello della corona". Egli incolpa direttamente la monarchia, la cosiddetta aristocrazia e i suoi servitori nel governo britannico.

Sotto la guida di Alexander, l'azienda si impegnò a distruggere completamente la coltivazione del papavero da oppio nel Bengala, in India. Alessandro si dimostrò un avversario formidabile. Grazie alla sua leadership, l'aristocrazia della droga cominciò a vacillare e, di fronte alle sue aperte denunce della famiglia reale e dei suoi compari, diversi membri del Parlamento cominciarono a schierarsi con lui: conservatori, unionisti, laburisti. Alexander ha chiarito che il traffico di droga non è una questione politica di partito; tutti i partiti devono unirsi per contribuire a sradicare questa minaccia.

Lord Kimberly, portavoce della famiglia reale e degli oligarchi radicati, ha minacciato che qualsiasi tentativo di interferire con quello che ha definito "il commercio della nazione incontrerebbe la seria opposizione del gabinetto". Alexander e la sua compagnia continuarono a subire innumerevoli minacce e alla fine il Parlamento accettò di nominare una Commissione Reale per indagare sul commercio dell'oppio, con Lord Kimberly, che era Segretario per l'India, come presidente. Non sarebbe stato possibile trovare una persona più inadeguata per guidare questa commissione. È come se Dulles fosse stato nominato membro della Commissione Warren. Nella sua prima dichiarazione, Lord Kimberly ha chiarito che avrebbe preferito dimettersi dalla sua augusta carica piuttosto che acconsentire a una risoluzione che restituisse i proventi dell'oppio indiano. È interessante notare che "i proventi dell'oppio indiano" implicavano una condivisione del denaro da parte della nazione. Come l'idea che la popolazione sudafricana condividesse gli enormi profitti derivanti dalla vendita di oro e diamanti, semplicemente non era così. I proventi dell'oppio indiano finivano direttamente nelle casse reali e nelle tasche di nobili, oligarchi e plutocrati, rendendoli miliardari.

Il libro di Rowntree, *The Imperial Drug-Trade*, è un affascinante resoconto di come il primo ministro Gladstone e i suoi colleghi plutocrati abbiano mentito, imbrogliato, distorto e rigirato i fatti per impedire che venisse alla luce la sorprendente verità sul coinvolgimento della monarchia britannica nel commercio dell'oppio. Il libro di Rowntree è una miniera di informazioni sul profondo coinvolgimento della famiglia reale britannica e dei signori e signore d'Inghilterra, e sull'immensa ricchezza accumulata grazie alla miseria dei tossicodipendenti cinesi.

Lord Kimberly, il segretario dell'inchiesta, era egli stesso profondamente coinvolto nel commercio dell'oppio e fece di tutto per chiudere il procedimento a tutti coloro che cercavano la verità. Alla fine, sotto la pressione dell'opinione pubblica, la Commissione Reale fu costretta ad aprire un po' le porte dell'inchiesta, in modo che risultasse chiaro che i più alti funzionari del Paese gestivano il commercio dell'oppio e ne traevano enormi profitti. Ma la porta è stata rapidamente chiusa e la Commissione reale non ha chiamato alcun testimone esperto, sedendo quindi per un periodo assurdamente breve. La commissione non è stata altro che una farsa e un insabbiamento, come quello a cui ci ha abituato l'America del XX secolo[ème].

Le famiglie dell'establishment liberale orientale degli Stati Uniti erano coinvolte nel commercio dell'oppio in Cina tanto quanto lo erano, e lo sono tuttora, gli inglesi. Lo testimonia la storia recente, quando James Earl Carter ha rovesciato lo Scià dell'Iran. Perché lo Scià è stato deposto e poi assassinato dal governo americano? In una parola, a causa delle DROGHE. Lo Scià aveva ridotto e praticamente messo fine all'immenso e lucroso commercio di oppio condotto dagli inglesi dall'Iran. Quando lo Scià prese il potere in Iran, c'erano già un milione di dipendenti da oppio ed eroina.

Gli inglesi non lo avrebbero tollerato, così hanno mandato gli Stati Uniti a fare il lavoro sporco per loro, nell'ambito della "relazione speciale" tra i due Paesi. Quando Khomeini prese il controllo dell'ambasciata statunitense a Teheran, la vendita di armi da parte degli Stati Uniti, iniziata con lo scià, non fu interrotta. Perché? Se gli Stati Uniti lo avessero fatto, Khomeini avrebbe annullato il monopolio britannico del commercio dell'oppio nel suo Paese. A riprova di ciò, dopo il 1984, l'atteggiamento liberale di Khomeini nei confronti dell'oppio ha fatto aumentare il numero di tossicodipendenti fino a 2 milioni, secondo le statistiche delle Nazioni Unite e dell'Organizzazione Mondiale della

Sanità.

Sia il presidente Carter che il suo successore, Ronald Reagan, continuarono consapevolmente e volontariamente a fornire armi all'Iran, anche quando gli ostaggi americani languivano in cattività. Nel 1980 scrissi una monografia intitolata "Cosa è successo veramente in Iran", che esponeva i fatti. Il commercio di armi con l'Iran è stato suggellato da un incontro tra Cyrus Vance, un servitore del Comitato dei 300, e il dottor Hashemi, avvenuto alla fine del 1980.

L'aeronautica statunitense iniziò immediatamente a inviare armi all'Iran, anche al culmine della crisi degli ostaggi. Le armi provenivano dalle scorte militari statunitensi in Germania e alcune furono addirittura inviate direttamente dagli Stati Uniti con soste di rifornimento alle Azzorre.

Con l'avvento di Khomeini, portato al potere in Iran dal Comitato dei 300, la produzione di oppio si impennò. Nel 1984, la produzione di oppio iraniano superava le 650 tonnellate all'anno. Carter e Reagan si assicurarono che non ci fossero ulteriori interferenze nel commercio dell'oppio e portarono a termine il mandato conferito loro dalle famiglie oligarchiche britanniche a questo proposito. L'Iran ora rivaleggia con il Triangolo d'Oro in termini di volume di oppio prodotto.

Lo Scià non fu l'unica vittima del Comitato dei 300. William Buckley, capo della stazione della CIA a Beirut, nonostante la sua mancanza di esperienza con i responsabili del commercio dell'oppio, iniziò a condurre indagini in Iran, in Libano e trascorse anche del tempo in Pakistan. Da Islamabad, Buckley iniziò a inviare alla CIA di Langley rapporti schiaccianti sul fiorente commercio di oppio nella Mezzaluna d'Oro e in Pakistan. L'ambasciata statunitense a Islamabad viene incendiata, ma Buckley sfugge all'attacco della folla e torna a Washington, dopo che la sua copertura è stata fatta saltare da forze sconosciute.

Poi è successa una cosa molto strana. Contrariamente a tutte le procedure consolidate della CIA, quando la copertura di un agente è compromessa, Buckley viene rimandato a Beirut. Buckley viene infatti condannato a morte dalla CIA per metterlo a tacere, e questa volta la sentenza viene eseguita. William Buckley è stato rapito da agenti del Comitato dei 300, interrogato brutalmente dal generale Mohammed el Khouili dell'intelligence siriana per costringerlo a rivelare i nomi di tutti gli agenti della DEA presenti in quei Paesi ed è stato brutalmente ucciso. I suoi sforzi per denunciare il massiccio commercio di oppio in

Pakistan, Libano e Iran costarono a Buckley la vita.

Se gli ultimi uomini liberi del mondo credono che loro, o piccoli gruppi di loro, possano stroncare il traffico di droga, si sbagliano di grosso. Possono tagliare i tentacoli del commercio di oppio e cocaina qua e là, ma mai la testa. I cobra coronati d'Europa e la loro famiglia di establishment liberale orientale non lo tollereranno. La guerra alle droghe che l'amministrazione Bush sta presumibilmente combattendo, ma non lo fa, riguarda la legalizzazione totale di tutti i tipi e classi di droghe. Queste droghe non sono solo un'aberrazione sociale, ma un tentativo su larga scala di prendere il controllo delle menti degli abitanti di questo pianeta o, come dicono gli autori della "Cospirazione acquariana", "di provocare un cambiamento radicale negli Stati Uniti". Questo è il compito principale del Comitato dei 300, la società segreta per eccellenza.

Non è cambiato nulla nel commercio di oppio, eroina e cocaina. In Gran Bretagna e negli Stati Uniti è ancora gestito dalle stesse famiglie della "classe superiore". Si tratta ancora di un'attività favolosamente redditizia, in cui le perdite apparentemente ingenti dovute ai sequestri da parte delle autorità vengono ammortizzate nelle sale riunioni di New York, Hong Kong e Londra davanti a porto e sigari come "il semplice costo degli affari, vecchio mio".

Il capitalismo coloniale britannico è sempre stato il pilastro del sistema oligarchico feudale di privilegi in Inghilterra e lo è tuttora. Quando nel 1899 i poveri pastori incolti del Sudafrica, noti come boeri, caddero nelle mani sanguinose dell'aristocrazia britannica, non avevano idea che la guerra rivoltante e crudele condotta senza sosta dalla Regina Vittoria fosse finanziata dalle incredibili somme di denaro provenienti dalle "fortune istantanee" del commercio dell'oppio della BEIC in Cina nelle tasche dei plutocrati.

I membri del Comitato dei 300, Cecil John Rhodes, Barney Barnato e Alfred Beit, furono gli istigatori e gli organizzatori della guerra. Rhodes era il principale agente dei Rothschild, le cui banche erano inondate di denaro proveniente dal commercio dell'oppio. Questi ladri e bugiardi - Rhodes, Barnato, Oppenheimer, Joel e Beit - hanno derubato i boeri sudafricani del loro diritto di nascita, l'oro e i diamanti che giacevano sotto la loro terra. I boeri sudafricani non ricevettero nulla dei miliardi di dollari ricavati dalla vendita dell'oro e dei diamanti.

Il Comitato dei 300 assunse presto il pieno controllo di questi immensi tesori, controllo che conserva ancora oggi attraverso uno dei suoi membri, Sir Harry Oppenheimer. Il Sudafrica medio riceve 100 dollari all'anno pro capite dall'industria dell'oro e dei diamanti. I miliardi che escono ogni anno vanno ai banchieri del Comitato dei 300. Questa è una delle più turpi e vili storie di avidità, furto e omicidio di una nazione mai registrate negli annali della storia.

Come ha fatto la Corona Britannica a mettere in atto questa sconcertante frode di proporzioni gigantesche? Per portare a termine un compito così erculeo sono necessari un'organizzazione abile e agenti dedicati sul campo che eseguano le istruzioni quotidiane impartite dalla gerarchia dei cospiratori. Il primo passo fu una campagna di propaganda sulla stampa che descriveva i boeri come barbari incivili e a malapena umani che negavano ai cittadini britannici il diritto di voto nella Repubblica boera. Successivamente furono avanzate richieste a Paul Kruger, leader della Repubblica del Transvaal, che ovviamente non poterono essere soddisfatte. In seguito, furono inscenati una serie di incidenti per incitare i boeri a vendicarsi, ma anche questo non funzionò. Poi ci fu il famigerato Jameson's Raid, in cui un uomo di nome Jameson guidò un gruppo di diverse centinaia di uomini armati in un attacco al Transvaal. La guerra seguì immediatamente.

La regina Vittoria mise insieme l'esercito più grande e meglio equipaggiato che il mondo avesse mai visto all'epoca (1898). Vittoria pensava che la guerra sarebbe finita in quindici giorni, dato che i boeri non avevano un esercito permanente o una milizia addestrata e non sarebbero stati all'altezza dei suoi 400.000 soldati tratti dai ranghi delle classi inferiori britanniche. I boeri non hanno mai contato più di 80.000 contadini e i loro figli, alcuni dei quali quattordicenni - anche Rudyard Kipling credeva che la guerra sarebbe finita in meno di una settimana.

Invece, con un fucile in una mano e una Bibbia nell'altra, i boeri resistettero per tre anni.

> "Siamo andati in Sudafrica pensando che la guerra sarebbe finita in una settimana", ha detto Kipling. "Invece i boeri ci hanno dato una bella lezione".

Questa stessa "lezione" potrebbe essere impartita oggi al Comitato dei 300, se solo riuscissimo a radunare 10.000 leader, veri uomini di buona volontà, per guidare questa nazione nella battaglia contro il mostro gigantesco che minaccia di divorare tutto ciò che la nostra Costituzione rappresenta.

Dopo la fine della guerra, nel 1902, la Corona britannica dovette consolidare la sua presa sull'inimmaginabile fortuna di oro e diamanti che si trovava sotto le aride distese delle repubbliche boere del Transvaal e dello Stato Libero di Orange. Ciò è avvenuto attraverso la leggenda della Tavola Rotonda di Re Artù e dei suoi cavalieri. La Tavola rotonda è un'operazione di intelligence dell'MI6 britannico istituita dal Comitato dei 300 che, insieme al programma di borse di studio Rhodes, è un pugnale nel cuore dell'America.

La Tavola rotonda fu fondata in Sudafrica da Cecil Rhodes e finanziata dal ramo inglese dei Rothschild. Il suo scopo era quello di formare dirigenti d'azienda fedeli alla Corona britannica, in grado di assicurarsi i vasti tesori d'oro e di diamanti di quest'ultima. I sudafricani sono stati derubati dei loro diritti di nascita con un colpo di stato così massiccio e diffuso che era ovvio che solo un comando centrale unificato avrebbe potuto realizzarlo. Tale comando unificato era il Comitato dei 300.

Il fatto che ciò sia avvenuto non è in discussione. All'inizio degli anni Trenta, la Corona britannica aveva il controllo delle più grandi riserve di oro e diamanti mai scoperte al mondo. Ora il Comitato dei 300 aveva a disposizione sia l'enorme fortuna del traffico di droga sia le altrettanto immense risorse minerarie del Sudafrica. Il controllo finanziario del mondo era completo.

La Tavola Rotonda ha avuto un ruolo centrale nel colpo di Stato. L'obiettivo esplicito della Tavola Rotonda, dopo aver assorbito il Sudafrica, era quello di mitigare i benefici della guerra d'indipendenza americana per gli Stati Uniti e di riportarli nuovamente sotto il controllo britannico. La capacità organizzativa era essenziale per una simile impresa e fu fornita da Lord Alfred Milner, un protetto della famiglia Rothschild di Londra. Utilizzando i principi della Massoneria scozzese per selezionare i membri della Tavola Rotonda, i prescelti furono sottoposti a un periodo di intensa formazione presso le Università di Cambridge e Oxford, sotto l'occhio vigile di John Ruskin, un dichiarato "comunista della vecchia scuola", e di T. H. Green, un agente dell'MI6.

Fu Green, figlio di un evangelista cristiano, a generare Rhodes, Milner, John Wheeler Bennet, A. D. Lindsay, George Bernard Shaw e Hjalmar Schacht, ministro delle finanze di Hitler. Mi soffermo qui per ricordare ai lettori che la Tavola Rotonda è solo un settore di questo vasto e onnicomprensivo Comitato dei 300, eppure la Tavola Rotonda stessa è costituita da un labirinto di aziende, istituzioni, banche e istituti di istruzione che, da solo, richiederebbe un anno di lavoro da parte di attuari assicurativi qualificati.

I membri della Tavola Rotonda si dispiegarono in tutto il mondo per assumere il controllo delle politiche fiscali e monetarie e della leadership politica in ogni Paese in cui operavano. In Sudafrica, il generale Smuts, che aveva combattuto contro gli inglesi nella guerra boera, fu "trasformato" e divenne un importante agente di intelligence, militare e politico britannico che sposò la causa della Corona britannica. Negli Stati Uniti, negli anni successivi, il compito di penetrare gli Stati Uniti dall'interno toccò a William Yandell Elliot, l'uomo che diede i natali a Henry Kissinger e che fu responsabile della sua fulminea ascesa al potere in qualità di principale consigliere statunitense del Comitato dei 300.

William Yandell Elliot era un "americano di Oxford" (anche il presidente William Jefferson Clinton era un "americano di Oxford") che aveva già servito bene il Comitato dei 300, requisito indispensabile per ricoprire una posizione più elevata nel Comitato.

Dopo essersi laureato alla Vanderbilt University nel 1917, Elliot fu reclutato dalla rete bancaria Rothschild-Warburg. Ha lavorato presso la Federal Reserve Bank di San Francisco e ne è diventato direttore. Da lì, ha agito come ufficiale di intelligence di Warburg-Rothschild, riferendo sulle importanti aree degli Stati Uniti che supervisionava. I talent scout "massoni" di Elliot lo raccomandano per una borsa di studio Rhodes e nel 1923 entra al Balliol College dell'Università di Oxford, le cui "guglie sognanti" nascondono una rete di intrighi e futuri traditori dell'Occidente.

Il Balliol College era, ed è tuttora, il centro di reclutamento della Round Table. Dopo un'approfondita opera di lavaggio del cervello da parte del rappresentante dell'Istituto Tavistock per le Relazioni Umane, A.D. Lindsay, che era succeduto al maestro di Balliol, T.H. Green, Elliot fu accettato nella Tavola Rotonda e inviato al Royal Institute of International Affairs per ricevere la sua missione, che consisteva nel tornare negli Stati Uniti per diventare un leader della comunità accademica.

La filosofia della Tavola Rotonda era quella di mettere i suoi membri nella posizione di formulare e attuare politiche sociali attraverso istituzioni che manipolassero quelle che Ruskin chiamava "le masse". I membri si sono infiltrati ai più alti livelli della banca dopo aver frequentato un corso presso il Tavistock Institute. Questo corso è stato sviluppato da Lord Leconsfield, uno stretto collaboratore della famiglia reale britannica, e poi gestito da Robert Brand, che in seguito ha diretto Lazard Frères. Il Royal Institute of International Affairs era ed è completamente interfacciato con la monarchia britannica. Tra i derivati della Tavola Rotonda ci sono i Bilderbergers, istituiti e gestiti da Duncan Sandys, un politico di spicco e genero del defunto Winston Churchill; la Ditchley Foundation, un club segreto di banchieri che ho rivelato nel mio libro del 1983, *International Banker's Conspiracy: The Ditchley Foundation*; la Commissione Trilaterale; il Consiglio Atlantico degli Stati Uniti; e l'Aspen Institute for Humanistic Studies, il cui fondatore, ben nascosto e dietro le quinte, era Lord Bullock del RIIA, per il quale Robert Anderson fungeva da copertura.

Il modo in cui Henry Kissinger, il principale agente della RIIA negli Stati Uniti, è salito al potere è la storia del trionfo dell'istituzione della monarchia britannica sulla Repubblica degli Stati Uniti d'America. È una storia dell'orrore, troppo lunga per essere ripetuta in questa sede. Tuttavia, non menzionare alcuni dei punti salienti dell'ascesa di Kissinger alla fama, alla fortuna e al potere sarebbe colpevolmente negligente.

Dopo un periodo nell'esercito americano, dove iniziò guidando il generale Fritz Kraemer attraverso la Germania devastata dalla guerra, Kissinger fu selezionato dalla famiglia Oppenheimer per un ulteriore addestramento a Wilton Park. All'epoca aveva il grado di soldato semplice di prima classe. Nel 1952, Kissinger fu inviato al Tavistock Institute dove R. V. Dicks lo prese per mano e lo addestrò. In seguito, nulla avrebbe potuto trattenere Kissinger. In seguito è stato chiamato a lavorare sotto George Franklin e Hamilton Fish nell'ufficio di New York del Council on Foreign Relations.

Si ritiene che la politica nucleare ufficiale adottata dagli Stati Uniti sia stata trasmessa a Kissinger durante il periodo trascorso a Tavistock e plasmata dalla sua partecipazione a "Nuclear Weapons and Foreign Policy", un seminario della Tavola Rotonda che ha dato origine alla dottrina nota come "risposta flessibile", un'irrazionalità totale, che divenne nota con l'acronimo MAD. Attraverso William Yandell Elliot e sotto la tutela di John Wheeler Bennett, direttore dell'intelligence della Round Table e capo delle operazioni dell'MI6 negli Stati Uniti, Kissinger divenne il "figlio prediletto" di Elliot, come spiega nel suo libro *La rivolta pragmatica in politica*. Kissinger fu cooptato nella Tavola rotonda per promuovere le politiche monetariste che aveva studiato ai seminari internazionali di Harvard.

Kissinger assorbì avidamente gli insegnamenti di Elliot e presto non fu più riconoscibile come l'uomo che il generale Kraemer aveva descritto come "il mio piccolo autista ebreo". Kissinger fu inculcato dallo spirito del Maestro di Balliol, diventando un ardente discepolo della decadente aristocrazia britannica. Adottando le filosofie di Toynbee, direttore dell'intelligence per l'MI6, al Royal Institute of International Affairs, Kissinger utilizzò i suoi documenti per scrivere la sua "tesi di laurea". A metà degli anni Sessanta, Kissinger aveva dimostrato il suo valore alla Round Table e al RIIA, e quindi alla monarchia britannica. Come ricompensa e per testare ciò che aveva imparato, Kissinger fu messo a capo di un piccolo gruppo composto da James Schlessinger, Alexander Haig e Daniel Ellsberg, che la Tavola rotonda utilizzò per condurre una serie di esperimenti. Il principale teorico dell'Institute of Policy Studies, Noam Chomsky, ha collaborato con questo gruppo. Haig, come Kissinger, lavorò per il generale Kraemer, anche se non come autista, e il generale trovò per il suo protetto diverse opportunità all'interno del Dipartimento della Difesa. Una volta insediato Kissinger come Consigliere per la sicurezza nazionale, Kraemer ottenne il posto di vice di Haig. Ellsberg, Haig e Kissinger misero quindi in moto il piano Watergate del RIIA per estromettere il presidente Nixon per aver disobbedito a istruzioni dirette.

Haig ebbe un ruolo di primo piano nel lavaggio del cervello e nel confondere il Presidente Nixon, e di fatto fu Kissinger a dirigere la Casa Bianca durante questo ammorbidimento del Presidente. Come ho detto nel 1984, Haig era l'intermediario della Casa Bianca noto come "Gola profonda",[18] che passava informazioni al team del *Washington Post* di Woodward e Bernstein.

Il Watergate di Nixon è stato il più grande colpo messo a segno dalla Round Table come agenzia e braccio del RIIA. Tutti i fili aggrovigliati risalivano alla Tavola Rotonda, poi al RIIA e infine alla Regina d'Inghilterra. L'umiliazione di Nixon fu una lezione, un caso da manuale e un monito per i futuri presidenti degli Stati Uniti a non pensare di poter andare contro il Comitato dei 300 e vincere. Kennedy fu brutalmente assassinato davanti al popolo americano per lo stesso motivo; Nixon non era considerato abbastanza importante da subire la stessa sorte di John F. Kennedy.

Ma qualunque sia il metodo utilizzato, il Comitato dei 300 si è assicurato che tutti i candidati alla Casa Bianca ricevano il messaggio che "nessuno è fuori dalla nostra portata". Il fatto che questo messaggio rimanga forte come quando Kennedy fu assassinato e Nixon estromesso

---

[18] Gola profonda, Ndt.

dalla carica è evidenziato dal carattere del Presidente George Bush, la cui smania di compiacere i suoi padroni dovrebbe preoccupare molto chi ha a cuore il futuro dell'America.

Lo scopo dell'esercizio divenne chiaro durante l'episodio dei Pentagon Papers e l'ingresso di Schlessinger nell'amministrazione Nixon per svolgere il ruolo di guastafeste nell'establishment della difesa e di controffensiva nello sviluppo dell'energia atomica, ruolo che Schlessinger assunse sotto la copertura della sua posizione nella Commissione per l'Energia Atomica, uno dei fattori chiave della deindustrializzazione degli Stati Uniti secondo le strategie di crescita zero post-industriale del Club di Roma. Da qui possiamo risalire alle radici della recessione/depressione del 1991, che finora è costata il posto di lavoro a 30 milioni di americani.

È quasi impossibile penetrare nel Comitato dei 300 e nelle famiglie oligarchiche che lo compongono. Il camuffamento con cui si coprono come una maschera protettiva è molto difficile da strappare. Questo fatto dovrebbe essere notato da ogni americano amante della libertà: il Comitato dei 300 detta ciò che passa per la politica estera e interna degli Stati Uniti, e lo fa da oltre 200 anni. Ciò è stato illustrato in modo più vivido quando il presidente Truman, sicuro di sé, si è visto sfilare il tappeto da sotto i piedi da Churchill, che ha infilato la "Dottrina Truman" nella gola del piccolo uomo di Independence, Missouri.

Tra i loro ex membri, i cui discendenti hanno riempito i posti vacanti causati dai decessi, e i membri attuali figurano Sir Mark Turner, Gerald Villiers, Samuel Montague, gli Inchcapes, i Keswick, i Pease, gli Schroeder, gli Airly, i Churchill, i Fraser, i Lazar e i Jardine Matheson. L'elenco completo dei membri è riportato altrove in questo libro; questi membri del Comitato ORDINARONO al Presidente Wilson di entrare in guerra con la Germania nella Prima Guerra Mondiale; questo Comitato ordinò a Roosevelt di organizzare l'attacco giapponese a Pearl Harbour per far entrare gli Stati Uniti nella Seconda Guerra Mondiale.

Queste persone, questo Comitato, hanno ordinato alla nazione di entrare in guerra in Corea, in Vietnam e nel Golfo Persico. La semplice verità è che gli Stati Uniti hanno combattuto 5 guerre in questo secolo per e a nome del famigerato Comitato dei 300.

Sembra che, a parte alcuni, nessuno si sia preso il tempo di chiedersi "PERCHÉ FACCIAMO QUESTE GUERRE? ". Il grande tamburo del "patriottismo", la musica marziale e lo sventolio di bandiere e nastri gialli hanno, a quanto pare, fatto impazzire una grande nazione.

Nel 50ème anniversario di Pearl Harbour, una nuova campagna di "odio per il Giappone" viene condotta non dall'Istituto per le Relazioni con il Pacifico (IPR), ma nel modo più diretto e sfacciato dall'amministrazione Bush e dal Congresso. L'obiettivo è lo stesso di quando Roosevelt ispirò l'attacco a Pearl Harbour: dipingere i giapponesi come aggressori e condurre una guerra economica, per poi preparare le nostre forze per la fase successiva - l'aggressione armata contro il Giappone.

Sta già accadendo; è solo questione di tempo prima che altri nostri figli e figlie vengano mandati al macello al servizio dei signori feudali del Comitato dei 300. Dovremmo gridare dai tetti:

> "Non è per la libertà o per l'amore della patria che stiamo per morire, ma per un sistema di tirannia che presto avvolgerà il mondo intero.

La presa di questa organizzazione sulla Gran Bretagna è così forte che il 95% dei cittadini britannici, dal 1700, è stato costretto ad accettare come quota meno del 20% della ricchezza nazionale del Paese. Questo è ciò che i signori feudali oligarchici dell'Inghilterra amano chiamare "democrazia". Ciò che hanno fatto in India, Sudan, Egitto, Iraq, Iran e Turchia si ripeterà in ogni Paese sotto il Nuovo Ordine Mondiale - un governo mondiale. Useranno ogni nazione e la sua ricchezza per proteggere il loro stile di vita privilegiato. Si tratta di quella classe dell'aristocrazia britannica le cui fortune sono inestricabilmente legate al commercio di droga, oro, diamanti e armi, alle banche, al commercio e all'industria, al petrolio, ai media e all'industria dell'intrattenimento.

Con l'eccezione dei membri del Partito Laburista (ma non dei suoi leader), la maggior parte dei leader politici britannici discende da famiglie titolate, i cui titoli sono ereditari e passano dal padre al figlio maggiore. Questo sistema garantisce che nessun "estraneo" possa aspirare al potere politico in Inghilterra. Ciononostante, alcuni estranei sono riusciti a intrufolarsi.

Prendiamo il caso di Lord Halifax, ex ambasciatore britannico a Washington e uomo che trasmise gli ordini del Comitato dei 300 al nostro governo durante la Seconda guerra mondiale. Il figlio di Halifax, Charles Wood, sposò una certa Miss Primrose, parente di Lord Rothschild. Dietro a nomi come Lord Swaythling si cela il nome di Montague, direttore della Banca d'Inghilterra e consigliere e confidente dell'azionista di maggioranza della Shell Oil Company, la regina Elisabetta II. Tutti sono membri del Comitato dei 300. Alcune delle vecchie barriere sono state abbattute. Oggi il titolo non è più l'unico criterio di ammissione al Club di Roma.

È opportuno fornire una panoramica di ciò che il Comitato dei 300 spera di ottenere, delle sue finalità e dei suoi obiettivi, prima di passare alla sua vasta rete di banche, assicurazioni, imprese, ecc. Le informazioni che seguono hanno richiesto anni di indagini e ricerche per raccogliere centinaia di documenti da fonti che mi hanno permesso di accedere ad alcuni dettagli accuratamente nascosti alla vista del pubblico.

Il Comitato dei 300 è composto da alcuni individui specializzati nel proprio campo, tra cui il Cultus Diabolicus, le droghe che alterano la mente, gli specialisti in omicidi per avvelenamento, i servizi segreti, le banche e tutti gli aspetti dell'attività commerciale. Sarà necessario citare gli ex membri che nel frattempo sono venuti a mancare, sia per il ruolo che ricoprivano, sia perché il loro posto è stato lasciato ai familiari dei nuovi membri ritenuti degni di questo onore.

I membri includono le vecchie famiglie nobili nere europee, l'establishment liberale della costa orientale americana (nella gerarchia massonica e nell'Ordine del Teschio e delle Ossa),[19] gli Illuminati, o come è conosciuto dal Comitato "MORIAH CONQUERING WIND", il Gruppo Mumma, il Consiglio Nazionale e Mondiale delle Chiese, il Circolo degli Insider, i Nove Sconosciuti, il Lucis Trust, i Teologi della Liberazione dei Gesuiti, l'Ordine degli Anziani di Sion, i Principi Nasi, il Fondo Monetario Internazionale (FMI), la Banca dei Regolamenti Internazionali (BRI), le Nazioni Unite (U.S.).N.), il Quartetto dei Coronati centrale e britannico, la Massoneria P2 italiana - in particolare i membri della gerarchia vaticana - la Central Intelligence Agency, personale selezionato del Tavistock Institute, vari membri delle principali fondazioni e compagnie assicurative citate negli elenchi seguenti, la Hong Kong and Shanghai Bank, il Gruppo Milner-Tavola Rotonda, la Fondazione Cini, il Fondo Marshall Tedesco, la Fondazione Ditchley, la NATO, il Club di Roma, gli Ambientalisti, l'Ordine di San Giovanni di Gerusalemme, la Chiesa del Governo Unico Mondiale, l'Internazionale Socialista, l'Ordine Nero, la Società Thule, gli Anenherbe-Rosicruciani, i Grandi Superiori e letteralmente CENTINAIA di altre organizzazioni.

Cosa vediamo allora? Un raduno di persone con strane idee?

---

[19] Teschi e ossa, Ndt.

Certamente no. Nel Comitato dei 300, che ha una storia di 150 anni, abbiamo alcune delle menti più brillanti che si riuniscono per formare una "nuova" società completamente totalitaria e assolutamente controllata, anche se non è nuova, avendo tratto la maggior parte delle sue idee dai Club Cultus Diabolicus. Il Comitato si batte per un governo unico mondiale, descritto abbastanza bene da uno dei suoi ultimi membri, H. G. Wells, nel libro commissionato dal Comitato, che Wells intitolò: *The Open Conspiracy - Plans for a World Revolution*. Era una dichiarazione d'intenti audace, ma non proprio audace, poiché nessuno credeva a Wells, tranne i Grandi Superiori,[20] gli Anenherbes e quelli che oggi chiameremmo gli "addetti ai lavori".

Ecco un estratto della proposta di Wells:

> "La Cospirazione Aperta apparirà all'inizio, credo, come un'organizzazione consapevole di uomini intelligenti e, in alcuni casi, ricchi, come un movimento con scopi sociali e politici distinti, ignorando certo la maggior parte degli apparati di controllo politico esistenti, o utilizzandoli solo incidentalmente nel corso delle fasi, un semplice movimento di un certo numero di persone in una certa direzione, che presto scopriranno, con una sorta di sorpresa, l'oggetto comune verso il quale si stanno muovendo tutti. In tutti i modi, apparentemente, influenzeranno e controlleranno il governo".

Come *1984* di George Orwell, la storia di Wells è una massiccia richiesta di un governo unico mondiale. In breve, l'intenzione e lo scopo del Comitato dei 300 è di far passare le seguenti condizioni:

Un unico governo mondiale e un sistema monetario centralizzato sotto la guida di oligarchi ereditari permanenti non eletti che si selezionano tra i loro membri, sotto forma di un sistema feudale come esisteva nel Medioevo. In questa entità mondiale unificata, la popolazione sarà limitata da restrizioni sul numero di figli per famiglia, malattie, guerre, carestie, fino a quando un miliardo (1.000.000.000) di persone utili alla classe dirigente, in aree che saranno rigorosamente e chiaramente definite, rimarrà la popolazione mondiale totale.

Non ci sarà una classe media, ma solo leader e servitori. Tutte le leggi saranno uniformi sotto un sistema legale di tribunali mondiali che applicheranno lo stesso codice unificato di leggi, supportato da un'unica forza di polizia governativa mondiale e da un unico esercito

---

[20] I "superiori sconosciuti" della Massoneria internazionale. N.B.

mondiale per far rispettare le leggi in tutti gli ex Paesi, dove non esisteranno confini nazionali. Il sistema si baserà su uno stato sociale; coloro che saranno obbedienti e sottomessi al governo unico mondiale saranno ricompensati con mezzi di sostentamento; coloro che si ribelleranno saranno semplicemente affamati o messi fuori legge, diventando così un bersaglio per chiunque voglia ucciderli. Saranno vietate le armi da fuoco o di qualsiasi tipo detenute da singoli individui.

Sarà ammessa una sola religione e sarà quella della Chiesa del Governo Unico Mondiale, che esiste dal 1920 come vedremo. Satanismo, luciferianesimo e stregoneria saranno riconosciuti come programmi legittimi del Governo Unico Mondiale, senza scuole private o confessionali. *Tutte le* chiese cristiane sono *già state* sovvertite e il cristianesimo sarà un ricordo del passato nel Governo Unico Mondiale.

Per indurre uno Stato in cui non sopravvive la libertà individuale o il concetto di libertà, non ci sarà nulla come il repubblicanesimo, la sovranità o i diritti appartenenti al popolo. L'orgoglio nazionale e l'identità razziale saranno soppressi e nella fase di transizione la semplice menzione della propria origine razziale sarà punita con le pene più severe.

Ogni persona sarà completamente indottrinata per sapere che è una creatura dell'unico governo mondiale e che ha un numero di identificazione chiaramente marcato sulla sua persona, in modo che sia facilmente accessibile; questo numero di identificazione sarà nell'archivio principale del computer della NATO a Bruxelles, in Belgio, e potrà essere istantaneamente recuperato da qualsiasi agenzia dell'unico governo mondiale in qualsiasi momento. Gli archivi anagrafici della CIA, dell'FBI, delle agenzie di polizia locali e statali, dell'IRS, della FEMA, della Sicurezza Sociale saranno notevolmente ampliati e costituiranno la base degli archivi personali di tutti gli individui negli Stati Uniti.

Il matrimonio sarà vietato e non ci sarà più la vita familiare come la conosciamo. I bambini saranno tolti ai genitori in tenera età e saranno allevati da assistenti come proprietà dello Stato. Un esperimento del genere è stato condotto nella Germania dell'Est sotto Erich Honnecker, quando i bambini sono stati sottratti ai genitori considerati dallo Stato cittadini sleali. Le donne saranno degradate dal processo in corso dei movimenti di "liberazione della donna". Il sesso libero sarà obbligatorio.

Se non si adegua almeno una volta prima dei 20 anni, sarà punita con gravi rappresaglie contro la sua persona. L'autoaborto sarà insegnato e praticato dopo la nascita di due figli da una donna; questi dati saranno contenuti nel file personale di ogni donna nei computer regionali del Governo Unico Mondiale. Se una donna rimane incinta dopo aver dato alla luce due bambini, viene portata con la forza in una clinica per abortire e sterilizzare.

La pornografia sarà incoraggiata e resa obbligatoria in tutti i cinema, compresa quella omosessuale e lesbica. L'uso di droghe "ricreative" sarà obbligatorio, e a ogni persona saranno assegnate quote di droghe da acquistare nei negozi del governo mondialista in tutto il mondo. Verranno sviluppati farmaci per il controllo della mente e il loro uso diventerà obbligatorio. Questi farmaci per il controllo mentale saranno somministrati nel cibo e/o nell'acqua senza che la popolazione ne sia a conoscenza o abbia dato il proprio consenso. Verranno creati dei bar di droga, gestiti da dipendenti del Governo Unico Mondiale, dove la classe degli schiavi potrà trascorrere il proprio tempo libero. In questo modo, le masse non elitarie saranno ridotte al livello e al comportamento di animali controllati, privi di volontà propria e facilmente controllabili.

Il sistema economico si baserà sulla classe oligarchica al potere, che produrrà cibo e servizi sufficienti a far funzionare i campi di lavoro per gli schiavi di massa. Tutta la ricchezza sarà concentrata nelle mani dei membri dell'élite del Comitato dei 300. Ogni individuo sarà indottrinato a capire che è totalmente dipendente dallo Stato per la sua sopravvivenza. Il mondo sarà governato dai decreti esecutivi del Comitato dei 300 che diventeranno legge istantanea. Boris Eltsin ha utilizzato i decreti del Comitato dei 300 per imporre la volontà del Comitato alla Russia su base sperimentale. Ci saranno tribunali di punizione, non tribunali di giustizia. L'industria deve essere completamente distrutta, così come i sistemi di energia nucleare. Solo i 300 membri del Comitato e le loro élite avranno diritto a tutte le risorse della terra. L'agricoltura sarà esclusivamente nelle mani del Comitato dei 300 e la produzione alimentare sarà strettamente controllata. Quando queste misure inizieranno ad avere effetto, le grandi popolazioni delle città saranno trasferite con la forza in aree remote e coloro che si rifiutano di andarsene saranno sterminati alla maniera dell'esperimento del Governo Unico Mondiale condotto da Pol Pot in Cambogia.

L'eutanasia per i malati terminali e gli anziani sarà obbligatoria. Nessuna città sarà più grande di un numero predeterminato, come descritto nel lavoro di Kalergi. I lavoratori essenziali saranno trasferiti in altre città se quella in cui si trovano è sovraffollata. Altri lavoratori non essenziali saranno selezionati a caso e inviati in città sottopopolate per riempire le "quote".

Almeno 4 miliardi di "mangiatori inutili" saranno eliminati entro il 2050 attraverso guerre limitate, epidemie organizzate di malattie mortali ad azione rapida e fame. L'energia, il cibo e l'acqua saranno mantenuti a livelli di sussistenza per i non elitari, a partire dalle popolazioni bianche dell'Europa occidentale e del Nord America, per poi diffondersi alle altre razze. La popolazione del Canada, dell'Europa occidentale e degli Stati Uniti sarà decimata più rapidamente di quella degli altri continenti, finché la popolazione mondiale non raggiungerà il livello gestibile di un miliardo di persone, di cui 500 milioni saranno cinesi e giapponesi, selezionati perché sono persone che sono state irreggimentate per secoli e sono abituate a obbedire all'autorità senza discutere.

Di tanto in tanto si verificheranno carenze artificiali di cibo, acqua e cure mediche, per ricordare alle masse che la loro stessa esistenza dipende dalla buona volontà del Comitato dei 300.

Dopo la distruzione delle abitazioni, delle automobili, dell'acciaio e delle industrie pesanti, ci sarà un numero limitato di case, e le industrie di qualsiasi tipo che potranno continuare saranno sotto la direzione del Club di Roma della NATO, così come lo sviluppo dell'esplorazione scientifica e spaziale, limitata all'élite sotto il controllo del Comitato dei 300. Le armi spaziali di tutte le nazioni precedenti saranno distrutte insieme alle armi nucleari.

Tutti i farmaci essenziali e non essenziali, i medici, i dentisti e gli operatori sanitari saranno registrati nel database informatico centrale e nessun farmaco o cura medica sarà prescritta senza l'esplicito permesso dei controllori regionali responsabili di ogni città e villaggio.

Gli Stati Uniti saranno invasi da persone di cultura straniera che finiranno per sopraffare l'America bianca; persone che non hanno idea di cosa rappresenti la Costituzione degli Stati Uniti e quindi non faranno nulla per difenderla, e nelle cui menti i concetti di libertà e giustizia sono così deboli da avere poca importanza. Il cibo e il riparo saranno la preoccupazione principale. Nessuna banca centrale, ad eccezione della Banca dei Regolamenti Internazionali e della Banca Mondiale, potrà operare. Le banche private saranno vietate. Il compenso per il lavoro svolto sarà su una scala predeterminata e uniforme in tutto il governo unico mondiale. Non saranno ammesse dispute salariali né deviazioni dalle scale uniformi standard stabilite dal governo unico mondiale. Chi viola la legge sarà giustiziato sul posto.

Non ci saranno contanti o monete nelle mani dei non eletti. Tutte le transazioni saranno effettuate con una carta di debito recante il numero di identificazione del titolare. Chiunque violi in qualsiasi modo le norme e i regolamenti del Comitato dei 300 verrà sospeso dall'uso della tessera per un periodo di tempo variabile a seconda della natura e della gravità della violazione.

Queste persone scopriranno, al momento di fare acquisti, che la loro carta è stata inserita nella lista nera e non potranno ottenere servizi di alcun tipo. Il tentativo di scambiare monete "antiche", cioè monete d'argento di ex nazioni ormai scomparse, sarà trattato come un crimine capitale punibile con la morte. Tutte queste monete dovranno essere restituite entro un determinato periodo di tempo, così come le armi, i fucili, gli esplosivi e le automobili. Solo l'élite e gli alti funzionari governativi potranno utilizzare trasporti, armi, monete e automobili private.

Se l'infrazione è grave, la carta verrà sequestrata al posto di controllo in cui è stata presentata. In seguito, a quella persona sarà negato l'accesso a cibo, acqua, riparo e servizi medici per l'impiego, e sarà ufficialmente inserita nella lista dei fuorilegge. Si creeranno grandi bande di fuorilegge che vivranno nelle aree in cui possono meglio sopravvivere, soggetti a essere cacciati e fucilati a vista. Anche coloro che aiutano i fuorilegge in qualsiasi modo saranno fucilati. I fuorilegge che non si arrendono alla polizia o all'esercito dopo un determinato periodo di tempo, avranno un ex membro della famiglia scelto a caso per scontare una pena detentiva al loro posto.

Fazioni e gruppi rivali come gli arabi, gli ebrei e le tribù africane vedranno amplificate le loro differenze e potranno scatenare guerre di sterminio gli uni contro gli altri, sotto gli occhi degli osservatori della NATO e delle Nazioni Unite. Le stesse tattiche saranno utilizzate in America centrale e meridionale. Queste guerre di logoramento avranno luogo PRIMA che il governo unico mondiale prenda il sopravvento e saranno organizzate in tutti i continenti dove vivono grandi gruppi di persone con differenze etniche e religiose, come i sikh, i pakistani musulmani e gli indiani indù. Le differenze etniche e religiose saranno amplificate ed esacerbate e il conflitto violento come mezzo per "appianare" le differenze sarà incoraggiato e promosso.

Tutti i servizi di informazione e la stampa saranno sotto il controllo dell'unico governo mondiale. Le regolari misure di controllo del lavaggio del cervello saranno presentate come "intrattenimento", nello stesso modo in cui sono state praticate e sono diventate un'arte negli Stati Uniti. I giovani allontanati da "genitori infedeli" riceveranno un'istruzione speciale volta a brutalizzarli. I giovani di entrambi i sessi saranno addestrati a diventare guardie carcerarie per il sistema di campi di lavoro del Mondo Unico. È evidente da quanto sopra che c'è molto lavoro da fare prima che l'alba del Nuovo Ordine Mondiale possa avvenire. Il Comitato dei 300 ha da tempo piani per destabilizzare la civiltà come la conosciamo, alcuni dei quali sono noti a Zbigniew Brzezinski nel suo classico libro *L'era tecnotronica* e al lavoro di Aurellio Peccei, fondatore del Club di Roma, in particolare nel suo libro *Il baratro davanti a noi*.

Ne *Il baratro davanti a noi*, Peccei illustra i 300 piani del Comitato per domare l'uomo, che chiama "IL NEMICO". Peccei ha citato ciò che Felix Dzerzhinsky disse una volta a Sydney Reilly al culmine del Terrore Rosso, quando milioni di russi venivano uccisi:

> "Perché dovrei preoccuparmi del numero di morti? Anche la Bibbia cristiana dice: "Che cos'è l'uomo perché Dio si preoccupi di lui? Per me gli uomini non sono altro che un cervello da una parte e una fabbrica di merda dall'altra".

È da questa visione brutale dell'uomo che Immanuel il Cristo è venuto a salvare il mondo. Sydney Reilly era l'agente dell'MI6 inviato a monitorare le attività di Dzerzhinsky. Reilly sarebbe stato colpito dall'amico Felix mentre tentava di fuggire dalla Russia. L'elaborato complotto fu concepito quando alcuni membri del Parlamento britannico gridarono allo scandalo e cominciarono a chiedere a gran voce un resoconto delle attività di Reilly in Russia, che avrebbe potuto svelare il ruolo del Comitato dei 300 nell'acquisizione dei giacimenti petroliferi di Baku e il suo importante ruolo nell'aiutare Lenin e Trotsky durante la rivoluzione bolscevica. Piuttosto che scoprire la verità su Reilly, l'MI6 ha pensato bene di inscenare la sua morte. Reilly visse i suoi giorni nel massimo lusso in una villa russa solitamente riservata all'élite bolscevica.

Sostenendo che il caos sarebbe stato generato se l'"Alleanza Atlantica", un eufemismo per il Comitato dei 300, non avesse governato l'America post-industriale, Peccei propose un triage malthusiano su scala globale. Egli prevedeva una collisione tra l'apparato scientifico-tecnologico-militare dell'Unione Sovietica e il mondo occidentale. In questo modo, ai Paesi del Patto di Varsavia doveva essere offerta la convergenza con l'Occidente in un unico governo mondiale per gestire gli affari mondiali sulla base della gestione delle crisi e della pianificazione globale.

Gli eventi che si stanno verificando in quella che era l'URSS e l'emergere di diversi Stati indipendenti all'interno di una federazione sciolta in Russia sono esattamente ciò che era stato previsto da Peccei e dal Club di Roma, e questo è chiaramente spiegato nei due libri che ho citato. Sarà più facile trattare con un'URSS divisa che con una nazione sovietica forte e unita. I piani elaborati dal Comitato dei 300 per un Governo Unico Mondiale, che includevano la prospettiva di una Russia divisa, si stanno avvicinando a un punto di rapida escalation. Gli eventi in Russia alla fine del 1991 sono ancora più drammatici se confrontati con i piani a lungo termine del Comitato dei 300 sviluppati dal 1960.

In Europa occidentale si sta lavorando per la creazione di una federazione di Stati sotto un unico governo con una moneta unica. Da lì, il sistema CEE sarà gradualmente trasferito agli Stati Uniti e al Canada. Le Nazioni Unite si stanno lentamente ma inesorabilmente trasformando in un governo mondialista, le cui politiche sono dettate dagli Stati Uniti, come abbiamo visto nel caso della Guerra del Golfo. La stessa cosa sta accadendo con il Parlamento britannico. La discussione sul coinvolgimento della Gran Bretagna nella Guerra del Golfo è stata mantenuta a un livello ridicolmente minimo ed è avvenuta solo in tarda serata, durante una mozione di aggiornamento dell'Assemblea. Non era mai successo prima nella prima storia del Parlamento, quando si doveva prendere una decisione così importante e si concedeva così poco tempo per la discussione. Uno degli eventi più notevoli della storia parlamentare è passato praticamente inosservato.

Siamo vicini al punto in cui gli Stati Uniti invieranno le loro forze militari per risolvere tutte le controversie portate all'ONU. Il segretario generale uscente, Pérez de Cuéllar, pesantemente carico di tangenti, è stato il leader delle Nazioni Unite più accondiscendente della storia, cedendo alle richieste statunitensi senza alcun dubbio. Il suo successore sarà ancora più disposto a piegarsi a qualsiasi cosa il governo statunitense gli proponga. Questo è un passo importante sulla strada verso un unico governo mondiale.

La Corte internazionale di giustizia dell'Aia sarà sempre più utilizzata nei prossimi due anni per risolvere controversie legali di ogni tipo. Questo è, ovviamente, il prototipo del sistema legale del governo unico mondiale che soppianterà tutti gli altri. Per quanto riguarda le banche centrali, essenziali nella pianificazione del Nuovo Ordine Mondiale, questo è già un fatto compiuto con la Banca dei Regolamenti Internazionali che domina la scena alla fine del 1991. Le banche private stanno rapidamente scomparendo per far posto alle dieci grandi banche che controlleranno il settore bancario mondiale sotto la direzione della BRI e del FMI.

Gli Stati sociali abbondano in Europa e gli Stati Uniti stanno diventando il più grande Stato sociale del mondo. Una volta che le persone diventano dipendenti dal governo per il loro sostentamento, sarà molto difficile distoglierle da esso, come abbiamo visto nei risultati delle ultime elezioni di metà mandato negli Stati Uniti, dove il 98% degli incumbent è stato rimandato a Washington per godersi la bella vita nonostante i loro risultati assolutamente deplorevoli.

L'abolizione delle armi da fuoco di proprietà privata è già in vigore in tre quarti del mondo. Solo negli Stati Uniti si possono ancora possedere armi da fuoco di qualsiasi tipo, ma questo diritto legale viene limitato a un ritmo allarmante da leggi statali e locali che violano il diritto costituzionale di tutti i cittadini di portare armi. Il possesso privato di armi sarà un ricordo del passato negli Stati Uniti entro il 2010.

Allo stesso modo, l'istruzione viene erosa a un ritmo allarmante. Le scuole pubbliche sono costrette a chiudere per vari motivi legali, schemi e mancanza di fondi. Il livello di istruzione negli Stati Uniti è già sceso a un livello così deplorevole che oggi non si può certo parlare di istruzione. Questo è secondo i piani; come ho descritto prima, il governo mondialista non vuole che i nostri giovani siano educati e istruiti correttamente.

La distruzione dell'identità nazionale procede a passo spedito. Non è più bello essere patriottici, a meno che non si tratti di un progetto al servizio del governo mondialista, come la guerra genocida contro l'Iraq o l'imminente distruzione della Libia. L'orgoglio razziale è oggi disapprovato e considerato illegale in molte parti del mondo, tra cui gli Stati Uniti, la Gran Bretagna, l'Europa occidentale e il Canada, tutti Paesi con la maggiore concentrazione di bianchi.

La distruzione delle forme di governo repubblicane è proseguita senza sosta dalla fine della Seconda guerra mondiale, sotto la spinta delle società segrete americane. L'elenco di tali governi distrutti dagli Stati Uniti è lungo ed è difficile per i non informati accettare che il governo di un Paese, presumibilmente impegnato nel repubblicanesimo sotto un'unica costituzione, si impegni in una simile condotta, ma i fatti parlano da soli.

Si tratta di un obiettivo fissato dal Comitato dei 300 più di un secolo fa. Gli Stati Uniti hanno guidato gli attacchi a questi governi e continuano a farlo, anche se la base repubblicana statunitense viene costantemente minata. A partire dal consulente legale di James Earl Carter, Lloyd Cutler, un comitato di avvocati costituzionalisti ha lavorato per trasformare il Congresso degli Stati Uniti in un sistema parlamentare non rappresentativo. Dal 1979 si sta lavorando al piano per tale cambiamento e, per la sua dedizione alla causa, Cutler è stato nominato membro del Comitato dei 300. Il progetto finale di un governo di tipo parlamentare sarà presentato al Comitato dei 300 alla fine del 1993.

Nel nuovo sistema parlamentare, i deputati non dovranno rendere conto ai loro elettori, ma ai parlamentari, e voteranno come gli viene detto. Così, attraverso la sovversione giudiziaria e burocratica, la Costituzione scomparirà, così come la libertà individuale. Il programmato svilimento dell'uomo attraverso pratiche sessuali licenziose sarà intensificato. Nuovi culti sessualmente degenerati sono stati istituiti persino dalla Corona britannica, attraverso i servizi SIS e MI6. Come già sappiamo, tutti i culti che operano oggi nel mondo sono il prodotto dei servizi segreti britannici, che agiscono per conto dei governanti oligarchici.

Potremmo pensare che questa fase di creazione di un intero nuovo culto specializzato in comportamenti sessuali degenerati sia ancora lontana, ma secondo le mie informazioni dovrebbe intensificarsi nel 1992. Nel 1994 sarà abbastanza comune organizzare "spettacoli dal vivo" nei club e nei luoghi di intrattenimento più prestigiosi. L'immagine di questo tipo di "intrattenimento" sta già diventando più pulita e chiara.

Presto i grandi nomi di Hollywood e del mondo dello spettacolo consiglieranno questo o quel locale come "must" per gli spettacoli di sesso dal vivo. Lesbismo e omosessualità non saranno sotto i riflettori. Questo nuovo "intrattenimento" socialmente accettabile consisterà in spettacoli eterosessuali e sarà soggetto al tipo di recensioni che si trovano nei giornali di oggi sugli spettacoli di Broadway o sull'ultimo film di successo.

Nel 1992 si intensificherà un assalto senza precedenti ai valori morali. La pornografia non sarà più chiamata "pornografia", ma "intrattenimento sessuale per adulti". La retorica prenderà la forma di "perché nasconderlo quando tutti gli altri lo fanno". Eliminiamo l'immagine che l'esposizione pubblica del sesso sia brutta e sporca". Gli amanti di questo tipo di desiderio sessuale sfrenato non saranno più costretti a recarsi in squallidi saloni pornografici. Invece, le cene dell'alta società e i luoghi preferiti dai ricchi e famosi faranno delle esibizioni sessuali pubbliche una forma di intrattenimento altamente "artistica". Peggio ancora, alcuni "leader" della Chiesa lo consigliano addirittura.

L'enorme e voluminoso apparato socio-psichiatrico creato dal Tavistock Institute e la sua enorme rete di strutture collegate sono stati sotto il controllo di un'unica entità, che è ancora in controllo all'inizio del 1992. Questa singola entità, la gerarchia dei cospiratori, è chiamata Comitato dei 300, una struttura di comando e un centro di potere che opera ben oltre la portata di qualsiasi leader o governo mondiale, compreso il governo degli Stati Uniti e i suoi presidenti - come ha scoperto il defunto John F. Kennedy. L'omicidio di Kennedy fu un'operazione del Comitato dei 300 e su questo torneremo.

Il Comitato dei 300 è l'ultima società segreta di una classe dirigente intoccabile, che comprende la Regina d'Inghilterra, la Regina dei Paesi Bassi, la Regina di Danimarca e le famiglie reali d'Europa. Questi aristocratici decisero, alla morte della Regina Vittoria, matriarca dei Guelfi Neri veneziani, che per ottenere il controllo del mondo sarebbe stato necessario che i suoi membri aristocratici "facessero affari" con i leader non aristocratici, ma estremamente potenti, delle imprese commerciali del mondo, e così le porte del potere supremo furono aperte a quelli che la Regina d'Inghilterra ama chiamare "i comuni".

Avendo lavorato nel campo dell'intelligence, so che i capi dei governi stranieri chiamano questo organo onnipotente "i maghi". Stalin coniò una propria espressione per descriverle: "Le forze oscure", e il presidente Eisenhower, che non riuscì mai a elevarsi al di sopra del rango di "hofjuden" (ebreo di corte), le definì, con un colossale understatement, "il complesso militare-industriale". Stalin ha mantenuto l'URSS pesantemente armata con forze convenzionali e nucleari perché non si fidava di quella che chiamava "la famiglia". La sua sfiducia e il suo timore nei confronti del Comitato dei 300 si sono rivelati fondati.

L'intrattenimento popolare, soprattutto il cinema, è stato usato per screditare coloro che hanno cercato di mettere in guardia da questa pericolosissima minaccia alla libertà individuale e alla libertà dell'umanità. La libertà è una legge divina che l'uomo ha costantemente cercato di sovvertire e minare; eppure il desiderio di libertà è così grande in ogni individuo che nessun sistema è stato finora in grado di strappare questo sentimento dal cuore dell'uomo. Gli esperimenti condotti in URSS, Gran Bretagna e Stati Uniti per spegnere e smussare il desiderio di libertà dell'uomo si sono rivelati finora infruttuosi.

Ma con l'avvento del Nuovo Ordine Mondiale - un governo mondiale - verranno condotti esperimenti su larga scala per scacciare dalla mente, dal corpo e dall'anima dell'uomo il desiderio di libertà che Dio gli ha donato. Ciò che stiamo già vivendo non è nulla, un'inezia, rispetto a ciò che verrà. L'attacco all'anima è al centro di una serie di esperimenti in corso, e mi dispiace dire che le istituzioni degli Stati Uniti giocheranno un ruolo di primo piano nei terribili esperimenti che sono già stati condotti su piccola scala a livello locale, in luoghi come l'ospedale navale di Bethesda e la prigione di Vacaville in California.

I film che abbiamo visto finora includono la serie di James Bond, l'Assassination Bureau, il Circolo Matarese e così via. Si trattava di film di finzione, progettati per nascondere la verità che tali organizzazioni esistono, e su una scala molto più ampia di quanto i fertili cervelli di Hollywood potessero immaginare.

Eppure l'Assassination Bureau è assolutamente reale. Esiste in Europa e negli Stati Uniti al solo scopo di eseguire gli ordini del Comitato dei 300 e di compiere assassinii di alto livello quando tutti gli altri mezzi sono falliti. È stata la PERMINDEX a dirigere l'assassinio di Kennedy sotto la direzione di Sir William Stephenson, che per anni è stato il più importante addetto alla disinfestazione della Regina d'Inghilterra.

Clay Shaw, un agente a contratto della CIA, gestiva PERMINDEX dal Trade Mart Centre di New Orleans. L'ex procuratore distrettuale di New Orleans Jim Garrison è stato molto vicino a scoprire il complotto per l'assassinio di Kennedy al livello di Clay Shaw, finché Garrison non è stato "catturato" e Shaw è stato dichiarato non colpevole di coinvolgimento nel complotto per l'assassinio di Kennedy. Il fatto che Shaw sia stato eliminato nello stesso modo di Jack Ruby, un altro agente a contratto della CIA - entrambi sono morti per un cancro in rapida progressione - dimostra che Garrison era sulla strada giusta. (Jack Ruby morì di cancro in prigione nel gennaio 1967).

Un secondo ufficio per gli omicidi si trova in Svizzera e, fino a poco tempo fa, era gestito da una figura oscura di cui non esistono fotografie dopo il 1941. Le operazioni erano e probabilmente sono tuttora finanziate dalla famiglia Oltramaire - la nobiltà nera svizzera, proprietaria della banca Lombard Odier a Ginevra, una filiale del Comitato dei 300. Il principale referente era Jacques Soustelle, secondo i file dell'intelligence G2 dell'esercito americano.

Il gruppo era inoltre strettamente legato ad Allen Dulles e a Jean de Menil, membro di spicco del Comitato dei 300 e nome di spicco dell'industria petrolifera texana. I file dell'Esercito-G2 mostrano che il gruppo era fortemente coinvolto nel commercio di armi in Medio Oriente, ma soprattutto che l'ufficio omicidi ha compiuto non meno di 30 tentativi di assassinare il generale de Gaulle, nei quali Jacques Soustelle era direttamente coinvolto. Lo stesso Soustelle era l'uomo di contatto per il gruppo guerrigliero Sendero Luminosa-Sentiero Lucente che proteggeva i produttori di cocaina peruviani del Comitato.

Dopo il fallimento di tutto il meglio che il Bureau assassini potesse fare, grazie all'ottimo lavoro della DGSE (servizi segreti francesi - ex SDECE), la missione fu affidata all'MI6 - Dipartimento di Intelligence Militare Sei, noto anche come Servizio Segreto di Intelligence (SIS), con il nome in codice "Jackal". Lo SDECE impiegava giovani laureati intelligenti e non era infiltrato dall'MI6 o dal KGB in misura misura misurabile. I suoi risultati nel rintracciare gli agenti stranieri ne hanno fatto l'invidia dei servizi segreti di tutte le nazioni, ed è stato questo gruppo a seguire l'operazione Sciacallo fino alla sua destinazione finale e a ucciderlo prima che potesse sparare sul corteo del generale de Gaulle.

Fu lo SDECE a scoprire una talpa sovietica nel gabinetto di de Gaulle, che era anche un ufficiale di collegamento con la CIA a Langley. Per screditare lo SDECE, Allen Dulles, che odiava de Gaulle (il sentimento era reciproco), fece arrestare uno dei suoi agenti, Roger de Louette, in possesso di 12 milioni di dollari di eroina. Dopo un lungo "interrogatorio" da parte di esperti, de Louette ha "confessato", ma non è stato in grado di dire perché stesse portando la droga negli Stati Uniti. L'intera vicenda sapeva di montatura.

Sulla base di un esame dei metodi di protezione di de Gaulle da parte dello SDECE, in particolare nei cortei, l'FBI, i Servizi Segreti e la CIA sapevano esattamente come privare il Presidente Kennedy della sua sicurezza e facilitare il compito dei tre sicari del PERMINDEX di assassinarlo nella Dealey Plaza nel novembre 1963.

Un altro esempio di fatto travestito da finzione è il romanzo *Topaz* di Leon Uris.[21] In *Topaz*, troviamo un resoconto fattuale delle attività di Thyraud de Vosjoli, lo stesso agente del KGB scoperto dallo SDECE e indicato come collegamento del KGB con la CIA. Esistono molti resoconti romanzati delle attività del MOSSAD, quasi tutti basati su

---

[21] Da cui Alfred Hitchcock ha tratto un film.

fatti reali.

Il MOSSAD è noto anche come "Istituto". Molti aspiranti scrittori fanno affermazioni assurde al riguardo, tra cui uno scrittore che gode del favore della destra cristiana e che viene accettato come verità. Il colpevole può essere perdonato perché non ha una formazione di intelligence, ma questo non gli impedisce di fare "nomi del Mossad" dappertutto.

Tali esercizi di disinformazione vengono abitualmente condotti contro i gruppi patriottici di destra negli Stati Uniti. Il MOSSAD era originariamente composto da tre gruppi, l'Ufficio di intelligence militare, il Dipartimento politico del Ministero degli Esteri e il Dipartimento di sicurezza (Sherut Habitachon). David Ben Gurion, membro del Comitato dei 300, ricevette un notevole aiuto dall'MI6 per la sua creazione.

Ma non fu un successo e nel 1951 Sir William Stephenson dell'MI6 lo ristrutturò in un'unica unità, come ramo del dipartimento politico del Ministero degli Esteri israeliano, con un gruppo di operazioni speciali per lo spionaggio e le operazioni "nere". L'intelligence britannica fornisce ulteriore supporto addestrando ed equipaggiando la Sarayet Maktal, nota anche come Unità di Ricognizione dello Stato Maggiore, sul modello dello Special Air Service (SAS) britannico. Questa unità di servizio del MOSSAD non viene mai menzionata per nome ed è conosciuta semplicemente come "i ragazzi".

I "Ragazzi" sono solo un'estensione dell'unità SAS dei servizi segreti britannici, che li addestra e li aggiorna costantemente con nuovi metodi. Sono stati i Ragazzi a uccidere i leader del P.L.O. e a rapire Adolph Eichmann. I "Ragazzi", e di fatto tutti gli agenti del MOSSAD, operano su un piano di guerra. Il MOSSAD ha un vantaggio considerevole rispetto agli altri servizi di intelligence perché in ogni Paese del mondo c'è una grande comunità ebraica.

Studiando i registri sociali e penali, il MOSSAD è in grado di selezionare agenti tra gli ebrei locali sui quali può esercitare un controllo e farli lavorare per lui senza pagarli. Il MOSSAD ha anche il vantaggio di avere accesso agli archivi di tutte le forze dell'ordine e delle agenzie di intelligence degli Stati Uniti. L'Office of Naval Intelligence (OM) ELINT fornisce servizi al Mossad senza alcun costo per Israele. I cittadini degli Stati Uniti sarebbero scioccati, irritati e costernati se si scoprisse quanto il Mossad conosce della vita di milioni di americani, in tutti i settori, anche quelli non politici.

Il primo capo del MOSSAD, Reuben Shiloach, fu nominato membro del Comitato dei 300, ma non si sa se il suo successore abbia avuto lo stesso privilegio. È molto probabile che l'abbia fatto. Il MOSSAD dispone di un abile reparto di disinformazione. La quantità di disinformazione che fornisce al "mercato" statunitense è imbarazzante, ma ciò che è ancora più imbarazzante è il modo in cui viene inghiottita, con le unghie e con i denti, da tutti.

Ciò a cui stiamo assistendo nel microcosmo del MOSSAD è la portata del controllo esercitato dagli "olimpionici" attraverso l'intelligence, l'intrattenimento, l'editoria, i sondaggi d'opinione e i media televisivi su scala globale. Ted Turner ha recentemente ottenuto un seggio nel Comitato dei 300 in riconoscimento dei suoi programmi di "informazione" (making) sulla CNN. Il Comitato ha il potere e i mezzi per dire alla gente di questo mondo QUALSIASI COSA, e sarà creduto dalla grande maggioranza.

Ogni volta che un ricercatore si imbatte in questo sorprendente gruppo di controllo centrale, viene comprato con successo oppure viene sottoposto a un "addestramento specialistico" presso l'Istituto Tavistock, dopodiché diventa un altro collaboratore fittizio del tipo di James Bond, cioè viene girato e ben ricompensato. Se qualcuno come John F. Kennedy si imbatte nella verità su chi gestisce gli eventi mondiali e non può essere comprato, viene assassinato.

Nel caso di John F. Kennedy, l'assassinio fu eseguito con grande pubblicità e brutalità per servire da monito ai leader mondiali a non uscire dalle righe. Papa Giovanni Paolo Ier fu assassinato silenziosamente perché era vicino al Comitato dei 300 attraverso i massoni della gerarchia vaticana. Il suo successore, Papa Giovanni Paolo II, fu umiliato pubblicamente per avvertirlo di cessare e desistere - cosa che fece. Come vedremo, alcuni leader vaticani siedono oggi nel Comitato dei 300.

È facile allontanare i ricercatori seri dalla pista del Comitato dei 300, poiché l'MI6 britannico (SIS) promuove un'ampia varietà di follie, come la New Age, lo yoga, il buddismo Zen, la stregoneria, il sacerdozio di Apollo di Delfi (Aristotele ne era membro) e centinaia di piccoli "culti" di ogni tipo. Un gruppo di ufficiali dei servizi segreti britannici "in pensione", che rimasero sulle tracce, soprannominarono la gerarchia dei cospiratori "Forza X" e sostennero che aveva un super-servizio di intelligence che corrompeva il KGB, l'intelligence vaticana, la CIA, l'ONI, la DGSE, l'intelligence militare statunitense, l'intelligence del Dipartimento di Stato e persino la più segreta di tutte le agenzie di intelligence statunitensi, l'Office of National Reconnaissance.

L'esistenza del National Reconnaissance Office (NRO) era nota solo a poche persone al di fuori del Comitato dei 300, finché Truman non lo scoprì per caso. Churchill era coinvolto nella creazione dell'NRO e, a quanto si dice, era furioso quando Truman ne scoprì l'esistenza. Churchill, più di ogni altro servitore del Comitato dei 300, considerava Truman, il suo piccolo indipendentista "senza alcuna indipendenza". Questo si riferiva al fatto che ogni mossa di Truman era controllata dalla Massoneria. Ancora oggi, il bilancio annuale dell'NRO non è noto al Congresso degli Stati Uniti e deve rendere conto solo a pochi eletti all'interno del Congresso. Ma è una creatura del Comitato dei 300 a cui i suoi rapporti vengono inviati regolarmente su base oraria.

Pertanto, le spoliazioni fittizie riscontrate nei vari rami e bracci di controllo del Comitato sono state concepite per sviare i sospetti dalla Commissione.

Ma non dobbiamo mai dubitare che la realtà esista. Prendiamo un altro esempio di ciò che intendo: il libro *Il giorno dello sciacallo*, da cui è stato tratto un film di successo. Gli eventi del libro sono reali. Anche se, per ovvie ragioni, i nomi di alcuni attori e i luoghi sono stati cambiati, il filo conduttore della storia, ovvero che un singolo agente dell'MI6 fu responsabile dell'eliminazione del generale Charles de Gaulle, è assolutamente corretto. Il generale de Gaulle era diventato ingestibile, rifiutandosi di collaborare con il Comitato - di cui conosceva bene l'esistenza, essendo stato invitato a farne parte - e questo rifiuto è culminato nel ritiro della Francia dalla NATO e nell'avvio immediato della costruzione di una propria forza nucleare - la "force de frappe".

Ciò mise talmente in pericolo il Comitato che fu ordinato l'assassinio di De Gaulle. Ma i servizi segreti francesi riuscirono a intercettare i piani dello "Sciacallo" e a proteggere de Gaulle. Considerati i precedenti dell'MI6, che è la principale risorsa di intelligence del Comitato dei 300, il lavoro svolto dai servizi segreti francesi è un miracolo.

Le origini dell'MI6 possono essere fatte risalire a Sir Francis Walsingham, stratega della regina Elisabetta I per le operazioni segrete. Per centinaia di anni, l'MI6 ha stabilito un record che nessun'altra agenzia di intelligence può eguagliare. Gli agenti dell'MI6 hanno raccolto informazioni da ogni angolo del mondo e hanno condotto operazioni segrete che, se fossero rese pubbliche, stupirebbero anche i più informati.

Ufficialmente l'MI6 non esiste, il suo budget proviene dalle casse della Regina e da "fondi privati", e si dice che si aggiri intorno ai 350-500 milioni di dollari all'anno, ma nessuno sa con certezza quanto. Nella sua forma attuale, l'MI6 risale al 1911, quando era guidato da Sir Mansfield Cumming, un capitano della Royal Navy, sempre identificato dalla lettera "C", da cui deriva il nome "M" nella serie di James Bond.

Non esiste un registro ufficiale dei fallimenti e dei successi dell'MI6 - è un segreto, anche se i disastri Burgess-Maclean-Blake-Blunt hanno avuto un pesante impatto sul morale dell'MI6. A differenza di altri servizi, i futuri membri vengono reclutati dalle università e da altre aree di apprendimento da "talent scout" altamente qualificati, come abbiamo visto nel caso dei Rhodes Scholars introdotti nella Tavola Rotonda. Uno dei requisiti è la capacità di parlare lingue straniere. I candidati sono sottoposti a un rigoroso "addestramento".

Con il sostegno di una forza così formidabile, il Comitato dei 300 ha avuto poca paura di essere smascherato per decenni. Ciò che rende intoccabile il Comitato è la sua incredibile segretezza. Nessun media ha mai parlato di questa gerarchia cospiratoria, quindi, come ci si potrebbe aspettare, la gente dubita della sua esistenza.

La struttura del Comitato

Il Comitato dei 300 è in gran parte sotto il controllo del monarca britannico, in questo caso Elisabetta II. Si ritiene che la Regina Vittoria fosse abbastanza paranoica da mantenere il segreto e che abbia fatto di tutto per nascondere gli scritti massonici lasciati sulla scena degli omicidi di "Jack lo Squartatore" che alludevano ai legami del Comitato dei 300 con gli "esperimenti" condotti da un membro della famiglia che era anche un membro anziano del Rito Scozzese della Massoneria. Il Comitato dei 300 è composto da membri dell'aristocrazia britannica che hanno interessi e collaboratori in ogni paese del mondo, compresa l'URSS.

La struttura del comitato è la seguente:

Il Tavistock Institute presso l'Università del Sussex e le sedi di Londra è di proprietà e controllato dal Royal Institute for International Affairs, il cui "hofjuden" in America è Henry Kissinger. Il GRUPPO EAGLE STAR, che ha cambiato nome in GRUPPO STAR dopo la fine della Seconda Guerra Mondiale, è composto da un gruppo di grandi aziende internazionali che operano in settori che si sovrappongono e si interfacciano: (1) assicurazioni (2) banche (3) immobiliare (4) intrattenimento (5) alta tecnologia, tra cui cibernetica, comunicazioni elettroniche, ecc.

Il settore bancario, pur non essendo il pilastro principale, è di vitale importanza, soprattutto nelle aree in cui le banche fungono da stanze di compensazione e centri di riciclaggio del denaro sporco. Le principali "grandi banche" sono la Banca d'Inghilterra, la Federal Reserve, la Banca dei Regolamenti Internazionali, la Banca Mondiale e la Banca di Hong Kong e Shanghai. L'American Express Bank è un modo per riciclare il denaro della droga. Ognuna di queste banche è affiliata e/o controlla centinaia di migliaia di banche grandi e piccole in tutto il mondo.

Migliaia di banche, grandi e piccole, fanno parte della rete del Comitato dei 300, tra cui Banca Commerciale d'Italia, Banca Privata, Banco

Ambrosiano (Roberto Calvi - si legga *In nome di Dio* di David Yallop), Netherlands Bank, Barclays Bank, Banco del Colombia, Banco de Ibero-America. Di particolare interesse è la Banca del la Svizzeria Italiana (BSI), che gestisce gli investimenti di capitali volanti da e verso gli Stati Uniti - principalmente in dollari e obbligazioni statunitensi - situata e isolata nella città "neutrale" di Lugano, centro di concentrazione di capitali della nobiltà nera veneziana. Lugano non si trova né in Italia né in Svizzera ed è una sorta di zona grigia per le dubbie operazioni di distrazione di capitali. George Ball, che possiede un grosso blocco di azioni BSI, è un importante "insider" e rappresentante della banca negli Stati Uniti.

BCCI, BNL, Banco Mercantil de Mexico, Banco Nacional de Panama, Bangkok Metropolitan Bank, Bank Leumi, Bank Hapoalim, Standard Bank, Bank of Geneva, Bank of Ireland, Bank of Scotland, Bank of Montreal, Bank of Nova Scotia, Bank of Paris and the Netherlands, British Bank of the Middle-East e Royal Bank of Canada, solo per citare alcune delle banche "specializzate".

Gli Oppenheimer del Sudafrica sono "pesi massimi" molto più grandi dei Rockefeller. Ad esempio, nel 1981 Harry Oppenheimer, presidente della gigantesca Anglo American Corporation, che controlla l'estrazione, la vendita e la distribuzione di oro e diamanti in tutto il mondo, disse che stava per entrare nel mercato bancario nordamericano. Oppenheimer si è mossa rapidamente per investire 10 miliardi di dollari in una società veicolo creata per acquistare le principali banche degli Stati Uniti, tra cui Citicorp. Il veicolo di investimento di Oppenheimer si chiama Minorco e ha sede alle Bermuda, una riserva della famiglia reale britannica. Nel consiglio di amministrazione di Minorco c'erano Walter Wriston di Citicorp e Robert Clare, il suo principale consulente legale.

L'unica altra società in grado di competere con Oppenheimer nel settore dei metalli preziosi e dei minerali era la Consolidated Gold Fields del Sudafrica, ma Oppenheimer ne ha assunto il controllo con una quota del 28% - il maggiore azionista singolo. Di conseguenza, Oppenheimer ha acquisito oro, diamanti, platino, titanio, tantalite, rame, minerale di ferro, uranio e uranio.

Altri 52 metalli e minerali, molti dei quali di valore strategico assolutamente vitale per gli USA, sono passati nelle mani del Comitato dei 300.

Così si realizzò pienamente la visione di uno dei primi membri sudafricani del Comitato dei 300, Cecil John Rhodes, una visione che iniziò con lo spargimento di sangue di migliaia e migliaia di agricoltori bianchi e delle loro famiglie in Sudafrica, noti alla storia come "boeri". Mentre gli Stati Uniti, come il resto del mondo, rimanevano inerti, questa piccola nazione veniva sottoposta alla più feroce guerra di genocidio della storia. Gli Stati Uniti subiranno lo stesso trattamento da parte del Comitato dei 300 quando arriverà il nostro turno, e arriverà presto.

Le compagnie di assicurazione svolgono un ruolo fondamentale nelle attività del Comitato dei 300, comprese le principali compagnie assicurative come le Assicurazioni Generali di Venezia e la Riunione Adriatica di Sicurta, la prima e la seconda compagnia assicurativa al mondo, che mantengono i loro conti bancari presso la Banca dei Regolamenti Internazionali in franchi svizzeri. Entrambi controllano una molteplicità di banche d'investimento il cui fatturato in azioni a Wall Street è il doppio di quello degli investitori statunitensi.

Tra i membri del consiglio di amministrazione di questi due colossi assicurativi ci sono anche i membri del Comitato dei 300: La famiglia Giustiniani, la nobiltà nera di Roma e Venezia, il cui lignaggio risale all'imperatore Giustiano; Sir Jocelyn Hambro della Hambros (Merchant) Bank; Pierpaolo Luzzatti Fequiz, il cui lignaggio risale a sei secoli fa al più antico Luzzato, la nobiltà nera di Venezia, e Umberto Ortolani dell'omonima antica famiglia di nobili neri.

Altri membri dell'antica nobiltà nera veneziana del Comitato dei 300 e membri del consiglio di amministrazione dell'ASG e della RAS sono la famiglia Doria, i finanzieri degli Asburgo spagnoli, Élie de Rothschild del ramo francese della famiglia Rothschild, il barone August von Finck (Finck, il secondo uomo più ricco della Germania, ora deceduto), Franco Orsini Bonacassi dell'antica nobiltà nera degli Orsini, che si rifà all'omonimo senatore romano, gli Alba, il cui lignaggio risale al Granduca d'Alba, e il barone Pierre Lambert, cugino della famiglia belga Rothschild.

Le società britanniche controllate dalla famiglia reale britannica sono Eagle Star, Prudential Assurance Company, Prudential Insurance Company, che possiedono e controllano la maggior parte degli assicuratori statunitensi, tra cui Allstate Insurance. In cima alla lista c'è Eagle Star, probabilmente il più potente "fronte" del sesto dipartimento di intelligence militare (MI6). Eagle Star, pur non avendo la stessa importanza di Assicurazioni Generali, è forse altrettanto importante per il semplice fatto che è di proprietà di membri della famiglia della

Regina d'Inghilterra e, in quanto capo del Comitato dei 300, Eagle Star ha un impatto enorme. Eagle Star non è solo un importante "fronte" per l'MI6, ma anche per le principali banche britanniche, tra cui Hill-Samuels, N. M. Rothschild and Sons (uno dei "fissatori" del prezzo dell'oro che si incontrano quotidianamente a Londra) e Barclays Bank (uno dei finanziatori dell'African National Congress-ANC). Si può affermare con un alto grado di accuratezza che le più potenti famiglie oligarchiche britanniche hanno creato Eagle Star come veicolo per "operazioni nere" contro coloro che si oppongono alle politiche del Comitato dei 300.

A differenza della CIA, per la legge britannica è un grave reato nominare funzionari dell'MI6. Quello che segue è quindi solo un elenco parziale degli "alti funzionari" dell'MI6 che sono (o sono stati) anche membri del Comitato dei 300:

> - Lord Hartley Shawcross.
> - Sir Brian Edward Mountain.
> - Sir Kenneth Keith.
> - Sir Kenneth Strong.
> - Sir William Stephenson.
> - Sir William Wiseman.

Tutti questi soggetti sono (o erano) fortemente coinvolti nelle attività chiave del Comitato di 300 aziende che si interfacciano con migliaia di aziende impegnate in tutti i rami dell'attività commerciale, come vedremo.

Tra questi, Rank Organisation, Xerox Corporation, ITT, IBM, RCA, CBS, NBC, BBC e CBC nelle comunicazioni, Raytheon, Textron, Bendix, Atlantic Richfield, British Petroum, Royal Dutch Shell, Marine Midland Bank, Lehman Brothers, Kuhn Loeb, General Electric, Westinghouse Corporation, United Fruit Company e molti altri.

L'MI6 gestiva molte di queste società attraverso i servizi segreti britannici di stanza nell'edificio della RCA a New York, che era la sede del suo amministratore delegato, Sir William Stephenson. La Radio Corporation of America (RCA) fu fondata da G.E., Westinghouse, Morgan Guarantee and Trust (che agiva per conto della Corona britannica) e United Fruit nel 1919 come centro di intelligence britannico. Il primo presidente di RCA fu Owen Young di J.P. Morgan, da cui prese il nome il piano Young. Nel 1929, David Sarnoff fu nominato capo della RCA. Sarnoff era stato l'assistente di Young alla Conferenza di pace di Parigi del 1919, dove la Germania decaduta fu pugnalata alle spalle dagli "alleati" vittoriosi.

Una rete di banche e società di brokeraggio di Wall Street gestisce il mercato azionario per conto del Comitato; tra le più importanti vi sono Blyth, Eastman Dillon, Morgan Group, Lazard Frères e Kuhn Loeb Rhodes. A Wall Street non accadeva nulla che non fosse controllato dalla Banca d'Inghilterra, le cui istruzioni venivano trasmesse dai gruppi Morgan e poi attuate dalle principali società di brokeraggio, i cui dirigenti erano in ultima analisi responsabili dell'esecuzione delle direttive del Comitato.

Prima di superare i limiti fissati da Morgan Guarantee, Drexel Burnham Lambert era una delle favorite del Comitato dei 300, e nel 1981 quasi tutte le principali case di brokeraggio di Wall Street avevano ceduto al Comitato, con Phibro che si era fusa con Salomon Brothers. Phibro è il braccio commerciale degli Oppenheimer della Anglo American Corporation. Attraverso questo meccanismo di controllo, il Comitato dei 300 si assicura che i suoi membri e le loro società di trading a distanza effettuino i loro investimenti a Wall Street a un tasso doppio rispetto agli investitori stranieri "laici".

Ricordiamo che alcune delle famiglie più ricche del mondo vivono in Europa, quindi è naturale che abbiano una preponderanza di membri nel Comitato. La famiglia Von Thurn and Taxis, un tempo proprietaria delle poste tedesche, fa sembrare David Rockefeller un parente molto povero. La dinastia dei Von Thurn und Taxis risale a 300 anni fa e i membri di questa famiglia hanno occupato i seggi del Comitato generazione dopo generazione e sono presenti ancora oggi. Abbiamo già citato alcuni dei membri più ricchi della nobiltà dei Von Thurn nel Comitato dei 300 e altri nomi verranno aggiunti man mano che li incontreremo nei loro diversi campi di attività. Ora includeremo alcuni dei membri americani del Comitato dei 300 e cercheremo di rintracciare le loro affiliazioni e i loro legami con la Corona britannica.

Come si possono verificare questi fatti? Alcuni di essi non possono essere verificati con precisione perché le informazioni provengono direttamente dai file dell'intelligence, ma con un notevole lavoro ci sono molte fonti che possono verificare almeno alcuni dei fatti. Questo lavoro comporterebbe una diligente ricerca nel libro di riferimento aziendale di Dun and Bradstreet, Standard and Poors, il "Who's Who" britannico e americano, con lunghe ore di duro lavoro per incrociare i nomi con le loro affiliazioni aziendali.

Il Comitato, composto da 300 società, banche e compagnie di assicurazione, opera sotto un comando unificato che copre ogni aspetto immaginabile della strategia e dell'azione coesiva. Il Comitato è l'UNICA gerarchia di potere organizzata al mondo che trascende tutti i governi e gli individui, per quanto potenti e sicuri possano sentirsi. Si occupa di finanza, questioni di difesa e partiti politici di ogni colore e tipo.

Non c'è entità che il Comitato non possa raggiungere e controllare, e questo include le religioni organizzate del mondo. Così è l'onnipotente OLYMPIAN GROUP, la cui base di potere è a Londra e nei centri finanziari della City di Londra, con la sua morsa su minerali, metalli e gemme, cocaina, oppio e droghe, banchieri finanziari rentier, promotori di culti e fondatori della musica rock. La Corona britannica è il punto di controllo da cui tutto si irradia. Come dice il proverbio, "hanno un dito in ogni torta".

È chiaro che il campo delle comunicazioni è strettamente controllato. Tornando alla RCA, scopriamo che la sua leadership è composta da figure dell'establishment britannico-americano che sono importanti in altre organizzazioni come il CFR, la NATO, il Club di Roma, la Commissione Trilaterale, la Massoneria, Skull and Bones, i Bilderberger, la Tavola Rotonda, la Milner Society e la Jesuits-Aristotle Society. Tra questi, David Sarnoff si trasferì a Londra nello stesso periodo in cui Sir William Stephenson si trasferì nell'edificio della RCA a New York.

Le tre principali reti televisive sono nate dalla RCA, in particolare la National Broadcasting Company (NBC) che è stata la prima, seguita da vicino dall'American Broadcasting Company (ABC) nel 1951. La terza grande rete televisiva era la Columbia Broadcasting System (CBS) che, come le sue consorelle, era, ed è tuttora, dominata dai servizi segreti britannici. William Paley è stato addestrato alle tecniche di lavaggio del cervello di massa presso l'Istituto Tavistock prima di essere considerato qualificato per dirigere la CBS. Quindi, se noi, cittadini degli Stati Uniti, non lo sapessimo, tutte le nostre principali reti televisive sono soggette alla sorveglianza britannica e le informazioni che forniscono passano prima a Londra per essere autorizzate. È interessante notare che il documento dell'intelligence Tavistock scritto dallo Stanford Research Institute, comunemente chiamato "La cospirazione acquariana", è stato finanziato dalle donazioni delle tre principali reti televisive.

Tutti e tre i principali network sono rappresentati nel Comitato dei 300 e sono affiliati al gigante delle comunicazioni di massa, la Xerox Corporation di Rochester, New York, di cui Robert M. Beck occupa un posto nel Comitato. Beck è anche direttore della Prudential Life Insurance Company, una filiale della London Prudential Assurance Company Limited.

Tra gli altri membri del consiglio di amministrazione di Xerox figurano Howard Clark dell'American Express Company, uno dei principali canali di trasferimento del denaro della droga attraverso i travellers-check, William Simon, ex Segretario del Tesoro, e Sol Linowitz, che ha negoziato i trattati sul Canale di Panama per il Comitato. Linowitz è importante per il Comitato per la sua lunga esperienza nel riciclaggio di denaro sporco attraverso la Marine Midland e la Hong Kong and Shanghai Bank.

Un altro membro del consiglio di amministrazione di Xerox è Robert Sproull, che è molto interessante perché, come presidente dell'Università di Rochester, ha permesso al Tavistock Institute, attraverso la CIA, di utilizzare le strutture dell'università per gli esperimenti MK-Ultra sull'LSD, che sono durati 20 anni. Anche altre 85 università statunitensi hanno permesso di utilizzare le loro strutture in questo modo. Per quanto Xerox sia un'azienda enorme, è paragonabile alla Rank Organisation, un conglomerato con sede a Londra controllato interamente da membri della famiglia più stretta della Regina Elisabetta.

I membri di rilievo del Consiglio di amministrazione di Rank Organisation che sono anche membri del Comitato dei 300 sono

Lord Helsby, presidente della Midland Bank, la camera di compensazione del denaro della droga. Helsby ha ricoperto altri ruoli, tra cui quello di direttore del gigantesco Imperial Group e della Industrial and Commercial Finance Corporation.

Sir Arnold France, direttore della Tube Investments che gestisce il servizio della metropolitana di Londra. La Francia è anche direttrice della BANCA D'INGHILTERRA, che ha così tanto controllo sulle Federal Reserve Banks.

Sir Dennis Mountain, presidente del potente Eagle Star Group e direttore della English Property Corp, una delle società finanziarie e di rendita della famiglia reale britannica. Uno di questi membri è l'onorevole Angus Ogilvie, "Principe delle Aziende", sposato con Sua Altezza Reale la Principessa Alexandria, sorella del Duca di Kent, capo del Rito Scozzese della Massoneria e che sostituisce la Regina quando è lontana dalla Gran Bretagna. Ogilvie è direttore della Banca d'Inghilterra e presidente del gigantesco conglomerato LONRHO. È stato LONRHO a porre fine al governo di Ian Smith in Rhodesia, in modo che potesse essere sostituito da Robert Mugabe. In gioco c'erano le miniere di cromo della Rhodesia, che producono il miglior minerale di cromo di alta qualità al mondo.

Cyril Hamilton, presidente della Standard and Chartered Bank (l'ex banca di Lord Milner-Cecil Rhodes) e membro del consiglio di amministrazione della Banca d'Inghilterra. Hamilton è anche direttore della Xerox Corporation, della Malta International Banking Corporation (una banca dei Cavalieri di Malta), della Standard Bank of South Africa - la più grande banca del Paese - e della Belgian Bank of Africa.

Lord O'Brien of Lotherby, ex presidente della British Bankers Association, direttore di Morgan Grenfell - una potente banca, direttore di Prudential Assurance, direttore di J. P. Morgan, direttore della Banca d'Inghilterra, membro del consiglio della Banca dei Regolamenti Internazionali, direttore del gigantesco conglomerato Unilever.

Sir Reay Geddes, presidente dei colossi dei pneumatici Dunlop e Pirelli, direttore delle banche Midland e International, direttore della Banca d'Inghilterra. Si noti come molti di questi uomini potenti siano direttori della Banca d'Inghilterra, rendendo più facile il controllo delle politiche fiscali statunitensi.

Molte di queste organizzazioni e istituzioni, aziende e banche sono così intrecciate e interdipendenti che è quasi impossibile districarle. Nel consiglio di amministrazione di RCA siede Thornton Bradshaw, presidente di Atlantic Richfield e membro della NATO, del World Wildlife Fund, del Club di Roma, dell'Aspen Institute for Humanistic Studies e del Council on Foreign Relations. Bradshaw è anche presidente della NBC. La funzione più importante di RCA rimane il suo servizio all'intelligence britannica.

Non è noto quanto il Comitato dei 300 sia stato importante per fermare l'indagine della CIA, che il senatore McCarthy era quasi riuscito a istituire. Se McCarthy avesse avuto successo, è molto probabile che il presidente John F. Kennedy sarebbe ancora vivo oggi.

Quando McCarthy annunciò che avrebbe citato William Bundy a comparire davanti alla sua commissione d'inchiesta, il panico si diffuse a Washington e a Londra. Bundy, se fosse stato chiamato a testimoniare, molto probabilmente avrebbe ceduto e aperto la porta alla "relazione speciale" che esisteva tra i circoli oligarchici britannici e i loro cugini nel governo degli Stati Uniti.

Tale possibilità non poteva essere contemplata. Il Royal Institute of International Affairs è stato chiamato a porre fine a McCarthy. Il RIIA scelse Allen Dulles, un uomo totalmente innamorato della società britannica decadente, per attaccare McCarthy frontalmente. Dulles nominò Patrick Lyman e Richard Helms per gestire il caso McCarthy. Helms fu poi ricompensato per i suoi servizi contro McCarthy con la nomina a capo della CIA.

Il generale Mark Clark, membro del CFR e figura militare popolare negli ambienti londinesi, fu nominato dal generale Eisenhower per respingere l'attacco su larga scala di McCarthy alla CIA. McCarthy è stato anticipato quando Clark ha annunciato la nomina di una commissione speciale per la revisione dell'agenzia. Clark, su istruzioni del RIIA, ha raccomandato la creazione di una commissione di supervisione del Congresso per "esaminare periodicamente il lavoro delle agenzie di intelligence del governo". Si trattò di una grande tragedia per l'America e di una vittoria per gli inglesi, che temevano che McCarthy si imbattesse casualmente nel Comitato dei 300 e nel suo controllo su tutti gli aspetti degli affari americani.

L'ex presidente di Lehman Brothers-Kuhn Loeb, Peter G. Peterson, ha prestato servizio sotto l'ex capo dell'MI6, Sir William Wiseman, e non è quindi estraneo ai reali britannici. Peterson è legato all'Aspen Institute, un'altra branca dei servizi segreti britannici.

John R. Petty è presidente della Marine Midland Bank, una banca con legami consolidati con il traffico di droga molto prima di essere rilevata dalla Hong Kong and Shanghai Bank, probabilmente la banca leader nel commercio dell'oppio, posizione che detiene dal 1814.

Ma la migliore prova che posso offrire dell'esistenza del Comitato dei 300 è l'organizzazione Rank che, insieme a Eagle Star, è la Corona britannica. È anche il centro operativo nero dell'MI6 (SIS). Tra loro, questo Comitato di 300 aziende controlla il Dominio di Sua Maestà del Canada, utilizzando la famiglia Bronfman, "hofjuden", per eseguire i loro ordini.

La Trizec Holdings, apparentemente di proprietà della famiglia Bronfman, è in realtà il principale asset della Regina d'Inghilterra in Canada. L'intero commercio dell'oppio nel sud-est asiatico è legato all'impero Bronfman ed è uno dei modi in cui l'eroina viene portata in

America. In un certo senso, il Canada è come la Svizzera: paesaggi incontaminati e innevati, grandi città, un luogo di grande bellezza, ma sotto il quale si nasconde un profondo strato di sporcizia e sudiciume dovuto al massiccio commercio di eroina.

I Bronfman sono "sagome", ciò che l'MI6 chiama "uomini di paglia" controllati da Londra dai "deskmen" dell'MI6[22] , il gergo dell'intelligence per i controllori del quartier generale. Edgar Bronfman, il capofamiglia, fu inviato in numerose occasioni al "Centro di Mosca", il nome di copertura della sede del KGB in Piazza Dzerzhinsk 2 a Mosca.

A un livello inferiore, Bronfman è stato probabilmente molto utile come uomo di contatto con Mosca. Bronfman non è mai stato un ufficiale a contratto dell'MI6 e quindi non ha mai portato il titolo di "Parole", una parola chiave dell'intelligence per l'identificazione reciproca tra gli agenti, il che è stato una grande delusione per il capo della famiglia Bronfman. A un certo punto, quando si pensò che alcuni membri della famiglia si comportassero in modo sospetto, vennero piazzati degli "spotter" - il gergo dei servizi segreti che monitorano gli individui - sulla famiglia Bronfman, per poi scoprire che uno dei Bronfman si era vantato con un "cugino" americano (il termine usato dall'MI6 per indicare la CIA) che non sapeva del ruolo di Edgar Bronfman. Il problema è stato rapidamente risolto.

Due direttori della Eagle Star, che erano anche i due principali agenti dell'MI6, rilevarono la famiglia Bronfman circa sei mesi dopo la fine della guerra. Sir Kenneth Keith e Sir Kenneth Strong, che abbiamo già incontrato in precedenza, hanno legittimato la famiglia Bronfman creando la Trizec Holdings. Non c'è nessuno al mondo che possa fare un lavoro migliore di "facciata", attraverso le aziende, dell'MI6...

Tuttavia, come la Svizzera, anche il Canada ha un lato sporco che è stato ben nascosto dal Comitato dei 300 con la scusa dell'Official Secrets Act, una copia carbone della legge britannica approvata nel 1913. Droga, riciclaggio di denaro, crimine e racket sono tutti coperti da questa famigerata legge.

Molti non sanno che se vengono accusati in base all'Official Secrets Act, che può essere interpretato a piacimento dagli agenti della Corona,

---

[22] Dipendenti pubblici, NDT.

rischiano la pena di morte. Come ho detto più volte dal 1980, il Canada non è una nazione come il Sudafrica, l'Olanda o il Belgio; è sempre stato e rimane legato ai lacci della Regina d'Inghilterra. Il Canada, si scopre, è sempre il primo ad eseguire i desideri della Regina Elisabetta. Le truppe canadesi hanno partecipato a tutte le guerre di Sua Maestà, compresa la guerra boera (1899-1903).

Come la sua controparte americana, l'Istituto canadese per gli affari internazionali è figlio del Royal Institute for International Affairs (RIIA) e guida la politica canadese. I suoi membri hanno ricoperto la carica di Segretario di Stato sin dalla sua fondazione nel 1925. L'Institute for Pacific Relations, l'organizzazione che promosse l'attacco a Pearl Harbour, fu accolto in Canada dopo che Owen Lattimore e i suoi colleghi furono smascherati per le loro attività di tradimento nel 1947 e lasciarono gli Stati Uniti prima di poter essere incriminati.

L'Istituto canadese per gli affari internazionali è legato all'organizzazione Rank attraverso Sir Kenneth Strong, che fu vice capo dell'MI6 alla fine della Seconda guerra mondiale. Come membro dell'Ordine di San Giovanni di Gerusalemme, Strong è il numero due in Canada per il Rank e gli interessi commerciali della Corona britannica. Fa parte del consiglio di amministrazione della Bank of Nova Scotia, una delle banche della droga più prolifiche al mondo dopo la Hong Kong and Shanghai Banks, attraverso la quale transitano i proventi del traffico di eroina in Canada.

Il primo della fila è Sir Brian Edward Mountain, il membro più anziano dei Cavalieri di San Giovanni di Gerusalemme. Vale la pena ricordare che quando la Corona britannica volle che gli Stati Uniti entrassero nella Seconda guerra mondiale, inviò Lord Beaverbrook e Sir Brian Mountain a incontrare il Presidente Roosevelt per trasmettere gli ordini della Corona in tal senso. Roosevelt si adeguò ordinando alla Marina statunitense di operare da una base in Groenlandia, da cui erano stati effettuati attacchi ai sottomarini tedeschi nove mesi prima di Pearl Harbour. Questo è stato fatto all'insaputa o senza il consenso del Congresso.

Un altro grande nome dell'interfaccia Rank-Canada era Sir Kenneth Keith, direttore dell'equivalente canadese della Bank of Hong Kong and Shanghai, la Bank of Nova Scotia, coinvolta nel riciclaggio di denaro sporco. È stato anche membro del consiglio di amministrazione della più antica e venerabile istituzione giornalistica britannica, il *London Times* e il *Sunday Times*. Da oltre 100 anni, il *Times è la* voce della Corona sugli affari esteri, le questioni finanziarie e la vita politica in Inghilterra.

Come molti membri del Comitato dei 300, Sir Kenneth si muoveva tra l'MI6 e la catena di approvvigionamento dell'oppio, la catena di comando a Hong Kong e in Cina, apparentemente per conto del Canadian Institute of International Affairs, di cui era membro. Inoltre, in quanto direttore della casa bancaria Hill Samuel, la sua presenza in Cina e a Hong Kong si spiega facilmente. Uno dei suoi più stretti collaboratori al di fuori dei circoli dell'MI6 era Sir Philip de Zuleta, il controllore diretto di tutti i Primi Ministri britannici, sia conservatori che laburisti, da parte del Comitato dei 300. Sir Kenneth Strong collegava tutti i raggi della ruota della droga, compreso il terrorismo, la produzione di oppio, i mercati dell'oro, il riciclaggio di denaro e le banche al suo nucleo centrale, la Corona britannica.

All'apice del controllo della Corona britannica sul Canada c'è Walter Gordon. Ex membro del Comitato di supervisione della Regina, noto anche come Consiglio privato, Gordon ha sponsorizzato l'Istituto per le relazioni con il Pacifico attraverso l'Istituto canadese per gli affari internazionali. In qualità di ex ministro delle Finanze, Gordon riuscì a piazzare un comitato di 300 contabili e avvocati selezionati nelle tre principali banche quotate in borsa: la Bank of Nova Scotia, la Canadian Imperial Bank e la Toronto Dominion Bank.

Attraverso queste tre "Banche della Corona", una rete di 300 agenti responsabili nei confronti di Gordon gestiva la seconda più grande operazione di riciclaggio di denaro e droga al mondo, con una porta d'accesso diretta alla Cina. Prima della sua morte, Gordon controllava James Endicott, Chester Ronning e Paul Linn, identificati dall'MI6 come i migliori "specialisti della Cina" del Canada. I tre uomini lavoravano a stretto contatto con Chou-En-lai, che una volta aveva detto a Gamal Abdul Nasser che avrebbe fatto alla Gran Bretagna e agli Stati Uniti quello che loro avevano fatto alla Cina: trasformarli in nazioni dipendenti dall'eroina. Chou-En-lai mantenne la promessa, a partire dai soldati americani in Vietnam. Altri stretti collaboratori del giro canadese di eroina erano John D. Gilmer e John Robert Nicholson, entrambi membri dell'Ordine dei Cavalieri di San Giovanni di Gerusalemme. Lord Hartley Shawcross, che si ritiene sia alle dirette dipendenze della Regina Elisabetta II, ha fatto parte del Consiglio di Amministrazione del Royal Institute for International Affairs ed è stato Cancelliere dell'Università del Sussex, sede del famigerato Tavistock Institute for Human Relations, che ha ampi collegamenti in Canada.

Nell'ambito delle attività di Rank negli Stati Uniti, nessun'altra società ha avuto un successo simile a quello del Gruppo Corning, proprietario della Metropolitan Life Insurance Company e della New York Life Insurance Company. Il Comitato dei 300 membri Amory Houghton e suo fratello James Houghton hanno servito a lungo la Corona britannica attraverso le compagnie di assicurazione sopra citate e attraverso Corning Glass, Dow Corning e Corning International. Entrambi fanno parte dei consigli di amministrazione di IBM e Citicorp. James Houghton è direttore del Princeton Institute for Advanced Studies, direttore della J. Pierpont Morgan Library, una roccaforte del RIIA e del CFR, ed è anche direttore della CBS.

Furono i fratelli Houghton a donare centinaia di acri noti come Wye Plantation nel Maryland all'Aspen Institute della Corona britannica. Anche il vescovo dell'arcidiocesi della Chiesa anglicana (episcopale) di Boston fa parte del consiglio di amministrazione di Corning Glass. Tutto ciò conferisce al gruppo la tanto decantata aria di rispettabilità che i dirigenti delle compagnie assicurative devono indossare e, come vedremo, oltre a James Houghton, Keith Funston e John Harper, entrambi membri del consiglio di amministrazione di Corning, gestiscono la Metropolitan Life Insurance Company.

Il massiccio collegamento in rete e l'interfacciamento di questa unità del Comitato dei 300 ci darà una buona indicazione del vasto potere a disposizione della gerarchia dei cospiratori, davanti alla quale tutte le ginocchia sono piegate, compresa quella del Presidente degli Stati Uniti, chiunque esso sia.

Ciò che è importante notare è come questa società americana, una delle centinaia, sia collegata ai servizi segreti britannici, al Canada, all'Estremo Oriente e al Sudafrica, per non parlare della sua rete di funzionari e dirigenti aziendali che tocca tutti gli aspetti degli affari e della politica negli Stati Uniti.

Sebbene la Metropolitan Life Insurance Company non sia paragonabile al gigante Assicurazioni Generali del Comitato dei 300, è comunque un buon indicatore di come il potere degli Houghton si estenda a tutto lo spettro delle imprese negli Stati Uniti e in Canada. A partire da R. H. Macy (i cui dipendenti non indossano più garofani rossi in onore dell'affiliazione dell'azienda al comunismo), la Royal Bank of Canada, la National and Westminster Bank, Intertel (una virulenta e vile agenzia di intelligence privata), Canadian Pacific, il Reader's Digest, RCA, AT&T, la Harvard Business School, W. R. Grace Shipping Company, Ralston Purina Company, U.S. Steel, Irving Trust, Consolidated Edison of New York e ABC, la rete elettrica degli Houghton si estende alla Hong Kong and Shanghai Bank.

Un'altra società Rank di successo negli Stati Uniti è il Reliance Insurance Group. Nell'ambito dell'indagine sui bombardamenti strategici, Reliance ha creato la base strutturale iniziale per il lavaggio del cervello, la formazione delle opinioni, i sondaggi e l'analisi dei sistemi utilizzati dal Tavistock Institute negli Stati Uniti. La Reliance Insurance Company, con sede a Filadelfia, ha creato la struttura aziendale che ha permesso di rivolgere l'indagine sui bombardamenti strategici contro la popolazione degli Stati Uniti che, pur non sapendolo, è stata sottoposta a una selvaggia guerra psicologica negli ultimi 45 anni.

Uno dei protagonisti di questo assalto agli Stati Uniti è stato David Bialkin dello studio legale Wilkie, Farr e Gallagher, il Comitato dei 300. Bialkin ha diretto per molti anni la Anti-Defamation League (ADL). L'ADL è un'operazione di intelligence britannica fondata negli Stati Uniti dall'MI6 e gestita da Saul Steinberg ed Eric Trist di Tavistock. Saul Steinberg è il rappresentante e partner commerciale negli Stati Uniti della famiglia Jacob de Rothschild di Londra.

La Reliance Corporation è la sede di Carl Lindner, che ha preso il posto di Eli Black quando quest'ultimo è "caduto" da una finestra al 44ème piano di un grattacielo di New York. La Reliance Company è collegata alla potente United Fruit Company di Boston e New Orleans, guidata da Max Fisber che, prima di essere derubato di una pecora, era una figura ben nota nella malavita di Detroit. La United Fruit Company è da tempo un trasportatore di eroina e cocaina verso gli Stati Uniti, grazie all'esperienza di Misbulam Riklis della Rapid American Corporation, che organizza le spedizioni dal Canada agli Stati Uniti. Ricordiamo che tutto questo avviene sotto l'ombrello di un'unica società, collegata a una miriade di società e operazioni più piccole, per dare al Comitato dei 300 il controllo totale su una moltitudine di operazioni, ognuna accuratamente integrata nella rete.

Il Reliance Group è uno spin-off della società madre la cui funzione è quella di fare il lavaggio del cervello al popolo americano attraverso una rete di investigatori e opinionisti e utilizza la ricerca operativa per stabilire collegamenti diretti con il Tavistock Institute. Un'altra società associata è Leasco, strettamente legata a AT&T, Disclosure Incorporated, Western Union International, Imbucon Ltd e Yankelovich, Skelly and White.

Daniel Yankelovich è l'imperatore della struttura aziendale di sondaggi/opinioni negli Stati Uniti, un vasto apparato che fornisce "opinioni pubbliche su questioni sociali, economiche e politiche sostanziali", per citare Edward Bernays. È questo vasto apparato che ha trasformato la maggioranza degli americani, che non avevano mai sentito parlare di Saddam Hussein e sapevano vagamente che l'Iraq era un Paese da qualche parte in Medio Oriente, in un popolo che grida al suo sangue e allo sterminio dell'Iraq come nazione.

Yankelovich fece pieno uso di tutte le conoscenze acquisite durante la Seconda Guerra Mondiale. Come guerriero di seconda generazione, Yankelovich non ha eguali, ed è per questo che i sondaggi dell'ABC, condotti dalla sua azienda, sono sempre in prima linea nell'"opinione pubblica". La popolazione statunitense è stata presa di mira allo stesso modo delle case popolari tedesche, attaccando il senso della realtà. Questa tecnica è, ovviamente, un addestramento standard per alcuni gruppi di intelligence, tra cui la CIA.

Il compito di Yankelovich era quello di distruggere i valori tradizionali americani e sostituirli con i valori della nuova era e dell'Età dell'Acquario. Come massimo leader dell'opinione pubblica del Comitato dei 300, nessuno può dubitare che Yankelovich abbia fatto un lavoro superbo.

Il modo migliore per spiegare i metodi utilizzati e i risultati attesi è probabilmente quello di citare il lavoro di John Naisbitt, come spiegato nel suo "Trend Report". Naisbitt è stato consulente di Lyndon Johnson, Eastman Kodak, IBM, American Express, Centre for Policy Study, Chase Manhattan, General Motors, Louis Harris Polls, Casa Bianca, Institute of Life Insurance, Croce Rossa Americana, Mobil Oil, B.P. e una serie di aziende e istituzioni del Comitato dei 300. La sua metodologia, derivata dalle procedure Tavistock dell'MI6, non è ovviamente unica:

> "Introdurrò brevemente la nostra metodologia. Nello sviluppo del rapporto sulle tendenze per i nostri clienti, ci basiamo principalmente su un sistema di monitoraggio degli eventi e dei comportamenti locali. Siamo molto colpiti dalla mobilità ascendente di questa azienda, per cui seguiamo ciò che accade a livello locale, piuttosto che quello che accade a Washington o a New York. Si parte da Los Angeles, Tampa, Hartford, Wichita, Portland, San Diego e Denver. È una società dal basso verso l'alto.

> "Il concetto di tracciamento utilizzato per determinare queste tendenze ha origine nella Seconda Guerra Mondiale. Durante la

guerra, gli esperti di intelligence cercarono di trovare un metodo per ottenere informazioni sulle nazioni nemiche che i sondaggi di opinione avrebbero normalmente fornito. Sotto la guida di Paul Lazarsfeld e Harold Laswell, è stato sviluppato un metodo per monitorare ciò che accadeva in queste società analizzando il contenuto della stampa quotidiana.

"Mentre questo metodo di monitoraggio del pensiero pubblico continua ad essere la scelta della comunità di intelligence, la nazione spende milioni di dollari ogni anno per l'analisi dei contenuti dei giornali in ogni parte del mondo.

Il motivo per cui questo sistema di monitoraggio dei cambiamenti della società funziona così bene è che i "buchi di notizie" dei giornali sono un sistema chiuso. Per motivi economici, la quantità di spazio dedicata alle notizie in un giornale non cambia nel tempo.

"Pertanto, quando si introduce qualcosa di nuovo in questo buco informativo, qualcosa o qualche combinazione di cose deve uscire o essere omessa. Il principio in questione è classificato come una scelta forzata in un sistema chiuso. In questa situazione forzata, le società aggiungono nuove preoccupazioni e dimenticano quelle vecchie. Teniamo traccia di quali vengono aggiunti e di quali vengono eliminati.

"Ovviamente le società sono come gli esseri umani. Non so quale sia il numero, ma una persona può tenere in testa solo un certo numero di problemi e preoccupazioni in un dato momento. Se si aggiungono nuovi problemi o preoccupazioni, alcuni devono essere abbandonati. Teniamo traccia di ciò che gli americani hanno rinunciato e di ciò che hanno ripreso.

ème"Gli Stati Uniti stanno rapidamente passando da una società industriale di massa a una società dell'informazione, e l'impatto finale sarà più profondo del passaggio, avvenuto nel XIX secolo, da una società agricola a una società industriale. Dal 1979 in poi, l'occupazione numero uno negli Stati Uniti è diventata quella dell'impiegato, sostituendo gli operai e gli agricoltori. In quest'ultima affermazione sta una breve storia degli Stati Uniti".

Non è un caso che Naisbitt sia un membro del Club di Roma e, in quanto tale, un senior staffer del Comitato dei 300 e un senior vice-president di Yankelovich, Skelly and White. Quello che Naisbitt fa non è prevedere le tendenze, ma FARLE. Abbiamo visto come è stata distrutta la base industriale degli Stati Uniti, a partire dall'industria siderurgica. Nel 1982 ho scritto un libro intitolato *La morte dell'industria siderurgica*, in cui sostenevo che entro la metà degli anni Novanta la produzione di acciaio negli Stati Uniti sarebbe diminuita fino a un punto di non ritorno, e che l'industria automobilistica e quella immobiliare avrebbero seguito il suo esempio.

Tutto questo è accaduto e ciò a cui stiamo assistendo oggi (1992) è una recessione economica dovuta non solo a politiche economiche sbagliate, ma anche alla distruzione deliberatamente pianificata della nostra base industriale e, con essa, alla distruzione dell'unica classe media americana - la spina dorsale del Paese - che dipende dalla progressiva espansione industriale per la crescita e l'occupazione stabile.

Questo è uno dei motivi per cui la recessione, iniziata seriamente nel gennaio 1991, si è trasformata in una depressione dalla quale gli Stati Uniti, come li abbiamo conosciuti negli anni '60 e '70, probabilmente non torneranno mai più. L'economia non uscirà dalla depressione del 1991 almeno fino al 1995-96, quando gli Stati Uniti saranno diventati una società completamente diversa da quella che era all'inizio della recessione. [23]

Gli opinionisti hanno svolto un ruolo significativo in questa guerra contro gli Stati Uniti; dobbiamo esaminare il ruolo del Comitato dei 300 nel determinare questi profondi cambiamenti e come gli ingegneri sociali abbiano utilizzato l'analisi dei sistemi centrali per impedire all'opinione pubblica di esprimere qualcosa di diverso dalle politiche del governo invisibile. Come e dove è iniziato tutto?

Dai documenti relativi alla Prima guerra mondiale che ho potuto raccogliere ed esaminare presso il War Office di Whitehall, a Londra, risulta che il Royal Institute for International Affairs fu incaricato dal Comitato dei 300 di condurre uno studio sulla manipolazione delle informazioni di guerra. Questo compito fu affidato a Lord Northcliffe, Lord Rothmere e Arnold Toynbee, agente dell'MI6 presso il RIIA. La famiglia di Lord Rothmere possedeva un giornale che veniva utilizzato per sostenere varie posizioni del governo, quindi si pensava che i media potessero cambiare la percezione dell'opinione pubblica, in particolare nei ranghi della crescente opposizione alla guerra.

Il progetto è stato ospitato nella Wellington House, dal nome del Duca

---

[23] La previsione del dottor Coleman si è avverata. Guardate il commercio elettronico. N/A.

di Wellesly. Tra gli esperti americani reclutati per assistere Lord Rothmere e Northcliffe vi erano Edward Bernays e Walter Lippmann. Il gruppo tenne sessioni di "brainstorming" per sviluppare tecniche di mobilitazione delle masse per la guerra, in particolare tra la classe operaia, i cui figli dovevano andare sui campi di battaglia delle Fiandre in numero record.

Utilizzando il diario di Lord Rothmere, sono state sperimentate nuove tecniche di manipolazione e dopo un periodo di circa 6 mesi si è constatato che avevano successo. I ricercatori hanno scoperto che solo un gruppo molto ristretto di persone comprendeva il processo di ragionamento e la capacità di osservare il problema piuttosto che dare un'opinione su di esso. Secondo Lord Rothmere, questo è il modo in cui l'87% dell'opinione pubblica britannica si è avvicinata alla guerra, e lo stesso principio si applica non solo alla guerra, ma a ogni possibile problema della società in generale.

In questo modo, l'irrazionalità è stata portata a un livello elevato di coscienza pubblica. I manipolatori ne hanno poi approfittato per minare e distrarre l'attenzione del pubblico dalla realtà che governa ogni situazione, e più i problemi di una moderna società industriale diventavano complessi, più era facile fornire distrazioni sempre maggiori, così che alla fine le opinioni assolutamente insignificanti di masse di persone, create da abili manipolatori, hanno preso il posto dei fatti scientifici.

Avendo letteralmente inciampato in una conclusione così profonda, i manipolatori la testarono una dopo l'altra durante la guerra, in modo che, nonostante le centinaia di migliaia di giovani britannici massacrati sui campi di battaglia della Francia, non vi fosse praticamente alcuna opposizione alla sanguinosa guerra. I dati dell'epoca mostrano che nel 1917, poco prima dell'entrata in guerra degli Stati Uniti, il 94% della classe operaia britannica che stava sopportando il peso della guerra non aveva idea per cosa stesse combattendo, se non per l'immagine creata dai media manipolatori secondo cui i tedeschi erano una razza orribile, intenzionata a distruggere il loro monarca e il loro Paese, e che dovevano essere cancellati dalla faccia della terra.

Certamente non è cambiato nulla, perché nel 1991 si è verificata esattamente la stessa situazione creata dai media che hanno permesso al Presidente Bush di violare palesemente la Costituzione scatenando una guerra genocida contro la nazione irachena con il pieno consenso dell'87% del popolo americano. A Woodrow Wilson si può attribuire il merito - se questa è l'espressione appropriata - di essere salito sul carro dei manipolatori dell'opinione pubblica e di averlo usato per promuovere le cause sussurrate all'orecchio dal suo controllore, il colonnello House.

Su istruzioni del Presidente Wilson, o meglio del Colonnello House, fu istituita la Commissione Creel che, per quanto è possibile accertare, fu la prima organizzazione negli Stati Uniti a utilizzare le tecniche e la metodologia dei sondaggi RIIA e della propaganda di massa. Gli esperimenti di guerra psicologica perfezionati alla Wellington House sono stati utilizzati durante la Seconda Guerra Mondiale con uguale successo e sono stati utilizzati continuamente nella massiccia guerra psicologica contro gli Stati Uniti iniziata nel 1946. I metodi non sono cambiati, solo l'obiettivo. Ora non sono più le abitazioni della classe operaia tedesca, ma la classe media statunitense a essere al centro dell'attacco.

Come spesso accade, i cospiratori non riuscirono a contenere la loro gioia. Dopo la prima guerra mondiale, precisamente nel 1922, Lippmann illustrò il lavoro svolto dalla RIIA in un libro intitolato *"OPINIONE PUBBLICA"*:

> "L'opinione pubblica ha a che fare con fatti indiretti, invisibili e confusi, e non c'è nulla di ovvio in essi. Le situazioni a cui si riferisce l'opinione pubblica sono note solo come opinioni, le immagini nella testa degli esseri umani, immagini di se stessi, degli altri, dei loro bisogni, obiettivi e relazioni, sono le loro opinioni pubbliche. Queste immagini, che sono agite da gruppi di persone o da individui che agiscono per conto di gruppi, costituiscono l'OPINIONE PUBBLICA con la maiuscola. L'immagine interiore che hanno in testa spesso trae in inganno gli uomini nei loro rapporti con il mondo esterno".

Non c'è da stupirsi che Lippmann sia stato scelto per far "amare" i Beatles al popolo degli Stati Uniti quando sono arrivati sulle nostre coste e sono stati imposti a un paese ignaro. Se a questo si aggiunge la propaganda trasmessa notte e giorno da radio e televisione, è bastato un tempo relativamente breve perché i Beatles diventassero "popolari". La tecnica delle stazioni radio che ricevono centinaia di richieste di musica dei Beatles da parte di ascoltatori immaginari ha portato all'istituzione delle classifiche e degli indici di gradimento "top 10", e poi a una graduale escalation fino alle "classifiche top 40" nel 1992.

Nel 1928, il compatriota di Lippmann, Edward Bernays, scrisse un libro intitolato *Crystallising Public Opinion (Cristallizzare l'opinione pubblica)* e nel 1928 fu pubblicato un secondo libro, intitolato semplicemente *PROPAGANDA*. In questo libro, Bernays descrive le sue esperienze alla Wellington House. Bernays era un amico intimo del maestro manipolatore H.G. Wells, i cui numerosi quasi-romanzi furono utilizzati da Bernays per aiutarlo a formulare tecniche di controllo mentale di massa.

Wells non si vergognava del suo ruolo di guida nel cambiamento della società di classe inferiore, soprattutto perché era un amico intimo dei membri della famiglia reale britannica e trascorreva molto tempo con alcuni dei politici più importanti dell'epoca, come Sir Edward Grey, Lord Haldane e Robert Cecil, della famiglia ebraica Cecil, che controllava la monarchia britannica da quando un Cecil era diventato segretario privato e amante della regina Elisabetta I, Leo Amery, Halford Mackinder, dell'MI6 e poi direttore della London School of Economics, il cui allievo, Bruce Lockhart, sarebbe diventato il controllore dell'MI6 di Lenin e Trotsky durante la rivoluzione bolscevica, e persino il grande uomo in persona, Lord Alfred Milner. Uno dei luoghi preferiti da Wells era il prestigioso St Ermins Hotel, luogo di incontro del Coefficient Club, un club a cui erano ammessi solo gentiluomini certificati e che si riuniva una volta al mese. Tutti gli uomini sopra citati erano membri, oltre che del Souls Club. Wells sosteneva che qualsiasi nazione poteva essere sconfitta, non con un confronto diretto, ma comprendendo la mente umana, quello che lui chiamava "lo sfondo mentale nascosto dietro la personalità".

Con un sostegno così potente, Bernays si sentì abbastanza sicuro da lanciare la sua *PROPAGANDA*:

> "Man mano che la civiltà diventa più complessa e la *necessità di un governo invisibile è sempre più dimostrata* (corsivo aggiunto), sono stati inventati e sviluppati i mezzi tecnici *con cui l'opinione pubblica può essere governata* (corsivo aggiunto). Con la stampa e i giornali, il telefono, il telegrafo, la radio e l'aereo, le idee possono essere diffuse rapidamente, persino istantaneamente, in tutta l'America".

Bernays non aveva ancora visto quanto la televisione, che sarebbe seguita, avrebbe fatto meglio.

> "La manipolazione consapevole e intelligente delle abitudini e delle opinioni organizzate delle masse è un elemento importante in una società democratica. Coloro che manipolano questo meccanismo invisibile della società costituiscono un GOVERNO INVISIBILE CHE È IL VERO POTERE GOVERNANTE DEL NOSTRO PAESE".

A sostegno della sua posizione, Bernays cita l'articolo di H. G. Wells sul *New York Times,* in cui Wells sostiene con entusiasmo l'idea che i moderni mezzi di comunicazione "aprono un nuovo mondo di processi politici che documenteranno e sosterranno lo scopo comune contro la perversione e il tradimento" (del governo invisibile).

Per continuare con le rivelazioni contenute in *PROPAGANDA* :

> "Siamo governati, le nostre menti plasmate, i nostri gusti formati, le nostre idee suggerite, in gran parte da uomini di cui non abbiamo mai sentito parlare. Qualunque sia l'atteggiamento che si sceglie di adottare nei confronti di questa situazione, resta il fatto che in quasi tutti gli atti della nostra vita quotidiana, sia in politica che negli affari, nella nostra condotta sociale o nel nostro pensiero etico, siamo dominati da un numero relativamente piccolo di persone, una frazione insignificante dei nostri centoventi milioni (nel 1928), che comprendono i processi mentali e i modelli sociali delle masse. Sono loro che tirano i fili che controllano la mente pubblica, che imbrigliano le vecchie forze sociali e inventano nuovi modi di legare e guidare il mondo".

Bernays non ebbe l'audacia di dire al mondo chi sono "LORO" che "tirano i fili che controllano le menti del pubblico...", ma in questo libro rimedieremo alla sua intenzionale dimenticanza rivelando l'esistenza di quel "numero relativamente piccolo di persone", il Comitato dei 300. Bernays fu applaudito per il suo lavoro dal CFR i cui membri votarono per metterlo a capo della CBS. William Paley divenne suo "allievo" e alla fine sostituì Bernays, avendo acquisito una conoscenza approfondita della nuova scienza della formazione dell'opinione pubblica, che rese la CBS leader in questo campo, un ruolo che la rete televisiva e radiofonica della CBS non abbandonò mai.

Il controllo politico e finanziario da parte di "relativamente pochi", come li ha definiti Bernays, è esercitato attraverso una serie di società segrete, in particolare il Rito Scozzese della Massoneria e, forse più importante, attraverso il Worshipful Order of the Knights of St. John of Jerusalem, un antico ordine di ufficiali scelti a mano dal monarca britannico per le loro competenze in settori vitali per il controllo continuo del Comitato.

Nel mio libro *L'Ordine di San Giovanni di Gerusalemme,* pubblicato nel 1986, ho descritto l'Ordine come segue

> "Non è quindi una società segreta, tranne quando i suoi obiettivi sono stati pervertiti nei consigli interni, come l'Ordine della

Giarrettiera, che è una creazione oligarchica prostituita della famiglia reale britannica, che si fa beffe di ciò che rappresenta il Sovrano Ordine di San Giovanni di Gerusalemme.

"Come esempio, troviamo l'ateo Lord Peter Carrington, che sostiene di essere un cristiano anglicano, ma è un membro dell'Ordine di Osiride e di altre sette demoniache, tra cui la Massoneria, introdotto come Cavaliere della Giarrettiera nella Cappella di San Giorgio, nel Castello di Windsor, da Sua Maestà, la Regina Elisabetta II d'Inghilterra, della Nobiltà Guelfa Nera, anche capo della Chiesa Anglicana, che lei disprezza profondamente".

Carrington fu scelto dal Comitato dei 300 per rovesciare il governo della Rhodesia, portare le ricchezze minerarie dell'Angola e dell'Africa sud-occidentale sotto il controllo della City di Londra, distruggere l'Argentina e trasformare la NATO in un'organizzazione politica di sinistra al soldo del Comitato dei 300.

Un'altra faccia strana che vediamo legata al Santo Ordine Cristiano di San Giovanni di Gerusalemme, e uso la parola strana come viene usata nell'originale ebraico dell'Antico Testamento per riferirsi al lignaggio di un individuo, è quella del Maggiore Louis Mortimer Bloomfield, l'uomo che ha contribuito a pianificare l'omicidio di John F. Kennedy. Vediamo le foto di questo "strano" uomo che indossa con orgoglio la Croce di Malta, la stessa croce che si porta sulla manica dei Cavalieri della Giarrettiera.

Ci hanno fatto il lavaggio del cervello facendoci credere che la famiglia reale britannica sia solo un'istituzione simpatica, innocua e colorata, e non ci rendiamo conto di quanto sia corrotta e quindi molto pericolosa questa istituzione chiamata monarchia britannica. I Cavalieri della Giarrettiera sono la cerchia più ristretta dei funzionari più corrotti che hanno totalmente tradito la fiducia riposta in loro dalla loro nazione, dal loro popolo.

I Cavalieri dell'Ordine della Giarrettiera sono i capi del Comitato dei 300, il più fidato "Consiglio privato" della Regina Elisabetta II. Alcuni anni fa, mentre facevo ricerche sull'Ordine di San Giovanni di Gerusalemme, mi sono recato a Oxford per parlare con uno dei maestri, uno specialista delle tradizioni britanniche antiche e moderne. Mi ha detto che i Cavalieri della Giarrettiera sono l'inner-sanctum, l'élite dell'élite del Venerabilissimo Ordine di Sua Maestà di San Giovanni di Gerusalemme. Permettetemi di dire che *non è* l'ordine originale fondato dal vero guerriero cristiano, Peter Gerard, ma è tipico di molte belle istituzioni che vengono rilevate e distrutte dall'interno, pur *apparendo ai* non addetti ai lavori come l'originale.

Da Oxford sono andato al Victoria and Albert Museum e ho avuto accesso alle carte di Lord Palmerston, uno dei fondatori della dinastia dell'oppio in Cina. Palmerston, come molti della sua specie, non era solo un massone, ma anche un devoto servitore dello gnosticismo... Come l'attuale "famiglia reale", Palmerston fingeva di essere cristiano, ma in realtà era un servitore di Satana. Molti satanisti divennero governanti dell'aristocrazia britannica e fecero fortuna con il commercio dell'oppio in Cina.

Dai documenti del museo che portano il nome di Vittoria ho appreso che nel 1885 cambiò il nome dell'Ordine di San Giovanni di Gerusalemme per rompere con il legame cattolico del fondatore dell'Ordine, Peter Gerard, e lo rinominò "Venerabilissimo Ordine Protestante di Gerusalemme". L'adesione era aperta a tutte le famiglie oligarchiche che avevano fatto fortuna con il commercio dell'oppio in Cina, e a tutte le famiglie completamente decadenti veniva dato un posto nel "nuovo ordine".

Molti di questi venerabili gentiluomini erano responsabili della supervisione dell'era del proibizionismo negli Stati Uniti dal Canada, dove molti dei suoi membri fornivano il whisky che veniva spedito negli Stati Uniti. Tra questo gruppo c'era il membro del Committee of 300 Earl Haig, che diede la sua franchigia per il whisky al vecchio Joe Kennedy. Sia il proibizionismo che le distillerie che soddisfacevano la domanda di alcolici erano creazioni della Corona britannica che agiva attraverso il Comitato dei 300. Fu un esperimento che divenne il precursore dell'odierno commercio di droga, e le lezioni apprese dall'epoca del proibizionismo vengono applicate al commercio di droga che presto sarà legalizzato.

Il Canada è la rotta più importante utilizzata dai fornitori di eroina dell'Estremo Oriente. La monarchia britannica si assicura che queste informazioni non vengano mai rese pubbliche. Grazie ai suoi poteri, la Regina Elisabetta governa il Canada attraverso il Governatore Generale (ci si chiede come i canadesi moderni possano accettare una disposizione così arcaica), che è il rappresentante personale della Regina, e poi attraverso il Privy Council (un altro residuo arcaico dell'era coloniale) e i Cavalieri di San Giovanni di Gerusalemme, che controllano tutti gli aspetti del commercio canadese. L'opposizione al dominio britannico viene repressa. Il Canada ha alcune delle leggi più restrittive al mondo, comprese le cosiddette leggi sui "crimini d'odio" imposte al Paese dai membri ebrei della Camera dei Lord in Inghilterra. Attualmente in Canada sono in corso quattro importanti processi in varie fasi che coinvolgono persone accusate di "crimini d'odio". Si tratta dei casi Finta, Keegstra, Zundel e Ross. Chiunque osi provare a mostrare le prove del controllo ebraico del Canada (che i Bronfman esercitano) viene immediatamente arrestato e accusato dei cosiddetti "crimini d'odio". Questo ci dà un'idea dell'estensione della portata del Comitato dei 300, che si trova letteralmente in cima a tutto in questo mondo.

Ciò è confermato dal fatto che il Comitato dei 300 ha creato l'Istituto Internazionale di Studi Strategici (IISS) sotto l'egida della Tavola Rotonda. Questo istituto è il veicolo per la propaganda nera dell'MI6 e del Tavistock e per i "wet-job" (il nome di copertura dell'intelligence per un'operazione di spargimento di sangue),[24] nucleari e terroristici, che vengono diffusi sulla stampa mondiale, oltre che ai governi e alle istituzioni militari.

Tra i membri dell'IISS figurano i rappresentanti di 87 tra le principali agenzie di stampa e associazioni, oltre a 138 redattori ed editorialisti di giornali e riviste internazionali. Ora sapete dove il vostro editorialista preferito prende tutte le informazioni e le opinioni. Ricordiamo Jack Anderson, Tom Wicker, Sam Donaldson, John Chancellor, Mary McGrory, Seymour Hersh, Flora Lewis e Anthony Lewis, ecc. Le informazioni fornite dall'IISS, in particolare quelle preparate per oscurare il Presidente Hussein, giustificare l'imminente attacco alla Libia e condannare l'OLP, sono tutte appositamente confezionate per l'occasione. La storia del massacro di Mai Lai pubblicata da Seymour Hersh proviene direttamente dall'IISS, nel caso in cui si pensi erroneamente che uomini come Hersh facciano le proprie ricerche.

L'Istituto Internazionale per gli Studi Strategici non è altro che un opinionista di alto livello secondo la definizione di Lippmann e Bernays. Invece di scrivere libri, i giornali riportano opinioni presentate da editorialisti selezionati, e l'IISS è stato creato per essere un punto focale non solo per creare opinioni, ma anche per diffondere queste opinioni e scenari molto più rapidamente e a un pubblico più ampio di quello che potrebbe essere raggiunto da un libro. L'IISS è un buon esempio del collegamento in rete e dell'interfacciamento tra le

---

[24] Letteralmente lavori in cui ci si deve bagnare... NDT.

istituzioni del Comitato dei 300.

L'idea di creare l'IISS è nata durante la riunione dei Bilderberger nel 1957. Si ricorda che la conferenza Bilderberger è una creazione dell'MI6 sotto la direzione del Royal Institute of International Affairs. L'idea è stata di Alastair Buchan, figlio di Lord Tweedsmuir. All'epoca Buchan era presidente, membro del consiglio direttivo del RIIA e membro della Round Table, che si dice sia molto vicina alla famiglia reale britannica. È stata la stessa conferenza che ha accolto il leader del Partito laburista Dennis Healey tra le sue fila. Tra gli altri partecipanti c'era François Duchene, il cui mentore, Jean Monet Duchenes, era a capo della Commissione Trilaterale sotto la tutela di H. V. Dicks del Columbus Centre di Tavistock.

I membri del consiglio di amministrazione di questa gigantesca macchina di propaganda e di opinione comprendono le seguenti persone:

➢ Frank Kitson, ex controllore dei PROVVISORI DELL'IRA, l'uomo che ha lanciato l'insurrezione Mau-Mau in Kenya.

➢ Lazard Frères, rappresentata da Robert Ellsworth.

➢ N. M. Rothschild, rappresentato da John Loudon.

➢ Paul Nitze, rappresentante della Schroeder Bank.

Nitze ha svolto un ruolo molto importante e sostanziale nelle questioni relative agli accordi sul controllo degli armamenti, che sono SEMPRE stati sotto la guida del RIIA.

➢ C. L. Sulzberger del *New York Times*.

➢ Stansfield Turner, ex direttore della CIA.

➢ Pietro Calvocoressi, rappresentante di Penguin Books.

➢ Royal Institute for International Affairs, rappresentato da Andrew Schoenberg.

➢ Opinionisti e giornalisti, rappresentati da Flora Lewis, Drew Middleton, Anthony Lewis, Max Frankel.

➢ Daniel Ellsberg.

➢ Henry Kissinger.

➢ Robert Bowie, ex direttore del National Intelligence Estimate della CIA.

Dopo la riunione dei Bilderberger del 1957, Kissinger ricevette l'ordine di aprire un ufficio della Tavola Rotonda a Manhattan, il cui nucleo era composto da Haig, Ellsberg, Halperin, Schlessinger, McNamara e i fratelli McBundy. A Kissinger fu ordinato di occupare tutte le posizioni di vertice dell'amministrazione Nixon con membri della Tavola Rotonda, fedeli al RIIA e quindi alla Regina d'Inghilterra. Non è un caso che Kissinger abbia scelto l'ex covo del Presidente Nixon, l'Hotel Pierre, come centro delle sue operazioni.

Il significato dell'operazione Tavola rotonda-Kissinger era questo: Su ordine del presidente del RIIA Andrew Schoeberg, a tutte le agenzie di intelligence fu impedito di fornire informazioni al presidente Nixon. Ciò significava che Kissinger e la sua squadra ricevevano TUTTA l'intelligence, estera e nazionale, le forze dell'ordine e la sicurezza, compresa la Divisione 5 dell'FBI, prima che venisse comunicata al Presidente. Questo assicurava che tutte le operazioni terroristiche controllate dall'MI6 negli Stati Uniti non avrebbero avuto alcuna possibilità di essere rivelate. Questo era il dominio di Halperin.

Utilizzando questa metodologia, Kissinger ha immediatamente stabilito la sua egemonia sulla presidenza Nixon e, dopo che Nixon è stato disonorato dal gruppo Kissinger e cacciato dall'incarico, Kissinger è emerso con poteri senza precedenti che non hanno avuto riscontro né prima né dopo il Watergate. Alcuni di questi poteri raramente elencati sono:

Kissinger ordinò che il National Security Decision Memorandum No. 1 fosse redatto da Halperin, che ricevette il testo effettivo direttamente dal RIIA attraverso i circoli della Tavola Rotonda. Il memorandum designava Kissinger come autorità ultima degli Stati Uniti e presiedeva il gruppo di verifica. Tutti i negoziati SALT sono stati condotti dagli stessi organismi, guidati da Paul Nitze, Paul Warnke e da un gruppo di traditori della missione di controllo degli armamenti di Ginevra.

Inoltre, Kissinger fu nominato membro dello Special Study Group on Vietnam, che supervisionava e valutava tutti i rapporti, civili e militari, compresi quelli di intelligence provenienti dal Vietnam. Kissinger chiese e ottenne anche la supervisione del "Comitato 40", un'agenzia supersegreta il cui compito è quello di decidere quando e dove lanciare attività segrete e poi monitorare i progressi delle operazioni che avvia.

Nel frattempo, Kissinger ordinò una valanga di intercettazioni da parte dell'FBI, anche sui suoi più stretti collaboratori, per dare l'impressione di sapere tutto. La maggior parte del suo entourage è stata informata di essere sottoposta a intercettazione. Ciò si è quasi ritorto contro quando un agente dell'MI6 di nome Henry Brandon ha ricevuto l'ordine di mettere delle cimici, ma non è stato informato da Kissinger. Brandon si spacciava per un giornalista del *London Times* e Kissinger fu quasi licenziato perché nessuno lo fa al *London Times*.

La storia completa dell'irruzione di Ellsberg e del successivo scandalo Watergate di Nixon è troppo lunga per essere riportata qui. Basti dire che Kissinger aveva il controllo di Ellsberg dal giorno in cui fu reclutato a Cambridge. Ellsberg era sempre stato un convinto sostenitore della guerra del Vietnam, ma si era gradualmente "convertito" in un attivista della sinistra radicale. La sua "conversione" non è stata meno miracolosa dell'esperienza di San Paolo sulla Via di Damasco.

L'intero spettro della nuova sinistra negli Stati Uniti era opera dei servizi segreti britannici (MI6) che agivano attraverso gli agenti della Round Table e dell'Institute for Policy Studies (IPS). Come in tutti i Paesi a base repubblicana, le cui politiche dovevano essere cambiate, l'IPS svolse un ruolo di primo piano, come oggi in Sudafrica e Corea del Sud. Gran parte del lavoro dell'IPS è spiegato nel mio libro *IPS Revisited*, pubblicato nel 1990.

L'IPS aveva una funzione principale: seminare discordia e diffondere disinformazione, provocando così il caos. Uno di questi programmi, rivolto ai giovani americani, si è concentrato sulla droga. Attraverso una serie di fronti IPS, atti come la lapidazione del corteo di Nixon e un gran numero di attentati, fu effettivamente creato un clima di inganno che portò la maggioranza degli americani a credere che gli Stati Uniti fossero minacciati dal KGB, dal GRU e dall'IMB cubano. Si diceva che molti di questi agenti immaginari avessero stretti legami con i Democratici attraverso George McGovern. Si trattava infatti di una campagna di disinformazione modello per cui l'MI6 è giustamente famoso.

Haldeman, Ehrlichman e i più stretti collaboratori di Nixon non avevano idea di cosa stesse accadendo, con il risultato di una raffica di dichiarazioni della Casa Bianca secondo cui la Germania Est, l'Unione Sovietica, la Corea del Nord e Cuba stavano addestrando terroristi e finanziando le loro operazioni negli Stati Uniti. Dubito che Nixon sapesse molto dell'IPS, e tanto meno che sospettasse quello che stava facendo alla sua presidenza. Abbiamo sofferto dello stesso tipo di disinformazione durante la Guerra del Golfo, quando si diceva che i terroristi di tutte le parti stavano per invadere gli Stati Uniti e far saltare in aria tutto ciò che si vedeva.

Il Presidente Nixon fu letteralmente lasciato all'oscuro di tutto. Non sapeva nemmeno che David Young, uno studente di Kissinger, lavorava nei sotterranei della Casa Bianca, supervisionando le "fughe di notizie". Young si è laureato a Oxford ed è stato a lungo collaboratore di Kissinger attraverso le attività della Round Table, come lo studio legale Milbank Tweed. Il Presidente Nixon non era all'altezza delle forze schierate contro di lui sotto la direzione dell'MI6 per conto del Royal Institute for International Affairs e quindi della famiglia reale britannica. L'unica cosa di cui Nixon era colpevole, per quanto riguarda il Watergate, era la sua ignoranza di ciò che stava accadendo intorno a lui. Quando James McCord ha "confessato" al giudice John Sirica, Nixon avrebbe dovuto capire subito che McCord stava facendo il doppio gioco. Avrebbe dovuto chiamare Kissinger per la sua relazione con McCord sul posto. Questo avrebbe messo i bastoni tra le ruote e fatto deragliare l'intera operazione MI6-Watergate.

Nixon non ha abusato dei suoi poteri presidenziali. Il suo crimine è stato quello di non difendere la Costituzione degli Stati Uniti d'America e di non accusare la signora Katherine Meyer Graham e Ben Bradley di cospirazione per insurrezione. Il pedigree della signora Katherine Meyer Graham è molto dubbio, come avrebbe scoperto rapidamente la "Jessica Fletcher" di "Murder She Wrote". Ma anche sapendo questo, i controllori della signora Graham alla Tavola Rotonda avrebbero lottato duramente per mantenere il segreto. Il ruolo del *Washington Post* fu quello di mantenere la pentola in ebollizione generando una "rivelazione" dopo l'altra, generando così un clima di sfiducia dell'opinione pubblica nei confronti del Presidente Nixon, anche se non c'era uno straccio di prova di alcun illecito da parte sua.

Eppure dimostra l'immenso potere della stampa, come Lippmann e Bernays avevano giustamente previsto, in quanto la signora Graham, a lungo sospettata dell'omicidio del marito Philip L. Graham - ufficialmente classificato come "suicidio" - avrebbe dovuto mantenere una certa credibilità. Altri traditori che avrebbero dovuto essere accusati di insurrezione e tradimento erano Kissinger, Haig, Halperin, Ellsberg, Young, McCord, Joseph Califano e Chomsky dell'IPS e quegli agenti della CIA che andarono a casa di McCord e bruciarono tutti i suoi documenti. Ancora una volta, è bene ribadire che il Watergate, come molte altre operazioni che non abbiamo spazio per includere in questa sede, ha dimostrato il PIENO CONTROLLO esercitato sugli Stati Uniti dal Comitato dei 300.

Anche se Nixon frequentava personaggi del calibro di Earl Warren e alcuni dei mafiosi che avevano costruito la casa di Warren, ciò non significa che avrebbe dovuto essere disonorato dall'affare Watergate. La mia antipatia per Nixon deriva dalla sua volontà di firmare il famigerato trattato ABM nel 1972 e dalla sua relazione troppo intima con Leonid Brezhnev. Uno degli errori più deplorevoli del Consiglio di minoranza è stato quello di non aver rivelato il ruolo sporco svolto da INTERTEL, l'orribile agenzia privata di intelligence del Gruppo Corning, che abbiamo già conosciuto, nel "far trapelare" gran parte del Watergate a Edward Kennedy. Le agenzie di intelligence private come INTERTEL non hanno il diritto di esistere negli Stati Uniti. Sono una minaccia al nostro diritto alla privacy e un insulto a tutti gli uomini liberi in tutto il mondo.

La colpa è anche di coloro che avrebbero dovuto proteggere il presidente Nixon da quella sorta di rete a maglie d'acciaio che gli fu gettata intorno per isolarlo. Il personale dell'intelligence che circondava Nixon non conosceva i rigori delle operazioni di intelligence britanniche; anzi, non aveva idea che il Watergate fosse in tutto e per tutto un'operazione di intelligence britannica. Il complotto del Watergate fu un colpo di stato contro gli Stati Uniti d'America, così come l'assassinio di John F. Kennedy. Anche se oggi questo fatto non è riconosciuto come tale, sono convinto che quando tutti i documenti segreti saranno finalmente aperti, la storia registrerà che due colpi di Stato, uno contro Kennedy e uno contro Nixon, ebbero effettivamente luogo, e che portarono con sé il più violento stupro e attacco alle istituzioni su cui poggia la Repubblica degli Stati Uniti.

L'individuo più meritevole del titolo di traditore e più colpevole di sedizione è il generale Alexander Haig. Questo colonnello clericale, la cui carriera di scribacchino non prevedeva il comando di truppe in combattimento, è stato improvvisamente spinto alla ribalta dall'invisibile governo parallelo al vertice. Il Presidente Nixon lo descrisse una volta come un uomo che doveva chiedere il permesso a Kissinger per andare in bagno.

Haig è un prodotto della Tavola Rotonda. È stato notato dal membro di spicco Joseph Califano, uno dei rappresentanti più fidati di Sua Maestà negli Stati Uniti. Joseph Califano, consulente legale della Convenzione Nazionale Democratica, aveva intervistato Alfred Baldwin, uno degli idraulici, un mese prima del furto. Califano fu così sciocco da scrivere un memorandum sul suo colloquio con Baldwin, in cui forniva dettagli sul background di McCord e sul perché McCord avesse scelto Baldwin per far parte della "squadra".

Cosa ancora più importante, il memorandum di Califano conteneva tutti i dettagli delle trascrizioni delle intercettazioni delle conversazioni tra Nixon e il comitato per la rielezione, il tutto PRIMA che avvenisse l'irruzione. Califano avrebbe dovuto essere incriminato per una moltitudine di reati federali; invece è uscito indenne dalla sua attività criminale. Il santarellino Sam Ervin si rifiutò di permettere al consigliere di minoranza Fred Thompson di presentare questa prova altamente pregiudizievole durante le udienze del Watergate, con la motivazione spuria che era "troppo speculativa".

Per volere della Tavola Rotonda, Kissinger promosse Haig da colonnello a generale a quattro stelle, nella più fulminea ascesa mai registrata negli annali della storia militare statunitense, durante la quale Haig superò 280 generali e alti ufficiali dell'esercito americano.

Durante e a seguito della "promozione" di Haig, 25 alti generali furono costretti a dimettersi. Come ricompensa per il suo tradimento del Presidente Nixon e degli Stati Uniti, Haig ricevette la carica di Comandante generale delle forze dell'Organizzazione del Trattato del Nord Atlantico (NATO), pur essendo il comandante meno qualificato che abbia mai ricoperto tale incarico. Anche in questo caso, è stato superato da 400 alti generali dei Paesi della NATO e degli Stati Uniti.

Quando la notizia della sua nomina raggiunse l'Alto Comando delle Forze Armate sovietiche, il Maresciallo Orgakov richiamò i suoi tre migliori generali del Patto di Varsavia dalla Polonia e dalla Germania dell'Est, e ci furono grandi festeggiamenti, tintinnii di bicchieri e bevute di champagne fino a tarda notte. Per tutta la durata del mandato di Haig come comandante delle forze NATO, i quadri professionali d'élite delle forze armate sovietiche, uomini che non erano mai stati altro che soldati professionisti, nutrivano per Haig il massimo disprezzo e si riferivano apertamente a lui come a un "capoufficio della NATO". Sapevano che Haig doveva la sua nomina al RIIA e non all'esercito americano.

Ma prima che la sua promozione militare lo portasse via da Washington, Alexander Haig, insieme a Kissinger, ha praticamente distrutto l'ufficio del Presidente degli Stati Uniti e il suo governo. Il caos lasciato da Kissinger e Haig sulla scia del Watergate non è mai stato raccontato, che io sappia. Su insistenza della RIIA, Haig ha praticamente assunto la guida del governo statunitense dopo il colpo di Stato dell'aprile 1973. Con l'arrivo di 100 agenti della Tavola rotonda scelti a mano dalla Brookings Institution, dall'Institute Policy Studies e dal Council on Foreign Relations, Haig ha riempito le cento posizioni più importanti di Washington con uomini che, come lui, erano legati a una potenza straniera. La conseguente disfatta danneggiò l'amministrazione Nixon e con essa gli Stati Uniti.

Al di là dei pii luoghi comuni e della difesa della Costituzione, il senatore Sam Ervin ha fatto di più per cambiare gli Stati Uniti di quanto avrebbe fatto il presidente Nixon, e gli Stati Uniti non si sono ancora ripresi dalla ferita quasi mortale del Watergate, un'operazione sponsorizzata dal Comitato dei 300 e portata avanti dal Royal Institute for International Affairs, dalla Round Table e da agenti dell'MI6 con base negli Stati Uniti.

Il modo in cui il presidente Nixon è stato prima isolato, circondato da traditori e poi confuso ha seguito alla lettera il metodo Tavistock di prendere il controllo totale di una persona secondo la metodologia stabilita dal principale teorico del Tavistock, il dottor Kurt Lewin. Ho descritto in dettaglio la metodologia di Lewin in altre parti di questo libro, ma alla luce del caso del Presidente Richard M. Nixon, credo che sia opportuno ripeterla:

> "Una delle principali tecniche per abbattere il morale, attraverso una strategia di terrore, è proprio questa: mantenere la persona in uno stato di limbo sulla sua situazione e su ciò che può aspettarsi. Inoltre, se le frequenti oscillazioni tra dure misure disciplinari e promesse di un buon trattamento, così come la diffusione di notizie contraddittorie, rendono la struttura cognitiva di questa situazione del tutto poco chiara, l'individuo può persino smettere di sapere se un determinato piano lo porterebbe verso o lontano dall'obiettivo. In queste condizioni, anche gli individui che hanno obiettivi chiari e sono disposti ad assumersi dei rischi sono paralizzati da un grave conflitto interiore su cosa fare.

Kissinger e Haig seguirono alla lettera i manuali di formazione Tavistock. Il risultato fu un Presidente Nixon sconcertato, confuso, spaventato e demoralizzato, la cui unica linea d'azione - gli disse Haig - era quella di dimettersi. Nel 1983 scrissi due libri, *The Tavistock Institute: Sinister and Deadly* e *The Tavistock Institute: Britain's Control of U.S. Policy*,[25] basati sui manuali segreti del Tavistock che mi erano capitati tra le mani. I metodi e le azioni del Tavistock Institute sono descritti in dettaglio in questi due libri.

---

[25] Si veda l'aggiornamento di questi libri in *The Tavistock Institute of Human Relations*, Omnia Veritas Ltd, www.omnia-veritas.com.

I metodi del Tavistock furono applicati con tale successo per spodestare il presidente Nixon che il popolo di questa nazione credette pienamente alle calunnie dei cospiratori fatte di bugie, distorsioni e situazioni inventate come verità, mentre in realtà il Watergate era una menzogna diabolica in tutto e per tutto. È importante sottolinearlo, perché non abbiamo certo assistito alla fine delle operazioni di tipo Watergate.

Quali erano i presunti reati passibili di impeachment commessi dal presidente Nixon e le cosiddette "prove schiaccianti" che avrebbero dovuto sostenere queste accuse? Innanzitutto, la "pistola fumante". Questo pezzo di FICTION è stato creato da Kissinger e Haig intorno al nastro del 23 giugno, che Haig ha costretto Nixon a consegnare a Leon Jaworski.

Haig passò ore a convincere il Presidente Nixon che questo nastro lo avrebbe affondato, perché dimostrava "senza ombra di dubbio" che Nixon era colpevole di una grave cattiva condotta e che era un co-cospiratore dell'irruzione nel Watergate. La prima reazione del Presidente Nixon fu quella di dire ad Haig: "È completamente assurdo farne un dramma", ma Haig continuò a lavorare finché Nixon non si convinse che non avrebbe potuto difendersi con successo davanti al Senato solo sulla base di questa particolare registrazione del 23 giugno!

Come ha fatto Haig a portare a termine la sua missione? Recitando un copione preparato per lui dai suoi monitori della Tavola Rotonda, Haig fece scrivere dal suo staff una trascrizione inedita del nastro della "pistola fumante",[26] . In realtà, non c'era nulla sul nastro che il Presidente Nixon non potesse spiegare. Intuendo ciò, Haig fece circolare la sua trascrizione non autorizzata e inedita del nastro tra i più accaniti sostenitori di Nixon alla Camera e al Senato e l'alto comando del Partito Repubblicano. Cosparsi di pensieri sulla "pistola fumante" e sull'effetto "devastante" che avrebbe sicuramente avuto. Provenendo dal fidato aiutante di Nixon, la trascrizione ebbe l'effetto di un falco che colpisce uno stormo di piccioni; i sostenitori di Nixon furono presi dal panico e si misero al riparo.

In seguito alla sedizione e all'insurrezione, Haig convocò nel suo ufficio il deputato Charles Wiggins, un convinto sostenitore di Nixon che aveva accettato di condurre la lotta alla Camera dei Rappresentanti per evitare il procedimento di impeachment. Con una palese menzogna,

---

[26] "Pistola fumante", un termine sinonimo di prova inconfutabile.

Wiggins si sentì dire da Haig: "La battaglia è persa". In seguito, Wiggins perse interesse a difendere Nixon, ritenendo che Nixon stesso avesse accettato di ritirarsi. Haig trattò allo stesso modo il senatore Griffin, uno dei principali sostenitori del Presidente al Senato. A seguito delle attività sediziose e tradizioniste di Haig, il senatore Griffin scrisse immediatamente una lettera al Presidente Nixon chiedendogli di dimettersi.

TRE MESI FA, l'Istituto per gli Studi Politici controllato dalla Tavola Rotonda, figlio di James Warburg, fondatore e membro, Marcus Raskin, ha lanciato ESATTAMENTE lo stesso ultimatum al Presidente Nixon affinché si dimettesse, utilizzando il giornale di propaganda dei servizi segreti britannici, il *New York Times* del 25 maggio. La tragedia del Watergate è stata una tappa della transizione irreversibile verso la barbarie che sta avvolgendo gli Stati Uniti e che ci porterà al Governo Unico Mondiale/Nuovo Ordine Mondiale. Gli Stati Uniti si trovano oggi nella stessa fase in cui si trovava l'Italia quando Aldo Moro cercò di salvarla dall'instabilità che aveva creato.

Di quali illeciti fu accusato Nixon? John Doar, la cui schiettezza era perfettamente adatta al suo compito di presentare articoli di impeachment contro il Presidente, è stato l'autore e l'esecutore di una delle più grandi operazioni illegali di sorveglianza interna e controspionaggio mai condotte negli Stati Uniti.

In qualità di capo dell'Interdepartmental Intelligence Unit (IDIU), Doar raccoglieva informazioni da ogni possibile agenzia del governo federale, compreso l'Internal Revenue Service. Il programma era collegato all'Istituto per gli studi politici. Uno dei punti salienti della carriera di Doar è stato quello di fornire alla CIA - a cui la legge vieta la sorveglianza interna - da 10.000 a 12.000 nomi di cittadini che sospettava essere dissidenti politici per ulteriori indagini.

Il 18 luglio 1974, questo grande difensore della legge, con misurata pomposità, pronunciò le "accuse" contro il Presidente Nixon, un episodio che fu trasmesso a livello nazionale. Eppure non c'era uno straccio di prova che Nixon avesse fatto qualcosa di riprovevole che avrebbe portato al suo impeachment; infatti, la patetica litania di Doar sui presunti "crimini" di Nixon era così banale che è sorprendente che il procedimento sia andato oltre quel punto. La falsificazione dell'imposta sul reddito, il bombardamento non autorizzato della Cambogia e una vaga accusa di "abuso di potere", che non sarebbe mai stata sostenuta in un tribunale, era il meglio che Doar potesse fare. Quando l'8 agosto 1974 il Presidente Nixon rassegnò le dimissioni, gli

Stati Uniti erano instabili come non lo erano mai stati.

In particolare nelle nostre politiche economiche e fiscali. Nel 1983, i banchieri internazionali si sono riuniti a Williamsburg, in Virginia, per elaborare una strategia che preparasse gli Stati Uniti a una disintegrazione totale del sistema bancario. Questo evento pianificato doveva spingere il Senato degli Stati Uniti ad accettare il controllo delle nostre politiche monetarie e fiscali da parte del Fondo Monetario Internazionale (FMI). Dennis Weatherstone di Morgan Guarantee a Wall Street si è detto convinto che questo sia l'unico modo per salvare gli Stati Uniti.

Questa proposta è stata approvata dal Gruppo Ditchley, nato nel maggio 1982 a Ditchley Park, Londra. Il 10 e 11 gennaio 1983, questo gruppo di estranei si è riunito a Washington D.C., in violazione dello Sherman Anti-Trust Act e del Clayton Act, e ha cospirato per sovvertire la sovranità degli Stati Uniti d'America nella sua libertà monetaria e finanziaria. Il Procuratore generale degli Stati Uniti era a conoscenza dell'incontro e del suo scopo. Invece di accusare il gruppo di cospirazione per commettere un crimine federale, si è semplicemente girato dall'altra parte.

In base alle leggi citate, la prova della cospirazione è tutto ciò che è richiesto per una condanna per crimine, e c'erano ampie prove che la cospirazione aveva avuto luogo. Ma poiché la Fondazione Ditchley si era riunita su richiesta del Royal Institute of International Affairs ed era stata ospitata dalla Round Table, nessuno al Dipartimento di Giustizia ha avuto il coraggio di agire come richiesto da coloro che hanno giurato di sostenere le leggi degli Stati Uniti.

Il piano Ditchley, che mirava ad assumere il controllo delle politiche fiscali e monetarie degli Stati Uniti, era un'idea di Sir Harold Lever, un ardente sostenitore del sionismo, stretto confidente della famiglia reale britannica e membro del Comitato dei 300. Sir Harold Lever era un direttore del gigantesco conglomerato UNILEVER, una delle principali società del Comitato dei 300. Il piano di Lever prevedeva che l'influenza del FMI venisse ampliata in modo da poter influenzare le banche centrali di tutte le nazioni, compresi gli Stati Uniti, e guidarle nelle mani di un'unica banca governativa mondiale.

Si trattava di un passo fondamentale per far sì che il FMI diventasse l'arbitro ultimo del sistema bancario globale. L'incontro top-secret di gennaio è stato preceduto da un'altra riunione nell'ottobre 1982, alla quale hanno partecipato i rappresentanti di 36 tra le maggiori banche del mondo, riuniti al Vista Hotel di New York. La sicurezza del seminario del 26 e 27 ottobre è stata molto stretta, come mai si era visto nella Grande Mela. Anche questa precedente riunione del Gruppo Ditchley ha violato la legge statunitense.

Intervenendo all'incontro, Sir Harold Lever ha affermato che è essenziale porre fine alla sovranità nazionale come vestigia arcaica prima dell'anno 2000.

> "Gli Stati Uniti dovranno presto rendersi conto che non staranno meglio di qualsiasi paese del terzo mondo quando il FMI prenderà il controllo", ha dichiarato Sir Harold.

I delegati hanno poi appreso che si stavano preparando piani per designare il FMI come controllore della politica fiscale degli Stati Uniti, da presentare al Senato americano entro il 2000.

Rimmer de Vries, parlando a nome di Morgan Guarantee, ha affermato che è giunto il momento che gli Stati Uniti diventino membri della Banca dei Regolamenti Internazionali. "L'esitazione degli Stati Uniti negli ultimi 50 anni deve essere riconsiderata", ha dichiarato de Vries. Alcuni banchieri britannici e tedeschi, temendo possibili violazioni della legge statunitense, hanno affermato che il gruppo Ditchley non era altro che un comitato per risolvere i problemi di cambio. Felix Rohatyn ha anche parlato della grande necessità di cambiare le leggi bancarie degli Stati Uniti, in modo che il FMI possa svolgere un ruolo maggiore in quel paese. Rohatyn era a capo di Lazard Frères, una banca del Club di Roma che fa parte del gruppo Eagle Star, che abbiamo già incontrato in passato.

I rappresentanti della Tavola Rotonda William Ogden e Werner Stang si sono espressi con entusiasmo a favore della cessione della sovranità fiscale degli Stati Uniti al Fondo Monetario Internazionale e alla Banca dei Regolamenti Internazionali. I delegati che rappresentano l'Alpha Ranking Group, una banca della Massoneria P2, hanno dichiarato che gli Stati Uniti devono essere costretti a sottomettersi all'"autorità superiore di una banca mondiale" prima di poter compiere qualsiasi progresso verso il Nuovo Ordine Mondiale.

L'8 gennaio 1983, prima del grande incontro del 10-11 gennaio, Hans Vogel, membro di spicco del Club di Roma, fu ricevuto alla Casa Bianca. Il Presidente Ronald Reagan aveva invitato George Schultz, Caspar Weinberger, George Kennan e Lane Kirkland a partecipare all'incontro con Vogel, che illustrò al Presidente Reagan gli scopi e gli obiettivi del Gruppo Ditchley. Da quel giorno, il Presidente Reagan fece marcia indietro e collaborò con le varie agenzie del Comitato dei 300 per promuovere il Fondo Monetario Internazionale e la Banca dei Regolamenti Internazionali come autorità per le politiche monetarie nazionali ed estere degli Stati Uniti.

Il governo invisibile del Comitato dei 300 ha esercitato un'enorme pressione sull'America affinché cambiasse strada - in peggio. L'America è l'ultimo baluardo della libertà e, a meno che non ci venga tolta, il progresso verso un Governo Unico Mondiale sarà notevolmente rallentato. Un'impresa come quella di un Governo Unico Mondiale è un'impresa enorme, che richiede una grande abilità, capacità organizzativa, controllo dei governi e delle loro politiche. L'unica organizzazione che avrebbe potuto intraprendere questo gigantesco compito con qualche speranza di successo è il Comitato dei 300, e abbiamo visto quanto si sia spinto verso il successo totale.

È soprattutto una lotta spirituale. Purtroppo, le chiese cristiane sono diventate poco più che club sociali gestiti dall'infinitamente cattivo Consiglio Mondiale delle Chiese (WCC), le cui origini non sono a Mosca, ma nella City di Londra, come si vede nel grafico alla fine del libro che illustra la struttura della Chiesa Unica Governativa Mondiale. Questo organismo, creato negli anni '20 come veicolo per le politiche del Governo Unico Mondiale, è un monumento alle capacità di pianificazione a lungo termine del Comitato dei 300.

Un'altra organizzazione corrotta simile al WCC nella struttura e nel progetto è l'Union of Concerned Scientists, creata dalla Commissione Trilaterale e finanziata dal Carnegie Endowment Fund, dalla Fondazione Ford e dall'Aspen Institute. È stato questo gruppo a condurre la lotta per impedire agli Stati Uniti di stabilire un deterrente efficace contro le Cosmosfere sovietiche, armi a raggio laser basate nello spazio che possono distruggere dallo spazio obiettivi selezionati negli Stati Uniti o altrove.

Il programma SDI degli Stati Uniti è stato progettato per contrastare la minaccia rappresentata dalle cosmosfere sovietiche, una minaccia che esiste ancora nonostante le assicurazioni che "il comunismo è morto". Il portavoce sovietico Georgi Arbatov ha detto a una riunione dell'Unione degli scienziati preoccupati che era importante opporsi al programma SDI, perché se il programma SDI diventasse operativo, "sarebbe una catastrofe militare". Anno dopo anno, l'Union of Concerned Scientists si è opposta a tutti i bilanci che includevano fondi per il vitale programma SDI, fino a quando, alla fine del 1991, non c'era nemmeno il denaro sufficiente per finanziare le ricerche aggiuntive ancora necessarie, per non parlare della messa in orbita del sistema. L'Union of Concerned Scientists è gestita dal Royal Institute for International Affairs ed è fortemente infiltrata da agenti dell'MI6, il servizio segreto britannico.

Non c'è un solo aspetto della vita in America che non sia monitorato, indirizzato nella "giusta" direzione, manipolato e controllato dal governo invisibile del Comitato dei 300. Non c'è un solo funzionario eletto o leader politico che non sia soggetto alla sua autorità. Finora nessuno è stato in grado di sfidare i nostri governanti segreti, che non esitano a fare un "brutto esempio" di chiunque, compreso il Presidente degli Stati Uniti d'America.

Dal 1776, quando Jeremy Bentham e William Petty, conte di Shelburne, reduci dal trionfo della Rivoluzione francese che avevano pianificato e diretto, furono reclutati dalla Corona britannica per mettere la loro esperienza combinata al servizio dei coloni; al 1812, quando gli inglesi saccheggiarono e bruciarono Washington, distruggendo i documenti segreti che avrebbero rivelato il tradimento dei nascenti Stati Uniti d'America; al Watergate del presidente Nixon e all'assassinio del presidente Kennedy; la mano del Comitato dei 300 è chiaramente visibile. Questo libro è un tentativo di aprire gli occhi al popolo americano su questa terribile verità: *non siamo* una nazione indipendente, e *non* potremo *mai* esserlo, finché saremo governati da un governo invisibile, il Comitato dei 300.

Istituzioni/organizzazioni passate e presenti sotto la diretta influenza del Comitato dei 300

- ➤ Accademia per i problemi contemporanei.
- ➤ Fondo Africa.
- ➤ Agenzia per lo sviluppo internazionale.
- ➤ Fondazione Albert Previn.
- ➤ Alliance Israelite Universelle.
- ➤ Unione Americana per le Libertà Civili
- ➤ Consiglio americano per le relazioni razziali.
- ➤ Società americana di difesa.
- ➤ American Press Institute.
- ➤ Lega americana di protezione.
- ➤ Lega
- ➤ Istituto per la ricerca sociale.
- ➤ Istituto per il futuro.
- ➤ Istituto per l'Ordine Mondiale.
- ➤ Istituto sulle droghe, il crimine e la giustizia.
- ➤ Inter-Alfa.
- ➤ Istituto interamericano per lo sviluppo sociale.
- ➤ Istituto internazionale di studi strategici.
- ➤ Colloquio interreligioso sulla pace.
- ➤ Irgun.
- ➤ Cavalieri di Malta.
- ➤ Società delle Nazioni.
- ➤ Istituto di gestione della logistica.
- ➤ Consiglio dei

antidiffamazione.

- Ufficio arabo.
- Comitato superiore arabo.
- Fondazione ARCA.
- Armour Research Foundation.
- Controllo degli armamenti e politica estera
- Caucus.
- Arthur D. Little, Inc.
- Istituto di ricerca asiatico.
- Istituto Aspen.
- Associazione per la Psicologia Umanistica.
- Centro di ricerca sull'incremento.
- Fondo Barone di Hirsh.
- Istituto Battelle Memorial.
- Fondazione nazionale Berger.
- Centro di Berlino per la ricerca sul futuro.
- I Bilderberg.
- Ordine nero.
- Conferenza sul boicottaggio dei

deputati degli ebrei britannici di Londra.

- London School of Economics.
- Mary Carter Paint Company.
- Massachusetts Institute of Technology.
- Istituto Mellon. Società metafisica.
- Gruppo Milner.
- Mocatto Metals.
- Mount Pelerin Society.
- NAACP.
- Ricerca d'azione nazionale sul complesso militare/industriale.
- Istituto del Centro nazionale per la produttività.
- Consiglio nazionale delle Chiese.
- Centro nazionale di ricerca sull'opinione.
- Laboratori nazionali di formazione.
- Nuova coalizione democratica.
- Fondazione Nuovo Mondo.

prodotti giapponesi.

➢ British Newfoundland Corporation.

➢ British Royal Society.

➢ Confraternita delle Cooperative del Commonwealth Internazionale.

➢ Propaganda rivoluzionaria.

➢ Congresso ebraico canadese.

➢ Cattedrale di San Giovanni il Divino, New York.

➢ Centro di studi avanzati sulle scienze comportamentali.

➢ Centro per i diritti costituzionali.

➢ Centro di studi cubani.

➢ Centro per le istituzioni democratiche.

➢ Centro di politica internazionale.

➢ Centro per lo Studio del Diritto Reattivo.

➢ Lega cristiano-sociale.

➢ Fondazione Cini.

➢ Istituto Rand di New York.

➢ NORML. Organizzazione del Trattato del Nord Atlantico (NATO).

➢ Odd Fellows. Ordine di San Giovanni di Gerusalemme.

➢ Ordine della Golden Dawn. OXFAM.

➢ Oxford Univac.

➢ Centro Studi sul Pacifico.

➢ Fondazione Palisades.

➢ Compagnia di Navigazione Penisola e Oriente (P&O.).

➢ PERMINDEX.

➢ Università di Princeton.

➢ Rand Corporation.

➢ Scuola di Scienze Sociali Rand.

➢ Research Triangle Institution.

➢ Comitato per la borsa di studio Rhodes.

➢ Rio Tinto Zinc Company.

➢ Programma di disarmo della Chiesa

- Club di Roma. Cominform.

- Comitato per i prossimi trent'anni.

- Comitato dei Quattordici.

- Comitato per il morale nazionale.

- Comitato per l'elaborazione di una Costituzione mondiale.

- Lega dei Comunisti.

- Congresso delle organizzazioni industriali.

- Consiglio per le relazioni estere.

- Azienda David Sassoon.

- De Beers Consolidated Mines.

- Lega democratica di Bruxelles.

- India orientale Il Comitato dei 300.

- Controllo economico e sociale (ECOSOC).

- Fondo per l'ambiente.

- Environmetrics Inc.

- Istituto Esalen.

- Fabian Society.

di Riverside.

- Tavola rotonda.

- Istituto reale per gli affari internazionali.

- Fondazione Russell Sage.

- Fondazione di San Francisco.

- Reparto Sharps Pixley.

- Consiglio per la ricerca sulle scienze sociali.

- Internazionale socialista.

- Partito Socialista degli Stati Uniti.

- Società per la promozione dello studio delle religioni.

- Società del Cielo (TRIADS).

- Comitato di Stato sovietico per la scienza e la tecnologia.

- Istituto di ricerca di Stanford.

- Istituto internazionale di ricerca sulla pace di Stoccolma.

- Società Sun Yat Sen.

- Systems Development

- Federazione dei sionisti americani.
- La fratellanza per un ordine sociale cristiano.
- La Compagnia della Riconciliazione.
- Fondazione Ford.
- Università Fordham Istituzione
- Ricerca educativa.
- Fondazione per il progresso nazionale.
- Fondo Garland.
- Fondo Marshall tedesco.
- Organo di governo dell'Israelita
- Comunità religiosa.
- Istituto di ricerca del Golfo del Sud.
- Haganah. Università di Harvard.
- Hells Fire Club.
- Lega Horace Mann.
- Hudson Guild.
- Hudson Institute.
- Compagnia della Baia di Hudson.
- Imperial College, Università di Londra.
- La Fratellanza Corporation.
- Istituto Tavistock per le relazioni umane.
- Tempo Corporation.
- L'Alto Dodici Internazionale.
- La Fondazione Agenda Pubblica.
- L'Istituto per la qualità della vita.
- Società Teosofica.
- Società Thule.
- Consiglio transatlantico.
- Commissione Trilaterale.
- Associazione statunitense del Club di Roma.
- Istituto per la pace degli Stati Uniti.
- Union of Concerned Scientists.
- UNITAR.
- Università della Pennsylvania Wharton School.
- Warburg, James P. e famiglia.
- Laboratori di formazione occidentale.

Cristiana Industriale.

➢ Istituto per la ricerca sul cervello.

➢ Istituto per le relazioni con il Pacifico.

➢ Istituto per gli studi politici.

➢ Wilton Park.

➢ Unione Cristiana delle Donne della Temperanza.

➢ Wong Hong Hon Azienda.

➢ Istituto Work in America.

➢ Consiglio mondiale delle Chiese.

Fondazioni speciali e gruppi di interesse

➢ Ufficio arabo.

➢ Società aristotelica.

➢ Istituto di ricerca asiatico.

➢ Fondazione Bertrand Russell per la pace.

➢ British American Canadian Corporation.

➢ Fratellanza dell'Amore Eterno.

➢ Gli apostoli di Cambridge.

➢ Campagna dell'Histadrut canadese.

➢ Canadian Pacific Ltd.

➢ Gruppo d'azione Caraibi-Centro America.

➢ Società dei popoli in pericolo.

➢ English Property Corporation Ltd.

➢ Hospice Inc.

➢ Fratellanza Internazionale dei Teamsters.

➢ Croce Rossa Internazionale.

➢ Fondazione Jerusalem, Canada.

➢ Kissinger Associates.

➢ Camera di Commercio di Kowloon.

➢ Organizzazione degli Stati Americani.

➢ Comitato per gli affari cinesi

- China Everbright Holdings Ltd.
- Istituto del popolo cinese per gli affari esteri.
- Consiglio del Sud America.

d'oltremare.
- Radio Corporation of America (RCA).
- Polizia reale di Hong Kong. YMCA.

BANCHE

- American Express.
- Banca della Svizzera d'Italia.
- Banca Andioino.
- Banca d'America d'Italia.
- Banca Nazionale del

- BCCI.[27] Canadian Imperial Bank of Commerce.
- Centrust Bank.
- Banca Chartered.
- Banca Charterhouse Japhet.

---

[27] BCCI. Questa banca è stata ripetutamente accusata di essere pesantemente coinvolta nel riciclaggio di denaro sporco in tutto il mondo. La sua struttura comprende tutte le operazioni del Comitato dei 300. La sua struttura aziendale è interessante. Middle East Interests, 35% delle azioni detenute da :

- Famiglia regnante del Bahrain.
- Famiglia regnante di Sharjah.
- La famiglia regnante di Dubai.
- La famiglia regnante dell'Arabia Saudita.

- La famiglia regnante dell'Iran.
- Un gruppo di uomini d'affari mediorientali.
- BCCI Isole Cayman 41%.
- Bank of America 24%.

BCCI Isole Cayman e BCCI Lussemburgo hanno aperto uffici di rappresentanza a Miami, Boca Raton, Tampa, New York, San Francisco e Los Angeles.

Lavoro.

- Banca Privata.
- Banco Ambrosiano.
- Banco Caribe.
- Banco Commercial Mexicana.
- Banco Consolidato.
- Banco d'Espana.
- Banco de Colombia.
- Banco de Commercio.
- Banco de Iberio-America.
- Banco de la Nacion.
- Banco del Estada.
- Banco Internacional.
- Banco Latino.
- Banco Mercantile de Mexico.
- Banco Nacional de Cuba.
- Banco Nacional de Panama e banche panamensi minori.
- Bangkok Commercial d'Italian.
- Banca metropolitana di Bangkok.
- Banca al Meshreq.
- Banca America.
- Chase Manhattan Bank.
- Chemical Bank.
- Citibank.
- Citizens and Southern Bank di Atlanta.
- City National Bank di Miami.
- Banca Claridon.
- Cleveland National City Bank.
- Corporate Bank and Trust Company.
- Credit e Commerce American Holdings.
- Crediti e partecipazioni commerciali,
- Antille Olandesi.
- Credit Suisse.
- Crocker National Bank. de'Neuflize, Schlumberger, Mallet Bank.
- Dresdener Bank.
- Banca globale di Dusseldorf.
- Banca Litex.
- Banca Ljubljanska.
- Lloyds Bank.
- Marine Midland

- Banca dei Regolamenti Internazionali.
- Banca Hapoalim.
- Banca Leu.
- Banca Leumi.
- Banca di Bangkok.
- Banca di Boston.
- Banca del Canada.
- Banca di Credito e Commercio
- Banca dell'Asia orientale.
- Internazionale.
- Banca d'Inghilterra.
- Banca di Escambia.
- Banca di Ginevra.
- Banca d'Irlanda.
- Banca di Londra e Messico.
- Banca di Montreal.
- Banca di Norfolk.
- Banca di Nuova Scozia.
- Banca Ohio.
- Banque Bruxelles-Lambert.
- Arab Commercial Bank.
- Banca di credito

- Bank.
- Midland Bank.
- Morgan Bank.
- Morgan & Co.
- Morgan Grenfell Bank.
- Banca Narodny.
- Banca nazionale di Cleveland.
- Banca nazionale della Florida.
- National Westminster Bank.
- Banca Orion.
- Banca Paravicini Ltd.
- Republic National Bank.
- Royal Bank of Canada.
- Banca Schroeder.
- Banca Seligman.
- Banca commerciale di Shanghai.
- Banca Soong.
- Standard e Chartered Bank.
- Standard Bank.
- Società bancaria svizzera.
- Banca commerciale Svizzera-Israele.

- internazionale.
- Banque de Paris e Paesi Bassi.
- Banca francese e italiana per il Sud America.
- Banque Louis Dreyfus de Paris.
- Private Banking.
- Banques Sud Ameris.
- Barclays Bank.
- Banca Baring Brothers.
- Barnett Banks.
- Baseler Handeslbank.
- Comitato di Basilea per la vigilanza bancaria.
- Banca per lo sviluppo del commercio.
- Unibank.
- Union Bank of Israel.
- Union Bank of Switzerland.
- Banca Vanying.
- White Weld Bank.
- Banca Mondiale.
- Banca Mondiale del Commercio di Nassau.
- Banca Mondiale del Commercio.
- Wozchod Handelsbank.

Nota: ad eccezione del Comitato bancario di Basilea, ognuna delle banche sopra citate è stata, e potrebbe essere tuttora, coinvolta nel traffico di droga, diamanti, oro e armi.

Associazioni giuridiche e avvocati

- American Bar Association.
- Clifford e Warnke.
- Fratelli Coudert.
- Cravaith, Swain e Moore.
- Wilkie, Farr e Gallagher.

Commercialisti/revisori dei conti

- Prezzo, Waterhouse.

Istituzioni Tavistock negli Stati Uniti

Ottiene contratti dal National Institute of Health.

> ➤ MERLE THOMAS CORPORATION

Ottiene contratti dalla Marina statunitense, analizza i dati satellitari.

> ➤ RICERCA WALDEN

Lavora nel campo del controllo dell'inquinamento.

> ➤ PLANNING RESEARCH CORPORATION, ARTHUR D. LITTLE, G.E. "TEMPO", OPERATIONS RESEARCH INC.

Fanno parte delle circa 350 società che conducono ricerche e sondaggi e formulano raccomandazioni al governo. Fanno parte di quello che il Presidente Eisenhower ha definito "un possibile pericolo per la politica pubblica che potrebbe diventare essa stessa prigioniera di un'élite scientifico-tecnologica".

> ➤ ISTITUZIONE BROOKINGS

Ha dedicato il suo lavoro a quella che ha definito "agenda nazionale". Ha scritto il programma del presidente Hoover, il "New Deal" del presidente Roosevelt, il programma "New Frontiers" dell'amministrazione Kennedy (la cui deviazione è costata la vita a John F. Kennedy) e la "Great Society" del presidente Johnson. Brookings ha detto al governo degli Stati Uniti come condurre i propri affari negli ultimi 70 anni e continua a farlo per conto del Comitato dei 300.

> ➤ ISTITUTO HUDSON

Sotto la guida di Herman Khan, questa istituzione ha fatto di più per plasmare il modo in cui gli americani reagiscono agli eventi politici e sociali, pensano, votano e si comportano in generale, di qualsiasi altra istituzione ad eccezione delle BIG FIVE. Hudson è specializzato nella ricerca sulla politica di difesa e sulle relazioni con l'URSS. La maggior parte del suo lavoro militare è classificata SECRET. (Alcuni dei suoi primi lavori erano intitolati "Stabilità e tranquillità tra le nazioni più vecchie" e "Sintesi analitica dei problemi di politica di sicurezza nazionale degli Stati Uniti". Hudson è orgoglioso della sua diversità; ha aiutato la NASA con i suoi programmi spaziali e ha contribuito a promuovere nuove mode e idee giovanili, la ribellione e l'alienazione dei giovani per il Comitato dei 300, apparentemente finanziato dalla

Coca Cola. Hudson può essere giustamente classificato come uno degli istituti di lavaggio del cervello del Comitato dei 300. Alcuni dei suoi scenari di guerra nucleare sono una lettura molto interessante e, se riuscite a procurarveli, vi consiglio "Le 6 minacce termonucleari di base" e i possibili esiti della guerra termonucleare" e uno dei suoi documenti più spaventosi intitolato "Guerra nucleare israelo-araba". La Hudson è anche consulente del Comitato di 300 aziende, Rank, Xerox, General Electric, IBM e General Motors, per citarne alcune, ma il suo cliente più importante rimane il Dipartimento della Difesa degli Stati Uniti, che si occupa di difesa civile, sicurezza nazionale, politica militare e controllo degli armamenti. Ad oggi, non ha ancora intrapreso la "NASA bagnata", ovvero l'Agenzia Nazionale Oceanografica.

> ➢ LABORATORI NAZIONALI DI FORMAZIONE

L'NTL è noto anche come Istituto Internazionale di Scienze Comportamentali Applicate. Questo istituto è indubbiamente un centro di lavaggio del cervello basato sui principi di Kurt Lewin, che comprende i cosiddetti T-Group (gruppi di formazione), un training di stress artificiale in cui i partecipanti sono improvvisamente costretti a difendersi da accuse feroci. La NTL è la sede della National Education Association, il più grande gruppo di insegnanti degli Stati Uniti.

Pur denunciando ufficialmente il "razzismo", è interessante notare che l'NTL, in collaborazione con il NEA, ha prodotto un documento che propone voucher educativi che separerebbero i bambini difficili da insegnare da quelli più brillanti, e i fondi verrebbero assegnati in base al numero di bambini difficili che verrebbero separati da quelli che progrediscono a un ritmo normale. Questa proposta non è stata adottata.

> ➢ UNIVERSITÀ DELLA PENNSYLVANIA, SCUOLA WHARTON DI FINANZA E COMMERCIO

Fondata da Eric Trist, uno dei "cervelli" di Tavistock, Wharton è diventata una delle istituzioni più importanti di Tavistock negli Stati Uniti per la "ricerca comportamentale". Wharton attira clienti come il Dipartimento del Lavoro degli Stati Uniti - insegna come produrre statistiche "cucinate" alla Wharton Econometric Forecasting Associates Incorporated. Questo metodo è molto richiesto, visto che alla fine del 1991 ci sono milioni di disoccupati in più rispetto alle statistiche dell'USDL.

La modellistica economica di Wharton è utilizzata da tutte le principali aziende degli Stati Uniti e dell'Europa occidentale, oltre che dal Fondo Monetario Internazionale, dalle Nazioni Unite e dalla Banca Mondiale.

Wharton ha prodotto persone notevoli come George Schultz e Alan Greenspan.

> ## ISTITUTO PER LA RICERCA SOCIALE

Si tratta dell'istituto creato dai cervelloni del Tavistock: Rensis Likert, Dorwin Cartwright e Ronald Lippert. I suoi studi includono "Il significato umano del cambiamento sociale", "Giovani in transizione" e "Come gli americani vedono la loro salute mentale". Tra i clienti dell'Istituto figurano la Fondazione Ford, il Dipartimento della Difesa degli Stati Uniti, il Servizio Postale degli Stati Uniti e il Dipartimento di Giustizia degli Stati Uniti.

> ## ISTITUTO PER IL FUTURO

Non è una tipica istituzione Tavistock, poiché è finanziata dalla Fondazione Ford, ma trae la sua metodologia di previsione a lungo termine dalla madre di tutti i think tank. L'Institute for the Future proietta quelli che ritiene essere i cambiamenti che avverranno entro cinquant'anni. L'istituto dovrebbe essere in grado di prevedere le tendenze socio-economiche e di evidenziare qualsiasi deviazione da ciò che considera normale. L'Institute of the Future ritiene che sia possibile e normale intervenire ora e prendere decisioni per il futuro. I panel Delphi decidono cosa è normale e cosa no, e preparano documenti di posizione per "indirizzare" il governo nella giusta direzione, per evitare che i gruppi creino disordini civili. [Si può trattare di gruppi patriottici che chiedono l'abolizione delle imposte progressive o che chiedono che non venga violato il loro "diritto di portare armi"]. L'istituto raccomanda azioni come la liberalizzazione delle leggi sull'aborto, l'uso di droghe e il pedaggio per le auto che entrano in un'area urbana, l'insegnamento della contraccezione nelle scuole pubbliche, l'obbligo di registrazione delle armi, la legalizzazione dell'omosessualità, la retribuzione degli studenti per i loro risultati accademici, il controllo statale della zonizzazione, l'incentivazione della pianificazione familiare e, infine, la proposta, alla maniera di Pol Pot in Cambogia, di creare nuove comunità nelle aree rurali. Come si può notare, molti degli obiettivi dell'Istituto del futuro sono già stati più che raggiunti.

> ## ISTITUTO PER GLI STUDI POLITICI (IPS)

Uno dei "tre grandi", l'IPS ha plasmato e rimodellato la politica americana, estera e interna, sin dalla sua fondazione da parte di James P. Warburg e delle entità Rothschild negli Stati Uniti, sostenute da Bertrand Russell e dai socialisti britannici attraverso le sue reti in America, tra cui la Lega per la Democrazia Industriale, in cui Leonard

Woodcock ha svolto un ruolo di primo piano, anche se dietro le quinte. Tra i principali esponenti locali della Lega per la democrazia industriale vi erano la "conservatrice" Jeane Kirkpatrick, Irwin Suall (dell'ADL), Eugene Rostow (negoziatore per il controllo degli armamenti), Lane Kirkland (leader laburista) e Albert Shanker.

Per la cronaca, l'IPS è stato fondato nel 1963 da Marcus Raskin e Richard Barnett, entrambi laureati al Tavistock Institute. La maggior parte dei fondi proveniva da soci Rothschild in America, come la famiglia James Warburg, la fondazione della famiglia Stern e la fondazione Samuel Rubin. Samuel Rubin era un membro registrato del Partito Comunista che ha rubato il nome Fabergé [Fabergé era il "gioielliere della corte imperiale russa"] e ha fatto fortuna con il nome Fabergé.

Gli obiettivi dell'IPS derivavano da un programma stabilito dalla Tavola rotonda britannica, che a sua volta derivava dal Tavistock Institute; uno dei più importanti era la creazione della "Nuova Sinistra" come movimento popolare negli Stati Uniti. L'IPS doveva creare conflitti e disordini e diffondere il caos come un incendio incontrollabile, proliferare gli "ideali" del socialismo nichilista di sinistra, sostenere l'uso illimitato di droghe di ogni tipo ed essere il "grande bastone" con cui battere l'establishment politico statunitense.

Barnett e Raskin controllavano elementi diversi come le Pantere Nere, Daniel Ellsberg, il membro del Consiglio di Sicurezza Nazionale Halperin, i Weathermen Underground, i Venceramos e lo staff della campagna del candidato George McGovern. Nessun progetto era troppo grande per essere intrapreso e gestito dall'IPS e dai suoi controllori.

Prendiamo ad esempio il complotto per "rapire" Kissinger, che era nelle mani di Eqbal Ahmed, un ufficiale dei servizi segreti britannici dell'MI6 di origine pakistana, autorizzato da "TROTS" (terroristi trotzkisti con base a Londra). Il "complotto" è stato "scoperto" dall'FBI in modo che non potesse andare troppo lontano. Ahmed divenne poi direttore di una delle agenzie più influenti dell'IPS, il Transnational Institute, che, come un camaleonte, cambiò il suo precedente nome in Institute of Race Relations quando gli agenti dell'intelligence del BOSS (Bureau of State Security) in Sudafrica smascherarono il fatto che era direttamente collegato alla Rhodes-Harry Oppenheimer Scholarship e agli interessi minerari anglo-americani-britannici in Sudafrica. Allo stesso tempo, il BOSS ha screditato la Fondazione Sudafrica.

Attraverso i suoi numerosi e potenti gruppi di pressione a Capitol Hill, l'IPS ha usato senza sosta il suo "bastone" per battere il Congresso. L'IPS dispone di una rete di lobbisti, tutti apparentemente indipendenti, ma che in realtà agiscono in modo coeso, cosicché i membri del Congresso sono assediati da ogni parte da lobbisti apparentemente diversi e variegati. In questo modo, l'IPS è stato, ed è tuttora, in grado di influenzare con successo i singoli deputati e senatori a votare a favore della "tendenza, di come stanno andando le cose". Utilizzando uomini chiave di Capitol Hill, l'IPS è riuscito a penetrare nell'infrastruttura stessa del nostro sistema legislativo e del suo funzionamento.

Per fare un esempio concreto di ciò che sto dicendo: nel 1975, un funzionario dell'IPS convinse il rappresentante John Conyers (D-Michigan) e quarantasette membri della Camera a chiedere all'IPS di preparare uno studio sul bilancio che si opponesse al bilancio preparato dal presidente Gerald Ford. Sebbene non sia passata, la richiesta è stata reintrodotta nel 1976, 1977 e 1978, con nuovi sponsor.

Poi, nel 1978, cinquantasei membri del Congresso hanno firmato per sponsorizzare uno studio sul bilancio dell'IPS. È stato preparato da Marcus Raskin. Il bilancio di Raskin chiedeva un taglio del 50% del bilancio della difesa, un programma di edilizia sociale "che competesse e sostituisse gradualmente i mercati privati degli alloggi e dei mutui", un servizio sanitario nazionale, "cambiamenti radicali nel sistema educativo che interrompessero il controllo capitalistico sulla distribuzione del sapere" e molte altre idee radicali.

L'influenza dell'IPS sui negoziati per il controllo degli armamenti è stato un fattore importante per indurre Nixon a firmare il trattato ABM a tradimento nel 1972, che ha lasciato gli Stati Uniti praticamente indifesi contro gli attacchi ICBM per quasi un decennio. L'IPS è diventato, e rimane tuttora, uno dei più prestigiosi "think tank" che controllano le decisioni di politica estera che noi cittadini crediamo stupidamente siano prese dai nostri legislatori.

Sponsorizzando l'attivismo in patria e mantenendo legami con i rivoluzionari all'estero, organizzando vittorie come i "Pentagon Papers", assediando la struttura aziendale, colmando il divario di credibilità tra i movimenti clandestini e l'attivismo politico accettabile, penetrando nelle organizzazioni religiose e usandole per seminare discordia in America, come la politica razziale radicale sotto l'apparenza della religione, usando i media consolidati per diffondere le idee dell'IPS e poi sostenendole, l'IPS è stato all'altezza del ruolo per cui è stato fondato.

➤ ISTITUTO DI RICERCA DI STANFORD

Jesse Hobson, il primo presidente dello Stanford Research Institute, in un discorso del 1952, indicò chiaramente le linee che l'istituzione avrebbe dovuto seguire. Stanford può essere descritto come uno dei "gioielli" della corona di Tavistock nel suo regno sugli Stati Uniti. Fondato nel 1946, subito dopo la fine della seconda guerra mondiale, era presieduto da Charles A. Anderson e si occupava dello sviluppo dell'università. Era presieduto da Charles A. Anderson e si concentrava sulla ricerca sul controllo mentale e sulle "scienze del futuro". La Fondazione Charles F. Kettering, che ha sviluppato le "Immagini mutevoli dell'uomo" su cui si basa la Cospirazione Acquariana, è stata inclusa nel quadro di Stanford.

Alcuni dei principali clienti e contratti della Stanford erano inizialmente incentrati sull'industria della difesa, ma con la crescita della Stanford è aumentata la varietà dei suoi servizi:

- ➤ Applicazioni delle scienze comportamentali alla gestione della ricerca
- ➤ Ufficio per la scienza e la tecnologia.
- ➤ Programma di intelligence economica SRI.
- ➤ Dipartimento della Difesa statunitense Direzione Ricerca e Ingegneria della Difesa.
- ➤ Ufficio di ricerca aerospaziale del Dipartimento della Difesa degli Stati Uniti.

Tra le aziende che si sono avvalse dei servizi di Stanford vi sono Wells Fargo Bank, Bechtel Corporation, Hewlett Packard, Bank of America, McDonnell-Douglas Corporation, Blyth, Eastman Dillon e TRW Company. Uno dei progetti più segreti di Stanford è stato il lavoro approfondito sulle armi per la guerra chimica e batteriologica (CBW). La Stanford Research è collegata ad almeno 200 piccoli "think tank" che conducono ricerche su tutti gli aspetti della vita in America. Si tratta della cosiddetta rete ARPA e rappresenta l'emergere di uno sforzo probabilmente più esteso per controllare l'ambiente di ogni individuo nel paese. Attualmente i computer di Stanford sono collegati a 2.500 console di ricerca "gemelle", tra cui quelle della Central Intelligence Agency (CIA), dei Bell Telephone Laboratories, dell'U.S. Army Intelligence, dell'Office of Naval Intelligence (ONI), del RANI, del MIT, di Harvard e dell'UCLA. Stanford svolge un ruolo chiave in quanto è la "biblioteca" che cataloga tutta la documentazione dell'ARPA.

Le "altre agenzie" - e qui si può essere fantasiosi - sono autorizzate a cercare parole e frasi chiave nella "biblioteca" dell'SRI, a consultare le fonti e ad aggiornare i propri file anagrafici con quelli dello Stanford Research Center. Il Pentagono, ad esempio, fa largo uso dei master-files dell'ISR e ci sono pochi dubbi che altre agenzie governative statunitensi facciano lo stesso. I problemi di "comando e controllo" del Pentagono sono risolti da Stanford.

Sebbene questa ricerca si applichi apparentemente solo alle armi e ai soldati, non c'è alcuna garanzia che la stessa ricerca non possa e non venga indirizzata verso applicazioni civili. Stanford è nota per essere disposta a fare qualsiasi cosa per chiunque, e sono convinto che se l'IRS venisse completamente smascherato, l'ostilità che deriverebbe dalle rivelazioni su ciò che effettivamente fa costringerebbe molto probabilmente l'IRS a chiudere.

> ISTITUTO DI TECNOLOGIA DEL MASSACHUSETTS, SCUOLA DI MANAGEMENT ALFRED P. SLOAN

Questo grande istituto non è generalmente riconosciuto come parte del Tavistock. La maggior parte delle persone pensa che si tratti di un'istituzione puramente americana, ma non è affatto così. Il MIT-Alfred Sloan può essere suddiviso grossolanamente in diversi gruppi:

> Tecnologia contemporanea.

> Relazioni industriali.

> Psicologia dei gruppi Lewin.

> Laboratori di ricerca informatica della NASA-ERC.

> Gruppo Office of Naval Research, Psicologia.

Dinamica del sistema. Forrestor e Meadows hanno scritto lo studio sulla crescita zero del Club di Roma intitolato "I limiti della crescita".

I clienti del MIT includono i seguenti:

> American Management Association.

> Croce Rossa Americana.

> Consiglio nazionale delle Chiese.

> Sylvania.

> TRW.

- Comitato per lo sviluppo economico.
- GTE.
- Istituto per l'analisi della difesa
- (IDA).
- NASA.
- Accademia Nazionale delle Scienze.

- Esercito degli Stati Uniti.
- Dipartimento di Stato degli Stati Uniti.
- Marina degli Stati Uniti.
- Tesoro degli Stati Uniti.
- Azienda Volkswagen.

La portata del lavoro dell'IDA è così ampia che ci vorrebbero centinaia di pagine per descrivere le attività in cui è impegnata.

- RAND RESEARCH AND DEVELOPMENT CORPORATION

Senza dubbio, RAND è il think tank più debitore del Tavistock Institute e certamente il veicolo più prestigioso del RIIA per il controllo della politica statunitense a tutti i livelli. Le politiche specifiche di RAND che sono diventate operative includono il nostro programma ICBM, le principali analisi per la politica estera degli Stati Uniti, l'istigazione di programmi spaziali, le politiche nucleari degli Stati Uniti, le analisi aziendali, centinaia di progetti per le forze armate, la Central Intelligence Agency (CIA) in relazione all'uso di droghe che alterano la mente come il peyote, l'LSD (l'operazione segreta MK-Ultra durata 20 anni)

I clienti di RAND includono i seguenti:

- American Telephone and Telegraph Company (AT&T).
- International Business Machines (IBM).
- Chase Manhattan Bank.
- Fondazione nazionale della scienza.
- Partito Repubblicano.
- TRW.
- Aeronautica Militare degli Stati Uniti.

> Dipartimento dell'Energia degli Stati Uniti.

> Dipartimento della Salute degli Stati Uniti.

Sono letteralmente MIGLIAIA le aziende, le istituzioni governative e le organizzazioni più importanti che si avvalgono dei servizi di RAND, e elencarle tutte sarebbe un compito impossibile. Tra le "specialità" di RAND c'è un gruppo di studio che prevede i tempi e la direzione di una guerra termonucleare e sviluppa i numerosi scenari basati sui suoi risultati. Una volta la RAND fu accusata di essere stata incaricata dall'URSS di elaborare le condizioni di resa del governo americano, un'accusa che arrivò fino al Senato degli Stati Uniti, dove fu ripresa dal senatore Symington e poi fu vittima degli articoli sprezzanti riversati dalla stampa di regime. Il lavaggio del cervello rimane la funzione principale di RAND.

In sintesi, le principali istituzioni Tavistock negli Stati Uniti che si occupano di lavaggio del cervello a tutti i livelli, compresi il governo, l'esercito, le imprese, le organizzazioni religiose e l'istruzione, sono le seguenti:

> Brookings Institution.

> Hudson Institute.

> Istituto per gli studi politici.

> Massachusetts Institute of Technology.

> Laboratori nazionali di formazione.

> Rand Research and Development Corporation.

> Istituto di ricerca di Stanford.

> Wharton School dell'Università della Pennsylvania.

Secondo alcune delle mie fonti, il numero totale di persone impiegate da queste istituzioni è di circa 50.000, con finanziamenti che sfiorano i 10 miliardi di dollari.

Alcune delle principali istituzioni e organizzazioni globali del Comitato dei 300

> Americani per un

> Fondazione del

Israele sicuro.

➤ Rivista di archeologia biblica.

➤ I Bilderberg.

➤ British Petroleum.

➤ Istituto canadese per le relazioni estere.

➤ Il fondamentalismo cristiano.

➤ Consiglio per le relazioni estere, New York.

➤ Società di esplorazione egiziana.

➤ Imperial Chemical Industries.

➤ Istituto internazionale di studi strategici.

➤ Ordine del Teschio e delle Ossa.

➤ Fondo di esplorazione della Palestina.

➤ Poveri Cavalieri dei Templari.

➤ Royal Dutch Shell Company.

➤ Internazionale socialista.

➤ Fondazione Sudafrica.

➤ Istituto Tavistock per

Monte del Tempio.

➤ Il Club degli Atei.

➤ Il Club del Quarto Stato di Coscienza.

➤ L'Ordine Ermetico della Golden Dawn.

➤ Il Gruppo Milner.

➤ I principi Nasi.

➤ L'Ordine della Magna Mater.

➤ L'Ordine del Disordine Divino.

➤ Il RIIA.

➤ La tavola rotonda.

➤ Commissione Trilaterale.

➤ Massoneria universale.

➤ Sionismo universale.

➤ Vickers Armament Company.

➤ Commissione Warren.

➤ Comitato Watergate.

➤ Wilton Park.

➤ Consiglio mondiale delle Chiese.

le relazioni umane.

Membri passati e presenti del Comitato dei 300

- Abergavemy, marchese de.
- Acheson, Dean.
- Adeane, Lord Michael.
- Agnelli, Giovanni.
- Alba, Duca di Aldington, Lord.
- Aleman, Miguel.
- Allihone, Professor T. E.
- Erede della famiglia Alsop.
- Amory, Houghton.
- Anderson, Charles A.
- Anderson, Robert O.
- Andreas, Dwayne.
- Asquith, Lord.
- Astor, John Jacob e il suo successore Waldorf.
- Aurangzeb, discendenti di.
- Austin, Paul.
- Baco, Sir Ranulph
- Balfour, Arthur.

- Keswick, William Johnston.
- Keynes, John Maynard.
- Kimberly, Signore.
- King, Dr. Alexander.
- Kirk, Grayson L.
- Kissinger, Henry.
- Kitchener, Lord Horatio.
- Kohnstamm, Max.
- Korsch, Karl.
- Lambert, Barone Pierre.
- Lawrence, G.
- Lazar. Lehman, Lewis.
- Lever, Sir Harold.
- Lewin, Dr. Kurt.
- Linowitz, S.
- Lippmann, Walter.
- Livingstone, Robert R. Rappresentante della famiglia.
- Lockhart, Bruce.
- Lockhart, Gordon.

- Balogh, Lord.
- Bancroft, Barone Stormont.
- Baring.
- Barnato, B.
- Barran, Sir John.
- Baxendell, Sir Peter.
- Beatrice di Savoia, principessa.
- Beaverbrook, Lord.
- Beck, Robert.
- Beeley, Sir Harold.
- Beit, Alfred.
- Benn, Anthony Wedgewood.
- Bennet, John W.
- Benetton, Gilberto o Carlo alternativamente.
- Bertie, Andrew.
- Besant, Sir Walter.
- Bethal, Lord Nicholas.
- Bialkin, David.
- Biao, Keng.
- Bingham, William. Binny, J. F.
- Blunt, Wilfred.
- Bonacassi, Franco Orsini.

- Loudon, Sir John.
- Luzzatto, Pieipaolo.
- Mackay, Lord, di Clashfern.
- Mackay-Tallack, Sir Hugh.
- Mackinder, Halford.
- MacMillan, Harold.
- Matheson, Jardine.
- Mazzini, Gueseppi.
- McClaughlin, W. E.
- McCloy, John J.
- McFadyean, Sir Andrew.
- McGhee, George.
- McMillan, Harold.
- Mellon, Andrew.
- Mellon, William Larimer o un rappresentante della famiglia.
- Meyer, Frank.
- Michener, Roland.
- Mikovan, Anastas.
- Milner, Lord Alfred.
- Mitterand, François.
- Monet, Jean.
- Montague, Samuel.
- Montefiore, Lord Sebag o il vescovo

- Bottcher, Fritz.
- Bradshaw, Thornton.
- Brandt, Willy.
- Brewster, Kingman.
- Buchan, Alastair.
- Buffet, Warren.
- Bullitt, William C.
- Bulwer-Lytton, Edward.
- Bundy, McGeorge.
- Bundy, William.
- Bush, George.
- Cabot, John. Rappresentante della famiglia.
- Caccia, Barone Harold Anthony.
- Cadman, Sir John.
- Califano, Giuseppe.
- Carrington, Lord.
- Carter, Edward.
- Catlin, Donat.
- Catto, Lord.
- Cavendish, Victor C. W., duca di Devonshire.
- Chamberlain, Houston Stewart. Chang, V. F.
- Chechirin, Georgi o

Hugh.
- Morgan, John P.
- Mott, Stewart.
- Mountain, Sir Brian Edward.
- Mountain, Sir Dennis.
- Mountbatten, Lord Louis.
- Munthe, A., o rappresentante della famiglia.
- Naisbitt, John.
- Neeman, Yuval.
- Newbigging, David.
- Nicols, Lord Nicholas di Bethal.
- Norman, Montague.
- O'Brien di Lotherby, Lord.
- Ogilvie, Angus.
- Okita, Saburo.
- Oldfield, Sir Morris.
- Oppenheimer, Sir Earnest, e il suo successore, Harry.
- Ormsby Gore, David (Lord Harlech).
- Orsini, Franco Bonacassi.
- Ortolani, Umberto.

la famiglia designata.

- Churchill, Winston.
- Cicireni, V. o Famiglia designata.
- Cini, Conte Vittorio.
- Clark, Howard.
- Cleveland, Amory.
- Cleveland, Harland.
- Clifford, Clark.
- Cobold, Lord.
- Coffin, reverendo William Sloane.
- Constanti, Casa dell'Arancio.
- Cooper, John. Famiglia di appartenenza.
- Coudenhove-Kalergi, Conte.
- Cowdray, Lord.
- Cox, Sir Percy.
- Cromer, Lord Evelyn Baring.
- Crowther, Sir Eric.
- Cumming, Sir Mansfield.
- Curtis, Lionel.
- d'Arcy, William K.
- D'Avignon, Conte Etienne.

- Ostiguy, J.P.W.
- Paley, William S. Pallavacini.
- Palme, Olaf.
- Palmerston.
- Palmstierna, Jacob.
- Pao, Y.K.
- Pease, Richard T.
- Peccei, Aurellio.
- Peek, Sir Edmund.
- Pellegreno, Michele, cardinale.
- Perkins, Nelson.
- Pestel, Eduard.
- Peterson, Rudolph.
- Petterson, Peter G.
- Petty, John R.
- Filippo, Principe, Duca di Edimburgo.
- Piercy, George.
- Pinchott, Gifford.
- Pratt, Charles.
- Price Waterhouse, rappresentante designato.
- Radziwall.
- Ranieri, Principe.
- Raskob, John Jacob.
- Recanati.

- ➢ Danner, Jean Duroc.
- ➢ Davis, John W. de Benneditti, Carlo.
- ➢ De Bruyne, Dirk.
- ➢ De Gunzberg, Barone Alain.
- ➢ Da Lamater, il maggiore generale Walter.
- ➢ De Menil, Jean.
- ➢ De Vries, Rimmer.
- ➢ de Zulueta, Sir Philip.
- ➢ d'Aremberg, marchese Charles Louis.
- ➢ Delano. rappresentante della famiglia.
- ➢ Dent, R.
- ➢ Deterding, Sir Henri.
- ➢ di Spadaforas, Conte Guitierez (erede)
- ➢ Douglas-Home, Sir Alec.
- ➢ Drake, Sir Eric.
- ➢ Duchêne, François.
- ➢ DuPont. Edoardo, duca di Kent.
- ➢ Eisenberg, Shaul.
- ➢ Elliott, Nicholas.
- ➢ Elliott, William

- ➢ Rees, John.
- ➢ Reese, John Rawlings.
- ➢ Rennie, Sir John.
- ➢ Rettinger, Joseph.
- ➢ Rhodes, Cecil John.
- ➢ Rockefeller, David.
- ➢ Ruolo, Lord Eric di Ipsden.
- ➢ Rosenthal, Morton.
- ➢ Rostow, Eugene.
- ➢ Rothmere, Lord.
- ➢ Rothschild Élie de o Edmond de e/o Barone di Rothschild
- ➢ Runcie, Dr. Robert.
- ➢ Russell, Lord John.
- ➢ Russell, Sir Bertrand.
- ➢ Saint Gouers, Jean.
- ➢ Salisbury, Marchesa di
- ➢ Robert Gascoigne Cecil.
- ➢ Shelburne, Les Salisbury, Lord.
- ➢ Samuel, Sir Marcus.
- ➢ Sandberg, M. G.
- ➢ Sarnoff, Robert.
- ➢ Schmidheiny, Stephan o i fratelli alternativi Thomas e

Yandel.

➢ Elsworthy, Lord.

➢ Farmer, Victor.

➢ Forbes, John M.

➢ Foscaro, Pierre.

➢ Francia, Sir Arnold.

➢ Fraser, Sir Hugh.

➢ Frederik IX, re di Danimarca, in rappresentanza della famiglia.

➢ Frères, Lazard.

➢ Frescobaldi, Lamberto.

➢ Friburgo, Michael.

➢ Gabor, Dennis.

➢ Gallatin, Albert. Rappresentante della famiglia

➢ Gardner, Richard.

➢ Geddes, Sir Auckland.

➢ Geddes, Sir Reay.

➢ George, Lloyd.

➢ Giffen, James.

➢ Gilmer, John D.

➢ Giustiniani, Justin.

➢ Gladstone, Lord.

➢ Gloucester, Duca di.

➢ Gordon, Walter

Alexander.

➢ Schoenberg, Andrew.

➢ Schroeder.

➢ Schultz, George.

➢ Schwartzenburg, E.

➢ Shawcross, Sir Hartley.

➢ Sheridan, Walter.

➢ Shiloach, Rubin.

➢ Silitoe, Sir Percy.

➢ Simon, William.

➢ Sloan, Alfred P.

➢ Smutts, Jan.

➢ Spelman.

➢ Sproull, Robert.

➢ Stals, Dr. C.

➢ Timbro, Signore rappresentante della famiglia.

➢ Acciaio, David.

➢ Stiger, George.

➢ Strathmore, Signore.

➢ Strong, Sir Kenneth.

➢ Forte, Maurice.

➢ Sutherland.

➢ Swathling, Signore.

➢ Swire, J. K.

➢ Tasse, G. o la famiglia designata.

Lockhart.

➤ Grace, Peter J.

➤ Greenhill, Lord Dennis Arthur.

➤ Greenhill, Sir Dennis.

➤ Grey, Sir Edward.

➤ Gyllenhammar, Pietre.

➤ Haakon, re di Norvegia.

➤ Haig, Sir Douglas.

➤ Hailsham, Lord.

➤ Haldane, Richard Burdone.

➤ Halifax, Lord.

➤ Hall, Sir Peter Vickers.

➤ Hambro, Sir Jocelyn.

➤ Hamilton, Cyril.

➤ Harriman, Averill.

➤ Hart, Sir Robert.

➤ Hartman, Arthur H.

➤ Healey, Dennis.

➤ Helsby, Lord.

➤ Sua Maestà la Regina Elisabetta II.

➤ Sua Maestà la Regina Giuliana.

➤ Sua Altezza Reale la Principessa Beatrice.

➤ Temple, Sir R.

➤ Thompson, William Boyce.

➤ Thompson, Lord.

➤ Thyssen-Bornamisza,

➤ Barone Hans Henrich.

➤ Trevelyn, Lord Humphrey.

➤ Turner, Sir Mark.

➤ Turner, Ted.

➤ Tyron, Signore.

➤ Urquidi, Victor.

➤ Van Den Broek, H.

➤ Vanderbilt.

➤ Vance, Cyrus.

➤ Verity, William C.

➤ Vesty, Lord Amuel.

➤ Vickers, Sir Geoffrey.

➤ Villiers, Gerald Hyde famiglia alternata.

➤ Volpi, Conte.

➤ von Finck, barone August.

➤ von Hapsburg, arciduca Otto, Casa d'Asburgo-Lorena.

➤ Wallenberg, Peter o rappresentante della famiglia.

- Sua Altezza Reale la Regina Margaretha.

- Assia, discendenti del Granduca, rappresentanti della famiglia.

- Heseltine, Sir William.

- Hoffman, Paul G.

- Olanda, William.

- Casa di Braganza.

- Casa di Hohenzollern.

- Casa, colonnello Mandel.

- Howe, Sir Geoffrey.

- Hughes, Thomas H.

- Hugo, Thieman.

- Hutchins, Robert M.

- Huxley, Aldous.

- Inchcape, Signore.

- Jamieson, Ken.

- Japhet, Ernst Israel.

- Jay, John. Rappresentante della famiglia.

- Jodry, J. J.

- Joseph, Sir Keith.

- Katz, Milton.

- Kaufman, Asher.

- Von Thurn e Taxis, Max.

- Wang, Kwan Cheng, Dr. Kwan Cheng

- Warburg, S. C.

- Ward Jackson, Lady Barbara.

- Warner, Rawleigh.

- Warnke, Paul.

- Warren, Earl.

- Watson, Thomas.

- Webb, Sydney.

- Weill, David.

- Weill, Dr. Andrew.

- Weinberger, Sir Caspar.

- Weizman, Chaim.

- Wells, H. G.

- Wheetman, Pearson (Lord Cowdray).

- White, Sir Dick Goldsmith.

- Whitney, Dritto.

- Wiseman, Sir William.

- Wittelsbach.

- Wolfson, Sir Isaac.

- Wood, Charles.

- Young, Owen.

> ➤ Keith, Sir Kenneth.

> ➤ Keswick, Sir William Johnston, o Keswick, H.N.L.

Bibliografia

1980's PROJECT, Vance, Cyrus e Yankelovich, Daniel.

1984, Orwell, George.

AFTER TWENTY YEARS: THE DECLINE OF NATO AND THE SEARCH FOR A NEW POLICY IN EUROPE, Raskin, Marcus e Barnett, Richard.

AIR WAR AND STRESS, Janus, Irving.

UNA SOCIETÀ AMERICANA; LA TRAGEDIA DEI UNITED FRUIT, Scammel, Henry e McCann, Thomas.

AN INTRODUCTION TO THE PRINCIPLES AND MORALS OF LEGISLATION, Bentham, Jeremy. In quest'opera del 1780, Bentham afferma che "la natura ha posto l'uomo sotto il governo di due padroni sovrani, il dolore e il piacere.... Ci governano in tutto ciò che facciamo". Bentham continuò a giustificare gli orrori dei terroristi giacobini della Rivoluzione francese.

ANNUAL REPORT OF BANK LEUMI, 1977.

AT THAT POINT IN TIME: THE INSIDE STORY OF THE SENATE WATERGATE COMMITTEE, Thompson, Fred. Bernard Barker, uno dei ladri del Watergate, mi disse dove trovare Thompson, che era il consigliere di minoranza del Comitato Ervin. L'incontro con Barker è avvenuto fuori da un supermercato A&P, vicino al Coral Gables Country Club di Coral Gables, in Florida. Barker ha detto che Thompson era con il suo partner legale che stava facendo una breve visita a sua madre a Coral Gables, che si trova a soli cinque minuti dal supermercato A&P. Sono andato lì e ho incontrato Thompson. Mi recai lì e incontrai Thompson, che espresse il suo disappunto per il modo in cui Ervin aveva posto restrizioni così severe alle prove che lui, Thompson, poteva ammettere.

BAKU AN EVENTFUL HISTORY, Henry, J. D.

BEASTS OF THE APOCALYPSE, O'Grady, Olivia Maria. Questo

libro straordinario fornisce dettagli su un'ampia gamma di personaggi storici, tra cui William C. Bullitt, che ha cospirato con Lloyd George per togliere il tappeto da sotto i piedi all'Unione Europea.

I generali della Russia Bianca Denekin e Rangle, nel momento in cui tenevano l'Armata Rossa bolscevica sull'orlo della sconfitta. Fornisce anche molte informazioni sull'industria petrolifera, totalmente corrotta. Di particolare interesse sono le informazioni che fornisce su Sir Moses Montefiore, dell'antica nobiltà nera veneziana dei Montefiores.

BRAVE NEW WORLD, Aldous Huxley.

BRITISH OPIUM POLICY IN CHINA, Owen, David Edward.

BRITISH OPIUM POLICY, F. S. Turner.

CECIL RHODES, Flint, John.

CECIL RHODES, THE ANATOMY OF AN EMPIRE, Marlow, John.

CONFERENCE ON TRANSATLANTIC IMBALANCE AND COLLABORATION, Rappaport, Dr. Anatol.

CONVERSATIONS WITH DZERZHINSKY, Reilly, Sydney. Su documenti inediti dei servizi segreti britannici.

CREATING A PARTICULAR BEHAVIOURAL STRUCTURE, Cartwright, Dorwin.

CRYSTALLISING PUBLIC OPINION, Bernays, Edward.

DEMOCRATIC IDEALS AND REALITY, Mackinder, Halford.

ERVIN, SENATORE SAM. Oltre a ostacolare l'introduzione di prove vitali durante le udienze del Watergate, Ervin, a mio parere, pur presentandosi come un'autorità costituzionale, ha costantemente tradito la nazione opponendosi agli aiuti alle scuole basate sulla fede, citando le opinioni giudiziarie nel caso Everson. Ervin, massone di rito scozzese - il che credo spieghi il motivo per cui gli fu affidata la presidenza del Comitato Watergate - è stato infine premiato, ricevendo il prestigioso riconoscimento del Rito scozzese per il "sostegno del diritto individuale". Nel 1973, Ervin ospitò un pranzo nella sala da pranzo del Senato in onore del Sovrano Gran Commendatore Clausen.

EVERSON VS. BOARD OF EDUCATION, 33 O.S. I, 1947.

FRANKFURTER PAPERS, scatola 99 e scatola 125, " *HUGO BLACK*

CORRESPONDENCE."

GNOSTICISM, MANICHEISM, CATHARISM, La Nuova Enciclopedia della Columbia

GOALS OF MANLL, Lazlo, Ernin.

GOD'S BANKER, Cornwell, Rupert. Questo libro offre una panoramica della P2 e dell'omicidio di Roberto Calvi - Massoneria P2.

HUMAN QUALITY, Peccei, A.

INTERNATIONAL JOURNAL OF ELECTRONICS.

INTRODUCTION TO THE SOCIOLOGY OF MUSIC, Adorno, Theo. Adorno fu cacciato dalla Germania da Hitler a causa dei suoi esperimenti musicali sul culto di Dioniso. Gli Oppenheimer lo trasferirono in Inghilterra, dove la famiglia reale britannica gli offrì strutture presso la Gordonstoun School e sostegno. È qui che Adorno ha perfezionato la "Beatlemusic Rock", il "Punk Rock", l'"Heavy Metal Rock" e tutto quel clamore decadente che oggi passa per musica. È interessante notare che il nome "The Beatles" fu scelto per mostrare un legame tra il rock moderno, il culto di Iside e lo scarabeo, simbolo religioso dell'antico Egitto.

INVASION FROM MARS, Cantril. In questo libro, Cantril analizza i modelli comportamentali delle persone fuggite in preda al panico dopo l'esperimento di isteria di massa di Orson Wells, utilizzando "La guerra dei mondi" di H.G. Wells.

INDAGINE SULL'ASSASSINIO DI KENNEDY, IL RAPPORTO NON COMMISSIONATO SUI RISULTATI DI JIM GARRISON. Parigi, Flammonde.

IPS REVISITED, Coleman, Dr. John.

ISIS UNVEILED, A MASTER KEY TO THE ANCIENT AND MODERN SCIENCE AND THEOLOGY, Blavatsky, Madame Helena.

JOHN JACOB ASTOR, IMPRENDITORE, Porter, Kenneth Wiggins.

CARTE DEL GIUSTIZIERE NERO, Scatola 25, Corrispondenza generale, Davies.

KING MAKERS, KING BREAKERS, LA STORIA DELLA FAMIGLIA CECIL, Coleman, Dr. John.

TEOLOGIA DELLA LIBERAZIONE. Le informazioni sono state tratte dal lavoro di Juan Luis Segundo, che a sua volta ha attinto a piene mani dagli scritti di Karl Marx. Segundo ha attaccato selvaggiamente le istruzioni della Chiesa cattolica contro la teologia della liberazione, contenute nella "Istruzione su alcuni aspetti della 'teologia della liberazione'" pubblicata il 6 agosto 1984.

LIES CLEARER THAN TRUTH, Barnett, Richard (membro fondatore dell'IPS). Rivista McCalls, gennaio 1983.

McGRAW HILL GROUP, ASSOCIATED PRESS. Parti di reportage di 28 riviste di proprietà di McGraw Hill e articoli dell'AP.

MEMOIRS OF A BRITISH AGENT, Lockhart, Bruce. Questo libro spiega come la rivoluzione bolscevica sia stata controllata da Londra. Lockhart era il rappresentante di Lord Milner che si recava in Russia per monitorare gli investimenti di Milner in Lenin e Trotsky. Lockhart aveva accesso a Lenin e Trotsky in qualsiasi momento, anche se Lenin aveva spesso una sala d'attesa piena di alti funzionari e delegati stranieri, alcuni dei quali aspettavano di vederlo da cinque giorni. Eppure Lockhart non ha mai dovuto aspettare più di qualche ora per vedere uno di questi uomini. Lockhart portava con sé una lettera firmata da Trotsky che informava tutti i funzionari bolscevichi che Lockhart godeva di uno status speciale e che doveva ricevere la massima collaborazione in ogni momento.

MIND GAMES, Murphy, Michael.

MISCELLANEO OLD RECORDS, India House Documents, Londra.

MK ULTRA LSD EXPERIMENT, file della CIA 1953-1957.

MR. WILLIAM CECIL E LA REGINA ELIZABETH, Leggere, Conyers.

MURDER, Anslinger, Henry. Anslinger era un tempo l'agente numero uno della Drug Enforcement Agency e il suo libro è fortemente critico nei confronti della cosiddetta guerra alla droga del governo statunitense.

MY FATHER, A REMEMBRANCE, Black, Hugo L., Jr.

NATIONAL COUNCIL OF CHURCHES, Josephson, Emmanuel nel suo libro "ROCKEFELLER, INTERNATIONALIST".

OIL IMPERIALISM, THE INTERNATIONAL STRUGGLE FOR PETROLEUM, Fischer, Louis.

PAPERS OF SIR GEORGE BIRDWOOD, India House Documents, Londra.

PATTERNS IN EASDEA TITLE I READING ACHIEVEMENT TESTS, Stanford. Istituto di ricerca.

POPULATION BOMB, Erlich, Paul.

PROFESSORE FREDERICK WELLS WILLIAMSON, India House Papers, Londra.

PUBLIC AGENDA FOUNDATION. Fondata nel 1975 da Cyrus Vance e Daniel Yankelovich.

PUBLIC OPINION, Lippmann, Walter.

REVOLUTION THROUGH TECHNOLOGY, Coudenhove Kalergi, Conte.

ROCKEFELLER, INTERNATIONALIST. Josephson descrive nei dettagli come i Rockefeller abbiano usato le loro ricchezze per penetrare nella Chiesa cristiana in America e come abbiano poi usato il loro agente numero uno, John Foster Dulles - che era loro parente - per mantenere la loro presa su tutti gli aspetti della vita della Chiesa in questo Paese.

ROOM 3603, Hyde, Montgomery. Il libro fornisce alcuni dettagli sulle operazioni dei servizi segreti britannici MI6, guidati da Sir William Stephenson dall'RCA Building di New York; ma, come di consueto con le "storie di copertura", gli eventi reali sono stati omessi.

SPECIAL RELATIONSHIPS: AMERICA IN PEACE AND WAR, Wheeler-Bennet, Sir John.

STEPS TO THE ECOLOGY OF THE MIND, Bateson, Gregory. Bateson è stato uno dei cinque scienziati più importanti di Tavistock nel campo delle nuove scienze. Negli anni successivi fu determinante nel formulare e gestire la guerra del Tavistock contro l'America, durata 46 anni.

STERLING DRUG. William C. Bullitt era un membro del suo consiglio di amministrazione e anche un membro del consiglio di amministrazione di I.G. Farben.

TECHNOTRONIC ERA, Brzezinski, Z.

TERRORISM IN THE UNITED STATES INCLUDING ATTACKS ON U.S. INTELLIGENCE AGENCIES: fascicoli FBI n. 100-447935, n.

100-447735 e n. 100-446784.

THE CAIRO DOCUMENTS, Haikal, Mohammed. Haikal è stato il nonno del giornalismo egiziano ed era presente al colloquio di Nasser con Chou En-lai, in cui il leader cinese giurò di vendicarsi di Gran Bretagna e Stati Uniti per il loro commercio di oppio in Cina.

THE CHASM AHEAD, Peccei, A.

THE DIARIES OF SIR BRUCE LOCKHART, Lockhart, Bruce.

L'INGEGNERIA DEL CONSENSO, Bernays. In questo libro del 1955, Bernays delinea il modus operandi per persuadere gruppi mirati a cambiare idea su questioni importanti che possono cambiare l'orientamento nazionale di un paese. Il libro parla anche dello scatenamento di truppe d'assalto psichiatriche, come quelle presenti nelle organizzazioni lesbiche e gay, nei gruppi ambientalisti, nei gruppi per i diritti dell'aborto, ecc. Il concetto di "truppe d'assalto psichiatriche" è stato sviluppato da John Rawlings Reese, fondatore del Tavistock Institute of Human Relations.

THE FEDERAL BUDGET AND SOCIAL RECONSTRUCTION, Borsisti IPS Raskin e Barnett. L'elenco dei membri del Congresso che hanno chiesto all'IPS di produrre lo studio di bilancio alternativo e/o che lo hanno sostenuto è troppo lungo per essere riportato in questa sede, ma comprende nomi di spicco come Tom Harkness, Henry Ruess, Patricia Schroeder, Les Aspin, Ted Weiss, Don Edwards, Barbara Mikulski, Mary Rose Oakar, Ronald Dellums e Peter Rodino.

THE HUXLEYS, Clark.

THE IMPERIAL DRUG TRADE, Rowntree.

I GESUITI, Martin, Malachia.

THE LATER CECILS, Rose, Kenneth.

THE LEGACY OF MALTHUS, Chase, Allan.

THE MANAGEMENT OF SUSTAINABLE GROWTH, Cleveland, Harlan. Cleveland è stato incaricato dalla NATO di riferire sul grado di successo del progetto del Club di Roma per una società post-industriale, a crescita zero, volta a distruggere la base industriale americana. Questo documento scioccante dovrebbe essere letto da ogni americano patriottico che sente l'urgente necessità di spiegare perché gli Stati Uniti sono in una profonda depressione economica dal 1991.

THE MEN WHO RULED INDIA, Woodruff, Philip.

THE OPEN CONSPIRACY, Wells, H. G. In questo libro Wells descrive come, nel Nuovo Ordine Mondiale (che lui chiama Nuova Repubblica), verranno eliminati i "mangiatori inutili", cioè la popolazione in eccesso:

> "Gli uomini della Nuova Repubblica non avranno paura di affrontare o di infliggere la morte... Avranno un ideale che rende conveniente uccidere; come Abramo, avranno la fede di uccidere, e non avranno superstizioni sulla morte..... Prevedo che riterranno che una certa parte della popolazione esista solo grazie alla sofferenza, alla pietà e alla pazienza e, a condizione che non si propaghino, e non prevedo alcun motivo per opporsi, non esiteranno a uccidere quando questa sofferenza sarà abusata... Tutte queste uccisioni saranno fatte con un oppiaceo... Se nel codice del futuro si useranno pene deterrenti, il deterrente non sarà né la morte né la mutilazione del corpo... ma un buon dolore causato scientificamente".

Gli Stati Uniti hanno un contingente molto ampio di convertiti a Wells che non esiterebbero a seguire i dettami di Wells una volta che il Nuovo Ordine Mondiale diventerà una realtà. Walter Lippmann fu uno dei più accaniti seguaci di Wells.

THE POLITICS OF EXPERIENCE, Laing, R.D. Laing è stato psicologo del Tavistock e, sotto Andrew Schofield, membro del Consiglio di Amministrazione.

THE POLITICS OF HEROIN IN SOUTH EAST ASIA, McCoy, Alfred W., Read, C.B. e Adams, Leonard P.

THE PROBLEM OF CHINA, Russell, Bertrand.

THE PUGWASH CONFEREES, Bertrand Russell. All'inizio degli anni Cinquanta, Russell guidò un movimento per un attacco nucleare alla Russia. Quando fu scoperto, Stalin avvertì che non avrebbe esitato a compiere delle ritorsioni. Russell cambiò idea e divenne pacifista da un giorno all'altro, dando vita alla campagna Ban the Bomb (CND) per il disarmo nucleare, da cui emersero gli scienziati antinucleari di Pugwash. Nel 1957, il primo gruppo si riunì a casa di Cyrus Eaton in Nuova Scozia, un comunista americano di lunga data. I Pugwash fellows si dedicavano a questioni antinucleari e ambientali e costituivano una spina nel fianco degli sforzi americani per lo sviluppo di armi nucleari.

THE ROUND TABLE MOVEMENT AND IMPERIAL UNION,

Kendle, John.

LA STRUTTURA DELL'INDUSTRIA MUSICALE POPOLARE; IL PROCESSO DI FILTRAGGIO PER CUI I REGISTRI SONO SELEZIONATI PER IL CONSUMO PUBBLICO, Istituto per la Ricerca Sociale. Questo libro spiega come funzionano le "Hit Parade", la "Top Ten" - ora ampliata alla "Top Forty" - e altre sciarade costruite per ingannare gli ascoltatori e fargli credere che ciò che ascoltano è ciò che piace a "LORO"!

LE OPERE DI JEREMY BENTHAM, Bowering, John. Bentham era il liberale del suo tempo e l'agente di Lord Shelburne, il primo ministro britannico alla fine della guerra d'indipendenza americana. Bentham credeva che l'uomo non fosse altro che un comune animale e le sue teorie furono poi riprese dal suo protetto, David Hume. A proposito dell'istinto negli animali, Hume scriveva:

> "... che siamo così veloci ad ammirare come straordinari e inspiegabili. Ma il nostro stupore forse cesserà o diminuirà se consideriamo che lo stesso ragionamento sperimentale, che possediamo in comune con le bestie e da cui dipende l'intera condotta di vita, non è altro che una specie di istinto, o potere meccanico che agisce in noi a nostra insaputa... Anche se gli istinti sono diversi, si tratta pur sempre di un istinto".

TIME PERSPECTIVE AND MORALE, Levin B.

TOWARD A HUMANISTIC PSYCHOLOGY, Cantril.

TREND REPORT, Naisbitt, John.

CONGRESSO DEGLI STATI UNITI, COMMISSIONE PER LA SICUREZZA INTERNA, RELAZIONE SULL'ISTITUTO PER GLI STUDI POLITICI (IPS) E SUI DOCUMENTI DEL PENTAGONO. Nella primavera del 1970, l'agente dell'FBI William McDermott si recò da Richard Best, all'epoca massimo responsabile della sicurezza di Rand, per avvertirlo della possibilità che Ellsberg avesse sottratto il materiale di studio sul Vietnam e lo avesse copiato fuori dalla sede di Rand. Best portò McDermott dal dottor Harry Rowan, che dirigeva la Rand ed era anche uno dei più cari amici di Ellsberg. Rowan disse all'FBI che era in corso un'indagine del Dipartimento della Difesa e, su sua assicurazione, l'FBI apparentemente abbandonò l'indagine su Ellsberg. In realtà, non era in corso alcuna indagine e il Dipartimento della Difesa non ne ha mai condotta una. Ellsberg mantenne la sua autorizzazione di sicurezza alla Rand e continuò palesemente a sottrarre e copiare documenti sulla guerra del Vietnam fino a quando non fu smascherato nel caso dei Pentagon Papers, che scosse l'amministrazione Nixon fino alle fondamenta.

UNDERSTANDING MAN'S SOCIAL BEHAVIOUR, Cantril. Cantril è il principale fondatore dell'Associazione per la Psicologia Umanistica di San Francisco, che insegna i metodi Tavistock. È in istituzioni di questo tipo che la linea di demarcazione tra scienza pura e ingegneria sociale diventa del tutto confusa. Il termine "ingegneria sociale" copre tutti gli aspetti dei metodi utilizzati dal Tavistock per provocare cambiamenti massicci nell'orientamento dei gruppi verso gli eventi sociali, economici, religiosi e politici e il lavaggio del cervello dei gruppi target per far loro credere che le opinioni espresse e i punti di vista adottati siano i propri. Gli individui selezionati sono stati sottoposti allo stesso trattamento tavistockiano, che ha portato a importanti cambiamenti nella loro personalità e nel loro comportamento. L'effetto di tutto ciò sulla scena nazionale è stato, ed è tuttora, devastante, ed è uno dei principali fattori che hanno portato gli Stati Uniti allo stato crepuscolare di declino e caduta in cui il Paese si trova alla fine del 1991. Ho riferito di questa condizione nazionale con il titolo: "Crepuscolo, declino e caduta degli Stati Uniti d'America", pubblicato nel 1987. L'Associazione per la Psicologia Umana è stata fondata da Abraham Maselov nel 1957 come progetto del Club di Roma. Risis Likhert e Ronald Lippert, che lo chiamarono Centro di ricerca sull'uso della conoscenza scientifica, crearono un altro centro di ricerca sul processo decisionale, commissionato dal Club di Roma a Tavistock. Il centro era diretto da Donald Michael del Club di Roma. Il centro si basava in gran parte sull'Office of Public Opinion Research istituito presso l'Università di Princeton nel 1940. È lì che Cantril ha insegnato molte delle tecniche utilizzate dai sondaggisti di oggi.

LETTERE NON PUBBLICATE, Kipling, Rudyard. Kipling era un discepolo di Wells e, come lui, credeva nel fascismo come mezzo per controllare il mondo. Kipling adottò la croce patteggiata come emblema personale. Questa croce fu poi adottata da Hitler e, dopo lievi modifiche, divenne la svastica.

LETTERE NON PUBBLICATE, Wells, H. G. Fornisce interessanti dettagli su come Wells vendette i diritti di *WAR OF THE WORLDS* alla RCA.

WHO OWNS MONTREAL, Aubin, Henry.

Gli Illuminati e il Consiglio per le Relazioni Estere (CFR)

Da MYRON C. FAGAN

(Una trascrizione)

Sull'autore

La guida "*Who's Who in the Theatre*" è da sempre la Bibbia autorevole del mondo del teatro. Non elogia mai i favoriti, non dice bugie e non glorifica nessuno. È sempre stata una storia imparziale degli uomini e delle donne di teatro. Egli elenca solo coloro che hanno dimostrato il loro valore nell'unico banco di prova del teatro. BROADWAY: Questo "Who's Who" elenca gli spettacoli che Myron C. Fagan scrisse, diresse e produsse... Drammi, commedie, melodrammi, misteri, allegorie, farse, molti dei quali furono i più clamorosi successi[28] del loro tempo. Arriva a Broadway nel 1907, all'età di 19 anni, il più giovane drammaturgo della storia del teatro americano. Negli anni successivi, scrisse e diresse opere teatrali per la maggior parte dei grandi dell'epoca... Mrs. Leslie Carter, Wilton Lackaye, Fritz Leiber, Alla Nazimova, Jack Barrymore, Douglas Fairbanks, Sr., E.H. Southern, Julia Marlowe, Helen Morgan, ecc. ecc. Ha diretto Charles M. Frohman, Belasco, Henry W. Savage, Lee Shubert, Abe Erlanger, George M. Cohan, ecc. Tra il 1925 e il 1930 scrisse, diresse personalmente e produsse dodici opere teatrali: "La rosa bianca", "Pollici in giù", "Due sconosciuti da nessuna parte", "Disadattati", "Il diavolo affascinante". "Il piccolo razzo", "Le mogli di Jimmy", "Il

---

[28] "successo" NDT.

grande potere", "Indiscrezione", "La relazione privata di Nancy", "La donna intelligente" e "L'aereo di Peter".[29]

Nei primi anni, Fagan è stato anche "drama editor" per *The Associated Newspapers*, tra cui il *New York Globe* e vari giornali di Hearst. Nel 1916, però, si prese un "anno sabbatico" dal teatro e fu "direttore delle pubbliche relazioni" per Charles Evens Hughes, candidato repubblicano alla presidenza - e rifiutò una posizione simile offertagli per la campagna di Hoover nel 1928; la carriera di Fagan ha quindi abbracciato il teatro, il giornalismo e la politica nazionale, ed è un esperto riconosciuto in tutti questi campi.

Nel 1930, Fagan arrivò a Hollywood dove lavorò come "scrittore-regista" presso la Pathé Pictures, Inc. allora di proprietà di Joseph P. Kennedy, padre del defunto presidente Jack Kennedy, nonché presso la 20th Century Fox e altri studi cinematografici di Hollywood. Ma ha anche continuato a lavorare nel campo delle leggende di Broadway.

Nel 1945, su sollecitazione di John T. Flynn, il famoso autore di "The Roosevelt Myth", "While We Slept", "The True Story of Pearl", il giornalista dell'agenzia di stampa della University of Southern California (U.S.A.S.S.), ha scritto un articolo sull'argomento.

Fagan ha partecipato a un incontro a Washington D.C. in cui gli è stata mostrata una serie di microfilm e registrazioni delle riunioni segrete di Yalta a cui parteciparono solo Franklin Roosevelt, Alger Hiss, Harry Hopkins, Stalin, Molotov e Vishinsky, quando organizzarono il complotto per consegnare i Balcani, l'Europa orientale e Berlino a Stalin. A seguito di questo incontro, il signor Fagan scrisse due opere teatrali: "Red Rainbow" (in cui rivelò l'intero complotto) e "Thieves Paradise" (in cui rivelò come questi uomini complottarono per creare le "NAZIONI UNITE" per essere il "veicolo" di un cosiddetto governo mondiale comunista).

Allo stesso tempo, Fagan ha lanciato una crociata personale per smascherare la Cospirazione Rossa a Hollywood e produrre film che aiutassero a smascherare il complotto del "GOVERNO MONDIALE UNICO". Così è nata la "GUIDA EDUCATIVA AL CINEMA". Il

---

[29] "La rosa bianca", "Pollici in giù", "Due sconosciuti da nessuna parte", "Mismates", "Il diavolo affascinante", "Il piccolo Spitfire", "Le donne di Jimmy", "Il grande potere", "Indiscrezione", "La relazione privata di Nancy", "La donna intelligente" e "Peter vola alto".

risultato del lavoro di questa organizzazione "C.E.G." (diretto da Fagan, nel 1947) sono state le udienze del Congresso in cui più di 300 tra le più famose star, scrittori e registi di Hollywood (oltre che della radio e della televisione) sono stati smascherati come principali attivisti della Cospirazione Rossa. Fu allora che i famigerati "Dieci di Hollywood"[30] furono mandati in prigione. È stato l'evento più sensazionale del decennio!

Da allora, il signor Fagan ha dedicato tutto il suo tempo e i suoi sforzi alla stesura di "NEWS BULLETINS" mensili[31] per il "C.E.G.", in cui ha continuato a lottare per mettere in guardia il popolo americano dal complotto per distruggere la sovranità degli Stati Uniti d'America e la schiavitù del popolo americano in un "Governo Unico Mondiale" delle NAZIONI UNITE.

Nella sua sensazionale registrazione (questa trascrizione), rivela l'inizio del complotto per l'asservimento di un mondo unificato, lanciato due secoli fa da Adam Weishaupt, un sacerdote cattolico apostata che, finanziato dalla CASA DI ROTHSCHILD, creò ciò che chiamò: "GLI ILLUMINATI". Fagan descrive (con prove documentali) come questi ILLUMINATI siano diventati lo strumento della Casa Rothschild per realizzare il progetto di un "Governo Unico Mondiale" e come ogni guerra degli ultimi due secoli sia stata fomentata da questi ILLUMINATI. Descrive come Jacob H. Schiff sia stato inviato negli Stati Uniti dai Rothschild per favorire il complotto degli ILLUMINATI e come Schiff abbia lavorato per ottenere il controllo dei partiti democratico e repubblicano. Come Schiff ha sedotto il nostro Congresso e i nostri Presidenti per ottenere il controllo del nostro intero sistema monetario e creare il cancro dell'imposta sul reddito, e come Schiff e i suoi co-cospiratori hanno creato il "CONSIGLIO DELLE RELAZIONI ESTERE"[32] per controllare i nostri funzionari eletti al fine di portare gradualmente l'imposta sul reddito a un livello superiore.

Gli Stati Uniti sono così diventati un'entità asservita di un mondo unificato sotto l'egida del governo delle "NAZIONI UNITE".

In breve, questa registrazione (trascrizione) è la storia più interessante

---

[30] "I dieci di Hollywood", NDT.

[31] "Bollettino di notizie.

[32] CFR, Consiglio per le relazioni estere.

e orribile - e reale - del complotto più sensazionale della storia mondiale. Chiunque ami il nostro Paese, chi ami Dio, chi voglia salvare il cristianesimo, che l'ILLUMINATO si è prefisso di distruggere, chi voglia salvare i nostri figli dalla morte in Corea, Vietnam, Sudafrica e ora sui campi di battaglia del Medio Oriente, dovrebbe ascoltare questa registrazione. Non c'è alcun dubbio che chiunque ascolti (legga) questa storia incredibile si unirà alla lotta per salvare il nostro Paese e i giovani della nostra nazione.

La registrazione di Myron Fagan è avvenuta negli anni Sessanta. Prendetevi il tempo di "verificare" le affermazioni contenute in questo documento. Non ci aspettiamo che vi fidiate della parola del signor Fagan. Si consiglia di visitare le biblioteche di legge e di deposito del proprio Stato. I numeri di telefono e gli indirizzi elencati in questo documento sono probabilmente obsoleti, poiché il signor Fagan non è più tra noi.

"La questione di come e perché le Nazioni Unite siano al centro della grande cospirazione per distruggere la sovranità degli Stati Uniti e schiavizzare il popolo americano in una dittatura mondialista dell'ONU è un mistero completo e sconosciuto per la grande maggioranza del popolo americano. La ragione di questa mancanza di conoscenza dello spaventoso pericolo per il nostro Paese e per l'intero mondo libero è semplice. Le menti dietro questa grande cospirazione hanno il controllo assoluto di tutti i nostri mezzi di comunicazione di massa, in particolare la televisione, la radio, la stampa e Hollywood. Sappiamo tutti che il nostro Dipartimento di Stato, il Pentagono e la Casa Bianca hanno sfacciatamente proclamato di avere il diritto e il potere di gestire le notizie, di dirci non la verità, ma ciò che vogliono farci credere. Si sono impadroniti di questo potere per volere dei loro grandi maestri cospiratori e l'obiettivo è quello di fare il lavaggio del cervello alla gente per farle accettare la falsa esca della pace per trasformare gli Stati Uniti in un'unità sottomessa al governo unico mondiale delle Nazioni Unite.

"Prima di tutto, non dimenticate che la cosiddetta azione di polizia dell'ONU in Corea, combattuta dagli Stati Uniti e in cui 150.000 dei nostri figli sono stati uccisi e mutilati, faceva parte della cospirazione; così come la guerra non dichiarata dal Congresso in Vietnam; così come la cospirazione contro la Rhodesia e il Sudafrica, è anch'essa parte della cospirazione ordita dall'ONU. Tuttavia, la cosa più importante per tutti gli americani, per tutte le madri dei ragazzi che sono morti in Corea e che ora stanno morendo in Vietnam, è sapere che i nostri cosiddetti leader a Washington, che abbiamo eletto per salvaguardare la nostra nazione e la nostra Costituzione, sono i traditori e che dietro di loro c'è un gruppo relativamente piccolo di uomini il cui unico scopo è quello di asservire il mondo intero e l'umanità nel loro piano satanico di un unico governo mondiale.

"Per darvi un quadro molto chiaro di questo complotto satanico, tornerò indietro fino al suo inizio, a metà del 18ème secolo, e nominerò gli uomini che hanno messo in atto questo complotto, e poi vi riporterò al presente, allo stato attuale di questo complotto. Ora, come ulteriore informazione, un termine usato dall'FBI, permettetemi di chiarire il significato dell'espressione "è liberale". Il nemico, i cospiratori mondialisti, si sono impossessati della parola "liberale" per nascondere le loro attività. Sembra così innocente e umanitario essere liberali. Ebbene, assicuratevi che la persona che si definisce liberale o viene descritta come tale non sia, in verità, un "rosso".

"Questa cospirazione satanica è stata lanciata nel 1760, quando è nata con il nome di "Illuminati". Gli Illuminati furono organizzati da un certo Adam Weishaupt, nato ebreo, che si convertì al cattolicesimo e divenne sacerdote cattolico e poi, per volere della Casa Rothschild, allora appena organizzata, si sradicò e organizzò gli Illuminati. Naturalmente i Rothschild finanziarono questa operazione e da allora tutte le guerre, a partire dalla Rivoluzione francese, sono state promosse dagli Illuminati, che operano sotto vari nomi e travestimenti. Dico "sotto vari nomi" e "sotto varie spoglie" perché dopo che gli Illuminati furono smascherati e divennero famosi, Weishaupt e i suoi cospiratori iniziarono a operare sotto vari altri nomi. Negli Stati Uniti, subito dopo la Prima Guerra Mondiale, crearono quello che chiamarono il "Consiglio per le Relazioni Estere", comunemente noto come CFR, e questo CFR è di fatto il veicolo degli Illuminati negli Stati Uniti e la loro gerarchia. Le menti dei cospiratori originali degli Illuminati erano straniere, ma per nascondere questo fatto, la maggior parte di loro cambiò i loro cognomi originali con nomi dal suono americano. Ad esempio, il vero nome dei Dillon, Clarence e Douglas Dillon (un segretario del Dipartimento del Tesoro degli Stati Uniti), è Laposky. Tornerò su tutto questo più avanti.

"Esiste un'analoga istituzione degli Illuminati in Inghilterra che opera sotto il nome di "Royal Institute of International Affairs". (Esistono organizzazioni segrete degli Illuminati simili in Francia, Germania e altri Paesi, che operano con nomi diversi, e tutte queste organizzazioni, compreso il CFR, creano continuamente numerose filiali o organizzazioni di facciata che si infiltrano in ogni fase degli affari delle varie nazioni. Ma in ogni momento le operazioni di queste organizzazioni sono state e sono dirette e controllate dai banchieri internazionalisti, che a loro volta erano e sono controllati dai Rothschild (uno dei principali agenti di questo controllo è l'Associazione Internazionale BAR e i suoi gruppi scissionisti come l'Associazione America BAR). È importante notare che oggi esistono associazioni di avvocati in quasi tutte le nazioni del mondo, sempre sotto la spinta delle Nazioni Unite. Ho una copia dell'accordo del 1947 presentato dall'America BAR che impegna il BAR a sostenere e promuovere le Nazioni Unite in tutta l'America).

"Un ramo della famiglia Rothschild finanziò Napoleone; un altro ramo dei Rothschild finanziò la Gran Bretagna, la Germania e altre nazioni nelle guerre napoleoniche.

"Subito dopo le guerre napoleoniche, gli Illuminati pensarono che tutte le nazioni fossero così indigenti e stanche di guerra che sarebbero state felici di trovare qualsiasi soluzione. Così i lacchè dei Rothschild organizzarono quello che chiamarono il Congresso di Vienna e in quell'occasione cercarono di creare la prima Società delle Nazioni, il loro primo tentativo di un unico governo mondiale, partendo dal presupposto che tutte le teste coronate dei governi europei erano così profondamente indebitate con loro che avrebbero servito, volenti o nolenti, come tirapiedi. Ma lo zar di Russia fiutò il complotto e lo silurò completamente. Il furioso Nathan Rothschild, allora capo della dinastia, giurò che un giorno lui o i suoi discendenti avrebbero distrutto lo zar e tutta la sua famiglia, e i suoi discendenti realizzarono questa minaccia nel 1917. A questo punto, occorre ricordare che gli Illuminati non sono stati creati per operare a breve termine. Normalmente, un cospiratore di qualsiasi tipo entra in una cospirazione con la speranza di raggiungere il suo obiettivo nel corso della sua vita. Ma questo non era il caso degli Illuminati. È vero che speravano di raggiungere il loro obiettivo nel corso della loro vita, ma, parafrasando "The show must go on", gli Illuminati operano a lungo termine. Che ci vogliano decenni o addirittura secoli, hanno dedicato i loro discendenti a mantenere la pentola in ebollizione fino a quando sperano che la cospirazione si realizzi.

"Torniamo ora alla nascita degli Illuminati. Adam Weishaupt era un professore di diritto canonico formato dai gesuiti, che insegnava all'Università di Ingolstadt, quando abbandonò il cristianesimo per abbracciare la cospirazione luciferiana. Fu nel 1770 che i prestatori di professione, l'allora appena organizzata Casa Rothschild, lo ingaggiarono per rivedere e modernizzare i protocolli secolari del sionismo, che fin dall'inizio era stato concepito per dare alla "Sinagoga di Satana", così chiamata da Gesù Cristo [e che sono "quelli che si chiamano Giudei e non lo sono" - *Apocalisse 2]*, la possibilità di essere un'unica persona:9], il dominio finale del mondo per imporre l'ideologia luciferiana su ciò che rimarrà della razza umana dopo il cataclisma sociale finale, attraverso il dispotismo satanico. Weishaupt portò a termine il suo compito il 1° maggio[er] 1776. Ora sapete perché il 1° maggio[er] è ancora oggi il grande giorno di tutte le nazioni comuniste [il 1° maggio[er] è anche il "Law Day" dichiarato dall'American Bar Association]. [La celebrazione del 1° maggio[er] [Baal/Bealtaine] risale a molto prima nella storia e il giorno è stato scelto per ragioni antiche, che derivano dal paganesimo; il culto di Baal e ruota attorno al culto di Satana. Fu in questo giorno, il 1° maggio[er] 1776, che Weishaupt completò il suo piano e organizzò ufficialmente gli Illuminati per realizzarlo. Questo piano prevedeva la distruzione di tutti i governi e le religioni esistenti. Questo obiettivo doveva essere raggiunto dividendo le masse di persone, che Weishaupt chiamava "goyim" [membri delle nazioni] o bestiame umano, in campi contrapposti sempre più numerosi su questioni politiche, sociali, economiche e di altro tipo - le stesse condizioni che viviamo oggi nel nostro Paese. I campi contrapposti dovevano essere armati e gli incidenti dovevano portarli a combattere, indebolire e distruggere gradualmente i governi nazionali e le istituzioni religiose. Ripeto, le condizioni stesse del mondo di oggi.

"E a questo punto, lasciatemi sottolineare una caratteristica fondamentale dei piani degli Illuminati. Quando e se il loro piano per il controllo del mondo, i *Protocolli degli Anziani di Sion*, verrà scoperto e smascherato, cancelleranno tutti gli ebrei dalla faccia della terra per sviare i sospetti da loro stessi. Se pensate che questo sia inverosimile, ricordate che hanno permesso a Hitler, lui stesso un socialista liberale, finanziato dai corrotti Kennedy, Warburg e Rothschild, di incenerire 600.000 ebrei.

"Perché i cospiratori scelsero la parola "Illuminati" per designare la loro organizzazione satanica? Lo stesso Weishaupt disse che la parola deriva da Lucifero e significa: "detentore della luce". Usando la menzogna che il suo scopo era quello di istituire un unico governo mondiale per consentire a coloro che hanno le capacità mentali di governare il mondo e prevenire tutte le guerre in futuro. In breve, usando come esca le parole "pace in terra", così come la stessa esca "pace" fu usata dai cospiratori del 1945 per imporci le Nazioni Unite, Weishaupt, finanziato, ripeto, dai Rothschild, reclutò circa 2000 seguaci pagati. Tra loro c'erano gli uomini più intelligenti nel campo delle arti e delle lettere, dell'istruzione, della scienza, della finanza e dell'industria. Poi istituì Logge del Grande Oriente, Logge massoniche che sarebbero state il loro quartier generale segreto, e ripeto ancora una volta che in tutto questo agì sotto gli ordini della Casa Rothschild. Le caratteristiche principali del piano operativo che Weishaupt richiedeva ai suoi Illuminati erano di fare le seguenti cose per aiutarli a raggiungere il loro obiettivo:

➢   Usare la corruzione monetaria e sessuale per ottenere il controllo di uomini che già occupano posti di rilievo a tutti i livelli di governo e in altri campi di attività. Una volta che le persone influenti erano cadute nelle menzogne, negli inganni e nelle tentazioni degli Illuminati, dovevano essere tenute in schiavitù attraverso l'applicazione di ricatti politici e altre forme di pressione, minacce di rovina finanziaria, di esposizione pubblica e di danni fiscali, e persino di morte per loro stessi e per i loro cari familiari.

Vi rendete conto di quanti degli attuali alti funzionari del nostro attuale governo a Washington sono controllati in questo modo dal CFR? Vi rendete conto di quanti omosessuali nel Dipartimento di Stato, nel Pentagono, in tutte le agenzie federali e persino nella Casa Bianca sono controllati in questo modo?

➢ Gli Illuminati e le facoltà dei college e delle università dovevano individuare gli studenti di eccezionali capacità mentali provenienti da famiglie benestanti con inclinazioni internazionali e raccomandarli per una formazione speciale all'internazionalismo. Questa formazione doveva essere fornita assegnando borse di studio a coloro che erano stati selezionati dagli Illuminati.

"Questo vi dà un'idea di cosa significhi una 'borsa di studio Rhodes'. Significa indottrinare ad accettare l'idea che solo un governo unico mondiale può porre fine alle guerre e ai conflitti ricorrenti. Questo è il modo in cui le Nazioni Unite sono state vendute al popolo americano.

Uno dei più importanti studiosi di Rodi che abbiamo nel nostro Paese è il senatore William J. Fulbright, a volte chiamato "mezzo-bright".[33] Tutti i voti che ha registrato erano voti degli Illuminati. Tutti questi studiosi hanno dovuto essere prima persuasi e poi convinti che gli uomini di particolare talento e cervello hanno il diritto di governare su coloro che sono meno dotati, sulla base del fatto che le masse non sanno cosa sia meglio per loro dal punto di vista fiscale, mentale e spirituale. Oltre alle borse di studio Rhodes e ad altre borse di studio simili, esistono ora tre scuole speciali degli Illuminati situate a Gordonstown, in Scozia, a Salem, in Germania, e ad Annavrighta, in Grecia. Queste tre scuole sono note, ma ce ne sono altre che vengono tenute segrete. Il Principe Filippo, marito della Regina Elisabetta, è stato educato a Gordonstown (*come il Principe Carlo*) su iniziativa di Lord Louis Mountbatten, suo zio, parente dei Rothschild, che divenne Ammiraglio

---

[33] Gioco di parole, "mezzo intelligente/illuminato".

della flotta britannica dopo la fine della Seconda Guerra Mondiale.

➤ Tutte le persone influenti che erano state ingannate e poste sotto il controllo degli Illuminati, così come gli studenti appositamente istruiti e formati, dovevano essere utilizzati come agenti e collocati dietro le quinte di tutti i governi in qualità di esperti e specialisti, per consigliare ai leader di adottare politiche che, a lungo termine, avrebbero servito i piani segreti della cospirazione mondiale degli Illuminati e portato alla distruzione dei governi e delle religioni per cui erano stati eletti o nominati.

"Sapete quanti uomini del genere operano nel nostro governo in questo momento? Rusk, McNamara, Hubert Humphrey, Fulbright, Keekle e molti altri.

➤ Forse la direttiva più importante del piano di Weishaupt era quella di ottenere il controllo assoluto della stampa, all'epoca l'unico mezzo di comunicazione di massa, per distribuire informazioni al pubblico, in modo che tutte le notizie e le informazioni potessero essere distorte per convincere le masse che un governo unico mondiale è l'unica soluzione ai nostri numerosi e variegati problemi.

"Sapete chi possiede e controlla i nostri mass media? Ve lo dico io. Praticamente tutti i cinema di Hollywood sono di proprietà di Lehman, Kuhn, Loeb and Company, Goldman Sachs e altri banchieri internazionalisti. Tutte le radio e le televisioni nazionali sono possedute e controllate da questi stessi banchieri internazionalisti. Così come tutte le catene metropolitane di giornali e riviste e le agenzie di stampa, come Associated Press, United Press, International, ecc. I cosiddetti leader di tutti questi mezzi di comunicazione non sono altro che facciate per i banchieri internazionalisti, che a loro volta costituiscono la gerarchia del CFR, gli Illuminati di oggi in America.

"Ora potete capire perché l'addetto stampa del Pentagono, Sylvester, ha proclamato così sfacciatamente che il governo ha il diritto di mentire al popolo. In realtà intendeva dire che il nostro governo controllato dal CFR ha il potere di mentire e di essere creduto dal popolo americano a cui è stato fatto il lavaggio del cervello.

"Torniamo ancora una volta ai primi tempi degli Illuminati. [ème]Poiché alla fine del XIX secolo la Gran Bretagna e la Francia erano le due maggiori potenze mondiali, Weishaupt ordinò agli Illuminati di fomentare guerre coloniali, tra cui la nostra Guerra rivoluzionaria, per indebolire l'Impero britannico e organizzare la Rivoluzione francese che sarebbe iniziata nel 1789. Tuttavia, nel 1784, un vero e proprio atto di Dio mise il governo bavarese in possesso delle prove dell'esistenza degli Illuminati, prove che avrebbero potuto salvare la Francia se il governo francese non si fosse rifiutato di credervi. Ecco come è avvenuto questo atto di Dio. Nel 1784 Weishaupt diede gli ordini per la Rivoluzione francese. Uno scrittore tedesco, di nome Zweig, lo mise in forma di libro. Conteneva l'intera storia degli Illuminati e dei piani di Weishaupt. Una copia di questo libro fu inviata agli Illuminati di Francia guidati da Robespierre, che Weishaupt aveva delegato a fomentare la Rivoluzione francese. Il corriere è stato colpito e ucciso da un fulmine mentre passava da Ratisbona per andare da Francoforte a Parigi. La polizia ha trovato i documenti sovversivi sul suo corpo e li ha consegnati alle autorità competenti. Dopo un'indagine approfondita sul complotto, il governo bavarese ordinò alla polizia di fare irruzione nelle logge del "Grande Oriente" di Weishaupt, appena organizzate, e nelle case dei suoi collaboratori più influenti. Tutte le prove aggiuntive così scoperte convinsero le autorità che i documenti erano copie autentiche della cospirazione con cui gli Illuminati progettavano di usare guerre e rivoluzioni per realizzare un governo mondialista, che intendevano, con i Rothschild a capo, usurpare non appena fosse stato istituito, esattamente come la cospirazione delle Nazioni Unite di oggi.

"Nel 1785, il governo bavarese mise fuori legge gli Illuminati e chiuse le logge del "Grande Oriente". Nel 1786 pubblicarono tutti i dettagli della cospirazione. Il titolo inglese di questa pubblicazione è: "The Original Writings of the Order and the Sect of the Illuminati".[34] Copie dell'intera cospirazione furono inviate a tutti i capi di Stato e di Chiesa in Europa. Ma il potere degli Illuminati, che in realtà era il potere dei Rothschild, era così grande che questo avvertimento fu ignorato. Ciononostante, gli Illuminati[35] divennero una parola sporca e divennero clandestini.

"Allo stesso tempo, Weishaupt ordinò agli Illuminati di infiltrarsi nelle logge della "Massoneria Blu" e di formare le proprie società segrete all'interno di tutte le società segrete. Solo i massoni che si dimostravano internazionalisti e quelli che con la loro condotta dimostravano di aver disertato Dio venivano iniziati agli Illuminati. Da quel momento in poi,

---

[34] "Gli scritti originali dell'ordine e della setta degli Illuminati.

[35] Conosciuti all'epoca come "illuminati", un termine che è diventato di uso comune. NDÉ.

i cospiratori indossarono il mantello della filantropia e dell'umanitarismo per nascondere le loro attività rivoluzionarie e sovversive. Per infiltrarsi nelle logge massoniche britanniche, Weishaupt invitò John Robison in Europa. Robison era un massone di alto grado del "Rito scozzese". È stato professore di filosofia naturale all'Università di Edimburgo e segretario della Royal Society di Edimburgo. Robison non si lasciò ingannare dalla menzogna che l'obiettivo degli Illuminati fosse quello di creare una dittatura benevola; ma tenne per sé le sue reazioni così bene che gli fu data una copia della cospirazione rivista di Weishaupt da studiare e conservare.

In ogni caso, poiché i capi di Stato e di Chiesa in Francia furono ingannati e ignorarono gli avvertimenti ricevuti, la rivoluzione scoppiò nel 1789 come previsto da Weishaupt. Per mettere in guardia gli altri governi dal pericolo che stavano correndo, Robison pubblicò nel 1798 un libro intitolato: "Prove di una cospirazione per distruggere tutti i governi e tutte le religioni", ma i suoi avvertimenti furono ignorati esattamente nello stesso modo in cui il popolo americano ha ignorato tutti gli avvertimenti sulle Nazioni Unite e sul Council on Foreign Relations (CFR).

"Ecco una cosa che stupirà e probabilmente indignerà molti di coloro che la sentiranno; ma ci sono prove documentali che i nostri Thomas Jefferson e Alexander Hamilton furono studenti di Weishaupt. Jefferson fu uno dei più forti sostenitori di Weishaupt quando questi fu messo fuori legge dal suo governo e fu Jefferson a infiltrare gli Illuminati nelle logge di "Rito scozzese" appena organizzate nel New England. Ecco la prova.

"Nel 1789, John Robison avvertì tutti i capi massoni d'America che gli Illuminati si erano infiltrati nelle loro logge. Il 19 luglio 1789, David Papen, presidente dell'Università di Harvard, lanciò lo stesso avvertimento alla classe di laurea e spiegò loro come l'influenza degli Illuminati fosse esercitata sulla politica e sulla religione americana. Scrisse tre lettere al colonnello William L. Stone, un massone di spicco, in cui descriveva come Jefferson usasse le logge massoniche per scopi sovversivi e illuministici. Queste tre lettere sono ora conservate presso la Wittenberg Square Library di Filadelfia. In breve, Jefferson, il fondatore del Partito Democratico, era un membro degli Illuminati, il che spiega, almeno in parte, lo stato del partito all'epoca e, grazie all'infiltrazione del Partito Repubblicano, oggi non abbiamo nulla del leale americanismo. Questo disastroso rifiuto al Congresso di Vienna, creato dallo zar russo, non distrusse in alcun modo la cospirazione degli

Illuminati. Li ha semplicemente costretti ad adottare una nuova strategia, rendendosi conto che l'idea di un unico mondo era, per il momento, impossibile. I Rothschild decisero che per mantenere in vita la cospirazione dovevano rafforzare il loro controllo sul sistema monetario delle nazioni europee.

"In precedenza, con uno stratagemma, era stato falsificato l'esito della battaglia di Waterloo; Rothschild aveva diffuso la notizia che Napoleone aveva avuto una brutta battaglia, scatenando un terribile panico sul mercato azionario in Inghilterra. Tutte le azioni scesero quasi a zero e Nathan Rothschild acquistò tutte le azioni per quasi un centesimo del loro valore in dollari. Questo gli diede il controllo completo dell'economia della Gran Bretagna e di quasi tutta l'Europa. Così, subito dopo il crollo del Congresso di Vienna, Rothschild costrinse la Gran Bretagna a istituire una nuova "Banca d'Inghilterra", sulla quale aveva il controllo assoluto, proprio come fece in seguito attraverso Jacob Schiff; progettò il nostro "Federal Reserve Act" che diede alla Casa di Rothschild il controllo segreto dell'economia degli Stati Uniti. Ma ora, per un momento, esaminiamo le attività degli Illuminati negli Stati Uniti.

"Nel 1826, il capitano William Morgan decise che era suo dovere informare tutti i massoni e il pubblico in generale della verità sugli Illuminati, dei loro piani segreti, dei loro obiettivi e di rivelare l'identità delle menti della cospirazione. Gli Illuminati processarono rapidamente Morgan in contumacia e lo condannarono per tradimento. Ordinarono a Richard Howard, un illuminista inglese, di eseguire la loro sentenza di esecuzione come traditore. Morgan fu avvertito e cercò di fuggire in Canada, ma Howard lo raggiunse vicino al confine, per l'esattezza nei pressi delle Gole del Niagara, dove lo uccise. Ciò è stato verificato in una dichiarazione giurata rilasciata a New York da un certo Avery Allen, secondo il quale avrebbe sentito Howard riferire dell'esecuzione durante una riunione dei "Templari" alla St. Raccontò anche come erano stati presi accordi per rimandare Howard in Inghilterra. Questa dichiarazione giurata di Allen è depositata presso la città di New York. Pochi massoni e membri del pubblico in generale sanno che la diffusa disapprovazione di questo incidente omicida ha portato alla secessione di circa la metà dei massoni della giurisdizione settentrionale degli Stati Uniti. Copie dei verbali della riunione tenutasi per discutere la questione sono ancora in mani sicure, e tutta questa segretezza sottolinea il potere dei cervelli degli Illuminati di impedire che eventi storici così terribili vengano insegnati nelle nostre scuole.

"All'inizio degli anni Cinquanta del XIX secolo, gli Illuminati tennero una riunione segreta a New York alla quale partecipò un illuminista britannico di nome Wright. I presenti appresero che gli Illuminati si stavano organizzando per unire i nichilisti e gli atei con tutti gli altri gruppi sovversivi in un gruppo internazionale noto come comunisti. Fu allora che apparve per la prima volta la parola "comunista", destinata a diventare l'arma e la parola d'ordine definitiva per terrorizzare il mondo intero e spingere i popoli terrorizzati verso il progetto degli Illuminati di un mondo unificato. Questo progetto: il "comunismo" doveva servire agli Illuminati per fomentare guerre e rivoluzioni future. Clinton Roosevelt, un antenato diretto di Franklin Roosevelt, Horace Greeley e Charles Dana, i principali editori di giornali dell'epoca, furono nominati a capo di un comitato per raccogliere fondi per questa nuova impresa. Naturalmente, la maggior parte dei fondi fu fornita dai Rothschild e questo fondo fu utilizzato per finanziare Karl Marx ed Engels quando scrissero "Das Kapital" e il "Manifesto comunista" a Soho, in Inghilterra. E questo rivela chiaramente che il comunismo non è una cosiddetta ideologia, ma un'arma segreta; una parola d'ordine al servizio degli Illuminati.

"Weishaupt morì nel 1830; ma prima di morire preparò una versione riveduta dell'antica cospirazione, gli Illuminati, che, sotto vari pseudonimi, doveva organizzare, finanziare, dirigere e controllare tutte le organizzazioni e i gruppi internazionali facendo lavorare i propri agenti in posizioni di vertice. Negli Stati Uniti abbiamo come esempi principali Woodrow Wilson, Franklin Roosevelt, Jack Kennedy, Johnson, Rusk, McNamara, Fulbright, George Bush, ecc. Inoltre, mentre Karl Marx scriveva il "Manifesto comunista" sotto la direzione di un gruppo di illuministi, il professor Karl Ritter dell'Università di Francoforte scriveva l'antitesi sotto la direzione di un altro gruppo. L'idea era che coloro che gestiscono la cospirazione globale potessero usare le differenze tra queste due cosiddette ideologie per poter dividere sempre più la razza umana in campi contrapposti, al fine di armarli e fare loro il lavaggio del cervello per combattersi e distruggersi a vicenda. E soprattutto distruggere tutte le istituzioni politiche e religiose. Il lavoro iniziato da Ritter fu continuato dopo la sua morte e completato dal cosiddetto filosofo tedesco Freidrich Wilhelm Nietzsche, che fondò il nietzscheismo. Questo nietzscheanesimo si è poi sviluppato nel fascismo e poi nel nazismo ed è stato utilizzato per fomentare la prima e la seconda guerra mondiale.

"Nel 1834, il leader rivoluzionario italiano, Giuseppe Mazzini, fu scelto dagli Illuminati per guidare il loro programma rivoluzionario in tutto il mondo. Mantenne questa posizione fino alla sua morte, avvenuta nel 1872, ma pochi anni prima della sua scomparsa, Mazzini aveva attirato un generale americano di nome Albert Pike nelle file degli Illuminati. Pike era affascinato dall'idea di un governo unico mondiale e alla fine divenne il leader di questa cospirazione luciferiana. [ème]Tra il 1859 e il 1871, Pike elaborò un piano militare per tre guerre mondiali e varie rivoluzioni in tutto il mondo che, secondo lui, avrebbero permesso alla cospirazione di raggiungere la sua fase finale nel XX secolo. Vi ricordo ancora una volta che questi cospiratori non si sono mai preoccupati del successo immediato. Inoltre, hanno operato con una prospettiva a lungo termine. Pike ha svolto la maggior parte del suo lavoro nella sua casa di Little Rock, in Arkansas. Ma qualche anno dopo, quando le Logge del Grande Oriente degli Illuminati divennero sospette e ripudiate a causa delle attività rivoluzionarie di Mazzini in Europa, Pike organizzò quello che chiamò il Nuovo Rito Palladiano Riformato. Istituì tre Consigli Supremi: uno a Charleston, nella Carolina del Sud, uno a Roma, in Italia, e un terzo a Berlino, in Germania. Chiese a Mazzini di creare 23 consigli subordinati in luoghi strategici del mondo. Da allora, questi sono stati i quartieri generali segreti del movimento rivoluzionario mondiale.

"Molto prima che Marconi inventasse la radio, gli scienziati degli Illuminati avevano trovato un modo per far comunicare segretamente Pike e i leader dei suoi Consigli. La scoperta di questo segreto ha permesso agli agenti dei servizi segreti di capire come incidenti apparentemente non correlati, come l'assassinio di un principe austriaco in Serbia, avvenissero contemporaneamente in tutto il mondo e si trasformassero in guerre o rivoluzioni. Il piano di Pike era tanto semplice quanto efficace. Prevedeva che il comunismo, il nazismo, il sionismo politico e altri movimenti internazionali sarebbero stati organizzati e utilizzati per fomentare tre guerre mondiali e almeno due grandi rivoluzioni.

"La Prima guerra mondiale doveva essere combattuta per consentire agli Illuminati di distruggere lo zarismo in Russia, come Rothschild aveva promesso dopo che lo zar aveva silurato il suo piano al Congresso di Vienna, e di trasformare la Russia in un bastione del comunismo ateo. Le divergenze alimentate dagli agenti degli Illuminati tra l'impero britannico e quello tedesco dovevano essere utilizzate per fomentare questa guerra. Una volta terminata la guerra, il comunismo doveva essere sviluppato e utilizzato per distruggere altri governi e indebolire l'influenza delle religioni sulla società (soprattutto quella cattolica).

"La Seconda Guerra Mondiale, quando e se necessario, doveva essere fomentata utilizzando le controversie tra i fascisti e i sionisti politici, e qui va notato che Hitler era finanziato da Krupp, dai Warburg, dai Rothschild e da altri banchieri internazionalisti e che il massacro di Hitler dei presunti 6.000.000 di ebrei non preoccupava affatto i banchieri internazionalisti ebrei. Questo massacro era necessario per suscitare l'odio del popolo tedesco in tutto il mondo e provocare così una guerra contro di esso. In breve, questa seconda guerra mondiale doveva essere combattuta per distruggere il nazismo e aumentare il potere del sionismo politico, in modo che lo Stato di Israele potesse essere stabilito in Palestina.

"In questa Seconda Guerra Mondiale, il comunismo internazionale doveva svilupparsi fino a eguagliare in forza quello della cristianità unita. Una volta raggiunto questo punto, doveva essere contenuto e tenuto sotto controllo finché non fosse stato necessario per il cataclisma sociale finale. Come ora sappiamo, Roosevelt, Churchill e Stalin hanno attuato questa esatta politica, e Truman, Eisenhower, Kennedy, Johnson e George Bush hanno perseguito la stessa politica.

"La terza guerra mondiale sarà fomentata, utilizzando le cosiddette controversie, dagli agenti degli Illuminati che operano sotto qualsiasi altro nome e che ora sono polarizzati tra i sionisti politici e i leader del mondo musulmano. Questa guerra sarà diretta in modo tale che l'Islam e il sionismo politico (gli israeliani) si distruggeranno a vicenda, mentre allo stesso tempo le nazioni rimanenti, ancora una volta divise su questo tema, saranno costrette a combattere fino a uno stato di completo esaurimento fisico, mentale, spirituale ed economico.

"Può una persona riflessiva dubitare che il complotto che si sta svolgendo attualmente in Medio ed Estremo Oriente sia progettato per raggiungere questo obiettivo satanico?

Pike stesso aveva previsto tutto questo in una dichiarazione rilasciata a Mazzini il 15 agosto 1871. Pike ha detto che, dopo la fine della Terza Guerra Mondiale, coloro che aspirano a un dominio mondiale incontrastato provocheranno il più grande cataclisma sociale che il mondo abbia mai conosciuto. Citando le sue stesse parole dalla lettera che scrisse a Mazzini e che ora è catalogata al British Museum di Londra, in Inghilterra, egli disse:

> "Scateneremo i nichilisti e gli atei e provocheremo un grande cataclisma sociale che, in tutto il suo orrore, mostrerà chiaramente a tutte le nazioni l'effetto dell'ateismo assoluto, le origini della

barbarie e dei disordini più sanguinosi. Allora, ovunque, i popoli saranno costretti a difendersi dalla minoranza dei rivoluzionari mondiali e stermineranno questi distruttori della civiltà, e le moltitudini disilluse della cristianità, le cui menti saranno ormai prive di direzione e di orientamento e ansiose di un ideale, ma senza sapere dove inviare il loro culto, riceveranno la vera luce attraverso la manifestazione universale della pura dottrina di Lucifero, finalmente esposta alla luce del giorno. Una manifestazione che deriverà da un movimento reazionario generale che seguirà la distruzione del cristianesimo e dell'ateismo; entrambi conquistati e sterminati in un colpo solo".

"Quando Mazzini morì, nel 1872, Luccio nominò un altro leader rivoluzionario, Adriano Lemi, suo successore. A Lemi, a sua volta, succedettero Lenin e Trotsky, e poi Stalin. Le attività rivoluzionarie di tutti questi uomini furono finanziate dai banchieri internazionali britannici, francesi, tedeschi e americani, tutti dominati dalla Casa Rothschild. Dovremmo credere che i banchieri internazionali di oggi, come i cambiavalute del tempo di Cristo, siano solo strumenti o agenti della grande cospirazione, ma in realtà sono le menti dietro tutti i mezzi di comunicazione di massa che ci fanno credere che il comunismo sia un movimento dei cosiddetti lavoratori; il fatto è che gli agenti dei servizi segreti britannici e americani hanno prove documentali autentiche che i liberali internazionali, operando attraverso le loro banche internazionali, in particolare la Casa di Rothschild, hanno finanziato entrambe le parti di ogni guerra e rivoluzione dal 1776.

"Coloro che oggi costituiscono la cospirazione (il CFR negli Stati Uniti e il RIIA in Gran Bretagna) gestiscono i nostri governi che mantengono in regime di usura con metodi come il Federal Reserve System in America per provocare guerre, come quella del Vietnam (creata dalle Nazioni Unite), per favorire i piani degli Illuminati di Pike di portare il mondo a quella fase della cospirazione in cui il comunismo ateo e tutta la cristianità possono essere costretti a una terza guerra mondiale totale in ogni nazione rimasta e a livello internazionale.

ème"Il quartier generale della grande cospirazione alla fine del XVIII secolo era a Francoforte, in Germania, dove la casa Rothschild fu fondata da Mayer Amschel Bauer, che adottò il nome Rothschild e unì le forze con altri finanzieri internazionali che avevano letteralmente venduto l'anima al diavolo. Dopo che il governo bavarese rivelò l'affare nel 1786, i cospiratori trasferirono il loro quartier generale in Svizzera e poi a Londra. Dalla seconda guerra mondiale (dopo la morte di Jacob Schiff, protetto dei Rothschild in America), la filiale americana ha sede nell'Harold Pratt Building di New York e i Rockefeller, originariamente protetti da Schiff, hanno assunto la manipolazione delle finanze in America per conto degli Illuminati.

"Nelle fasi finali della cospirazione, il governo di un mondo unificato sarà composto dal re dittatore, dal capo delle Nazioni Unite, dal CFR e da alcuni miliardari, economisti e scienziati che hanno dimostrato la loro devozione alla grande cospirazione. Tutti gli altri devono essere integrati in un vasto conglomerato di umanità di razza mista; in pratica, schiavi. Ora vi mostrerò come il nostro governo federale e il popolo americano sono stati risucchiati nella cospirazione per conquistare il mondo da parte della grande cospirazione degli Illuminati e tenete sempre presente che le Nazioni Unite sono state create per diventare lo strumento di questa cospirazione totalitaria. Le vere fondamenta della cospirazione per l'acquisizione degli Stati Uniti sono state gettate durante il periodo della nostra guerra civile. Non che Weishaupt e le prime menti abbiano mai trascurato il Nuovo Mondo, come ho già indicato; Weishaupt aveva piazzato qui i suoi agenti già durante la Guerra rivoluzionaria.

"Fu durante la guerra civile che i cospiratori lanciarono i loro primi sforzi concreti. Sappiamo che Judah Benjamin, il principale consigliere di Jefferson Davis, era un agente dei Rothschild. Sappiamo anche che nel gabinetto di Abraham Lincoln c'erano agenti Rothschild che cercarono di convincerlo a fare un accordo finanziario con la Casa Rothschild. Ma il vecchio Abe non capì questo piano e lo respinse completamente, guadagnandosi così l'eterna inimicizia dei Rothschild, proprio come fece lo zar russo nel silurare la prima Società delle Nazioni al Congresso di Vienna. Le indagini sull'assassinio di Lincoln rivelarono che l'assassino Booth era membro di un gruppo cospirativo segreto. Poiché erano coinvolti diversi alti funzionari, il nome del gruppo non fu mai rivelato e il caso divenne un mistero, proprio come lo è ancora l'assassinio di Jack (John F.) Kennedy. Ma sono sicuro che non rimarrà un mistero a lungo. In ogni caso, la fine della guerra civile ha temporaneamente distrutto ogni possibilità della Casa di Rothschild di impadronirsi del nostro sistema monetario, come aveva fatto in Gran Bretagna e in altri Paesi europei. Dico temporaneamente, perché i Rothschild e le menti cospiratrici non si sono mai arresi, quindi hanno dovuto ricominciare tutto da capo, ma non hanno perso tempo per iniziare.

"Poco dopo la guerra civile, un giovane immigrato, che si faceva chiamare Jacob H. Schiff, arrivò a New York. Jacob era un giovane con un incarico della Casa Rothschild. Jacob era figlio di un rabbino nato in una delle case Rothschild di Francoforte, in Germania. Approfondirò la sua storia. Il punto importante è che Rothschild riconobbe in lui non solo un potenziale mago del denaro, ma, cosa ancora più importante, vide anche le qualità machiavelliche latenti in Jacob, che avrebbero potuto, come lui fece, renderlo un prezioso funzionario della grande cospirazione mondiale. Dopo un periodo relativamente breve di formazione presso la banca Rothschild di Londra, Jacob partì per l'America con l'incarico di acquistare una banca che sarebbe stata il trampolino di lancio per acquisire il controllo del sistema monetario statunitense. In effetti, Giacobbe è venuto qui per compiere quattro missioni specifiche.

1.   E soprattutto per ottenere il controllo del sistema monetario statunitense.

2.   Trovate uomini capaci che, dietro compenso, siano disposti a servire come tirapiedi della grande cospirazione e promuoveteli ad alte posizioni nel nostro governo federale, nel nostro Congresso, nella Corte Suprema degli Stati Uniti e in tutte le agenzie federali.

3.   Creare conflitti tra gruppi minoritari in tutte le nazioni, soprattutto tra bianchi e neri.

4.   Creare un movimento per distruggere la religione negli Stati Uniti; ma il cristianesimo era il bersaglio principale.

"All'epoca in cui Schiff entrò in scena, Kuhn and Loeb era una nota società di private banking e fu in questa società che Jacob acquistò azioni. Poco dopo essere diventato socio di Kuhn e Loeb, Schiff sposò la figlia di Loeb, Teresa, per poi rilevare le partecipazioni di Kuhn e trasferire la società a New York. "Kuhn e Loeb diventarono Kuhn, Loeb e Company, banchieri internazionali di cui Jacob Schiff, un agente dei Rothschild, era apparentemente l'unico proprietario. Per tutta la sua carriera, questo misto di Giuda e Machiavelli, primo erede della grande cospirazione degli Illuminati in America, si è spacciato per un generoso filantropo e un uomo di grande pietà; la politica di occultamento degli Illuminati.

"Come ho detto, il primo grande passo della cospirazione è stato quello di catturare il nostro sistema monetario. Per raggiungere questo obiettivo, Schiff doveva ottenere la piena collaborazione dei grandi elementi bancari americani dell'epoca, cosa più facile a dirsi che a farsi. Anche in quegli anni, Wall Street era il cuore del mercato monetario americano e J.P. Morgan ne era il dittatore. Poi c'erano i Drexel e i

Biddle di Filadelfia. Tutti gli altri finanzieri, grandi e piccoli, ballavano al ritmo di queste tre case, ma soprattutto Morgan. Questi tre erano potentati orgogliosi, altezzosi e arroganti.

"Per i primi anni considerarono il piccolo uomo con i baffi dei ghetti tedeschi con assoluto disprezzo, ma Jacob seppe come superarlo. Ha lanciato loro qualche osso dei Rothschild. Le suddette ossa sono la distribuzione in America di interessanti emissioni azionarie e obbligazionarie europee. Poi scoprì di avere tra le mani un'arma ancora più potente.

"È stato nei decenni successivi alla guerra civile che le nostre industrie hanno iniziato a svilupparsi. Avevamo grandi ferrovie da costruire. Le industrie petrolifere, minerarie, siderurgiche e tessili spuntano come funghi. Tutto ciò richiedeva un notevole finanziamento, che doveva provenire in gran parte dall'estero, soprattutto dalla casa Rothschild, e qui Schiff si distinse. Ha giocato d'astuzia. Divenne il patrono di John D. Rockefeller, Edward R. Harriman e Andrew Carnegie. Ha finanziato la Standard Oil Company per Rockefeller, l'impero ferroviario per Harriman e l'impero dell'acciaio per Carnegie. Ma invece di mettere all'angolo tutte le altre industrie per Kuhn, Loeb e Company, aprì le porte della Casa di Rothschild a Morgan, Biddle e Drexel. A sua volta, Rothschild organizzò la creazione di filiali a Londra, Parigi, in Europa e in altri paesi per questi tre, ma sempre in collaborazione con i subordinati di Rothschild, il quale chiarì a tutti questi uomini che Schiff sarebbe stato il capo a New York.

"Così, alla fine del secolo, Schiff controllava strettamente l'intera confraternita bancaria di Wall Street che, con l'aiuto di Schiff, comprendeva i fratelli Lehman, Goldman Sachs e altre banche internazionaliste gestite da uomini scelti dai Rothschild. In breve, significava il controllo dei poteri monetari della nazione ed era quindi pronto per il passo più grande: l'intrappolamento del nostro sistema monetario nazionale.

"Secondo la nostra Costituzione, il controllo del nostro sistema monetario è affidato esclusivamente al nostro Congresso. Il passo successivo di Schiff è stato quello di sedurre il nostro Congresso a tradire questo editto costituzionale, cedendo il controllo alla gerarchia della grande cospirazione degli Illuminati. Per legalizzare questa resa e rendere il popolo impotente a resistere, sarebbe necessario che il Congresso approvasse una legislazione speciale. Per farlo, Schiff dovrebbe infiltrare dei tirapiedi in entrambe le Camere del Congresso. I marmittoni sono abbastanza potenti da spingere il Congresso ad approvare una simile legislazione. Altrettanto, se non più importante, aveva bisogno di piazzare alla Casa Bianca un tirapiedi, un presidente senza integrità né scrupoli, che firmasse tale legislazione. Per farlo, doveva prendere il controllo del Partito Repubblicano o di quello Democratico. Il Partito Democratico era il più vulnerabile, il più ambizioso dei due partiti. Con l'eccezione di Grover Cleveland, i Democratici non erano riusciti a portare uno dei loro uomini alla Casa Bianca dalla Guerra Civile. Le ragioni sono due:

1. La povertà del partito.

2. C'erano molti più elettori di orientamento repubblicano che democratico.

"La questione della povertà non era un grosso problema, ma quella degli elettori era un'altra storia. Ma come ho detto prima, Schiff era un uomo intelligente. Ecco il metodo atroce e assassino che ha usato per risolvere il problema degli elettori. La sua soluzione sottolinea quanto poco i banchieri ebrei internazionalisti si preoccupino dei loro fratelli razziali, come si vedrà. Improvvisamente, intorno al 1890, una serie di pogrom scoppiò in tutta la Russia. Diverse migliaia di ebrei innocenti, uomini, donne e bambini, furono massacrati da cosacchi e altri contadini. Simili pogrom con analoghi massacri di ebrei innocenti scoppiarono in Polonia, Romania e Bulgaria. Tutti questi pogrom sono stati fomentati da agenti Rothschild. Di conseguenza, i rifugiati ebrei terrorizzati provenienti da tutte queste nazioni si riversarono negli Stati Uniti e ciò continuò per i due o tre decenni successivi, perché i pogrom furono continui per tutti questi anni. Tutti questi rifugiati sono stati aiutati da sedicenti comitati umanitari istituiti da Schiff, dai Rothschild e da tutti i loro affiliati.

"I rifugiati si riversarono a New York, ma i comitati umanitari di Schiff e Rothschild trovarono il modo di trasferire molti di loro in altre grandi città come Chicago, Boston, Filadelfia, Detroit, Los Angeles, ecc. Tutti furono rapidamente trasformati in "cittadini naturalizzati" ed educati a registrarsi come democratici. Così, tutti questi cosiddetti gruppi di minoranza sono diventati solidi elettori democratici nelle loro comunità, tutti controllati e manovrati dai loro cosiddetti benefattori. E subito dopo la fine del secolo, sono diventati fattori vitali nella vita politica della nostra nazione. Questo era uno dei metodi usati da Schiff per piazzare uomini come Nelson Aldrich al Senato e Woodrow Wilson alla Casa Bianca.

"A questo punto, permettetemi di ricordarvi un altro dei compiti importanti che sono stati assegnati a Schiff quando è stato inviato in America. Mi riferisco al compito di distruggere l'unità del popolo americano creando gruppi minoritari e fomentando conflitti razziali. Portando in America i rifugiati ebrei dai pogrom, Schiff ha creato un gruppo minoritario pronto per essere utilizzato a questo scopo. Ma non si poteva contare sul popolo ebraico nel suo complesso, reso timoroso dai pogrom, per creare la violenza necessaria a distruggere l'unità del popolo americano. Ma all'interno dell'America stessa esisteva un gruppo minoritario già costituito, anche se ancora dormiente, i neri, che potevano essere incitati a manifestazioni, rivolte, saccheggi, omicidi e qualsiasi altro tipo di anarchia: bastava incitarli e risvegliarli. Insieme, questi due gruppi di minoranza, opportunamente manovrati, potrebbero essere usati per creare esattamente la "discordia" in America di cui gli Illuminati avrebbero bisogno per raggiungere il loro obiettivo.

"Così, nello stesso momento in cui Schiff e i suoi co-cospiratori stavano sviluppando i loro piani per intrappolare il nostro sistema monetario, stavano sviluppando piani per colpire l'ignaro popolo americano con un esplosivo e terrificante sconvolgimento razziale che avrebbe lacerato il popolo in odiose frazioni e creato il caos in tutta la nazione; in particolare in tutti i campus universitari e di college; il tutto protetto dalle decisioni di Earl Warren e dei nostri cosiddetti leader a Washington D.C. (Ricorda la Commissione Warren sull'assassinio del Presidente John F. Kennedy)[36] .

Naturalmente, perfezionare questi piani richiede tempo e infinita pazienza.

---

[36] Kennedy, mentre era presidente degli Stati Uniti, è diventato cristiano. Nel suo tentativo di "pentirsi", ha cercato di informare il popolo di questa nazione (almeno due volte) che l'Ufficio del Presidente degli Stati Uniti era manipolato dagli Illuminati/CFR. Allo stesso tempo, egli interruppe il "prestito" di banconote della Federal Reserve dalla Federal Reserve Bank e iniziò a emettere banconote statunitensi (senza interessi) a credito degli Stati Uniti. Fu questa emissione di banconote statunitensi che portò all'"assassinio" di Kennedy.

Dopo il giuramento, Lyndon B. Johnson smise di emettere banconote statunitensi e riprese a prendere in prestito le banconote della Federal Reserve Bank (che furono prestate al popolo degli Stati Uniti all'attuale tasso di interesse del 17%). Le banconote statunitensi emesse sotto John F. Kennedy facevano parte della serie del 1963, che presentava un sigillo "rosso" sulla faccia della banconota.

"Ora, per fugare ogni dubbio, mi prenderò qualche momento per fornirvi le prove documentali di questa cospirazione antirazziale. Prima di tutto, dovevano creare una leadership e delle organizzazioni per attirare milioni di ingannatori, ebrei e neri, che avrebbero manifestato e commesso rivolte, saccheggi e anarchia. Così, nel 1909, Schiff, i Lehman e altri cospiratori organizzarono e fondarono la National Association for the Advancement of the Coloured People, nota come NAACP. I presidenti, i direttori e i consulenti legali della NAACP sono sempre stati "uomini bianchi ebrei" nominati da Schiff e così è ancora oggi.

"Poi, nel 1913, il gruppo Schiff organizzò la "Anti-Defamation League of B'nai B'rith", comunemente nota come "ADL", per fungere da Gestapo e scagnozzo dell'intera grande cospirazione. Oggi, la sinistra "ADL" ha più di 2.000 filiali in ogni parte del nostro Paese e consiglia e controlla completamente ogni azione della NAACP, della Urban League e di tutte le altre cosiddette organizzazioni per i diritti civili dei neri in tutto il Paese, compresi leader come Martin Luther King, Stockely Carmichael, Barnard Rustin e altri della stessa razza. Inoltre, l'"ADL" ha acquisito il controllo assoluto dei budget pubblicitari di molti grandi magazzini, catene alberghiere, sponsor industriali della televisione e della radio e agenzie pubblicitarie, al fine di controllare praticamente tutti i mezzi di comunicazione di massa e di costringere tutti i giornali fedeli a distorcere e falsificare le notizie, per incitare ulteriormente l'illegalità e la violenza delle folle nere e, allo stesso tempo, per suscitare simpatia nei loro confronti. Ecco la prova documentale dell'inizio del loro deliberato complotto per portare i neri all'anarchia.

"Intorno al 1910, un uomo di nome Israel Zengwill scrisse un'opera teatrale intitolata 'The Melting Pot'. Era pura propaganda per incitare neri ed ebrei, perché l'opera doveva mostrare come il popolo americano discriminava e perseguitava ebrei e neri. All'epoca nessuno sembrava rendersi conto che si trattava di un'opera di propaganda. È stato scritto in modo così intelligente. La propaganda era ben racchiusa nel grande intrattenimento della commedia, che ha avuto un grande successo a Broadway.

"A quei tempi, il leggendario Diamond Jim Brady era solito organizzare un banchetto al famoso ristorante Delmonico's di New York dopo la prima di un'opera teatrale popolare. Ha organizzato una festa di questo tipo per il cast di "The Melting Pot", il suo scrittore, il produttore e alcune celebrità di Broadway. A quel tempo avevo già lasciato un segno personale nel teatro di Broadway e fui invitato a quella festa. Ho conosciuto George Bernard Shaw e uno scrittore ebreo di nome Israel Cohen. Zangwill, Shaw e Cohen erano quelli che avevano creato la Fabian Society in Inghilterra e avevano lavorato a stretto contatto con un ebreo di Francoforte di nome Mordicai che aveva cambiato il suo nome in Karl Marx; ma ricordate, a quel tempo il marxismo e il comunismo stavano appena nascendo e nessuno prestava molta attenzione a nessuno dei due e nessuno sospettava la propaganda negli scritti di questi tre brillanti scrittori.

"A quel banchetto, Israel Cohen mi disse che all'epoca era impegnato nella stesura di un libro che doveva essere il seguito di "The Melting Pot" di Zangwill. Il titolo del suo libro doveva essere "Un'agenda razziale per il 20ème secolo". A quel tempo ero completamente assorbito dal mio lavoro di drammaturgo e, per quanto il titolo fosse significativo, il suo vero scopo non mi è mai venuto in mente, né ero interessato a leggere il libro. Ma improvvisamente mi colpì con la forza di una bomba a idrogeno quando ricevetti un ritaglio di giornale di un articolo pubblicato dal *Washington D.C. Evening Star* nel maggio 1957. Questo articolo era una ristampa parola per parola del seguente estratto dal libro di Israel Cohen "A Racial-Program for the 20th Century" e recitava come cito:

> "Dobbiamo renderci conto che l'arma più potente del nostro partito è la tensione razziale. Propagandando nella coscienza delle razze scure il fatto che per secoli sono state oppresse dai bianchi, possiamo farle aderire al programma del Partito Comunista. In America punteremo a una vittoria sottile. Mentre infiammiamo la minoranza nera contro i bianchi, instilliamo nei bianchi un complesso di colpa per il loro sfruttamento dei neri. Aiuteremo i neri a salire ai vertici in tutti i settori della vita, nelle professioni e nel mondo dello sport e dello spettacolo. Con questo prestigio, i neri potranno sposare i bianchi e iniziare un processo che consegnerà l'America alla nostra causa".

Verbale del 7 giugno 1957; del rappresentante Thomas G. Abernethy.

"Così, l'autenticità di questo passaggio del libro di Cohen è stata pienamente stabilita. Ma l'unico dubbio che mi rimaneva in mente era se rappresentasse la politica ufficiale o il complotto del Partito Comunista o semplicemente un'espressione personale dello stesso Cohen. Ho quindi cercato ulteriori prove e le ho trovate in un opuscolo ufficiale pubblicato nel 1935 dalla sezione di New York del Partito Comunista.

L'opuscolo era intitolato: "I negri in un'America sovietica". Il documento esortava i negri a sollevarsi, a formare uno Stato sovietico nel Sud e a chiedere l'ammissione all'Unione Sovietica. Conteneva la ferma promessa che la rivolta sarebbe stata sostenuta da tutti i "rossi" e i cosiddetti "liberali" americani. A pagina 38 si prometteva che un governo sovietico avrebbe conferito più benefici ai neri che ai bianchi e ancora, questo opuscolo ufficiale comunista prometteva che, cito testualmente, "qualsiasi atto di discriminazione o pregiudizio nei confronti di un negro diventerà un crimine secondo la legge rivoluzionaria". Questa dichiarazione dimostra che l'estratto del libro di Israel Cohen pubblicato nel 1913 era un decreto ufficiale del Partito Comunista ed era direttamente in linea con il piano degli Illuminati per la rivoluzione mondiale pubblicato da Weishaupt e successivamente da Albert Pike.

"Ora c'è solo una questione da risolvere: dimostrare che il regime comunista è direttamente controllato dai cervelli americani di Jacob Schiff e dei Rothschild di Londra. Poco dopo fornirò le prove che toglieranno ogni dubbio sul fatto che il Partito Comunista, così come lo conosciamo, è stato creato da quei cervelli (capitalisti, se volete notare), Schiff, i Warburg e i Rothschild, che hanno pianificato e finanziato l'intera rivoluzione russa, l'assassinio dello Zar e della sua famiglia, e che Lenin, Trotsky e Stalin hanno preso ordini direttamente da Schiff e dagli altri capitalisti che avrebbero dovuto combattere.

"Riuscite a capire perché il famigerato Earl Warren e i suoi altrettanto famigerati colleghi giudici della Corte Suprema hanno preso questa infame e infida decisione sulla desegregazione nel 1954? Era per favorire il complotto dei cospiratori degli Illuminati per creare tensioni e conflitti tra bianchi e neri. Riuscite a capire perché lo stesso Earl Warren ha emesso la sua sentenza che vieta le preghiere cristiane e i canti di Natale nelle nostre scuole? Perché Kennedy ha fatto lo stesso? E riuscite a capire perché Johnson e 66 senatori, nonostante le proteste del 90% del popolo americano, hanno votato per il "Trattato consolare" che apre il nostro intero Paese alle spie e ai sabotatori russi? Questi 66 senatori sono tutti Benedict Arnold del 20ème secolo.

"Spetta a voi e a tutto il popolo americano costringere il Congresso, i nostri funzionari eletti, a portare questi traditori americani davanti alla giustizia per l'impeachment e, una volta dimostrata la loro colpevolezza, a infliggere loro la punizione prevista per i traditori che aiutano e favoriscono i nostri nemici". E questo include l'attuazione di rigorose indagini del Congresso sul "CFR" e su tutti i suoi prestanome, come l'"ADL", il "NAACP", lo "SNIC" e gli strumenti degli Illuminati come Martin Luther King*. Tali indagini smaschereranno completamente tutti i leader di Washington D.C. e degli Illuminati, e tutte le loro affiliazioni e filiali, come traditori che portano avanti il complotto degli Illuminati. Smaschereranno completamente le Nazioni Unite come nodo del complotto e costringeranno il Congresso ad allontanare gli Stati Uniti dall'ONU e ad espellere l'ONU dagli Stati Uniti. Anzi, distruggerà l'ONU e l'intera cospirazione.

"Prima di chiudere questa fase, desidero ribadire e sottolineare un punto fondamentale che vi invito a non dimenticare mai se volete salvare il nostro Paese per i vostri figli e per i loro figli. Il punto è questo. Tutti gli atti incostituzionali e illegali commessi da Woodrow Wilson, Franklin Roosevelt, Truman, Eisenhower e Kennedy e ora commessi da Johnson (e ora da George Bush e Bill Clinton) sono esattamente in linea con l'antica cospirazione degli Illuminati descritta da Weishaupt e Albert Pike. Ogni decisione viziosa presa dal traditore Earl Warren e dai suoi giudici della Corte Suprema, altrettanto traditori, era direttamente in linea con quanto richiesto dal piano degli Illuminati. Ogni tradimento commesso dal nostro Dipartimento di Stato sotto Rusk e prima ancora da John Foster Dulles e Marshall, e ogni tradimento commesso da McNamara e dai suoi predecessori, sono direttamente in linea con questo stesso piano degli Illuminati per la conquista del mondo. Allo stesso modo, il sorprendente tradimento commesso da vari membri del nostro Congresso, in particolare dai 66 senatori che hanno firmato il trattato consolare, è stato intrapreso per volere degli Illuminati.

"Ora tornerò all'intervento di Jacob Schiff nel nostro sistema monetario e alle azioni di tradimento che ne sono seguite. Questo rivelerà anche il controllo di Schiff-Rothschild non solo su Karl Marx, ma anche su Lenin, Trotsky e Stalin, che hanno creato la rivoluzione in Russia e istituito il Partito Comunista.

"Fu nel 1908 che Schiff decise che era giunto il momento di prendere il controllo del nostro sistema monetario. I suoi principali luogotenenti in questa acquisizione furono il colonnello Edward Mandel House, la cui intera carriera fu quella di cuoco esecutivo e fattorino di Schiff, nonché Bernard Baruch e Herbert Lehman. Nell'autunno di quell'anno si riunirono in conclave segreto al Jekyll Island Hunt Club, di proprietà di J.P. Morgan a Jekyll Island, in Georgia. Tra i presenti c'erano J.P. Morgan, John B. Rockefeller, il colonnello House, il senatore Nelson Aldrich, Schiff, Stillman e Vanderlip della National City Bank di New

York, W. e J. Seligman, Eugene Myer, Bernard Baruch, Herbert Lehman, Paul Warburg - in breve, tutti i banchieri internazionali d'America. Tutti membri della gerarchia della grande cospirazione degli Illuminati.

"Una settimana dopo, crearono quello che chiamarono il Federal Reserve System. Il senatore Aldrich era il tirapiedi che avrebbe dovuto farlo approvare dal Congresso, ma il passaggio fu messo in attesa per una ragione principale: dovevano prima far firmare al loro uomo e al loro obbediente tirapiedi alla Casa Bianca il Federal Reserve Act. Sapevano che anche se il Senato avesse approvato la legge all'unanimità, l'allora neoeletto Presidente Taft avrebbe posto rapidamente il veto. Così hanno aspettato.

"Nel 1912 il loro uomo, Woodrow Wilson, fu eletto presidente. Subito dopo l'insediamento di Wilson, il senatore Aldrich fece approvare la legge sulla Federal Reserve da entrambe le camere del Congresso e Wilson la firmò prontamente. Questo atroce atto di tradimento fu commesso il 23 dicembre 1913, due giorni prima di Natale, quando tutti i membri del Congresso, ad eccezione di alcuni rappresentanti e tre senatori scelti a mano, erano lontani da Washington. Quanto è stato efferato questo atto di tradimento? Ve lo dico io.

I padri fondatori erano ben consapevoli del potere del denaro. Sapevano che chiunque avesse quel potere aveva in mano il destino della nostra nazione. Per questo motivo hanno protetto con cura questo potere quando hanno stabilito nella Costituzione che solo il Congresso, i rappresentanti eletti dal popolo, avrebbero dovuto detenerlo. Il linguaggio costituzionale su questo punto è breve, conciso e specifico, contenuto nell'articolo I, sezione 8, paragrafo 5, che definisce i doveri e i poteri del Congresso, e cito:

> "di coniare moneta, di regolare il valore del denaro e delle monete straniere, e lo standard di pesi e misure".

Ma in quel tragico e indimenticabile giorno d'infamia, il 23 dicembre 1913, gli uomini che avevamo mandato a Washington per salvaguardare i nostri interessi, i rappresentanti, i senatori e Woodrow Wilson, misero il destino della nostra nazione nelle mani di due stranieri provenienti dall'Europa orientale, gli ebrei Jacob Schiff e Paul Warburg. Warburg era un immigrato molto recente, giunto qui per volere di Rothschild con l'esplicito scopo di tracciare il piano di questa turpe legge sulla Federal Reserve.

"Oggi la stragrande maggioranza del popolo americano crede che il

Federal Reserve System sia un'agenzia del governo degli Stati Uniti. Questo è completamente falso. Tutte le azioni delle Federal Reserve Banks sono di proprietà delle banche aderenti e i capi delle banche aderenti sono tutti membri della gerarchia della grande cospirazione degli Illuminati, oggi nota come "CFR".

"I dettagli di questo atto di tradimento, a cui hanno partecipato molti cosiddetti americani traditori, sono troppo lunghi per questo giornale; ma tutti questi dettagli sono disponibili in un libro intitolato *I segreti della Federal Reserve*[37] , scritto da Eustace Mullins. In questo libro, Mullins racconta l'intera orribile storia e la corrobora con documenti inoppugnabili. Oltre ad essere una storia davvero affascinante e scioccante di questo grande tradimento, ogni americano dovrebbe leggerla come una questione di intelligence vitale per quando l'intero popolo americano si sveglierà finalmente e distruggerà l'intera cospirazione e, con l'aiuto di Dio, quel risveglio arriverà sicuramente.

"Se pensate che questi stranieri e i loro cospiratori americani si accontentino di controllare il nostro sistema monetario, vi aspetta un altro triste shock. Il Federal Reserve System ha dato ai cospiratori il controllo completo del nostro sistema monetario, ma non ha toccato in alcun modo il reddito del popolo, perché la Costituzione vieta espressamente quella che oggi è nota come la ritenuta fiscale del 20% in più. Ma il piano degli Illuminati per l'asservimento all'interno di un mondo unificato comprendeva la confisca di tutta la proprietà privata e il controllo del potere di guadagno individuale. Questo, e Karl Marx ha sottolineato questa caratteristica nel suo piano, doveva essere realizzato con un'imposta sul reddito progressiva e graduale. Come ho già detto, una tassa del genere non può essere imposta legalmente al popolo americano. È succintamente ed espressamente vietato dalla nostra Costituzione. Pertanto, solo un emendamento costituzionale potrebbe conferire al governo federale tali poteri confiscatori.

"Bene; anche questo non era un problema insormontabile per i nostri machiavellici intrallazzatori. Gli stessi leader eletti di entrambe le camere del Congresso e lo stesso Woodrow Wilson, che firmò il famigerato Federal Reserve Act, emendarono la Costituzione per rendere l'imposta federale sul reddito, nota come emendamento 16ème , una legge del paese. Entrambi sono illegali secondo la nostra

---

[37] Pubblicato da Le Retour aux Sources, www.leretourauxsources.com

Costituzione. In breve, sono stati gli stessi traditori a firmare entrambi i tradimenti, la Legge sulla Federal Reserve e l'Emendamento 16ème . Tuttavia, sembra che nessuno si sia mai reso conto che l'emendamento 16ème è stato concepito per derubare, e intendo dire derubare, le persone del loro reddito attraverso l'imposta sul reddito.

"I complottisti non fecero pieno uso di questa disposizione fino alla Seconda Guerra Mondiale, quando il grande umanista Franklin Roosevelt applicò una ritenuta del 20% su tutti i piccoli salari e fino al 90% sui redditi più alti. Certo, promise fedelmente che sarebbe stato solo per la durata della guerra; ma che cos'è una promessa per un ciarlatano che, nel 1940, mentre era in corsa per il suo terzo mandato, continuava a proclamare: "Dico ancora e ancora e ancora che non manderò mai i ragazzi americani a combattere in terra straniera". Ricordate, egli proclamò questa dichiarazione mentre si stava già preparando a farci precipitare nella Seconda Guerra Mondiale, incitando i giapponesi ad attaccare di nascosto Pearl Harbor per avere un pretesto.

"E prima che mi dimentichi, lasciatemi ricordare che un altro ciarlatano di nome Woodrow Wilson ha usato esattamente lo stesso slogan per la campagna elettorale del 1916. Il suo slogan era: "Rieleggete l'uomo che terrà i vostri figli fuori dalla guerra"; esattamente la stessa formula, esattamente le stesse promesse. Ma aspettate; come diceva Al Jonson, "non avete ancora sentito nulla". La trappola dell'imposta sul reddito del 16° emendamento^{ème} aveva lo scopo di confiscare e rubare il reddito dell'uomo comune, cioè di me e di voi. Non era destinato a colpire gli enormi redditi della banda degli Illuminati, dei Rockefeller, dei Carnegie, dei Lehman e di tutti gli altri cospiratori.

"Così, insieme, con questo emendamento^{ème} , crearono quelle che chiamarono "fondazioni esenti da imposte", che avrebbero permesso ai cospiratori di trasformare le loro enormi ricHisse in queste cosiddette "fondazioni", evitando di pagare praticamente tutte le imposte sul reddito. La scusa era che le entrate di queste "fondazioni esenti da imposte" sarebbero state destinate alla filantropia umanitaria. Così oggi abbiamo le varie fondazioni Rockefeller, i fondi Carnegie e Dowman, la Fondazione Ford, la Fondazione Mellon e centinaia di "fondazioni esentasse" simili.

"E che tipo di filantropia sostengono queste fondazioni? Beh, finanziano tutti i gruppi per i diritti civili (e i movimenti ambientalisti) che stanno causando caos e rivolte in tutto il Paese. Finanziano i Martin Luther King. La Fondazione Ford finanzia il "Centro per lo studio delle istituzioni democratiche" di Santa Barbara, comunemente noto come West Moscow, gestito dai famigerati Hutchens, Walter Ruther, Erwin Cahnam e altri personaggi del genere.

"In breve, le "fondazioni esenti da imposte" hanno finanziato coloro che fanno il lavoro per la grande cospirazione degli Illuminati. E quali sono le centinaia di miliardi di dollari che confiscano ogni anno dal reddito del gregge comune, voi e io? Tanto per cominciare, c'è il trucco degli "aiuti all'estero" che ha regalato miliardi al comunista Tito e centinaia di jet, molti dei quali sono stati dati a Castro, oltre ai costi per l'addestramento dei piloti comunisti affinché potessero abbattere meglio i nostri aerei. Miliardi alla Polonia rossa. Miliardi all'India. Miliardi a Sucarno. Miliardi ad altri nemici degli Stati Uniti. Ecco cosa ha fatto questo emendamento traditore[ème] alla nostra nazione e al popolo americano, a voi, a me e ai nostri figli.

"Il nostro governo federale controllato dagli Illuminati presso il CFR può concedere lo "status di esenzione fiscale" a tutte le fondazioni e organizzazioni pro-Mondo Rosso, come il "Fondo per la Repubblica"". Ma se voi o qualsiasi organizzazione patriottica siete troppo apertamente filoamericani, possono terrorizzarvi e intimidirvi trovando una virgola fuori posto nella vostra dichiarazione dei redditi e minacciandovi di sanzioni, multe e persino il carcere. Gli storici del futuro si chiederanno come il popolo americano abbia potuto essere così ingenuo e stupido da permettere atti di tradimento così audaci e sfacciati come il Federal Reserve Act e l'emendamento 16ème . Beh, non erano ingenui e non erano stupidi. La risposta è questa: si sono fidati degli uomini che hanno eletto per proteggere il nostro Paese e il nostro popolo, e non hanno avuto la minima idea di nessuno di questi tradimenti fino a quando non sono stati compiuti.

"Sono i mezzi di comunicazione di massa controllati dagli Illuminati che hanno mantenuto e mantengono il nostro popolo ingenuo e stupido e ignaro del tradimento che viene commesso. Ora la grande domanda è: "Quando la gente si sveglierà e farà ai nostri traditori di oggi quello che George Washington e i nostri padri fondatori avrebbero fatto a Benedict Arnold? ". In realtà, Benedict Arnold era un traditore insignificante se paragonato ai nostri attuali traditori a Washington D.C. Ora torniamo agli eventi che hanno seguito la violazione della nostra Costituzione con l'approvazione del Federal Reserve Act e dell'emendamento 16ème . Wilson era completamente sotto il loro controllo?

"Le menti della grande cospirazione hanno messo in moto il prossimo e quello che speravano sarebbe stato l'ultimo passo per raggiungere il loro unico governo mondiale. La prima di queste tappe fu la Prima Guerra Mondiale. Perché la guerra? Semplice, l'unica scusa per un governo unico mondiale è che dovrebbe garantire la pace. L'unica cosa che può far gridare alla pace è la guerra. La guerra porta caos, distruzione, sfinimento, sia per chi vince che per chi perde. Porta alla rovina economica di entrambi. Ma soprattutto, distrugge il fiore della giovinezza di entrambi. Per gli anziani rattristati e straziati (madri e padri) a cui è rimasto solo il ricordo dei loro amati figli, la pace vale qualsiasi prezzo, ed è l'emozione su cui i cospiratori fanno affidamento per il successo del loro satanico complotto. [38]

"Per tutto il XIX secolo^{ème}, dal 1814 al 1914, il mondo nel suo complesso è stato in pace. Guerre come la "guerra franco-prussiana", la nostra "guerra civile", la "guerra russo-giapponese" sono state quelle che potremmo definire "disordini locali" che non hanno avuto ripercussioni sul resto del mondo. Tutte le grandi nazioni erano prospere e il popolo era ferocemente nazionalista e orgoglioso della propria sovranità. Era del tutto impensabile che i francesi e i tedeschi fossero disposti a vivere sotto un "unico governo mondiale", o i "russi", i "cinesi" o i "giapponesi". È ancora più impensabile che un Kaiser Guglielmo, un Francesco Giuseppe, uno Zar Nicola o qualsiasi altro monarca ceda volontariamente e docilmente il proprio trono a un governo mondialista. Ma non dimenticate che i popoli di tutte le nazioni sono il vero potere e che la "guerra" è l'unica cosa che potrebbe far sì che i popoli desiderino e chiedano la "pace", assicurando così un governo unico mondiale. Ma dovrebbe essere una guerra spaventosa e terribilmente devastante. Non poteva essere una semplice guerra locale tra due sole nazioni; avrebbe dovuto essere una "guerra mondiale". Nessuna grande nazione dovrebbe essere risparmiata dagli orrori e dalle devastazioni di una simile guerra. Il grido di "pace" deve essere universale.[39]

---

[38] La risposta a questa domanda è semplice: non servire nelle "loro" forze armate e diventare carne da macello per l'autoproclamata élite. Se lo fate, o se permettete che i vostri figli lo facciano, attraverso l'ignoranza che permettete, vi meritate ciò che voi, e loro, avranno. N/A.

[39] Nella "Grande Guerra" - la Prima Guerra Mondiale - sono state perse più vite che in qualsiasi altra guerra della storia. Per esempio, nella Prima guerra mondiale - "la [cosiddetta] guerra per porre fine a tutte le guerre" - [e perché è stata inventata proprio questa frase?] sono stati massacrati più uomini in una sola battaglia che in tutte le seconde guerre mondiali. Quella che prima

"In effetti, questo era il formato stabilito dagli Illuminati e da Nathan Rothschild all'inizio del 19ème secolo. Hanno prima trascinato tutta l'Europa nelle "guerre napoleoniche" e poi nel "Congresso di Vienna" organizzato dai Rothschild, che prevedeva di trasformarsi in una "Società delle Nazioni" come sede del loro governo unico mondiale; proprio come le attuali "Nazioni Unite" sono state create per essere la sede del futuro governo unico mondiale, Dio non voglia. In ogni caso, questo è il piano che la Casa Rothschild e Jacob Schiff decisero di adottare per raggiungere il loro obiettivo nel 1914. Naturalmente, sapevano che lo stesso progetto era fallito nel 1814, ma pensavano che fosse solo perché lo zar russo lo aveva silurato. Ebbene, gli attuali cospiratori del 1914 eliminerebbero il tafano del 1814. Si sarebbero assicurati che dopo la nuova guerra mondiale che stavano tramando, non ci sarebbe stato nessuno zar di Russia a ostacolarli.

"Vi dirò come hanno compiuto questo primo passo per lanciare una guerra mondiale. La storia racconta che la Prima Guerra Mondiale fu scatenata da un banale incidente, il tipo di incidente che Weishaupt e Albert Pike avevano inserito nei loro piani. Si tratta dell'assassinio di un arciduca austriaco organizzato dai cervelli degli Illuminati. Seguì la guerra. Coinvolse Germania, Austria, Ungheria e i loro alleati, le "potenze dell'Asse", contro Francia, Gran Bretagna e Russia, chiamati "Alleati". Solo gli Stati Uniti non sono stati coinvolti nei primi due anni.

"Nel 1917, i cospiratori avevano raggiunto il loro obiettivo primario: tutta l'Europa era in uno stato di indigenza. Tutti i popoli erano stanchi della guerra e volevano la pace. La pace sarebbe arrivata non appena gli Stati Uniti si fossero schierati con gli Alleati, cosa che sarebbe avvenuta subito dopo la rielezione di Wilson. Dopodiché, l'esito poteva essere uno solo: la vittoria totale degli Alleati. Per confermare pienamente la mia affermazione che molto prima del 1917, la cospirazione, guidata in

---

sembrava una strategia militare totalmente illogica ora è perfettamente logica, se si vuole che il maggior numero possibile di propri uomini venga ucciso. La strategia consisteva nell'ordinare ai soldati britannici di marciare lentamente verso le mitragliatrici tedesche e di non caricarle o affrontarle, con il risultato di una spaventosa carneficina. Se disobbedivano, venivano messi davanti a un plotone di esecuzione composto dai loro stessi compagni, in modo che in ogni caso fossero sicuri di morire. - Utilizzando questo esempio, dovrebbe essere chiaro che gli Illuminati non si fanno assolutamente scrupoli a massacrare milioni di persone che considerano "mangiatori inutili" e non si faranno scrupoli a massacrarne presto altri miliardi. N/A.

America da Jacob Schiff, aveva pianificato tutto per gettare gli Stati Uniti in questa guerra. Citerò le prove.

"Quando Wilson fece la campagna per la rielezione nel 1916, il suo appello principale fu: "Rieleggete l'uomo che terrà i vostri figli fuori dalla guerra". Ma durante quella stessa campagna, il Partito Repubblicano accusò pubblicamente Wilson di essersi impegnato a lungo per farci entrare in guerra. Sostenevano che se fosse stato sconfitto, avrebbe preso questa decisione durante i pochi mesi che gli rimanevano in carica, ma se fosse stato rieletto, avrebbe aspettato fino a dopo le elezioni. Ma all'epoca il popolo americano considerava Wilson come un "uomo di Dio". Wilson fu rieletto e, in accordo con il programma dei cospiratori, ci fece entrare in guerra nel 1917. Usò come scusa l'affondamento del Lusitania, un affondamento che era stato anche pianificato. Roosevelt, anch'egli un uomo-dio agli occhi del popolo americano, seguì la stessa tecnica nel 1941, quando usò l'attacco a Pearl Harbor come scusa per gettarci nella Seconda Guerra Mondiale.

"Esattamente come avevano previsto i cospiratori, la vittoria alleata avrebbe eliminato tutti i monarchi delle nazioni sconfitte e lasciato tutti i loro popoli senza leader, confusi, disorientati e pienamente preparati per il governo unico mondiale che la grande cospirazione voleva instaurare. Ma ci sarebbe stato un altro ostacolo, lo stesso che aveva impedito agli Illuminati e ai Rothschild di partecipare al Congresso di Vienna (manifestazione di pace) dopo le guerre napoleoniche. Questa volta la Russia avrebbe vinto, come nel 1814, e lo zar sarebbe stato saldamente sul suo trono. Vale la pena notare che la Russia, sotto il regime zarista, è l'unico Paese in cui gli Illuminati non sono mai riusciti a prendere piede e in cui i Rothschild non sono mai riusciti a infiltrare i loro interessi bancari. Anche se fosse stato possibile convincerlo ad aderire alla cosiddetta "Società delle Nazioni", era scontato che non avrebbe mai, ma proprio mai, optato per un governo unico mondiale.

"Quindi, già prima dello scoppio della Prima Guerra Mondiale, i cospiratori avevano in mente un piano per realizzare il voto di Nathan Rothschild del 1814 di distruggere lo zar e assassinare tutti i possibili eredi reali al trono prima della fine della guerra. I bolscevichi russi dovevano essere i loro strumenti in questo particolare complotto. Dall'inizio del secolo, i leader dei bolscevichi furono Nicolai Lenin, Leon Trotsky e, più tardi, Joseph Stalin. Naturalmente, questi non sono i loro veri cognomi. Prima dello scoppio della guerra, la Svizzera divenne il loro rifugio. Il quartier generale di Trotsky si trovava nel Lower East Side di New York, dove vivevano soprattutto rifugiati russi ed ebrei. Sia Lenin che Trotsky portavano i baffi ed erano trasandati. All'epoca era il distintivo del bolscevismo. Entrambi vivevano bene, ma non avevano un'occupazione regolare. Non avevano mezzi di sussistenza visibili, ma avevano comunque molto denaro. Tutti questi misteri sono stati risolti nel 1917. Fin dall'inizio della guerra, a New York accadono cose strane e misteriose. Notte dopo notte Trotsky entrava e usciva di nascosto dal palazzo di Jacob Schiff, e nel mezzo di quelle stesse notti si riuniva un gruppo di teppisti del Lower East Side di New York. Erano tutti rifugiati russi presso il quartier generale di Trotsky e tutti stavano seguendo una sorta di misterioso processo di addestramento avvolto nel mistero. Nessuno parlava, anche se si era saputo che Schiff finanziava tutte le attività di Trotsky.

"Poi, improvvisamente, Trotsky scomparve, insieme a circa 300 dei suoi sgherri addestrati. In realtà, si trovavano in alto mare su una nave noleggiata da Schiff, in viaggio verso un appuntamento con Lenin e la sua banda in Svizzera. La nave conteneva anche 20 milioni di dollari in oro, destinati a finanziare la conquista bolscevica della Russia. In previsione dell'arrivo di Trotsky, Lenin si preparò a dare una festa nel suo rifugio svizzero. Alla festa dovevano essere invitati uomini dei più alti circoli del mondo. Tra loro c'era il misterioso colonnello Edward Mandel House, mentore e paralitico di Woodrow Wilson e, soprattutto, messaggero speciale e riservato di Schiff. Un altro degli ospiti attesi era Warburg, del clan bancario tedesco Warburg, che aveva finanziato il Kaiser e che quest'ultimo aveva premiato nominandolo capo della polizia segreta tedesca. Inoltre, c'erano i Rothschild di Londra e Parigi, Litvinov, Kaganovich e Stalin (che allora era a capo di una banda di rapinatori di treni e banche). Era conosciuto come il "Jesse James degli Urali".

"E qui devo ricordare che Inghilterra e Francia erano in guerra con la Germania da molto tempo e che il 3 febbraio 1917 Wilson aveva interrotto tutte le relazioni diplomatiche con la Germania. Pertanto, Warburg, il colonnello House, i Rothschild e tutti gli altri erano nemici, ma naturalmente la Svizzera era un terreno neutrale dove i nemici potevano incontrarsi e diventare amici, soprattutto se avevano un progetto in comune. Il partito di Lenin fu quasi distrutto da un incidente imprevisto. La nave noleggiata da Schiff e diretta in Svizzera fu intercettata e trattenuta da una nave da guerra britannica. Ma Schiff si affrettò a ordinare a Wilson di ordinare agli inglesi di rilasciare la nave intatta con gli sgherri di Trotsky e l'oro. Wilson obbedì. Egli avvertì gli inglesi che se si fossero rifiutati di rilasciare la nave, gli Stati Uniti non sarebbero entrati in guerra in aprile, come aveva fedelmente promesso un anno prima. Gli inglesi ascoltarono l'avvertimento. Trotsky arrivò in Svizzera e il treno di Lenin partì come previsto; ma si trovarono ancora di fronte a quello che normalmente sarebbe stato l'ostacolo insormontabile di far passare il confine russo alla banda di terroristi Lenin-Trotsky. Fu allora che intervenne il fratello Warburg, capo della polizia segreta tedesca. Caricò tutti questi delinquenti su vagoni merci sigillati e prese tutte le disposizioni necessarie per il loro ingresso segreto in Russia. Il resto è storia. La rivoluzione in Russia ebbe luogo e tutti i membri della famiglia reale Romanov furono assassinati.

"Il mio obiettivo principale ora è stabilire, al di là di ogni dubbio, che il cosiddetto comunismo è parte integrante della grande cospirazione degli Illuminati per la schiavitù del mondo intero. Che il cosiddetto comunismo non è altro che la loro arma e parola d'ordine per terrorizzare i popoli del mondo e che la conquista della Russia e la creazione del comunismo sono state, in gran parte, organizzate da Schiff e dagli altri banchieri internazionali nella nostra New York City. Una storia fantastica? Sì. Alcuni potrebbero persino rifiutarsi di crederci. Ebbene, a beneficio di tutti i "tomisti", lo dimostrerò facendo notare che solo pochi anni fa Charlie Knickerbocker, un editorialista del quotidiano Hearst, ha pubblicato un'intervista con John Schiff, nipote di Jacob, in cui il più giovane Schiff ha confermato l'intera storia e ha indicato l'importo a cui il vecchio Jacob aveva contribuito, 20.000.000 di dollari.

"Se qualcuno ha ancora il minimo dubbio che l'intera minaccia del comunismo sia stata creata dai cervelli della grande cospirazione nella nostra New York, citerò il seguente fatto storico. Tutti i documenti dimostrano che quando Lenin e Trotsky organizzarono la presa della Russia, erano a capo del Partito bolscevico. Ora, "bolscevismo" è una parola puramente russa. I cervelloni si resero conto che il bolscevismo non poteva essere venduto come ideologia a nessuno, se non al popolo russo. Così, nell'aprile 1918, Jacob Schiff inviò il colonnello House a Mosca con l'ordine a Lenin, Trotsky e Stalin di cambiare il nome del loro regime in Partito Comunista e di adottare il "Manifesto" di Karl Marx come costituzione del Partito Comunista. Lenin, Trotsky e Stalin obbedirono e in quell'anno 1918 nacque il Partito Comunista e la minaccia del comunismo. Tutto ciò è confermato dal *Webster's Collegiate Dictionary*, quinta edizione.

"In breve, il comunismo è stato creato dai capitalisti. Così, fino all'11 novembre 1918, l'intero piano diabolico dei cospiratori funzionò perfettamente. Tutte le grandi nazioni, compresi gli Stati Uniti, erano stremate dalla guerra, devastate e in lutto per i loro morti. La pace era il grande desiderio universale. Così, quando Wilson propose di creare una "Società delle Nazioni" per garantire la pace, tutte le grandi nazioni, senza lo zar russo ad opporsi, salirono sul carro senza nemmeno fermarsi a leggere le clausole di questa polizza assicurativa. Cioè tutti tranne uno, gli Stati Uniti, proprio la nazione che Schiff e i suoi cospiratori meno si aspettavano si ribellasse, e questo è stato il loro errore fatale in quel primo complotto. Vedete, quando Schiff mise Woodrow Wilson alla Casa Bianca, i cospiratori pensarono di avere gli Stati Uniti nel proverbiale sacco. Wilson era stato perfettamente presentato al pubblico come un grande umanista. È stato imposto come uomo-dio al popolo americano. I cospiratori avevano tutte le ragioni per credere che avrebbe facilmente convinto il Congresso ad approvare la legge sulle armi.

La "Società delle Nazioni", proprio come il Congresso del 1945, acquistò ciecamente le "Nazioni Unite". Ma nel Senato del 1918 c'era un uomo che aveva capito questo piano, proprio come aveva fatto lo zar russo nel 1814. Era un uomo di grande statura politica, quasi al pari di Teddy Roosevelt e altrettanto astuto. Era molto rispettato e fidato da tutti i membri di entrambe le camere del Congresso e dal popolo americano. Il nome di questo grande e patriottico americano era Henry Cabot Lodge, non l'impostore di oggi che si faceva chiamare Henry Cabot Lodge Jr. finché non è stato smascherato. Lodge smascherò completamente Wilson e tenne gli Stati Uniti fuori dalla "Società delle Nazioni".

NOTA :

Poco dopo, gli Illuminati crearono l'emendamento[ème] per sopprimere i senatori nominati dalle legislature statali dell'Unione. Dove prima gli Illuminati controllavano la stampa, ora controllano l'elezione dei senatori degli Stati Uniti. Gli Illuminati/CFR avevano poco o nessun potere sulle singole legislature dei vari senatori statunitensi prima della ratifica dell'emendamento[ème] .

Sebbene l'emendamento 17ème dovrebbe cambiare il metodo di elezione dei senatori degli Stati Uniti, non è mai stato ratificato in conformità con l'ultima frase dell'articolo V della Costituzione degli Stati Uniti. Due Stati, il New Jersey e lo Utah, hanno respinto la proposta e altri nove Stati non hanno votato affatto. Mentre gli Stati del New Jersey e dello Utah rifiutarono espressamente di rinunciare al loro "suffragio" al Senato e gli altri nove Stati che non votarono non diedero mai il loro consenso "espresso", la proposta di emendamento 17ème non ricevette il voto "unanime" richiesto per l'approvazione. Inoltre, la risoluzione che ha creato la "proposta" non è stata approvata dal Senato all'unanimità e, poiché i senatori dell'epoca erano "nominati" dalle rispettive legislature statali, questi "no" o "non voti" sono stati espressi a nome dei rispettivi Stati.

"Diventa di grande interesse conoscere la vera ragione del fallimento della Società delle Nazioni di Wilson. Come ho già detto, Schiff è stato inviato negli Stati Uniti per svolgere quattro missioni specifiche:

1.   E, soprattutto, per ottenere il controllo completo del sistema monetario statunitense.

2.   Come indicato nel piano originale degli Illuminati, Weishaupt doveva trovare gli uomini giusti per servire come servi della grande cospirazione e promuoverli alle più alte cariche del nostro governo federale: il Congresso, la Corte Suprema degli Stati Uniti e tutte le agenzie federali, come il Dipartimento di Stato, il Pentagono, il Dipartimento del Tesoro, ecc.

3.   Distruggere l'unità del popolo americano creando conflitti tra gruppi minoritari in tutta la nazione, in particolare tra bianchi e neri, come descritto nel libro di Israel Cohen.

4.   Creare un movimento per distruggere la religione negli Stati Uniti con il cristianesimo come bersaglio o vittima principale.

"Inoltre, gli è stata ricordata con forza la direttiva imperativa del piano degli Illuminati, che è quella di ottenere il controllo totale di tutti i mezzi di comunicazione di massa per fare il lavaggio del cervello al popolo e fargli credere e accettare tutti i piani della grande cospirazione. Schiff fu avvertito che solo controllando la stampa, all'epoca unico mezzo di comunicazione di massa, avrebbe potuto distruggere l'unità del popolo americano.

"Schiff e i suoi cospiratori crearono la NAACP (National Association for the Advancement of the Coloured People) nel 1909 e, nel 1913, la Anti-Defamation League of B'nai B'rith; entrambe dovevano creare i conflitti necessari, ma nei primi anni la Anti-Defamation League operò in modo molto incerto. Forse per paura di un'azione simile a un pogrom da parte di un popolo americano risvegliato e infuriato, la NAACP era praticamente inattiva perché i suoi leader bianchi non si rendevano conto che avrebbero dovuto sviluppare leader neri incendiari, come Martin Luther King, per suscitare l'entusiasmo della massa soddisfatta dei neri dell'epoca.

"Inoltre, lui, Schiff, era impegnato a sviluppare e infiltrare i tirapiedi che dovevano servire nelle alte sfere del nostro governo di Washington e ottenere il controllo del nostro sistema monetario e la creazione del "16ème emendamento". Era anche molto impegnato nell'organizzazione del complotto per conquistare la Russia. In breve, era così impegnato in tutti questi compiti che trascurò completamente il compito supremo di ottenere il controllo completo dei nostri mezzi di comunicazione di massa. Questa negligenza fu la causa diretta del fallimento di Wilson nel coinvolgere gli Stati Uniti nella "Società delle Nazioni", perché quando Wilson decise di rivolgersi al popolo per superare l'opposizione del Senato controllato da Lodge, nonostante la sua consolidata ma falsa reputazione di grande umanista, si trovò di fronte a un popolo solidamente unito e a una stampa fedele la cui unica ideologia era l'"americanismo" e l'American way of life. A quei tempi, a causa dell'inettitudine e dell'inefficacia dell'"ADL" e del "NAACP", non c'erano gruppi organizzati di minoranze, né questioni legate ai neri, né questioni cosiddette antisemite che potessero influenzare il pensiero della gente. Non c'erano né destra né sinistra, né pregiudizi da sfruttare con astuzia. Così l'appello di Wilson per la "Società delle Nazioni" cadde nel vuoto. Questa fu la fine di Woodrow Wilson, il grande umanista dei cospiratori. Abbandonò rapidamente la sua crociata e tornò a Washington dove morì poco dopo, un pazzo sifilitico, e fu la fine della "Società delle Nazioni" come corridoio verso un unico governo mondiale.

"Naturalmente, questa disfatta fu una terribile delusione per le menti della cospirazione degli Illuminati, ma non si arresero. Come ho sottolineato in precedenza, questo nemico non si arrende mai; ha semplicemente deciso di riorganizzarsi e ricominciare. A quel punto Schiff era molto anziano e senile. Lo sapeva. Sapeva che la cospirazione aveva bisogno di una nuova leadership, più giovane e più attiva. Così, su suo ordine, il colonnello House e Bernard Baruch organizzarono e crearono quello che chiamarono "Council on Foreign Relations", il nuovo nome con cui gli Illuminati avrebbero continuato a operare negli Stati Uniti. La gerarchia, i funzionari e i direttori del "CFR" sono composti principalmente da discendenti degli Illuminati originali; molti di loro hanno abbandonato i loro vecchi nomi di famiglia e hanno acquisito nuovi nomi americanizzati. Per esempio, abbiamo Dillon, che è stato Segretario del Tesoro degli Stati Uniti, il cui nome originale era Laposky. Un altro esempio è Pauley, direttore della rete televisiva CBS, il cui vero nome è Palinsky. I membri del CFR sono circa 1.000 e comprendono i capi di quasi tutti gli imperi industriali americani, come

Blough, presidente della U.S. Steel Corporation, Rockefeller, re dell'industria petrolifera, Henry Ford II e così via. E naturalmente tutti i banchieri internazionali. Inoltre, i responsabili delle fondazioni "esenti da imposte" sono funzionari e/o membri attivi della CFR. In breve, tutti gli uomini che hanno fornito il denaro e l'influenza per eleggere i Presidenti degli Stati Uniti, i membri del Congresso e i Senatori scelti dal CFR e che decidono le nomine dei vari Segretari di Stato, del Tesoro e di tutte le importanti agenzie federali sono membri del CFR e sono membri molto obbedienti.

"Ora, per consolidare questo fatto, citerò i nomi di alcuni dei presidenti degli Stati Uniti che erano membri del CFR. Franklin Roosevelt, Herbert Hoover, Dwight D. Eisenhower, Jack Kennedy, Nixon e George Bush. Tra gli altri candidati alle presidenziali figurano Thomas E. Dewey, Adlai Stevenson e Barry Goldwater, vicepresidente di un'affiliata del CFR. Tra i membri di spicco dei gabinetti delle varie amministrazioni troviamo John Foster Dulles, Allen Dulles, Cordell Hull, John J. MacLeod, Morgenthau, Clarence Dillon, Rusk, McNamara, e tanto per sottolineare il "colore rosso" del "CFR" abbiamo come membri uomini come Alger Hiss, Ralph Bunche, Pusvolsky, Haley Dexter White (vero nome Weiss), Owen Lattimore, Phillip Jaffey, ecc. ecc. Allo stesso tempo, hanno introdotto migliaia di omosessuali e altri personaggi loschi e malleabili in tutte le agenzie federali, dalla Casa Bianca in giù. Ricorda i grandi amici di Johnson, Jenkins e Bobby Baker?

"Ora il nuovo CFR doveva fare un sacco di lavoro. Avevano bisogno di molto aiuto. Il loro primo compito è stato quindi quello di creare diverse "filiali" a cui assegnare obiettivi particolari. Non posso fare i nomi di tutti gli affiliati, ma ne elenco alcuni: la Foreign Policy Association ("FPA"), il World Affairs Council ("WAC"), il Business Advisory Council ("BAC"), il famoso "ADA" ("Americans for Democratic Action") virtualmente diretto da Walter Ruther, il famoso "13-13" di Chicago; Barry Goldwater era, e probabilmente è ancora, vicepresidente di uno degli affiliati del CFR. Inoltre, la CFR creò dei comitati speciali in ogni Stato dell'Unione, ai quali affidò le varie operazioni statali.

"Contemporaneamente, i Rothschild crearono gruppi di controllo simili al CFR in Inghilterra, Francia, Germania e altri Paesi per controllare le condizioni mondiali di cooperazione con il CFR per provocare un'altra guerra mondiale. Ma il primo e più importante compito del CFR è stato quello di ottenere il controllo totale dei nostri mezzi di comunicazione di massa. Il controllo della stampa fu affidato a Rockefeller. Così, Henry Luce, recentemente scomparso, fu finanziato per creare una serie di riviste nazionali, tra cui "Life", "Time", "Fortune" e altre, che pubblicizzavano l'"URSS" in America. I Rockefeller finanziarono direttamente o indirettamente anche la rivista "Look" dei fratelli Coles e una catena di giornali. Inoltre, finanziarono un uomo di nome Sam Newhouse per acquistare e costruire una catena di giornali in tutto il Paese. E il defunto Eugene Myer, uno dei fondatori del CFR, acquistò il Washington Post, Newsweek, Weekly e altre pubblicazioni. Allo stesso tempo, il CFR iniziò a sviluppare e coltivare una nuova razza di editorialisti ed editoriali scurrili - scrittori come Walter Lippman, Drew Pearson, gli Alsop, Herbert Matthews, Erwin Canham, e altri di quel genere che si definivano "liberali" e proclamavano che "americanismo" era "isolazionismo", che "isolazionismo" era "guerrafondaio", che "anticomunismo" era "antisemitismo" e "razzismo". Tutto questo ha richiesto tempo, naturalmente, ma oggi i nostri "settimanali", pubblicati da organizzazioni patriottiche, sono completamente controllati dai tirapiedi del CFR e così sono finalmente riusciti a dividerci in una nazione di fazioni che litigano, bisticciano e odiano. Se vi state ancora chiedendo quali siano le informazioni distorte e le vere e proprie bugie che leggete sui vostri giornali, ora avete la risposta. Ai Lehman, ai Goldman Sachs, ai Kuhn-Loebs e ai Warburg, il CFR ha affidato il compito di rilevare l'industria cinematografica, Hollywood, la radio e la televisione, e credetemi, ci sono riusciti. Se vi state ancora interrogando sulla strana propaganda messa in atto da Ed Morrows e da altri della sua razza, ora avete la risposta. Se vi state chiedendo che fine fanno tutti i film pornografici, sessuali e con matrimoni misti che vedete al cinema e in TV (e che demoralizzano i nostri giovani), ora avete la risposta.

"Ora, per rinfrescare la memoria, torniamo indietro per un momento. Il fallimento di Wilson aveva silurato ogni possibilità di trasformare questa "Lega delle Nazioni" nella speranza dei cospiratori di un governo unico mondiale; quindi il complotto di Jacob Schiff doveva essere ricominciato, e per farlo organizzarono il CFR. Sappiamo anche quanto il CFR sia riuscito a fare questo lavoro di lavaggio del cervello e di distruzione dell'unità del popolo americano. Ma come nel caso del complotto di Schiff, il culmine e la creazione di un nuovo veicolo per il loro governo unico mondiale richiedeva un'altra guerra mondiale. Una guerra che sarebbe stata ancora più orribile e devastante della Prima Guerra Mondiale per portare i popoli del mondo a chiedere di nuovo la pace e un modo per porre fine a tutte le guerre. Ma il CFR si rese conto che le conseguenze della Seconda guerra mondiale avrebbero dovuto essere pianificate con maggiore attenzione, in modo che non ci sarebbe stato scampo dalla nuova trappola del mondo unico - un'altra "Lega delle Nazioni" che sarebbe emersa dalla nuova guerra. Questa trappola, che ora conosciamo come "Nazioni Unite", ha elaborato una strategia perfetta per garantire che nessuno sfugga. Ecco come hanno fatto.

Nel 1943, in piena guerra, prepararono il quadro delle Nazioni Unite e lo consegnarono a Roosevelt e al nostro Dipartimento di Stato perché fosse partorito da Alger Hiss, Palvosky, Dalton, Trumbull e altri traditori americani, rendendo così l'intero progetto un figlio degli Stati Uniti. Poi, per preparare le menti, New York City doveva diventare il vivaio di questa mostruosità. Dopodiché, non potevamo certo abbandonare il nostro bambino, no? In ogni caso, è così che i cospiratori pensavano che avrebbe funzionato, e così è stato. Il liberale Rockefeller ha donato il terreno per l'edificio dell'ONU.

"La Carta delle Nazioni Unite è stata scritta da Alger Hiss, Palvosky, Dalton, Trumbull e altri tirapiedi del CFR. Nel 1945 si tenne a San Francisco una finta conferenza delle Nazioni Unite. Tutti i cosiddetti rappresentanti di circa 50 nazioni si sono incontrati lì e hanno prontamente firmato la Carta. Lo spregevole traditore Alger Hiss volò a Washington con la Carta, la sottopose allegramente al nostro Senato, e il Senato (eletto dal nostro popolo per garantire la nostra sicurezza) firmò la Carta senza nemmeno leggerla. La domanda è: "Quanti dei nostri senatori erano, già allora, infidi tirapiedi del CFR?". In ogni caso, è così che il popolo ha accettato le "Nazioni Unite" come un "santo dei santi".

Ancora e ancora e ancora, siamo stati sorpresi, scioccati, sconcertati e inorriditi dai loro errori a Berlino, in Corea, nel Laos, nel Katanga, a Cuba, in Vietnam; errori che hanno sempre favorito il nemico, mai gli Stati Uniti. Secondo la legge delle probabilità, avrebbero dovuto commettere almeno uno o due errori a nostro favore, ma non l'hanno mai fatto. Qual è la risposta? La risposta è il "CFR" e i ruoli svolti dai suoi affiliati e lacchè a Washington D.C., per cui sappiamo che il controllo completo della nostra politica di relazioni estere è la chiave del successo dell'intero complotto dell'ordine unico mondiale degli Illuminati. Ecco un'ulteriore prova.

"In precedenza, ho stabilito che Schiff e la sua banda hanno finanziato la presa di potere della Russia da parte degli ebrei Lenin, Trotsky e Stalin e hanno trasformato il suo regime comunista nel loro principale strumento per mantenere il mondo in subbuglio e per terrorizzarci tutti e spingerci a cercare la pace in un governo unico mondiale guidato dall'ONU. Ma i cospiratori sapevano che la "banda di Mosca" non sarebbe potuta diventare uno strumento di questo tipo finché il mondo intero non avesse accettato il regime comunista come legittimo "governo de jure" della Russia. Solo una cosa potrebbe ottenere questo risultato: il riconoscimento da parte degli Stati Uniti. I cospiratori pensavano che tutto il mondo avrebbe seguito il nostro esempio, e così hanno indotto Harding, Coolidge e Hoover a concedere tale riconoscimento. Ma tutti e tre hanno rifiutato. Il risultato della fine degli anni Venti fu che il regime di Stalin si trovò in una situazione disperata. Nonostante le purghe e i controlli della polizia segreta, il popolo russo stava diventando sempre più resistente. È un fatto provato, ammesso da Litvinov, che nel 1931 e nel 1932 Stalin e tutta la sua banda erano sempre pronti a fuggire.

"Poi, nel novembre 1932, i cospiratori misero a segno il loro più grande colpo: misero alla Casa Bianca Franklin Roosevelt, astuto, senza scrupoli e totalmente privo di coscienza. Questo infido ciarlatano li ha ingannati. Senza nemmeno chiedere il consenso del Congresso, proclamò illegalmente il riconoscimento del regime di Stalin. E proprio come avevano pianificato i cospiratori, il mondo intero ha seguito il nostro esempio. Automaticamente, questo ha soffocato il movimento di resistenza del popolo russo che si era sviluppato in precedenza. Ha lanciato automaticamente la più grande minaccia che il mondo civilizzato abbia mai conosciuto. Il resto è troppo noto per essere ripetuto.

"Sappiamo come Roosevelt e il suo Dipartimento di Stato traditore abbiano continuato a sviluppare la minaccia comunista proprio qui nel nostro Paese e quindi in tutto il mondo. Sappiamo come abbia perpetrato l'intera atrocità di Pearl Harbor come scusa per precipitarci nella Seconda Guerra Mondiale. Sappiamo tutto dei suoi incontri segreti con Stalin a Yalta e di come, con l'aiuto di Eisenhower, abbia consegnato i Balcani e Berlino a Mosca. Infine, ma non meno importante, sappiamo che il Benedict Arnold del 20ème secolo non solo ci ha condotto lungo questo nuovo corridoio, le Nazioni Unite, sulla strada di un unico governo mondiale, ma ha anche elaborato tutti gli accordi per attuarlo nel nostro Paese. In breve, il giorno in cui Roosevelt entrò alla Casa Bianca, i cospiratori del CFR presero il controllo totale della nostra macchina per le relazioni estere e stabilirono saldamente le Nazioni Unite come sede del governo unico mondiale degli Illuminati.

"Vorrei sottolineare un altro punto molto importante. Il flop della "Lega delle Nazioni" di Wilson fece capire a Schiff e alla sua banda che il controllo del Partito Democratico da solo non era sufficiente. Lo è stato! Potevano creare una crisi durante l'amministrazione repubblicana, come fecero nel 1929 con il crollo e la depressione provocati dalla Federal Reserve, che avrebbe riportato alla Casa Bianca un altro tirapiedi democratico; ma si sono resi conto che una pausa di quattro anni nel controllo delle nostre politiche estere avrebbe potuto interrompere il progresso della loro cospirazione. Potrebbe persino far deragliare l'intera strategia, come è quasi accaduto prima che Roosevelt la salvasse riconoscendo il regime di Stalin.

"Da quel momento in poi, dopo la debacle di Wilson, hanno iniziato a formulare piani per impadronirsi dei nostri due partiti nazionali. Ma per loro era un problema. Avevano bisogno di manodopera con tirapiedi nel Partito Repubblicano e di manodopera aggiuntiva per il Partito Democratico, e poiché il controllo dell'uomo alla Casa Bianca non sarebbe stato sufficiente, dovevano fornire a quell'uomo tirapiedi addestrati per il suo intero gabinetto. Uomini a capo del Dipartimento di Stato, del Dipartimento del Tesoro, del Pentagono, del CFR, dell'USIA, ecc. In breve, ogni membro dei vari gabinetti dovrebbe essere uno strumento scelto dal CFR, come Rusk e McNamara, così come tutti i sottosegretari e gli assistenti di segreteria. Questo darebbe ai cospiratori il controllo assoluto su tutte le nostre politiche, sia interne che, soprattutto, estere. Questa linea d'azione richiederebbe un pool di tirapiedi addestrati, immediatamente pronti per i cambiamenti amministrativi e per qualsiasi altra esigenza. Tutti questi tirapiedi dovrebbero necessariamente essere uomini di fama nazionale, che godono della stima del popolo, ma dovrebbero essere uomini senza onore, senza scrupoli e senza coscienza. Questi uomini dovrebbero essere vulnerabili al ricatto. Non è necessario sottolineare il successo della CFR. L'immortale Joe McCarthy ha rivelato che ci sono migliaia di questi rischi per la sicurezza in ogni agenzia federale. Scott MacLeod ne ha denunciati altri migliaia e sapete che il prezzo che Ortega ha dovuto pagare, e sta ancora pagando, per aver denunciato davanti a una commissione del Senato i traditori del Dipartimento di Stato che hanno consegnato Cuba a Castro, non solo sono stati protetti, ma anche promossi.

"Torniamo ora al cuore del complotto del governo unico mondiale e alle manovre necessarie per creare un'altra "Società delle Nazioni" per ospitare tale governo. Come ho già detto, i cospiratori sapevano che solo un'altra guerra mondiale era vitale per il successo del loro complotto. Dovrebbe essere una guerra mondiale così terribile da indurre i popoli del mondo a chiedere la creazione di una sorta di organizzazione mondiale che garantisca la pace eterna. Ma come si è potuta scatenare una guerra del genere? Tutte le nazioni europee erano in pace. Nessuno di loro aveva dispute con le nazioni vicine e i loro agenti a Mosca non avrebbero certo osato scatenare una guerra. Anche Stalin si rese conto che ciò avrebbe significato il rovesciamento del suo regime, a meno che il cosiddetto "patriottismo" non avesse unito il popolo russo dietro di lui.

"Ma i cospiratori dovevano fare una guerra. Dovevano trovare o creare un qualche tipo di incidente per iniziare. L'hanno trovata in un uomo piccolo, senza pretese e ripugnante che si faceva chiamare "Adolf Hitler". Hitler, un pittore di case austriaco impecorito, era stato caporale dell'esercito tedesco. Egli fece della sconfitta della Germania una rimostranza personale. Iniziò a fare propaganda a riguardo nella zona di Monaco di Baviera, in Germania. Ha iniziato a parlare del ripristino della grandezza dell'Impero tedesco e della forza della solidarietà tedesca. Sosteneva la necessità di ripristinare il vecchio esercito tedesco per poterlo utilizzare per conquistare il mondo intero. Curiosamente, Hitler, da piccolo clown qual era, sapeva tenere un discorso infuocato e aveva un certo magnetismo. Ma le nuove autorità tedesche non volevano più la guerra e presto gettarono l'odioso pittore austriaco in una cella di prigione.

"Aha! Ecco l'uomo", decisero i cospiratori, "che, se adeguatamente diretto e finanziato, potrebbe essere la chiave per un'altra guerra mondiale". Così, mentre era in prigione, chiesero a Rudolph Hess e Goering di scrivere un libro che chiamarono "Mein Kampf" e che attribuirono a Hitler, proprio come Litvinov scrisse "Missione a Mosca" e lo attribuì a Joseph Davies, allora nostro ambasciatore in Russia e tirapiedi del CFR. Nel "Mein Kampf", lo pseudo-autore di Hitler esponeva le sue rimostranze e il modo in cui avrebbe riportato il popolo tedesco alla sua antica grandezza. I cospiratori fecero in modo che il libro fosse ampiamente distribuito tra il popolo tedesco per creare sostenitori fanatici. Quando fu rilasciato dalla prigione (anch'essa organizzata dai cospiratori), iniziarono a preparare e finanziare i suoi viaggi in altre parti della Germania per tenere i suoi discorsi sconclusionati. Ben presto raccolse un numero crescente di sostenitori tra gli altri veterani di guerra, che presto si diffuse tra le masse, che iniziarono a vedere in lui un salvatore per la loro amata Germania. Poi arrivò la guida di quello che lui chiamava il suo "esercito delle camicie brune" e la marcia su Berlino. Ciò richiedeva una grande quantità di fondi, ma i Rothschild, i Warburg e altri cospiratori fornirono tutto il denaro necessario. Gradualmente Hitler divenne l'idolo del popolo tedesco, che poi rovesciò il governo di Von Hindenburg e Hitler divenne il nuovo Führer. Ma questo non era ancora un motivo per iniziare una guerra. Il resto dell'Europa e del mondo osservò l'ascesa di Hitler, ma non vide alcun motivo per intervenire in quella che era chiaramente una condizione interna della Germania. Certamente nessuna delle altre nazioni vedeva in questo un motivo per iniziare una nuova guerra contro la Germania e il popolo tedesco non era ancora sufficientemente eccitato per commettere atti contro una nazione vicina, nemmeno la Francia, che avrebbero potuto portare alla guerra. I cospiratori capirono che dovevano creare una tale frenesia, una frenesia che avrebbe fatto gettare al vento la prudenza al popolo tedesco e allo stesso tempo inorridire il mondo intero. E a proposito, "Mein Kampf" era in realtà il seguito del libro di Karl Marx "Un mondo senza ebrei".

"I cospiratori si ricordarono improvvisamente di come la banda Schiff-Rothschild avesse organizzato i pogrom in Russia, che avevano massacrato migliaia di ebrei e suscitato l'odio mondiale verso la Russia, e decisero di usare questo stesso inammissibile stratagemma per infiammare il nuovo popolo tedesco sotto Hitler in un odio omicida verso gli ebrei. È vero che il popolo tedesco non ha mai avuto un affetto particolare per gli ebrei, ma non ha nemmeno un odio inveterato nei loro confronti. Tale odio doveva essere prodotto, quindi Hitler dovette crearlo. Quest'idea era più che attraente per Hitler. Lo vedeva come un modo macabro per diventare l'"uomo-Dio" (*Cristo*) *del* popolo tedesco.

Così, abilmente ispirato e allenato dai suoi consiglieri finanziari, i Warburg, i Rothschild e tutti gli Illuminati, incolpò gli ebrei per l'odiato "Trattato di Versailles" e per la rovina finanziaria che seguì la guerra. Il resto è storia. Sappiamo tutto dei campi di concentramento di Hitler e dell'incenerimento di centinaia di migliaia di ebrei. Non i 6.000.000 e nemmeno i 600.000 che i cospiratori sostenevano, ma era sufficiente. E lasciatemi ripetere quanto poco i banchieri internazionalisti, i Rothschild, gli Schiff, i Lehman, i Warburg, i Baruch, si preoccupassero dei loro fratelli razziali, vittime dei loro piani nefasti. Ai loro occhi, il massacro di centinaia di migliaia di ebrei innocenti da parte di Hitler non li preoccupava affatto. Lo consideravano un sacrificio necessario per portare avanti il loro complotto mondialista degli Illuminati, proprio come il massacro di molti milioni di persone nelle guerre che seguirono fu un sacrificio altrettanto necessario. Ed ecco un altro dettaglio raccapricciante su questi campi di concentramento. Molti dei soldati-esecutori di Hitler in questi campi erano stati inviati in Russia per imparare l'arte della tortura e della brutalizzazione, per aumentare l'orrore delle atrocità.

"Tutto questo creò un nuovo odio mondiale nei confronti del popolo tedesco, ma non era ancora un motivo di guerra. Fu allora che Hitler fu indotto a rivendicare i "Sudeti"; e ricordate come Chamberlain e i diplomatici cecoslovacchi e francesi dell'epoca cedettero a questa richiesta. Questa richiesta portò a ulteriori richieste hitleriane di territori in Polonia e nei territori degli zar francesi, che furono respinte. Poi è arrivato il patto con Stalin. Hitler aveva gridato il suo odio per il comunismo (oh come fulminava contro il comunismo); ma in realtà il nazismo non era altro che socialismo (nazionalsocialismo - nazista), e il comunismo è, di fatto, socialismo. Ma Hitler non tenne conto di tutto questo. Fece un patto con Stalin per attaccare e dividere la Polonia tra loro. Mentre Stalin marciava su parte della Polonia (cosa che non gli fu mai imputata [ci pensarono i cervelli degli Illuminati]), Hitler lanciò una "guerra lampo" sulla Polonia dal suo lato. I cospiratori hanno finalmente ottenuto la loro nuova guerra mondiale e che guerra orribile è stata.

"E nel 1945, i cospiratori crearono finalmente le "Nazioni Unite", la nuova sede del loro governo mondialista. E, sorprendentemente, l'intero popolo americano ha acclamato questo insieme ripugnante come un "Santo dei Santi". Anche dopo che sono stati rivelati tutti i fatti reali su come sono nate le Nazioni Unite, il popolo americano ha continuato a venerare questa struttura malvagia. Anche dopo che Alger Hiss fu smascherato come spia e traditore sovietico, il popolo americano continuò a credere nelle Nazioni Unite. Anche dopo aver rivelato pubblicamente l'accordo segreto tra Hiss e Molotov, secondo cui un russo sarebbe sempre stato a capo del segretariato militare e quindi il vero padrone delle Nazioni Unite. Ma la maggior parte degli americani continuò a credere che le Nazioni Unite non potessero sbagliare. Anche dopo D. Lee, il primo segretario generale dell'ONU, confermò l'accordo segreto Hiss-Molotov nel suo libro: "In the Cause of Peace", Vasialia fu messo in aspettativa dall'ONU per poter prendere il comando dei nordcoreani e dei cinesi rossi che stavano combattendo la cosiddetta azione di polizia dell'ONU agli ordini del nostro generale McArthur, che, per ordine dell'ONU, fu licenziato dal pusillanime presidente Truman per impedirgli di vincere la guerra. Il nostro popolo ha continuato a credere nell'ONU nonostante i 150.000 figli uccisi e mutilati in quella guerra; il popolo ha continuato a vedere l'ONU come un mezzo sicuro per la pace, anche dopo che nel 1951 è stato rivelato che l'ONU (usando i nostri soldati americani sotto il generale McArthur) non aveva seguito le sue stesse regole.

Il Comando delle Nazioni Unite, sotto la bandiera dell'ONU, in collusione con il nostro Stato traditore (e con il Pentagono), aveva invaso molte piccole città della California e del Texas per perfezionare il loro piano di acquisizione totale del nostro Paese. La maggior parte dei nostri cittadini ha fatto finta di niente e ha continuato a credere che l'ONU sia un "Santo dei Santi". (piuttosto che l'Arca dell'Alleanza).

"Sapete che la Carta delle Nazioni Unite è stata scritta dal traditore Alger Hiss, da Molotov e da Vyshinsky? Che Hiss e Molotov avevano concordato in quell'accordo segreto che il capo militare dell'ONU sarebbe sempre stato un russo nominato da Mosca? Sapete che nelle riunioni segrete di Yalta, Roosevelt e Stalin, per volere degli Illuminati che operano sotto il nome di CFR, decisero che l'ONU doveva essere collocata sul suolo americano? Sapete che la maggior parte della Carta delle Nazioni Unite è stata copiata parola per parola dal "Manifesto" di Marx e dalla cosiddetta Costituzione russa? Sapete che solo i due senatori che hanno votato contro la Carta delle Nazioni Unite l'hanno letta? Sapete che dalla creazione dell'ONU la schiavitù comunista è passata da 250.000 a 1.000.000.000? Sapete che da quando l'ONU è stata fondata per garantire la pace, ci sono state almeno 20 grandi guerre istigate dall'ONU, così come ha istigato la guerra contro la Piccola Rhodesia e il Kuwait? Sapete che, sotto l'egida dell'ONU, i contribuenti americani sono stati costretti a colmare il deficit del Tesoro delle Nazioni Unite per milioni di dollari a causa del rifiuto della Russia di pagare la sua parte? Sapete che l'ONU non ha mai approvato una risoluzione di condanna della Russia o dei suoi cosiddetti satelliti, ma condanna sempre i nostri alleati? Sapete che J. Edgar Hoover ha detto che "la stragrande maggioranza delle delegazioni comuniste all'ONU sono agenti di spionaggio" e che 66 senatori hanno votato per un "trattato consolare" che apre il nostro intero Paese alle spie e ai sabotatori russi? Sapete che l'ONU sta aiutando la Russia a conquistare il mondo impedendo al mondo libero di intraprendere qualsiasi azione se non quella di discutere ogni nuova aggressione all'Assemblea Generale delle Nazioni Unite? Sapete che all'epoca della guerra di Corea le Nazioni Unite erano composte da 60 nazioni, ma il 95% delle forze ONU era costituito dai nostri figli americani e praticamente il 100% dei costi era pagato dai contribuenti americani?

"E sicuramente saprete che la politica delle Nazioni Unite durante le guerre di Corea e del Vietnam è stata quella di impedirci di vincere quelle guerre? Sapete che tutti i piani di battaglia del generale McArthur dovevano andare prima all'ONU per essere trasmessi a Vasialia, comandante dei nordcoreani e dei cinesi rossi, e che ogni futura guerra combattuta dai nostri figli sotto la bandiera dell'ONU dovrebbe essere combattuta dai nostri figli sotto il controllo del Consiglio di Sicurezza dell'ONU? Sapete che l'ONU non ha mai fatto nulla per gli 80.000 soldati russo-mongoli che occupano l'Ungheria?

"Dov'era l'ONU quando i combattenti per la libertà ungheresi sono stati massacrati dai russi? Sapete che l'ONU e la sua forza di pace hanno consegnato il Congo ai comunisti? Sapete che la cosiddetta forza di pace delle Nazioni Unite è stata utilizzata per schiacciare, stuprare e uccidere gli anticomunisti bianchi nel Katanga? Sapete che le Nazioni Unite non hanno fatto nulla mentre la Cina Rossa invadeva il Laos e il Vietnam? Sapevate che le Nazioni Unite non fecero nulla mentre Nerone invadeva Goa e altri territori portoghesi? Sapevate che l'ONU era direttamente responsabile dell'aiuto a Castro? Che non ha fatto assolutamente nulla per le migliaia di giovani cubani inviati in Russia per l'indottrinamento comunista?

"Sapevate che Adlai Stevenson ha detto: "Il mondo libero deve aspettarsi di perdere sempre più decisioni all'ONU". Sapete che l'ONU proclama apertamente che il suo obiettivo principale è un "governo mondiale", che significa "leggi mondiali", "tribunale mondiale", "scuole mondiali" e una "chiesa mondiale" in cui il cristianesimo sarebbe bandito?

"Sapevate che è stata approvata una legge dell'ONU per disarmare tutti i cittadini americani e trasferire tutte le nostre forze armate all'ONU? Questa legge fu segretamente firmata dal "santo" Jack Kennedy nel 1961. Vi rendete conto di come questo sia in linea con l'articolo 47, paragrafo 3, della Carta delle Nazioni Unite, che afferma, e cito, "il Comitato di Stato Maggiore delle Nazioni Unite è responsabile, attraverso il Consiglio di Sicurezza, della direzione strategica di tutte le forze armate a disposizione del Consiglio di Sicurezza" e quando e se tutte le nostre forze armate saranno trasferite alle Nazioni Unite, i vostri figli saranno costretti a servire e morire sotto il comando delle Nazioni Unite in tutto il mondo. Questo accadrà se non vi batterete per l'uscita degli Stati Uniti dall'ONU.

"È a conoscenza del fatto che il deputato James B. Utt ha presentato una proposta di legge per la formazione degli Stati Uniti dell'ONU e una risoluzione per impedire al nostro Presidente di costringerci a sostenere l'embargo ONU sulla Rhodesia? Ebbene, lo ha fatto e molte persone in tutto il Paese stanno scrivendo ai loro rappresentanti a sostegno della legge e della risoluzione Utt. Cinquanta membri del Congresso, guidati da Schweiker e Moorhead della Pennsylvania, hanno presentato una proposta di legge per trasferire immediatamente tutte le nostre forze armate all'ONU? Riuscite a immaginare un tradimento così sfacciato? Il vostro deputato è uno di questi 50 traditori? Scoprite e agite immediatamente contro di lui e aiutate il deputato Utt.

"Sapete ora che il Consiglio nazionale delle Chiese ha approvato a San Francisco una risoluzione in cui si afferma che gli Stati Uniti dovranno presto subordinare la loro volontà a quella dell'ONU e che tutti i cittadini americani devono essere pronti ad accettarlo?". La vostra chiesa è membro del Consiglio nazionale delle chiese? A proposito, non dimenticate che Dio non è mai menzionato nella Carta delle Nazioni Unite e le loro riunioni non si aprono mai con una preghiera.

"I creatori dell'ONU hanno stabilito in anticipo che non ci sarebbe stata alcuna menzione di Dio o di Gesù Cristo nella Carta dell'ONU o nella sua sede. Il vostro pastore è d'accordo? Scopritelo! Inoltre, sapete che la stragrande maggioranza delle cosiddette nazioni ONU sono anticristiane e che l'ONU è un'organizzazione completamente priva di Dio per volere dei suoi creatori, gli Illuminati del CFR. Avete sentito abbastanza della verità sulle Nazioni Unite degli Illuminati? Volete lasciare i vostri figli e il nostro prezioso Paese alla misericordia delle Nazioni Unite degli Illuminati? In caso contrario, scrivete, telegrafate o telefonate ai vostri rappresentanti e senatori per dire loro che devono sostenere la proposta di legge del deputato Utt affinché gli Stati Uniti si ritirino dalle Nazioni Unite e le Nazioni Unite si ritirino dagli Stati Uniti. Fatelo oggi, ora, prima di dimenticarvene! È l'unica salvezza per i vostri figli e per il nostro Paese.

"Ora ho un altro messaggio vitale da consegnare. Come vi ho detto, uno dei quattro incarichi specifici affidati da Rothschild a Jacob Schiff era quello di creare un movimento per distruggere la religione negli Stati Uniti, con il cristianesimo come obiettivo principale. Per una ragione molto ovvia, la "Anti-Defamation League" non oserebbe tentare di farlo, perché tale tentativo potrebbe creare il più terribile bagno di sangue nella storia del mondo, non solo per la "ADL" e i cospiratori, ma per i milioni di ebrei innocenti. Schiff ha dato il posto a Rockefeller per un altro motivo specifico. La distruzione del cristianesimo può essere compiuta solo da coloro che sono incaricati di preservarlo. Dai pastori, dagli uomini di chiesa.

"Per cominciare, John D. Rockefeller scelse un giovane ministro cosiddetto cristiano di nome Harry F. Ward. Il reverendo Ward, se volete. All'epoca insegnava religione all'Union Theological Seminary. Rockefeller trovò in questo reverendo un "Giuda" molto disponibile e nel 1907 lo finanziò per creare la "Methodist Social Service Foundation" e il compito di Ward era quello di insegnare a giovani brillanti a diventare, presumibilmente, ministri di Cristo e di inserirli come pastori di chiese. Mentre insegnava loro a diventare ministri, il reverendo Ward insegnava loro anche come predicare in modo sottile e intelligente alle loro congregazioni che l'intera storia di Cristo era un mito, come mettere in dubbio la divinità di Cristo, come mettere in dubbio la Vergine Maria, in breve, come mettere in dubbio il cristianesimo nel suo complesso. Non si trattava di un attacco diretto, ma di un'astuta insinuazione che doveva essere applicata, in particolare, ai giovani delle scuole domenicali. Ricordate la dichiarazione di Lenin: "Datemi una generazione di giovani e trasformerò il mondo intero". Poi, nel 1908, la "Methodist Social Service Foundation", che tra l'altro fu la prima organizzazione di facciata comunista in America, cambiò nome in "Federal Council of Churches". Nel 1950, il "Consiglio federale delle Chiese" stava diventando molto sospetto, così nel 1950 cambiò il suo nome in "Consiglio nazionale delle Chiese". C'è bisogno che vi dica di più su come questo organismo stia deliberatamente distruggendo la fede nel cristianesimo? Non credo; ma vi dirò questo. Se siete membri di una congregazione il cui pastore e la cui chiesa sono membri di questa organizzazione di Giuda, voi e i vostri contributi state aiutando la cospirazione degli Illuminati a distruggere il cristianesimo e la vostra fede in Dio e in Gesù Cristo, quindi state deliberatamente consegnando i vostri figli all'indottrinamento dell'incredulità in Dio e nella Chiesa e questo può facilmente trasformarli in "atei". Verificate immediatamente se la vostra chiesa è membro del Consiglio Nazionale delle Chiese e, per amore di Dio e dei vostri figli, se lo è, ritiratevi immediatamente. Tuttavia, lasciate che vi avverta che lo stesso processo di distruzione della religione si è infiltrato in altre denominazioni. Se avete visto la manifestazione "Negro on Selma" e altre manifestazioni simili, avete visto come le folle nere sono guidate e incoraggiate da ministri (e persino da preti e suore cattolici) che marciano con loro. Ci sono molte chiese e singoli pastori che sono onesti e sinceri. Trovatene uno per voi e per i vostri figli.

"Per inciso, lo stesso reverendo Harry F. Ward è stato anche uno dei fondatori dell'American Civil Liberties Union, un'organizzazione notoriamente filocomunista. Ne è stato direttore dal 1920 al 1940. Fu anche cofondatore della "Lega americana contro la guerra e il fascismo" che, sotto Browder, divenne il "Partito comunista USA". In breve, l'intero passato di Ward puzza di comunismo e viene identificato come membro del Partito Comunista. È morto da feroce traditore della sua

Chiesa e del suo Paese ed è l'uomo che il vecchio John D. Rockefeller ha scelto e finanziato per distruggere la religione cristiana dell'America, secondo gli ordini dati a Schiff dai Rothschild.

"In conclusione, ho questo da dire. Probabilmente conoscete la storia del dottor Frankenstein, che creò un mostro per distruggere le sue vittime prescelte, ma alla fine si rivoltò contro il suo stesso creatore, Frankenstein, e lo distrusse. Ebbene, gli Illuminati/CFR hanno creato un mostro chiamato "Nazioni Unite" (che è sostenuto dai loro gruppi di minoranza, dai neri in rivolta, dai mass media traditori e dai traditori di Washington D.C.) che è stato creato per distruggere il popolo americano. Sappiamo tutto di questo idromostro a più teste e conosciamo i nomi di coloro che lo hanno creato. Tutti conosciamo i loro nomi e prevedo che un bel giorno il popolo americano si sveglierà completamente e farà sì che questo stesso mostro distrugga il suo creatore. È vero! La maggior parte del nostro popolo è ancora sottoposta a lavaggio del cervello, inganno e abuso da parte della nostra infida stampa, televisione e radio, così come dai nostri traditori a Washington D.C.; ma sicuramente, ormai, si sa abbastanza sull'ONU per sradicare questa organizzazione come un serpente a sonagli mortale e velenoso da noi.

"La mia unica domanda è: 'Cosa ci vorrà per risvegliare e risvegliare il nostro popolo alla piena evidenza? Forse questo disco (questa trascrizione) lo farà. Centomila o un milione di copie di questo disco (trascrizione) possono bastare. Prego Dio che sia così. E prego che questa registrazione (trascrizione) ispiri tutti voi a diffondere questa storia a tutti gli americani fedeli della vostra comunità. Potete farlo recitando (leggendolo) ai gruppi di studio riuniti nelle vostre case, alle riunioni dell'American Legion, del VFW, del DAR, di tutti gli altri gruppi civici e dei club femminili, soprattutto di donne che hanno in gioco la vita dei loro figli. Con questa registrazione (trascrizione), vi ho fornito l'arma che distruggerà il mostro. Per amore di Dio, del nostro paese e dei vostri figli, usatelo! Mandatene una copia in ogni casa d'America.

Quando sempre più persone iniziano a morire di fame nel mondo, a causa di azioni direttamente collegate a Washington D.C., forse più americani inizieranno a capire perché il giudizio si rivolterà contro di loro. forse un maggior numero di americani inizierà a capire perché il giudizio si rivolterà contro di loro. Gli Stati Uniti (non l'America) sono il Nuovo Ordine Mondiale e la maggior parte del resto del mondo lo capisce.

La Lega Antidiffamazione del B'nai B'rith (ADL)

Consumata come parte di un'operazione congiunta dei servizi segreti britannici e dell'FBI, l'agenzia di sorveglianza antisemita e Grande Fratello Gestapo del B'nai B'rith è stata fondata in America dall'MI6 nel 1913. L'ADL è stata diretta per un certo periodo da Saul Steinberg, un rappresentante americano e socio d'affari della famiglia Jacob de Rothschild di Londra, e aveva lo scopo di isolare e fare pressione sui gruppi politicamente scorretti e sui loro leader, per metterli fuori gioco prima che diventassero troppo grandi e influenti.

B'nai B'rith è una parola ebraica che in inglese significa "fratellanza dell'alleanza". B'nai si traduce come "fratello" e B'rith significa "alleanza".

La sua organizzazione sorella, l'Ordine Indipendente del B'nai B'rith, è una loggia di orgoglio ebraico assimilazionista fondata nel 1843 in un ristorante di New York da immigrati ebrei massoni e illuminati che volevano diventare americani. Tra i suoi membri c'è David Bialkin dello studio legale Committee of 300, Wilkie, Farr and Gallagher (Bialkin ha diretto l'ADL per molti anni). Eddie Cantor, Eric Trist di Tavistock, Leon Trotsky e John Graham, alias Irwin Suall. Suall era un membro del SIS britannico, il servizio segreto d'élite.

Il dottor John Coleman consiglia nel suo libro "Il Comitato dei 300": *"Nessuno sottovaluti il potere dell'ADL o la sua lunga portata".*

ADL - Il gruppo d'odio più potente d'America

L'Anti-Defamation League è il più antico e potente gruppo d'odio degli Stati Uniti, con 28 uffici a livello nazionale e 3 uffici all'estero. Il programma raccoglie quasi 60 milioni di dollari all'anno per combattere la libertà di parola e il diritto delle minoranze etniche di difendersi dal bigottismo (compresi i neri musulmani, gli arabi e gli europei americani). [Nota di Sabe - aggiungere le liste di odio che hanno preparato per Louis Freeh dell'FBI, che era in combutta con il KGB nel suo stesso dipartimento e in Russia].

La Anti-Defamation League è stata fondata nel 1913 dalla società segreta razzista nota come B'nai B'rith (che significa "sangue degli eletti").

Questa organizzazione, che esiste ancora oggi, esclude le persone sulla base della loro origine etnica e della loro religione. È riservata esclusivamente agli ebrei potenti che credono nella loro superiorità razziale rispetto agli altri popoli.

L'ADL ha guidato gli sforzi di censura contro tutti coloro che desideravano esprimersi culturalmente e razzialmente. Il direttore dell'ADL Richard Gutstadt ha scritto a tutti i periodici che ha trovato per censurare il libro "La conquista di un continente". Il signor Gutstadt ha sfacciatamente scritto: "Vogliamo soffocare la vendita di questo libro". L'ADL ha anche contribuito a terrorizzare la St Martin's Press affinché annullasse il contratto con David Irving lo scorso anno.

L'ADL cerca di coprire le sue attività contro la libertà di parola assegnando occasionalmente il premio "Freedom Torch". Il destinatario più famoso è il mercante di carne e donnaiolo Hugh Hefner. Il pornografo osceno Larry Flynt è un altro sostenitore che ha donato centinaia di migliaia di dollari all'ADL.

Le operazioni criminali e di spionaggio dell'ADL

Nel 1993, gli uffici di San Francisco e Los Angeles dell'ADL sono stati perquisiti alla ricerca di prove di illeciti penali in molti settori. Le perquisizioni hanno portato alla luce prove del coinvolgimento dell'ADL nel furto di documenti riservati della polizia californiana.

L'ADL ha pagato uno stipendio a Roy Bullock per decenni per spiare le persone e rubare i file alla polizia. Ha rubato i file dalla polizia di San Francisco attraverso il poliziotto corrotto Tom Gerard. Il suo contatto illecito a San Diego era lo sceriffo bianco e razzista Tim Carroll.

L'ADL è stata strettamente legata al crimine organizzato, compreso il boss della mafia di Las Vegas Meyer Lansky. [Lansky ha pagato i proiettili che hanno colpito JFK e RFK, lui e Carlos Marcellos; il legame di Larry Flynt con l'ADL è "molto interessante, ma si vede che doveva soldi alla mafia".

Theodore Silbert lavorò contemporaneamente per l'ADL e per la Sterling National Bank (un'operazione mafiosa controllata dal sindacato Lansky).

In effetti, la nipote del boss mafioso Lansky è lei stessa il referente dell'ADL per le forze dell'ordine, Mira Lansky Boland (che bell'accordo! Ha usato i soldi dell'ADL per regalare a Tim Carroll e Tom Gerard una vacanza di lusso in Israele, pagata con tutti i costi).

Un altro gangster di Las Vegas, Moe Dalitz, è stato premiato dall'ADL nel 1985. Un altro losco finanziatore delle attività suprematiste dell'ADL è il Milken Family Fund, famoso per le sue "obbligazioni spazzatura". L'ADL usa la sua ben oliata macchina di propaganda per proteggere i suoi "amici" nella mafia e nell'industria del porno gridando "antisemitismo! ! ! ! "al minimo movimento della legge contro questi interessi perversi.

L'intimidazione etnica di ADL

L'ADL è un maestro dell'intimidazione e del ricatto, a differenza di tutte le potenti mafie a cui è associato. L'ADL ha contatti influenti nei media e nella politica che possono rovinare una persona o un'azienda se non seguono l'agenda dell'ADL.

Abbiamo già citato casi di cattivi poliziotti caduti sotto l'incantesimo dell'ADL, come Tom Gerard e Tim Carroll. Eppure ora i bravi poliziotti e persino i poliziotti alle prime armi vengono "condizionati" per il tipo di stato di polizia anti libertà di parola e anti diversità culturale che l'ADL vorrebbe per il nostro Paese.

In tutto il Paese, l'ADL minaccia i dipartimenti di polizia di ogni sorta di rappresaglia se non organizzano conferenze e seminari finanziati dallo Stato per gli agenti di polizia, tenuti da portavoce dell'ADL. L'ADL raccoglie grandi somme di denaro per queste sessioni, che vanno a gonfiare le sue casse già piene. Gli uomini dell'ADL sono già stati visti sulle scene del crimine a dare ordini alla polizia su come condurre le indagini.

Forse mai prima d'ora nella storia un'altra organizzazione criminale, come l'ADL, è stata in grado di infiltrare e influenzare le forze dell'ordine a tal punto, e i suoi tentacoli continuano a crescere. I nuovi sceriffi di San Diego vengono ora "addestrati" personalmente a rispondere ai "crimini" dal direttore dell'ADL per il Sud-Ovest, Morris Casuto.

La parte più allarmante di questa storia orribile è che l'ADL è un'organizzazione suprematista razziale/religiosa molto potente e segreta, con legami significativi con il mondo del crimine e della pornografia. Per farsi strada nelle menti dei bambini, l'ADL ha creato il programma "World of Difference", ideato per instillare l'odio verso se stessi nei più piccoli e convincerli ad andare contro il proprio popolo e la propria eredità.

Ai bambini viene insegnato che l'omosessualità e le relazioni interrazziali sono virtù, grandi epifanie da vivere. In un rapporto del 1995 ai suoi pochi, ma ricchi, sostenitori, l'ADL si vantava di aver raggiunto oltre dieci milioni di studenti e che altri erano pronti per essere indottrinati. L'ADL spera di sensibilizzare i bambini al mondo del crimine e del vizio che loro e i loro soci criminali hanno in serbo per l'America.

La galleria delle canaglie del criminale dell'ADL Abe Foxman [Foxman è quello che ha ricevuto una tangente da Marc Rich e sì, si è tenuto quei soldi, oltre 250.000 dollari].

Il capo dell'ADL e maestro dello spionaggio

Roy Bullock, l'informatore a pagamento dell'ADL, che per decenni ha scavato nei cassonetti per conto dell'ADL, fino a quando non gli è stato affidato il delicato compito di intermediario per i file rubati alla polizia di San Francisco attraverso Tom Gerard. Per i suoi servizi veniva pagato 550 dollari alla settimana. Era anche un collaboratore dello sceriffo razzista Tim Carroll. La sua esistenza è stata scoperta dopo l'irruzione dell'FBI negli uffici dell'ADL nel 1993, che ha portato alla pubblicazione di 750 pagine di informazioni sulle operazioni di spionaggio dell'ADL.

Tom Gerard, l'ufficiale di polizia di San Francisco che ha rubato file sensibili e riservati dalla sua agenzia e li ha dati a Roy Bullock per aiutare l'ADL a spiare gli americani. Tra i file rubati c'erano quelli sui musulmani neri, sugli arabi e sulle organizzazioni di destra che criticavano in qualche modo l'ADL. Ha ricevuto una vacanza di lusso in Israele con l'aiuto dell'ADL.

Tim Carroll, l'ex detective razzista del dipartimento dello sceriffo di San Diego. Nel 1993 ha dichiarato che vorrebbe vedere "tutti gli stranieri illegali fucilati" e "tutti i negri rispediti in Africa su una barca fatta di bucce di banana".

Collaboratore di Roy Bullock e Tom Gerard. Si è misteriosamente ritirato dal Dipartimento dello Sceriffo dopo le incursioni negli uffici dell'ADL, all'età di 54 anni. Ha anche ricevuto una vacanza di lusso in Israele, pagata interamente per gentile concessione dell'ADL. Nonostante la sua natura apertamente razzista, è stato responsabile della sicurezza della convention nazionale dell'ADL nel settembre 1997, usando tattiche di forza contro i partecipanti e i visitatori. Questo è interessante se si considera che sono state le sue maldestre confessioni a un investigatore a portare alle incursioni nell'ADL.

Mira Lansky Boland

Collegamento con le forze dell'ordine" per l'ADL. Ha organizzato viaggi di lusso in Israele per alcuni ufficiali di polizia chiave che avrebbero potuto offrire qualcosa all'ADL in cambio. Tra loro c'erano il ladro di file Tom Gerard e il razzista Tim Carroll. Si trova in una posizione unica in quanto è la nipote di Meyer Lansky, una delle figure mafiose più potenti della storia degli Stati Uniti.

Hugh Hefner

Famoso pornografo che è stato onorato dall'ADL con il ridicolo premio "Torcia della Libertà". Da lui deriva la protezione di tutta la pornografia in questo Paese, che è ed è sempre stata associata a elementi viziosi come la mafia e l'ADL.

Larry Flynt

Questo pornografo è uno dei maggiori finanziatori dell'ADL, con una somma di 100.000 dollari. È stato incarcerato più volte per "pornografia oscena" e per l'orrenda profanazione delle donne in generale nella sua rivista *Hustler* [anch'essa una facciata mafiosa - Famiglia Gambino, e Lansky ha ordinato l'esecuzione di questa canaglia - Nota Saba].

Theodore Silbert

Socio di Meyer Lansky, dipendente dell'ADL e del fronte mafioso "Sterling Bank". Contemporaneamente amministratore delegato della Sterling Bank e commissario nazionale dell'ADL.

Moe Dalitz

Personaggio della mafia di Las Vegas e stretto collaboratore di Meyer Lansky, premiato dall'ADL nel 1985.

Fondo della famiglia Milken

Un fondo da un miliardo di dollari che ha dato molto all'ADL, i cui soldi sono stati guadagnati con gli scandali dei junk bond.

Morris Casuto

Direttore dell'ADL per il sud-ovest, che addestra personalmente il nuovo personale delle forze dell'ordine a obbedire a lui e alla sua organizzazione offensiva. Morris Casuto è anche un amico intimo del razzista Tim Carroll.

LA CIA

La Central Intelligence Agency fu creata alla fine della Seconda Guerra Mondiale per combattere la nuova guerra fredda segreta. Ha le sue radici nell'OSS (Office of Strategic Services), l'organizzazione di intelligence militare già costituita, divenuta nota per il controllo del Progetto Manhattan, top secret, che ha sviluppato la prima bomba nucleare.

I padri fondatori della CIA, William "Wild Bill" Donovan e Allen Dulles, erano entrambi importanti cattolici romani e membri della società segreta dei "Cavalieri di Malta".

Documenti recentemente declassificati mostrano che, dopo la guerra, i Cavalieri di Malta furono determinanti per la fuga di molti nazisti di spicco, tra cui scienziati dei campi di sterminio e molti membri delle cerchie interne della Gestapo, il servizio segreto nazista dell'occultista Heinrich Himmler. Molti di loro, tra cui il generale Reinhard Gehlen, Cavaliere di Malta, andarono direttamente a lavorare per la neonata CIA che, su insistenza di Donovan, era ora un'organizzazione civile. Il generale Dwight Eisenhower, convinto antinazista, e le forze armate statunitensi vennero così eliminati dall'equazione originale, permettendo alla CIA di rappresentare gli interessi degli industriali americani e delle corporazioni transnazionali al di sopra di quelli del popolo americano.

Gli stretti legami dei Cavalieri di Malta con il movimento nazista hanno la loro base ideologica nel loro comune sistema di credenze rosacrociane. Secondo questo sistema, l'evoluzione umana è frenata da alcune sotto-razze inferiori che devono essere eliminate affinché il processo continui. Attraverso la CIA, questo sistema di credenze feudali si è infiltrato nel cuore dell'America democratica. Con il pretesto dell'apparato della Guerra Fredda, la CIA è diventata leader mondiale nella guerra biologica e chimica, nelle tecniche di controllo mentale, nelle operazioni psicologiche, nella propaganda e nella guerra segreta.

La CIA è ampiamente subordinata alle agenzie di intelligence britanniche, alle multinazionali e persino alla famiglia reale.

Attraverso l'MI6 e numerosi "think tank" controllati dall'oligarchia, spiega Coleman, le fabbriche di propaganda degli Stati Uniti - le principali reti e agenzie di stampa - producono immondi manufatti che pochi riconoscono come propaganda.

CRONOLOGIA DELLE ATROCITÀ DELLA CIA

La seguente cronologia descrive solo alcune delle centinaia di atrocità e crimini commessi dalla CIA. [40]

Le operazioni della CIA seguono lo stesso schema ricorrente. In primo luogo, gli interessi commerciali degli Stati Uniti all'estero sono minacciati da un leader popolare o democraticamente eletto. Il popolo sostiene il proprio leader perché intende realizzare la riforma agraria, rafforzare i sindacati, ridistribuire la ricchezza, nazionalizzare le industrie di proprietà straniera e regolamentare le imprese per proteggere i lavoratori, i consumatori e l'ambiente. Così, per conto delle multinazionali statunitensi e spesso con il loro aiuto, la CIA mobilita l'opposizione. Per prima cosa individua i gruppi di destra nel Paese (di solito i militari) e propone loro un accordo: "Vi metteremo al potere se manterrete un clima commerciale favorevole per noi". Poi l'agenzia li assume, li addestra e lavora con loro per rovesciare il governo al potere (di solito una democrazia). Utilizza tutti gli stratagemmi possibili: propaganda, imbottigliamento delle schede elettorali, elezioni comprate, estorsioni, ricatti, intrighi sessuali, false storie sugli avversari nei media locali, infiltrazione e disgregazione dei partiti politici avversari, rapimenti, pestaggi, torture, intimidazioni, sabotaggi economici, squadroni della morte e persino assassinii. Questi sforzi culminano in un colpo di Stato militare, che installa un dittatore di destra. La CIA addestra l'apparato di sicurezza del dittatore a reprimere i nemici tradizionali delle grandi imprese, utilizzando interrogatori, torture e omicidi. Si dice che le vittime siano "comunisti", ma quasi sempre sono contadini, liberali, moderati, leader sindacali, oppositori politici e difensori della libertà di parola e della democrazia. Seguono

---

[40] Cfr. *CIA - Organizzazione criminale: come l'Agenzia sta corrompendo l'America e il mondo*, Le Retour aux Sources, www.leretourauxsources.com, NDÉ.

diffuse violazioni dei diritti umani.

Questo scenario si è ripetuto così spesso che la CIA lo insegna in una scuola speciale, la cosiddetta "Scuola delle Americhe". (I critici l'hanno soprannominata "scuola per dittatori" e "scuola per assassini". La CIA addestra gli ufficiali militari latino-americani alla conduzione di colpi di Stato, compreso l'uso di interrogatori, torture e omicidi.

L'Associazione per il Dissenso Responsabile stima che nel 1987, 6 milioni di persone erano morte a causa delle operazioni segrete della CIA. L'ex funzionario del Dipartimento di Stato William Blum lo definisce giustamente un "olocausto americano".

La CIA giustifica queste azioni come parte della sua guerra contro il comunismo. Ma la maggior parte dei colpi di Stato non comporta una minaccia comunista. Le nazioni sfortunate vengono prese di mira per una grande varietà di motivi: non solo minacce agli interessi commerciali degli Stati Uniti all'estero, ma anche riforme sociali liberali o persino moderate, instabilità politica, riluttanza di un leader a eseguire i dettami di Washington e dichiarazioni di neutralità della Guerra Fredda. In effetti, nulla faceva infuriare i direttori della CIA più del desiderio di una nazione di rimanere fuori dalla Guerra Fredda.

L'ironia di tutti questi interventi è che spesso non raggiungono gli obiettivi degli Stati Uniti. Spesso il dittatore appena insediato si sente a proprio agio con l'apparato di sicurezza che la CIA ha costruito per lui. Diventa un esperto nella gestione di uno Stato di polizia. E poiché il dittatore sa di non poter essere rovesciato, diventa indipendente e sfida la volontà di Washington. La CIA si rende conto di non poterlo rovesciare, perché la polizia e l'esercito sono sotto il controllo del dittatore e temono di collaborare con le spie americane per paura di torture ed esecuzioni. Le uniche due opzioni per gli Stati Uniti in questa fase sono l'impotenza o la guerra. Esempi di questo "effetto boomerang" sono lo Scià dell'Iran, il generale Noriega e Saddam Hussein. L'effetto boomerang spiega anche perché la CIA è stata molto efficace nel rovesciare le democrazie, ma ha fallito miseramente nel rovesciare le dittature. La seguente cronologia dovrebbe confermare che la CIA, così come la conosciamo, dovrebbe essere abolita e sostituita da una vera organizzazione di raccolta e analisi delle informazioni. La CIA non può essere riformata: è istituzionalmente e culturalmente corrotta.

1929

La cultura che abbiamo perso - Il Segretario di Stato Henry Stimson si rifiuta di approvare un'operazione di decodificazione, dicendo: "I gentiluomini non leggono la posta degli altri".

1941

Creazione del COI - In previsione della Seconda Guerra Mondiale, il Presidente Roosevelt crea l'Ufficio del Coordinatore dell'Informazione (COI). Il generale William "Wild Bill" Donovan è a capo del nuovo servizio di intelligence.

1942

Creazione dell'OSS - Roosevelt ristruttura il COI in qualcosa di più adatto all'azione segreta, l'Office of Strategic Services (OSS). Donovan recluta così tanti ricchi e potenti della nazione che la gente finisce per scherzare sul fatto che "OSS" significa "Oh, così sociale! " o "Oh, che snob! ".

1943

Italia - Donovan recluta la Chiesa cattolica di Roma per farne il centro delle operazioni di spionaggio anglo-americano nell'Italia fascista. Sarebbe stata una delle alleanze di intelligence più durature dell'America durante la Guerra Fredda.

1945

L'OSS viene abolito - Le altre agenzie informative statunitensi cessano le loro azioni segrete e tornano alla raccolta e all'analisi di informazioni innocue.

Operazione Paperclip - mentre altre agenzie statunitensi rintracciano i criminali di guerra nazisti per arrestarli, i servizi segreti americani li portano in America, impuniti, per usarli contro i sovietici. Il principale tra loro era Reinhard Gehlen, la spia di Hitler che aveva costruito una rete di intelligence in Unione Sovietica. Con la piena benedizione degli Stati Uniti, creò l'"Organizzazione Gehlen", un gruppo di spie naziste rifugiate che riattivarono le loro reti in Russia. Tra questi, gli ufficiali dei servizi segreti delle SS Alfred Six ed Emil Augsburg (che massacrarono gli ebrei durante l'Olocausto), Klaus Barbie [il "Macellaio di Lione"], Otto von Bolschwing (la mente dell'Olocausto che lavorò con Eichmann). L'Organizzazione Gehlen fornì agli Stati Uniti l'unica intelligence sull'Unione Sovietica per i dieci anni successivi, fungendo da ponte tra l'abolizione dell'OSS e la creazione della CIA. Tuttavia, molte delle "informazioni" fornite dagli ex nazisti erano false. Gehlen gonfiò le capacità militari sovietiche in un momento in cui la Russia stava ancora ricostruendo la sua società devastata, al fine di gonfiare la propria importanza agli occhi degli americani (che altrimenti avrebbero potuto punirlo). Nel 1948, Gehlen quasi convinse gli americani che la guerra era imminente e che l'Occidente avrebbe dovuto effettuare un attacco preventivo. Negli anni '50, ha prodotto un "gap missilistico" fittizio. A peggiorare le cose, i russi hanno accuratamente infiltrato l'Organizzazione Gehlen con agenti doppi, minando la sicurezza americana che Gehlen avrebbe dovuto proteggere.

1947

Grecia - Il Presidente Truman chiede aiuti militari alla Grecia per sostenere le forze di destra che combattono i ribelli comunisti. Per il resto della Guerra Fredda, Washington e la CIA sosterranno i famigerati leader greci con un passato deplorevole in materia di diritti umani.

Creazione della CIA - Il Presidente Truman firma il National Security Act del 1947, che crea la Central Intelligence Agency e il National Security Council. La CIA risponde al Presidente attraverso l'NSC, senza alcuna supervisione democratica o congressuale. Il suo statuto consente alla CIA di "svolgere altre funzioni e compiti... come il Consiglio di sicurezza nazionale può di volta in volta ordinare". Questa scappatoia apre la porta ad azioni segrete e a trucchi sporchi.

1948

Creazione di un'ala d'azione segreta - La CIA ricrea un'ala d'azione segreta, denominata innocentemente Office of Policy Coordination, guidata dall'avvocato di Wall Street Frank Wisner. Secondo il suo statuto segreto, le sue responsabilità comprendono "la propaganda; la guerra economica; l'azione diretta preventiva, compresi il sabotaggio, l'antisabotaggio, le procedure di demolizione e di evacuazione; la sovversione contro gli Stati ostili, compresa l'assistenza ai gruppi di resistenza clandestini; il sostegno agli elementi anticomunisti indigeni nei Paesi minacciati del mondo libero".

Italia - La CIA sta corrompendo le elezioni democratiche in Italia, dove i comunisti italiani minacciano di vincere le elezioni. La CIA compra voti, diffonde propaganda, minaccia e picchia i leader dell'opposizione, infiltra e distrugge le loro organizzazioni. Funziona: i comunisti vengono sconfitti.

1949

Radio Free Europe - La CIA ha creato il suo primo grande organo di propaganda, Radio Free Europe. Nei decenni successivi, le sue trasmissioni furono così palesemente false che, per un certo periodo, fu considerato illegale pubblicarne le trascrizioni negli Stati Uniti.

Fine anni '40

Operazione MOCKINGBIRD - La CIA inizia a reclutare organizzazioni giornalistiche e giornalisti americani come spie e distributori di propaganda. L'iniziativa è guidata da Frank Wisner, Allan Dulles, Richard Helms e Philip Graham. Graham era l'editore del Washington Post, che divenne uno dei principali attori della CIA. Alla fine, le risorse mediatiche della CIA avrebbero incluso ABC, NBC, CBS, Time, Newsweek, Associated Press, United Press International, Reuters, Hearst Newspapers, Scripps-Howard, Copley News, ecc.

Servizio e altro ancora. Per ammissione della stessa CIA, almeno 25 organizzazioni e 400 giornalisti diventeranno beni della CIA.

1953

Iran - La CIA rovescia con un colpo di Stato militare il democratico Mohammed Mossadegh, che minaccia di nazionalizzare il petrolio britannico. La CIA lo sostituisce con un dittatore, lo Scià dell'Iran, la cui polizia segreta, il SAVAK, è brutale come la Gestapo.

Operazione MK-ULTRA[41] - Ispirandosi al programma di lavaggio del cervello della Corea del Nord, la CIA avvia esperimenti di controllo mentale. La parte più nota di questo progetto prevede la somministrazione di LSD e altre droghe a soggetti americani a loro insaputa o contro la loro volontà, con il conseguente suicidio di molti di loro. Tuttavia, l'operazione è andata ben oltre. Finanziata in parte dalle fondazioni Rockefeller e Ford, la ricerca comprende la propaganda, il lavaggio del cervello, le pubbliche relazioni, la pubblicità, l'ipnosi e altre forme di suggestione.

1954

Guatemala - La CIA rovescia il governo democraticamente eletto di Jacob Arbenz con un colpo di Stato militare. Arbenz ha minacciato di nazionalizzare la United Fruit Company, di proprietà dei Rockefeller, di cui è azionista anche il direttore della CIA Allen Dulles. Arbenz fu

---

[41] Si veda *MK Ultra - Abuso rituale e controllo mentale*, Alexandre Lebreton, Omnia Veritas Ltd, www.omnia-veritas.com.

sostituito da una serie di dittatori di destra le cui politiche sanguinarie avrebbero ucciso più di 100.000 guatemaltechi nei 40 anni successivi.

1954-1958

Vietnam del Nord - L'agente della CIA Edward Lansdale passa quattro anni a cercare di rovesciare il governo comunista del Vietnam del Nord, usando tutti i soliti sporchi trucchi. La CIA cerca anche di legittimare un regime fantoccio tirannico nel Vietnam del Sud, guidato da Ngo Dinh Diem. Questi sforzi non riescono a conquistare i cuori e le menti dei sudvietnamiti, poiché il governo Diem si oppone alla vera democrazia, alla riforma agraria e alle misure di riduzione della povertà. Il continuo fallimento della CIA portò a un'escalation dell'intervento statunitense, che culminò nella guerra del Vietnam.

1956

Ungheria - Radio Free Europe incita l'Ungheria alla rivolta trasmettendo il discorso segreto di Krusciov, in cui denuncia Stalin. Inoltre, suggerisce che l'aiuto americano aiuterà gli ungheresi a combattere. Ciò non si concretizzò e gli ungheresi lanciarono una rivolta armata destinata a fallire, che non fece altro che invitare una grande invasione sovietica. Il conflitto causò 7.000 morti sovietici e 30.000 ungheresi.

1957-1973

Laos - La CIA effettua circa un colpo di Stato all'anno nel tentativo di annullare le elezioni democratiche in Laos. Il problema è il Pathet Lao, un gruppo di sinistra con un sostegno popolare sufficiente per far parte di qualsiasi coalizione di governo. Alla fine degli anni Cinquanta, la CIA creò persino un "esercito clandestino" di mercenari asiatici per attaccare il Pathet Lao. Dopo che l'esercito della CIA subì numerose sconfitte, gli Stati Uniti iniziarono a bombardare, sganciando sul Laos più bombe di quante ne ricevettero tutti i Paesi dell'Unione Europea durante la Seconda Guerra Mondiale. Un quarto di tutti i laotiani sarebbero diventati rifugiati, molti dei quali avrebbero vissuto nelle caverne.

1959

Haiti - L'esercito statunitense aiuta "Papa Doc" Duvalier a diventare dittatore di Haiti. Crea una propria forza di polizia privata, i "Tontons Macoutes", che terrorizzano la popolazione a colpi di machete. Hanno ucciso oltre 100.000 persone durante il regno della famiglia Duvalier. Gli Stati Uniti non protestano contro il loro triste bilancio dei diritti umani.

1961

Baia dei Porci - La CIA invia 1500 esuli cubani per invadere la Cuba di Castro. Ma l'"Operazione Mangusta" fallisce, a causa di una pianificazione, di una sicurezza e di un supporto inadeguati. I pianificatori avevano immaginato che l'invasione avrebbe scatenato una rivolta popolare contro Castro - cosa che non accade mai. Anche l'attacco aereo promesso dagli Stati Uniti non avviene mai. Fu il primo fallimento pubblico della CIA, che portò il presidente Kennedy a licenziare il direttore della CIA Allen Dulles.

Repubblica Dominicana - La CIA assassina Rafael Trujillo, un dittatore omicida che Washington aveva sostenuto dal 1930. Gli interessi commerciali di Trujillo divennero così importanti (circa il 60% dell'economia) che iniziarono a competere con gli interessi commerciali statunitensi.

Ecuador - L'esercito sostenuto dalla CIA costringe il presidente democraticamente eletto Jose Velasco a dimettersi. Il vicepresidente Carlos Arosemana lo sostituisce; la CIA riempie la vicepresidenza ora vacante con un suo uomo.

Congo (Zaire) - La CIA assassina il democraticamente eletto Patrice Lumumba. Tuttavia, il sostegno pubblico alle politiche di Lumumba è tale che la CIA non può chiaramente installare i suoi oppositori al potere. Seguono quattro anni di disordini politici.

1963

Repubblica Dominicana - La CIA rovescia il governo democraticamente eletto di Juan Bosch con un colpo di Stato militare. La CIA installa una giunta di destra repressiva.

Ecuador - Un colpo di Stato militare sostenuto dalla CIA rovescia il presidente Arosemana, le cui politiche indipendenti (non socialiste) sono diventate inaccettabili per Washington. Una giunta militare prende il potere, annulla le elezioni del 1964 e inizia a violare i diritti umani.

1964

Brasile - Un colpo di Stato militare sostenuto dalla CIA rovescia il governo democraticamente eletto di Joao Goulart. La giunta che lo sostituisce diventa una delle più sanguinose della storia nei due decenni successivi. Il generale Castelo Branco creò i primi squadroni della morte dell'America Latina, bande di poliziotti segreti che davano la caccia ai "comunisti" per torturarli, interrogarli e ucciderli. Spesso questi "comunisti" non erano altro che gli avversari politici di Branco. In seguito è stato rivelato che la CIA ha addestrato gli squadroni della morte.

1965

Indonesia - La CIA rovescia il presidente Sukarno, democraticamente eletto, con un colpo di Stato militare. La CIA ha cercato di eliminare Sukarno fin dal 1957, ricorrendo a qualsiasi mezzo, dai tentativi di assassinio agli intrighi sessuali, per nient'altro che la sua dichiarazione di neutralità alla Guerra Fredda. Il suo successore, il generale Suharto, avrebbe massacrato tra 500.000 e 1 milione di civili accusati di essere "comunisti". La CIA ha fornito i nomi di innumerevoli sospetti.

Repubblica Dominicana - Scoppia una ribellione popolare che promette di reintegrare Juan Bosch come leader eletto del Paese. La rivoluzione viene stroncata dall'arrivo dei Marines americani che mantengono il governo militare con la forza.

La CIA gestisce tutto dietro le quinte. *Grecia* - con il sostegno della CIA, il re rimuove George Papandreous da primo ministro. Papandreous non ha sostenuto con forza gli interessi degli Stati Uniti in Grecia. Congo (Zaire) - un colpo di Stato militare sostenuto dalla CIA insedia Mobutu Sese Seko come dittatore. Odiato e repressivo, Mobutu sfrutta il suo Paese disperatamente povero per guadagnare miliardi.

1966

L'affare Ramparts - La rivista radicale Ramparts inizia una serie senza precedenti di articoli anti-CIA. Tra i loro scoop: la CIA ha pagato 25 milioni di dollari all'Università del Michigan per assumere "professori" che addestrassero gli studenti sudvietnamiti a metodi di polizia segreta. Il MIT e altre università hanno ricevuto pagamenti simili. Ramparts rivela anche che l'Associazione Nazionale degli Studenti è una copertura della CIA. Gli studenti vengono talvolta reclutati attraverso ricatti e tangenti, tra cui il rinvio del servizio di leva.

1967

Grecia - Un colpo di Stato militare sostenuto dalla CIA ha rovesciato il governo due giorni prima delle elezioni. Il favorito era George Papandreous, il candidato liberale. Nei sei anni successivi, il "regno dei colonnelli", sostenuto dalla CIA, si sarebbe tradotto nell'uso diffuso di torture e omicidi contro gli oppositori politici. Quando un ambasciatore greco obietta al presidente Johnson sui piani statunitensi per Cipro, Johnson risponde:

"Fanculo al vostro parlamento e alla vostra costituzione".

Operazione Phoenix - La CIA assiste gli agenti sudvietnamiti nell'identificazione e nell'assassinio di presunti leader Viet Cong che operano nei villaggi sudvietnamiti. Secondo un rapporto del Congresso del 1971, questa operazione uccise circa 20.000 "Viet Cong".

1968

Operazione CHAOS - La CIA spia illegalmente i cittadini statunitensi dal 1959, ma con l'Operazione CHAOS il Presidente Johnson accelera drasticamente il ritmo. Agenti della CIA si sono finti studenti radicali per spiare e disturbare le organizzazioni universitarie che protestavano contro la guerra del Vietnam. Cercano gli istigatori russi, che non trovano mai. CHAOS finisce per spiare 7.000 persone e 1.000 organizzazioni.

Bolivia - Un'operazione militare organizzata dalla CIA cattura il leggendario guerrigliero Che Guevara. La CIA vuole tenerlo in vita per interrogarlo, ma il governo boliviano lo giustizia per evitare richieste di clemenza a livello mondiale.

1969

Uruguay - Il famigerato torturatore della CIA Dan Mitrione arriva in Uruguay, paese politicamente in crisi. Mentre in precedenza le forze di destra usavano la tortura solo come ultima risorsa, Mitrione le convince a usarla come pratica di routine e diffusa. "Dolore preciso, nel punto preciso, nella quantità precisa, per ottenere l'effetto desiderato" è il suo motto. Le tecniche di tortura che insegna agli squadroni della morte rivaleggiano con quelle dei nazisti. Alla fine era così temuto che i rivoluzionari lo rapirono e lo uccisero un anno dopo.

1970

Cambogia - La CIA rovescia il principe Sahounek, molto popolare tra i cambogiani per averli tenuti fuori dalla guerra del Vietnam. Viene sostituito da Lon Nol, un fantoccio della CIA, che lancia immediatamente le truppe cambogiane in battaglia. Questa decisione impopolare ha rafforzato partiti di opposizione un tempo minori, come i Khmer Rossi, che hanno preso il potere nel 1975 e hanno massacrato milioni di loro concittadini.

1971

Bolivia - Dopo mezzo decennio di disordini politici ispirati dalla CIA, un colpo di Stato militare sostenuto dalla CIA rovescia il presidente di sinistra Juan Torres. Nei due anni successivi, il dittatore Hugo Banzer arresta più di 2.000 oppositori politici senza processo, poi li tortura, li stupra e li giustizia.

Haiti - Muore "Papa Doc" Duvalier, lasciando che il figlio diciannovenne "Baby Doc" Duvalier diventi il dittatore di Haiti. Suo figlio continua il suo regno sanguinario con la piena consapevolezza della CIA.

1972

Legge Case-Zablocki - Il Congresso approva una legge che richiede la revisione congressuale degli accordi esecutivi. In teoria, questo dovrebbe rendere le operazioni della CIA più responsabili. In realtà, è molto inefficace.

Cambogia - Il Congresso vota per tagliare i fondi della CIA per la sua guerra segreta in Cambogia.

Irruzione nel Watergate - Il Presidente Nixon invia una squadra di scassinatori a mettere sotto controllo gli uffici democratici del Watergate. I membri della squadra hanno una lunga storia con la CIA, tra cui James McCord, E. Howard Hunt e cinque dei ladri cubani. Lavorano per il Committee to Reelect the President (CREEP), che svolge lavori sporchi come l'interruzione delle campagne democratiche e il riciclaggio dei contributi illegali alla campagna di Nixon. Le attività del CREEP sono finanziate e organizzate da un altro fronte della CIA, la Mullen Company.

1973

Cile - La CIA rovescia e uccide Salvador Allende, il primo leader socialista democraticamente eletto in America Latina. I problemi iniziano quando Allende nazionalizza le aziende statunitensi in Cile. ITT offre alla CIA 1 milione di dollari per un colpo di stato (secondo quanto riferito, rifiutato). La CIA sostituisce Allende con il generale Augusto Pinochet, che tortura e uccide migliaia di suoi connazionali in una repressione dei leader sindacali e della sinistra politica.

La CIA inizia le indagini interne - William Colby, vicedirettore delle operazioni, ordina a tutto il personale della CIA di segnalare qualsiasi attività illegale di cui venga a conoscenza. Queste informazioni vengono poi comunicate al Congresso.

Scandalo Watergate - Il *Washington Post*, il principale collaboratore della CIA in America, denuncia i crimini di Nixon molto prima di qualsiasi altro giornale. I due reporter, Woodward e Bernstein, non fanno praticamente alcun riferimento alle numerose impronte digitali della CIA sullo scandalo. In seguito si scopre che Woodward era responsabile dell'intelligence navale alla Casa Bianca e conosceva molte figure dell'intelligence, tra cui il generale Alexander Haig. La sua fonte principale, "Gola profonda", è probabilmente una di queste.

Licenziamento del direttore della CIA Helms - Il presidente Nixon licenzia il direttore della CIA Richard Helms per non aver contribuito a coprire lo scandalo Watergate. Helms e Nixon si sono sempre odiati. Il nuovo direttore della CIA è William Colby, relativamente più aperto a riformare la CIA.

1974

Smascherata l'Operazione CHAOS - Il giornalista premio Pulitzer Seymour Hersh pubblica un articolo sull'Operazione CHAOS, la sorveglianza interna e l'infiltrazione dei gruppi contro la guerra e per i diritti civili negli Stati Uniti. L'articolo ha suscitato indignazione a livello nazionale.

Angleton licenziato - Il Congresso sta tenendo delle udienze sulle attività illegali di spionaggio interno di James Jesus Angleton, capo del controspionaggio della CIA. I suoi sforzi comprendevano campagne di apertura della posta e sorveglianza segreta dei manifestanti contro la guerra. Le udienze portarono al suo licenziamento dalla CIA.

La Camera dei Rappresentanti scagiona la CIA dal Watergate - La Camera dei Rappresentanti scagiona la CIA da qualsiasi complicità nell'irruzione di Nixon nel Watergate.

Legge Hughes-Ryan - Il Congresso approva un emendamento che impone al Presidente di riferire tempestivamente alle commissioni congressuali competenti sulle operazioni non di intelligence della CIA.

1975

Australia - La CIA sta contribuendo a rovesciare il governo di sinistra democraticamente eletto del Primo Ministro Edward Whitlam. Per farlo, la CIA lancia un ultimatum al governatore generale John Kerr. Kerr, collaboratore di lunga data della CIA, esercita il diritto costituzionale di sciogliere il governo Whitlam. Il Governatore Generale è una carica essenzialmente cerimoniale, nominata dalla Regina; il Primo Ministro è eletto democraticamente. L'uso di questa legge arcaica e inutilizzata stordisce la nazione.

Angola - desideroso di dimostrare la determinazione militare degli Stati Uniti dopo la sconfitta in Vietnam, Henry Kissinger lancia una guerra in Angola sostenuta dalla CIA. Contrariamente alle affermazioni di Kissinger, l'Angola è un Paese di scarsa importanza strategica e non è seriamente minacciato dal comunismo. La CIA sostiene il brutale leader dell'UNITAS, Jonas Savimbi. Ciò polarizza la politica angolana e spinge gli oppositori a rivolgersi a Cuba e all'Unione Sovietica per sopravvivere. Il Congresso taglia i fondi nel 1976, ma la CIA riesce a condurre una guerra nell'oscurità fino al 1984, quando i finanziamenti vengono nuovamente legalizzati. Questa guerra totalmente inutile uccide oltre 300.000 angolani.

"La CIA e il culto dell'intelligence" - Victor Marchetti e John Marks pubblicano questa denuncia dei crimini e degli abusi della CIA. Marchetti ha trascorso 14 anni nella CIA, diventando infine assistente esecutivo del vicedirettore dell'intelligence. Marks ha trascorso cinque anni come funzionario dell'intelligence presso il Dipartimento di Stato.

"Inside the Company" - Philip Agee pubblica un diario della sua vita nella CIA. Agee ha lavorato in operazioni segrete in America Latina negli anni '60 e racconta i crimini a cui ha partecipato.

Il Congresso indaga sulle malefatte della CIA - L'indignazione pubblica costringe il Congresso a tenere udienze sui crimini della CIA. Il senatore Frank Church è a capo dell'indagine del Senato ("Commissione Church"), mentre il rappresentante Otis Pike è a capo dell'indagine della Camera. (Nonostante un tasso di rielezione del 98% per i candidati in carica, sia Church che Pike sono stati sconfitti nelle elezioni successive). Le indagini hanno portato a una serie di riforme volte ad aumentare la responsabilità della CIA nei confronti del Congresso, tra cui la creazione di una commissione permanente del Senato sull'intelligence. Tuttavia, queste riforme si rivelarono inefficaci, come dimostrò lo scandalo Iran/Contra. Si scopre che la CIA può facilmente controllare, trattare o aggirare il Congresso.

Commissione Rockefeller - Nel tentativo di mitigare i danni causati dal Comitato Church, il Presidente Ford crea la "Commissione Rockefeller" per sbiancare la storia della CIA e proporre riforme inefficaci. L'omonimo della commissione, il vicepresidente Nelson Rockefeller, è a sua volta una figura importante della CIA. Cinque degli otto membri della commissione sono anche membri del Council on Foreign Relations, un'organizzazione dominata dalla CIA.

1979

Iran - La CIA non ha previsto la caduta dello Scià dell'Iran, uno dei suoi burattini di lunga data, e l'ascesa dei fondamentalisti musulmani, irritati dal sostegno della CIA alla sanguinaria polizia segreta dello Scià, il SAVAK. Per vendetta, i musulmani prendono in ostaggio 52 americani nell'ambasciata statunitense di Teheran.

Afghanistan - I sovietici entrano in Afghanistan. La CIA inizia immediatamente a fornire armi a qualsiasi fazione disposta a combattere i sovietici. Questo armamento indiscriminato significa che quando i sovietici lasceranno l'Afghanistan, scoppierà una guerra civile. Inoltre, i fanatici estremisti musulmani possiedono oggi armi avanzate. Uno di loro è lo sceicco Abdel Rahman, che sarà coinvolto nell'attentato al World Trade Center di New York.

El Salvador - Un gruppo idealista di giovani ufficiali militari, indignati per il massacro dei poveri, rovescia il governo di destra. Tuttavia, gli Stati Uniti costringono gli ufficiali inesperti a inserire molti membri della vecchia guardia in posizioni chiave del loro nuovo governo. Presto le cose tornano alla "normalità": il governo militare reprime e uccide i poveri manifestanti civili. Molti giovani riformatori militari e civili, trovandosi impotenti, si dimettono disgustati.

Nicaragua - Cade Anastasios Samoza II, il dittatore sostenuto dalla CIA. I marxisti sandinisti prendono il potere e sono inizialmente popolari per il loro impegno nella riforma agraria e nella lotta alla povertà. Samoza aveva un esercito personale micidiale e odioso chiamato Guardia Nazionale. I resti della Guardia sarebbero diventati i Contras, che hanno condotto una guerriglia sostenuta dalla CIA contro il governo sandinista per tutti gli anni Ottanta.

1980

El Salvador - L'arcivescovo di San Salvador, Oscar Romero, implora il presidente Carter "da cristiano a cristiano" di smettere di aiutare il governo militare che sta massacrando il suo popolo. Carter rifiuta. Poco dopo, il leader della destra Roberto D'Aubuisson fece sparare a Romero al cuore mentre diceva messa. Il Paese è rapidamente precipitato nella guerra civile, con i contadini delle colline in lotta contro il governo militare. La CIA e le forze armate statunitensi forniscono al governo una schiacciante superiorità militare e di intelligence. Squadre della morte addestrate dalla CIA si aggiravano per le campagne, commettendo atrocità come quella di El Mazote nel 1982, dove massacrarono tra i 700 e i 1000 uomini, donne e bambini. Nel 1992 sono stati uccisi circa 63.000 salvadoregni.

1981

Inizio del programma Iran/Contra - La CIA inizia a vendere armi all'Iran a prezzi elevati, utilizzando i profitti per armare i Contras che combattono il governo sandinista in Nicaragua. Il Presidente Reagan promette che i sandinisti saranno "messi sotto pressione" finché non "diranno 'zio'". Il *Manuale del combattente per la libertà* distribuito dalla CIA ai Contras include istruzioni su sabotaggio economico, propaganda, estorsione, corruzione, ricatto, interrogatorio, tortura, omicidio e assassinio politico.

1983

Honduras - La CIA fornisce agli ufficiali militari honduregni il Manuale di addestramento allo sfruttamento delle risorse umane, che insegna come torturare le persone. Il famigerato "Battaglione 316" dell'Honduras utilizza poi queste tecniche, in piena vista della CIA, su migliaia di dissidenti di sinistra. Almeno 184 di loro sono stati uccisi.

1984

Emendamento Boland - Viene adottato l'ultimo di una serie di emendamenti Boland. Questi emendamenti hanno ridotto l'assistenza della CIA ai Contras; l'ultimo li elimina completamente. Tuttavia, il direttore della CIA William Casey è già pronto a "passare il testimone" al colonnello Oliver North, che continua a rifornire illegalmente i Contras attraverso la rete informale, segreta e autofinanziata della CIA. Questo include "aiuti umanitari" donati da Adolph Coors e William Simon e aiuti militari finanziati dalla vendita di armi iraniane.

1986

Eugene Hasenfus - Il Nicaragua abbatte un aereo da trasporto C-123 che trasportava forniture militari ai Contras. L'unico sopravvissuto, Eugene Hasenfus, si rivela essere un dipendente della CIA, così come i due piloti morti. L'aereo era di proprietà della Southern Air Transport, una copertura della CIA. L'incidente mette in ridicolo le affermazioni del Presidente Reagan secondo cui la CIA non stava armando illegalmente i Contras.

Lo scandalo Iran/Contra - Sebbene i dettagli fossero noti da tempo, lo scandalo Iran/Contra ricevette finalmente l'attenzione dei media nel 1986. Si tengono udienze del Congresso e diverse figure chiave (come Oliver North) mentono sotto giuramento per proteggere la comunità dei servizi segreti. Il direttore della CIA William Casey muore di cancro al cervello prima che il Congresso possa interrogarlo. Tutte le riforme adottate dal Congresso dopo lo scandalo sono puramente cosmetiche.

Haiti - La crescente rivolta popolare ad Haiti significa che "Baby Doc" Duvalier rimarrà "Presidente a vita" solo se avrà una vita breve. Gli Stati Uniti, che detestano l'instabilità di un Paese fantoccio, mandano il dispotico Duvalier nel sud della Francia per una comoda pensione. La CIA allora trucca le imminenti elezioni a favore di un altro militare di destra. Tuttavia, la violenza mantiene il Paese in agitazione politica per altri quattro anni. La CIA tenta di rafforzare l'esercito creando il National Intelligence Service (SIN), che reprime la rivolta popolare con torture e assassinii.

1989

Panama - Gli Stati Uniti invadono Panama per rovesciare un dittatore da loro stessi creato, il generale Manuel Noriega. Noriega è sul libro paga della CIA dal 1966 e trasporta droga con la consapevolezza della CIA dal 1972. Alla fine degli anni '80, la crescente indipendenza e intransigenza di Noriega aveva irritato Washington... e lui se ne stava andando.

1990

Haiti - In competizione con 10 candidati relativamente ricchi, il sacerdote di sinistra Jean-Bertrand Aristide ottiene il 68% dei voti. Tuttavia, dopo soli otto mesi al potere, i militari sostenuti dalla CIA lo hanno deposto. Altri dittatori militari brutalizzano il Paese, mentre migliaia di rifugiati haitiani fuggono dai disordini su barche a malapena navigabili. Mentre l'opinione pubblica chiede il ritorno di Aristide, la CIA lancia una campagna di disinformazione che dipinge il coraggioso sacerdote come mentalmente instabile.

1991

La caduta dell'Unione Sovietica - La CIA non è riuscita a prevedere l'evento più importante della Guerra Fredda. Ciò suggerisce che è stato così impegnato a minare i governi da non svolgere il suo lavoro principale: raccogliere e analizzare informazioni. La caduta dell'Unione Sovietica ha anche privato la CIA della sua ragion d'essere: la lotta al comunismo. Questo porta alcuni ad accusare la CIA di aver intenzionalmente fallito nel prevedere la caduta dell'Unione Sovietica. Curiosamente, il budget della comunità di intelligence non viene ridotto in modo significativo dopo la scomparsa del comunismo.

1992

Spionaggio economico - Negli anni successivi alla fine della Guerra Fredda, la CIA viene sempre più utilizzata per lo spionaggio economico. Si tratta di rubare segreti tecnologici a società straniere concorrenti e di cederli a società statunitensi. Poiché la CIA preferisce chiaramente i trucchi sporchi alla semplice raccolta di informazioni, la possibilità di un grave comportamento criminale è davvero molto alta.

1993

Haiti - Il caos ad Haiti si sta aggravando al punto che il Presidente Clinton non ha altra scelta che rimuovere il dittatore militare di Haiti, Raoul Cedras, sotto la minaccia di un'invasione americana. Gli occupanti statunitensi non arrestano i leader militari di Haiti per crimini contro l'umanità, ma piuttosto garantiscono la loro sicurezza e la loro ricca pensione. Aristide è tornato al potere solo dopo essere stato costretto ad accettare un programma favorevole alla classe dirigente del Paese.

EPILOGO

In un discorso alla CIA per celebrare il suo $50^{\text{oème}}$ anniversario, il Presidente Clinton ha detto:

> "Per forza di cose, il popolo americano non conoscerà mai la storia completa del vostro coraggio".

La dichiarazione della Clinton è una difesa comune della CIA: il popolo americano dovrebbe smettere di criticare la CIA perché non sa cosa fa realmente. Questo, ovviamente, è il nocciolo della questione. Un'agenzia che è al di sopra delle critiche è anche al di sopra del comportamento morale e delle riforme. La segretezza e la mancanza di responsabilità permettono alla corruzione di crescere senza controllo.

Inoltre, la dichiarazione della Clinton è semplicemente falsa. La storia dell'agenzia sta diventando dolorosamente chiara, soprattutto con la declassificazione di documenti storici della CIA. Forse non conosciamo i dettagli di operazioni specifiche, ma conosciamo abbastanza bene il comportamento generale della CIA. Questi fatti hanno iniziato a emergere quasi vent'anni fa, a un ritmo sempre crescente. Oggi abbiamo un quadro straordinariamente accurato e coerente, ripetuto in molti Paesi e verificato in innumerevoli direzioni diverse.

La risposta della CIA a questa crescente conoscenza e critica segue un tipico schema storico (in effetti, ci sono notevoli parallelismi con la lotta della Chiesa medievale contro la rivoluzione scientifica). I primi giornalisti e scrittori che hanno denunciato il comportamento criminale della CIA sono stati perseguitati e censurati se erano scrittori americani, torturati e uccisi se erano stranieri. (Tuttavia, negli ultimi due decenni, la marea di prove è diventata schiacciante e la CIA ha scoperto di non avere abbastanza dita per tappare tutti i buchi nella diga. Ciò è particolarmente vero nell'era di Internet, dove le informazioni circolano liberamente tra milioni di persone. Poiché la censura è impossibile, l'agenzia deve ora difendersi con delle scuse. La difesa della Clinton, secondo cui "gli americani non lo sapranno mai", ne è un esempio lampante.

Un'altra scusa comune è che "il mondo è pieno di personaggi sgradevoli e dobbiamo occuparcene se vogliamo proteggere gli interessi americani". Ci sono due cose che non vanno in questa affermazione. In primo luogo, ignora il fatto che la CIA ha sempre rifiutato le alleanze con i sostenitori della democrazia, della libertà di parola e dei diritti umani, preferendo la compagnia di dittatori militari e tiranni. La CIA aveva a disposizione opzioni morali, ma non le ha sfruttate.

In secondo luogo, questo argomento solleva diverse questioni. Il primo è: "Quali interessi americani? "La CIA ha corteggiato i dittatori di destra perché permettono ai ricchi americani di sfruttare la manodopera e le risorse a basso costo del Paese. Ma gli americani poveri e della classe media pagano un prezzo elevato ogni volta che combattono le guerre che derivano dalle azioni della CIA, dal Vietnam a Panama alla Guerra del Golfo. La seconda domanda è: "Perché gli interessi americani dovrebbero andare a scapito dei diritti umani di altri popoli? "

La CIA dovrebbe essere abolita, i suoi leader rimossi dall'incarico e i suoi membri processati per crimini contro l'umanità. La nostra comunità di intelligence dovrebbe essere ricostruita da zero per raccogliere e analizzare le informazioni. Per quanto riguarda l'azione segreta, ci sono due opzioni morali. Il primo è quello di eliminare del tutto le azioni segrete. Ma questo fa venire i brividi a chi si preoccupa degli Adolf Hitler del mondo. La seconda opzione è quindi quella di porre l'azione segreta sotto un ampio e reale controllo democratico. Ad esempio, una commissione congressuale bipartisan di 40 membri potrebbe esaminare tutti gli aspetti delle operazioni della CIA e porre il veto a maggioranza o a supermaggioranza. Quale di queste due opzioni sia migliore è aperto al dibattito, ma una cosa è chiara: come la dittatura, come la monarchia, le operazioni segrete non controllate devono morire come i dinosauri che sono.

La Società del Teschio e delle Ossa

Tutto è iniziato a Yale. Nel 1832, il generale William Huntington Russell e Alphonso Taft crearono una società super segreta per i figli dell'élite bancaria anglo-americana di Wall Street. Il fratellastro di William Huntington Russell, Samuel Russell, gestiva la "Russell & Co.", la più grande operazione di contrabbando di OPIUM del mondo all'epoca. Alphonso Taft è il nonno del nostro ex presidente Howard Taft, il creatore del precursore delle Nazioni Unite.

Alcuni degli uomini più famosi e potenti del mondo di oggi sono "uomini d'ossa", tra cui George Bush, Nicholas Brady e William F. Buckley. Tra gli altri ossei figurano Henry Luce (Time-Life), Harold Stanley (fondatore di Morgan Stanley), Henry P. Davison (senior partner di Morgan Guaranty Trust), Artemus Gates (presidente di New York Trust Company, Union Pacific, *TIME*, Boeing Company), il senatore John Chaffe, Russell W. Davenport (direttore della rivista *Fortune*) e molti altri. Tutti hanno fatto voto solenne di segretezza.

La Skull & Bones Society è un trampolino di lancio per i Bilderberg, il Council on Foreign Relations e la Trilateral Commission.

America's Secret Establishment, di Antony C. Sutton, 1986, pagina 5-6, afferma:

> "Chi è all'interno lo conosce come l'Ordine. Altri lo conoscono da oltre 150 anni come Capitolo 322 di una società segreta tedesca. Più formalmente, ai fini legali, l'Ordine è stato incorporato come The Russell Trust nel 1856. In passato era nota anche come "Fratellanza della Morte". Coloro che lo deridono, o vogliono deriderlo, lo chiamano "Skull & Bones", o semplicemente "Bones".

Il capitolo americano di questo ordine tedesco fu fondato nel 1833 all'Università di Yale dal generale William Huntington Russell e da Alphonso Taft, che nel 1876 divenne Segretario alla Guerra nell'amministrazione Grant. Alphonso Taft era il padre di William Howard Taft, l'unico uomo ad essere stato sia Presidente che Presidente della Corte Suprema degli Stati Uniti.

L'ordine non è solo un'altra confraternita di lettere greche, con password e maniglie comuni alla maggior parte dei campus. Il Capitolo 322 è una società segreta i cui membri hanno giurato di mantenere il silenzio. Esiste solo nel campus di Yale (che noi conosciamo). Ha delle regole. Ha dei riti cerimoniali. Non apprezza i cittadini invadenti e fastidiosi, che gli addetti ai lavori chiamano "estranei" o "vandali". I suoi membri negano sempre la loro appartenenza (o si suppone che lo facciano) e, controllando centinaia di elenchi autobiografici di membri, ne abbiamo trovati solo una mezza dozzina che citavano un'affiliazione a Skull & Bones. Gli altri sono rimasti in silenzio. È interessante sapere se i numerosi membri di varie amministrazioni o posizioni governative hanno dichiarato la loro affiliazione a Skull & Bones nei dati biografici forniti per i "background check" dell'FBI.

Soprattutto, l'ordine è potente, incredibilmente potente. Se il lettore persiste ed esamina le prove presentate - che sono schiaccianti - non c'è dubbio che la sua visione del mondo diventerà improvvisamente più chiara, con una chiarezza quasi spaventosa.

Si tratta di una società per anziani che esiste solo a Yale. I membri vengono scelti al primo anno e trascorrono solo un anno nel campus, l'ultimo, con Skull & Bones. In altre parole, l'organizzazione è orientata verso il mondo esterno dei laureati. L'Ordine si riunisce annualmente - solo i patriarchi - sull'Isola dei Cervi, nel fiume San Lorenzo.

Le società senior sono uniche a Yale. Ci sono altre due società per anziani a Yale, ma nessuna altrove. Scroll & Key e Wolf's Head sono presunte società competitive fondate a metà del 19ème secolo. Riteniamo che facciano parte della stessa rete. Rosenbaum ha commentato nel suo articolo su Esquire, molto correttamente, che chiunque nell'establishment liberale orientale non sia un membro di Skull & Bones è quasi certamente un membro di Scroll & Key o di Wolf's Head.

La procedura di selezione dei nuovi membri dell'Ordine non è cambiata dal 1832. Ogni anno ne vengono selezionati 15, e solo 15, mai di meno. Come parte della cerimonia di iniziazione, devono sdraiarsi nudi in una bara e recitare la loro storia sessuale. Questo metodo permette agli altri membri di controllare l'individuo minacciando di rivelare i suoi segreti più intimi se non lo "segue". Negli ultimi 150 anni, circa 2500 laureati di Yale sono stati iniziati all'Ordine. In ogni momento, circa 500-600 sono vivi e attivi. Circa un quarto di loro svolge un ruolo attivo nella promozione degli obiettivi dell'Ordine. Gli altri perdono interesse o cambiano idea. Sono dei rinunciatari silenziosi.

Il membro potenziale più probabile proviene da una famiglia Bones, è energico, pieno di risorse, politico e probabilmente un giocatore di squadra amorale. Onorificenze e ricompense finanziarie sono garantite dal potere dell'Ordine. Ma il prezzo di questi onori e ricompense è il sacrificio all'obiettivo comune, l'obiettivo dell'Ordine. Alcuni, forse molti, non sono stati disposti a pagare questo prezzo.

Le famiglie americane di vecchia data e i loro discendenti coinvolti nella Skull & Bones sono nomi come: Whitney, Perkins, Stimson, Taft, Wadsworth, Gilman, Payne, Davidson, Pillsbury, Sloane, Weyerhaeuser, Harriman, Rockefeller, Lord, Brown, Bundy, Bush e Phelps.

Già pubblicato

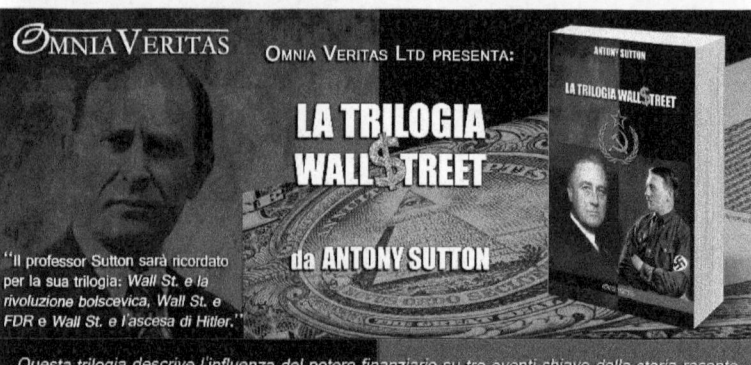

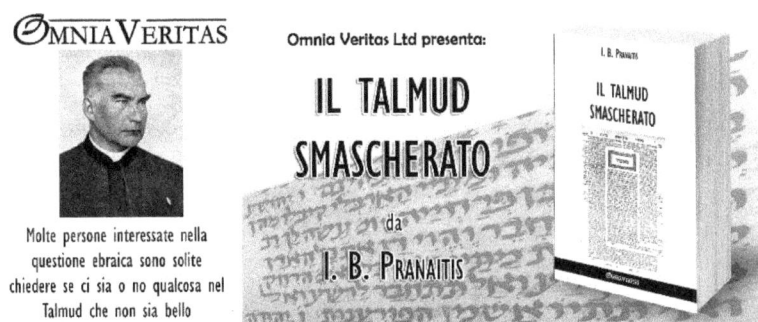